Educational Psychology

알기쉬운 **교육심리학**

저자

고 현 · 고화정 · 김대명 · 김종임
민형덕 · 박신영 · 박신희 · 전애란

공감플러스

서문

교육심리학의 핵심 과제는 '언제, 어떻게 가르쳐야 학습 효과를 최상으로 올릴 수 있는가?'입니다. 이러한 과제를 해결하기 위해 시시각각 변하는 세계정세 속에 인간 본연의 모습과 교육현장에서 심리의 필요성이 절실히 요구되는 요즘 이 분야에서 10년 이상 강의해온 전문가들이 뜻을 모아 대학과 대학원에서 교육심리학을 공부하거나 교육심리학에 관심이 있는 학생들을 위해 재정비되었습니다.

본 서 제1장은 교육심리학의 발달과 연구방법, 제2장은 인간의 발달, 제3장은 발달이론, 제4장은 학습이론, 제5장은 학습자의 지능, 제6장은 창의성, 제7장은 학습동기, 제8장은 학습자의 특성과 학습효과, 제9장은 생활지도와 상담, 제10장은 수업이론과 모형, 제11장은 교사의 심리, 제12장은 교육평가의 이해로 조직하였습니다. 본서가 타 교재와 차별화 된 점은 마지막 부분에 질문과 토론 하브루타를 제시함으로써 핵심내용에 대한 이해와 교육현장에서 실제 적용할 수 있는 문제를 다뤄 학생들의 흥미를 유발하고 이해를 높이고자 노력하였습니다. 그래서 평생교육기관 학습자뿐만 아니라 유아교육학과, 사범대학 교직과정, 교육대학원 등 예비교사를 양성하는 대학과 교육현장의 교사나 기업체 연수 담당자 등 기업 강의를 포함, 교육에 관련된 사람들이 유용하게 이용할 수 있을 것입니다. 그러나 집필 과정에서 내용과 편제 부분에 미흡한 점을 느꼈고 내용상의 오류도 있으리라 생각합니다. 이 부분은 이 책을 접하시는 여러분들의 아낌없는 지도와 지적이 필요할 듯합니다.

끝으로 필자들과 한마음으로 정성껏 교정에 힘써준 광주예술심리치료연구소 백

지성연구원과 표지 작품 요청에 흔쾌히 허락해주신 조근호 화백님, 도서출판 공감플러스 한은택 대표님을 비롯해서 편집진 여러분께 깊은 감사를 드립니다.

2021년 6월

풍암골 연구소에서 대표저자 씀

차례

Educational Psychology

제1장 교육심리학의 발달과 연구방법

제1절 교육심리학의 성격

제2절 교육심리학의 발달

제3절 교육심리학의 연구방법

제1장 교육심리학의 발달과 연구방법

제1절 교육심리학의 성격

심리학의 발달과정에서 기능주의 심리학을 주창한 제임스(James)는 '교육학은 심리학으로부터 파생된 것이 아니다'라고 주장하였다. 또한, 그는 '심리학은 하나의 과학이고 교수는 하나의 예술이다'고 역설하였다. 이러한 제임스의 관점에서 본다면 교육학과 심리학은 좋은 친구관계라고 볼 수 있다. 교육심리학은 교육학과 심리학을 연결하여 주는 분야로 가르치고 배우는 과정과 관련된 인간의 행동과정과 정신과정을 과학적으로 연구하는 학문이다(오만록, 2004).

교육심리학은 교육현상에 대한 심리학적 접근 방법이다. 그러므로 교육심리학은 심리학의 여러 원리와 연구방법을 기초로 하여 교육현상을 설명한다. 다만 일반심리학이 유기체(organism)를 대상으로 하는 가치중립적인 특성을 갖고 있는 데 비하여 교육심리학은 교육과 관련된 교사, 학습자 등의 인간을 대상으로 하는 가치지향적인 특성을 갖는다.

19세기까지 인간의 이해를 위한 최고의 학문은 철학이었으며, 심리학은 철학의 한 영역으로 인식되었다. 실제로 19세기의 심리학은 현대적인 심리학처럼 잘 통제된 실험적 방법이나 관찰 등에 의한 것이라기보다는 논리와 사유에 의한 학문이었다.

근대 이전의 심리학에서 관심을 가진 것은 인간의 마음(mind), 즉 정신(mental)이었다. 이 마음이나 정신이 인간의 육체와 떨어진 별개의 영역으로 생각하고 이를 연구 대상으로 삼은 것이다. 근대 심리학을 태동시킨 분트(W. Wundt)는 인간을 알기 위해서 인간의 정신(마음)을 알아야 한다고 생각하였다. 그러나 마음이나 정신은 그 당시 과학의 한계로 인하여 사실상 객관적인 연구가 불가능했다. 그래서 분트는 주관적인 연구방법으로 정신을 연구하고자 하였다. 내성법(introspection)으로 대표되는 분트의 구성주의 심리학은 그 연구결과에 대한 객관적 증거의 부족 때문에 더 이상의 진전을 보기 어려웠고 곧 심리학의 다른 조류에 자리를 내주었다.

인간의 정신세계를 연구하여 중요한 업적을 남긴 프로이드(S. Freud)는 의식보다는 무의식(unconsciousness)을 인간행동의 이해를 위한 열쇠로 생각하고 정신분석이론을 발전시켰다. 그는 무의식, 꿈 등을 분석하여 인간의 본능 세계를 파헤쳐 보려고 노력하였다. 그러나 프로이드의 이론은 연구결과에 대한 객관성이 결여되어 있고 직관적인 이론들로 구성되어 있다. 또한, 소수정신질환자들에 대한 연구결과를 보통사람에게 일반화시킬 수 있는가에 대한 비판 때문에 인간의 정신세계에 대한 새로운 접근 방법을 제시하고 있음에도 불구하고 오늘날의 과학적 심리학과는 거리가 멀었다.

분트 이후 대부분의 학문 분야가 다윈(Darwin)의 진화론에 영향을 받으면서 객관적 검증 가능성을 가장 중요한 과학적 방법으로 생각하게 되었고, 심리학 역시 과학적 심리학으로 발전하였다. 실험법, 관찰법 등이 중요한 연구방법이 되었으며, 그 결과로 심리학의 연구 대상도 과거의 마음이나 정신이 아닌 객관적이고 관찰 가능한 '행동'으로 압축되었다. 행동의 객관적 결과만을 중시한 일련의 심리학적 흐름은 '행동주의'로 불리면서 과학적 심리학의 발전에 크게 기여하였다.

왓슨(J. B. Watson)은 러시아의 생리학자인 파블로(I. Pavlov)의 조건반사실험에서 영향을 받아 심리학의 연구주제를 행동으로 압축하였고 그의 <S-R> 개념은 이후 심리학의 기본 명제처럼 사용되었으며 이 명제는 손다이크와 스키너를 거치면서 더욱 발전하였다.

교육심리학은 발전과정에서 심리학의 발전에 크게 영향을 받아왔다. 교육심리학은 심리학에서 논의되고 발견된 여러 결과들을 교육현상에 적용하면서 심리학의 지식들을 흡수하고 심화시켰다고 볼 수 있다. 그러나 오늘날의 교육심리학은 더 독립적인 영역으로 발전하고 있으며, 교육심리학에서 나온 이론들이 일반심리학에 영향을 주기도 한다. 이렇게 교육심리학이 독자성을 갖게 된 것은 교육이 인간을 대상으로 하고 있다는 점과 교육이 갖고있는 가치 지향성 때문이다.

교육심리학은 일반심리학과는 달리 인간을 단순한 유기체(organism)로서가 아니라 가치 있고 변화하는 존재로 인식한다. 그러므로 교육심리학은 인간이 더 나은 상태로 발달할 수 있다는 신념에 기초하여 연구된다. 이와 같은 전제 아래에서 교육심리학은 교육의 현장에서 심리학적 방법을 이용하여 학습자로서의 인간을 보다 정확하게 이해하고 교육의 질을 높이려는 방법을 탐구하는 학문이다. 즉 교육심리학은 교육철학에서 제시한 교육목적을 달성하려는 방법과 관련된 인간에 관한 연구이다.

글상자 1-1	제임스-랑게 이론

사람들은 일반적으로 정서나 감정에 생리반응과 신체반응이 뒤따른다고 생각한다. 즉, 무서워서 달아나고, 즐거워서 웃는다고 생각한다. 제임스-랑게 이론은 이러한 상식에 반하는 이론이다. 이 이론은 생리반응과 신체반응에 정서나 감정이 뒤따른다고 주장한다. 즉, 이 이론에 따르면 무서워서 달아나근 것이 아니라 달아나기 때문에 무섭고, 즐겁기 때문에 웃는 것이 아니라 웃기 때문에 즐겁고 행복하다.

제임스-랑게 이론을 적용한 사례는 매우 흥미롭다. 일본의 한 심리학자는 학생들에게 우울증을 잘 가르치기 위해 우울증을 직접 체험하기로 하였다. 그가 우울증을 체험하기 위해 사용한 방법은 3개월 동안 하루에 1,000회씩 한숨을 쉬는 것이었다. 그러자 자신도 모르는 사이에 정말로 우울증에 걸려 수업도 빠지고 대인관계도 극도로 기피하는 부정적인 사람이 되어 버렸다. 이를 지켜보던 제자들은 상태가 더 심각해지기 전에 이 이 심리학자의 우울증을 치료하기 위한 대책을 마련하였다. 그것은 다름 아니라 교수가 웃게 만드는 것이었다. 놀랍게도 그 교수가 웃는 사이에 우울증은 말끔하게 치유되었다. 웃음이 바로 우울증을 치료하는 특효약이었던 것이다.

제임스-랑게 이론은 현대인에게 매우 중요한 시사점을 던져 준다. 이 이론은 즐거움과 행복감을 경험하려면 웃을 이유가 없더라도 무조건 웃으라고 한다. 웃으면 두뇌도 착각을 한다고 한다.

*출처 : 교육심리학이 이론과 실제(권대훈, 2009)

글상자의 글을 좀 더 잘 이해하기 위해 질문을 만들어 보고 서로 토의를 해 보겠습니다.

질문의 유형	질 문
정답이 있는 질문 (본문에서 답을 찾을 수 있는 구조화된 질문)	• • •
정답이 없는 질문 (다양한 생각과 관점을 가질 수 있는 비구조화된 질문)	• • •

자율신경계와 정서 간의 관련성을 연구한 제임스(W. James)와 랑게(K. Lange)가 연구한 이론으로 신체적 변화를 지각한 후에 정서적 경험이 이루어진다는 것이다. 정서적 경험과 신체적 각성이 동시에 발생한다고 주장하는 캐넌-바드 이론과 달리 이 이론은 정서적 경험 이전에 신체적 변화에 대한 지각이 선행된다고 본다.

제임스-랑게 이론에 입각한 우리의 생각의 전환을 해 보겠다.

- 두려워서 도망간다(부정 정서).
- 슬프기 때문에 운다(부정 정서).
- 즐거워서 웃는다(긍정 정서).
- 일이 잘 풀려서 행복하다(긍정 정서).
- 프로젝트가 성공적으로 끝나서 기쁘다(긍정 정서).

교육심리학은 20세기 초반부터 독자적인 학문으로 기틀이 형성되어 20세기 후반 독립적인 학문으로 성장하여 크게 발전하였다. 교육심리학의 이론과 연구는 단순히 인간 행동의 이해에 머무르는 것이 아니라 교육자의 교수활동과 학습자의 학습활동, 행동발달에 도움을 주고 보다 나은 교육을 만드는데 기여해 왔다. 교사는 교육 전문가로서 이러한 교육심리학의 이론과 내용들을 실천하고 적용하며 학교나 교육현장에서 교수자, 촉진다. 지도자, 상담자, 역할 모델 등의 다양한 역할을 동시에 수행해야 한다.

제2절 교육심리학의 발달

교육심리학이 하나의 학문으로 성립하는데 기여한 학자는 갈톤(Galton), 제임스(James), 홀(Hall) 등이다. 갈톤이 저술한 「유전적 천재(Hereditary Genius)」, 「인간능력의 발달 연구(Inquiries into Human Faculty and Its Development)」는 자신의 주된 관심분야였던 천재연구에 대해 많은 자료를 바탕으로 통계적 기법을 활용하여 인간의 능력 범위를 확인하려고 하였고 인간의 능력이 유전된다는 증거를 제시하였다.

제임스는 정서와 지능 및 도덕성의 발달에 관한 문제를 밝히기 위하여 실험방법을 사용하였으며 기억과 훈련의 전이 및 정서적 반응에 대한 중요한 연구들을 수행하였다. 특히 제임스는 "Talks to Teachers"라는 주제로 초·중고 교사들에게 수년간 기능과 실제를 강조하는 심리학 강의를 하였고, 1899년에 쓴 '교사에게는 심리학의 소양을, 학생에게는 삶의 이상을'이란 저술 등은 교육과 심리학의 관계를 밝히려는 연구들에 많은 영향을 주었다.

홀은 '아동연구운동(child study movement)'에서 많은 성과를 남겼다. 홀은 과학적인 아동연구의 성과로부터 교육심리학의 주요한 내용을 구성함으로써 교육심리학의 발달에 공헌하였다. 그는 1883년 최초로 질문지법을 사용하여 보스톤에 있는 초등학교 신입생의 지식, 신념, 태도 등을 조사하여 「초등학교 아동의 마음 내용(Contents of Children's Minds on Entering School)」을 발간하였다. 이는 아동에 대한 과학적인 연구로 오늘날까지도 널리 사용되고 있다(안영진, 2003).

이상의 학자들이 교육심리학의 형성에 기여하였다면, 교육심리학을 일반심리학에 대한 의존에서 벗어나 독립적인 영역으로 발전하게 한 것은 '교육심리학의 창시자'로 불리는 손다이크(Thorndike)의 영향이 크다. 그는 행동주의(Behaviorism) 심리학의 입장에서 학습이론을 정립하였으며 교육심리학의 발달에 공헌하였다.

손다이크는 인간성의 탐구에 통계적 방법을 도입하여 실험적 연구를 시작함으로써 최초로 교육심리학(학습심리학)의 체계를 정립하였고, 심리검사(교육측정·평가)의 발전에 공헌하였다. 그는 평생 78권의 저서를 포함하여 507편의 논문 등을 남겼다.

특히 1903년에 저술한 「Educational Psychology」는 교육심리학 분야에서 가장 영향력이 컸던 교과서라고 할 수 있다. 1921년에는 이 책이 「The Original Nature of Man」(Vol. 1), 「Individual Difference」(Vol. 2), 그리고 「Individual Difference and Their Causes」(Vol. 3)로 분리되어 출판되었는데, 이를 기점으로 교육심리학의 주요영역은 인간의 선천적인 특성, 학습, 개인차의 세 분야로 확립되었다. 그는 교육심리학을 지적능력과 도덕성 등의 선천적인 특성을 파악하고 정신기능의 향상을 지향하며, 개인차와 그 원인을 밝히는 학문으로 규정하였다.

손다이크 이후 교육심리학이 확립되는데 기여한 학자는 게이츠(Gates), 스키너(Skinner), 크론바흐(Cronbach) 등이다. 손다이크의 후계자인 게이츠는 1948년에「교육심리학」을 출판하였는데 이 책에서 그는 일반심리학의 단순한 적용을 넘어 독자적인 영역과 방법을 가미하였다. 즉 학습과 학습이론, 검사와 측정, 발달심리와 더불어 성격, 정신건강, 상담, 심리치료, 무의식적 동기에 대한 내용을 비중 있게 다루었다. 게이츠는 일반적인 이론(학설)과 원리가 갖고 있는 실제적인 교육적 의미를 분석하고, 교육의 실천과정에서 생기는 여러 가지 결과들에 대하여 논의함으로써 학습의 증진에 중점을 두었다.

스키너는 1947년에 출간한 「교육심리학」에서 교육심리학을 교육적인 상황에서 반응을 보여주는 개인의 경험과 행동을 다루는 학문이라고 규정하였다. 즉 그는 교육심리학을 심리학의 모든 사실과 원리 중에서 개인 생활과 사회적 활동에 관련된 내용을 포함하여, 교수와 학습에 있어서 특별한 원리가 있는 것을 다루는 것이고, 아울러 개인의 성장과 발달의 모든 영역과 단계에 관여하는 것이라고 간주하였다.

크론바흐는 1954년에 출간한 「교육심리학」에서 교육심리학은 순수한 학문적 내용만을 다룰 것이 아니라 실제 학교교육문제에 대한 실천적인 내용을 다루는 것이 되어야 한다고 강조하였다. 그는 교육심리학과 관련하여 네 가지를 강조하였다. 첫째, 교육심리학은 학교 교육과 관련되는 여러 가지 문제들을 해결하는데 관련되는 것이어야 한다. 둘째, 교육심리학은 과학적인 조사연구에 토대를 두어야 한다. 셋째, 교육심리학은 개인의 행동들이 바람직하게 형성되도록 하는데 통합적으로 작용하여야 한다. 넷째, 교육심리학은 그 내용이 실제적인 예시로서 명확하게 제시되어야 한다는 것이다(오만록, 2004).

이렇게 독자적인 학문체계로서의 교육심리학은 1960년대 이후 메이거(Mager)의 수업목표의 설정에 대한 연구, 가네(Gagné)의 학습의 조건 등에 대한 연구를 통한 학습효과의 향상을 위한 교수모형 개발, 구성주의 등 인지심리학의 발달에 따른 새로운 수업설계 모형 제시, 그리고 매슬로우(Maslow), 로저스(Rogers) 등으로 대표되는 인본주의자들의 교육현장에서 인간의 전인적 발달을 위한 정의적 측면에 대한 강조 등, 다양한 이론적인 접근과 연구방법 등의 발달을 이루면서 발전하고 있다.

제3절 교육심리학의 연구방법

교육심리학의 연구방법은 일반심리학의 연구방법과 크게 다르지 않다. 다만 그 연구의 대상이 가치를 지닌 인간이며, 궁극적으로 인간의 발전적 변화를 기대한다는 점에서 결과의 유용성에 보다 관심을 가진다.

현대의 대부분의 학문에서 그러하듯이 교육심리학도 과학적 방법을 중시한다. 그렇기 때문에 자연과학에서 사용되어온 실험법 등과 같은 여러 가지 연구방법, 사회과학에서 사용되고 있는 통계적 방법 등도 다양하게 활용된다.

교육심리학의 연구유형은 여러 가지로 분류된다. 기초연구와 응용연구, 변인 조작 여부에 따라 실험연구와 상관연구, 대상집단과 기간에 따라 횡단연구와 종단연구, 자료수집 방법에 따라 관찰연구와 조사연구 등으로 구분하기도 한다. 여기에서는 대표적인 연구방법들을 중심으로 소개한다.

1. 관찰법(observation method)

관찰법은 체계적 연구의 기초가 되는 방법으로 연구 대상자가 갖고 있는 특성들을 분석하는 데 유용하다. 다만 관찰은 관찰 상황에 영향을 미치는 외적 변인들을 통제하기 어렵고, 결과 해석의 문제에 있어서도 주관적 판단 가능성 등의 문제를 안고 있다.

관찰은 관찰대상의 통제 여부에 따라 자연적 관찰과 실험적 관찰로 구분된다. 자연적 관찰이란 관찰대상에 대해 어떠한 인위적 조작도 가하지 않은 상태에서의 관찰로서 일상적인 상태에서의 관찰인 우연적 관찰과 목표를 가지고 실시하는 조직적 관찰로 구분된다. 조직적 관찰에는 행동 요약법, 시간 표본법, 장면 선택법, 참가 관찰법,

전기적 관찰법 등이 있다.

- 행동 요약법(behavior summaries): 국한된 행동을 관찰하고 그 결과를 요약하는 방식이다. 생활기록부의 작성이 대표적인 예이다.
- 시간 표본법(time sampling): 일정한 시간 내에 그 행동이 몇 번이나 일어나는가를 관찰하는 방법이다. 이때 관찰을 위해 지정된 시간은 나머지 시간에 대하여 대표성을 가진다. 1분간의 맥박 수, 1시간 동안의 질문자 수 등이 전체를 대표하는 경우이다.
- 장면 선택법(situation sampling): 관찰하려는 장면을 선택하는 방법이다. 예컨대 아무도 없는 빈 교실에서 보여주는 철수의 행동을 관찰하는 것처럼, 관찰대상자가 특정한 상황이나 장면에서 어떤 반응을 보이는지를 관찰하는 것이다.
- 참가 관찰법: 이것은 관찰자가 대상자 집단에 들어가서 함께 활동하며 관찰하는 방법이다. 대상자들의 특성을 가장 잘 파악할 수 있는 장점이 있으나, 때로는 대상자가 관찰자를 의식하여 행동하는 문제점이 있다.
- 전기적 관찰법: 우연적 관찰, 조직적 관찰을 모두 사용하는 종단적 관찰방법이다.

2. 실험법(experiment method)

실험법은 인과관계를 밝히기 위한 연구방법이다. 즉 인위적으로 조작한 변인(독립변인)과 독립변인의 조작에 의하여 영향을 받는 결과변인(종속변인) 간의 차이를 분석하는 방법이다.

실험법은 두 변인 간의 차이를 판별해 내기 위해 보통 실험집단과 비교집단으로 나누어 실험을 실시 하는 데 이와 같은 방법을 통제군법이라고 한다. 통제군법은 교육심리학의 기초자료를 얻어 내는 데 매우 유용하며, 가장 널리 사용되고 있다. 그러나 통제군법과 같은 실험적 방법은 통제되어야 할 조건들이 매우 많고 까다로우며, 실험결과의 일반화에 어려움이 있는 등의 문제가 있다. 특히 교육현장에서 인간을 대상으로 한 실험적 방법은 엄격한 통제가 어려울뿐더러 교육 본래의 목적을 훼손하지 않고 실시하기가 쉽지 않다는 단점이 있다.

실험과정에서 실험집단과 비교집단은 조건을 잘 통제하여 선발해야 한다. 예를 들어 한 교사가 자신이 개발한 학습법이 효과적인지를 살펴보기 위하여 실험집단을 공부를 잘하는 학생들로 선발하고 비교집단을 공부를 못하는 학생들로 선발하여 실험집단에게 자신이 개발한 학습법을 투입하였다면, 그 결과는 새로운 학습법에 의한 효과라고 말할 수가 없을 것이다. 그러므로 연구자는 실험집단과 비교집단 모두가 학력수준, 성별, 가정배경, IQ 등에서 동등한 조건을 갖도록 배치해야 한다. 이러한 실험법에는 싱글 블라인드 실험법과 더블 블라인드 실험법이 있다(김유진외 역, 1997).

▪ 싱글 블라인드(single-blind) 실험법

한 연구자가 음주가 운전에 미치는 영향을 연구하려고 한다면 연구자는 피험자들을 둘로 나누어 한 집단은 음주의 영향을 받게 하고(실험집단), 다른 한 집단은 음주의 영향을 받지 않게(비교집단) 실험을 조작할 것이다. 그런데 이 과정에서 문제가 되는 것은 피험자들이 자신이 실험집단에 속하고 있는지, 아니면 통제집단에 속하고 있는지를 사전에 알고 있을 경우, 실험결과가 영향을 받는다는 것이다. 이런 경우 연구자는 실험집단에게는 알코올을 주사하고 비교집단에게는 운전에 영향을 주지 않는 식염수를 주사하는 식으로 실험집단과 비교집단 모두가 일정한 처치를 받도록 함으로써 피험자들 자신이 실험집단에 속하는지 비교집단에 속하는지를 모르게 실험을 조작할 수가 있다. 이런 경우의 실험조작을 싱글 블라인드 방법이라 한다.

▪ 더블 블라인드(double-blind) 실험법

싱글 블라인드 방법도 문제는 있다. 싱글 블라인드 방법은 피험자들이 자신이 무슨 집단에 속하는지를 알 수 없도록 실험을 조작하지만, 실험자가 갖고 있는 평소의 신념이나 생각이 실험에 반영되는 것을 피할 수 없는 단점이 있다. 즉, 위의 사례를 예로 들면, 실험자가 애주가이거나, 평소에 음주운전을 괜찮은 것으로 생각하고 있었던 사람이라면 이러한 생각이 실험자의 관찰에 영향을 줄 것이라는 점은 자명한 일이다. 그러므로 이러한 문제를 극복하기 위하여 실험자가 아닌 제3자가 피험자들에게 알코올 처치와 식염수 처치를 하게 하여 실험자가 어느 집단에 속하는지를 모르도록 조작함으로써 실험자는 보다 객관적인 관찰을 할 수 있는데 이와 같이 실험을 조작하는 경우를 더블 블라인드 방법이라 한다.

3. 질문지법(questionnaire method)

질문지법은 자료를 수집하는데 널리 이용되는 방법이다. 이것은 관찰이나 실험을 통해 얻기 어려운 분야, 즉 학습자의 내재적 특성 등과 같이 학습자 스스로 표현해야 할 필요가 있는 분야를 연구하고자 할 때 이용된다.

질문지법은 쉽게 연구대상자의 특성을 조사할 수 있는 방법이기는 하나 반응자의 태도에 따라 응답결과의 신뢰도와 타당도가 낮아지는 점이 단점이다. 응답자가 성실하지 못한 답변을 했다거나 응답율이 저조한 경우에는 결과의 의미 해석이 곤란할 수 밖에 없다. 그러므로 질문지법은 질문의 간단 명료성, 응답의 자유, 응답자의 비밀보장 등의 장치가 선행되어야 한다.

질문지법은 응답의 형식에 따라 여러 가지로 나누어 진다.

▪ 자유응답법

응답자가 제한 없이 자신의 감정이나 의견을 제시 할 수 있는 방법이다.

예 1) 나는 우리나라가 ______________________________

예 2) 당신은 우리나라가 어떻다고 생각합니까? ____________________

▪ 선택법

일정한 수의 예시 문항을 주고 이들 중에서 선택하게 하는 방법이다.

예) 다음의 제시된 과목 중에서 당신이 가장 좋아하는 과목 1개에 ∨표를 하시오.

국어(　　)　　영어(　　)　　수학(　　)　　과학(　　)

▪ 평정척도법

미리 정해진 척도에 따라 응답하게 하는 방법이다. 평정척도는 3단계, 5단계, 7단계 등이 많이 쓰인다.

▪ 등위법

질문내용을 열거하고 각 항목에 대해 순위대로 응답하는 방법이다.

예) 좋아하는 과목 세 가지를 고르고 순서를 쓰시오.

국어( ), 영어( ), 수학( ), 사회( )
과학( ), 음악( ), 미술( ), 체육( )

▪ 배합비교법

이 방법은 주어진 항목들을 비교 응답하게 하는 방법이다.

예) 다음에 제시된 과목 쌍 중에서 좋아하는 과목에 표하시오.

① 국어( ) ② 국어( ) ③ 수학( ) ④ 수학( )
영어( ) 과학( ) 영어( ) 사회( )

4. 투사법(projective method)

투사법은 정신분석학에 바탕을 두고 있는 인간 심리의 연구방법으로 인간의 내면적 특성을 무의식적으로 투사(project)하게 하는 방법이다. 투사법은 응답자가 자신도 모르는 억압된 상태를 자유롭고 다양하게 표현하게 할 수 있으므로, 감정이나 정서, 성격 등을 판별하는데 유용하게 이용되고 있다. 그렇지만 반응결과의 해석이 어려워 채점자 신뢰도가 낮다는 단점이 있다.

가장 대표적인 투사법은 HTP(House-Tree-Person)검사, 잉크반점검사(ink blot test), 주제통각검사라고도 부르는 TAT(thematic apperception test) 등이 있다.

▪ H.T.P(House-Tree-Person) 검사

1948년 Buck에 의해 개발되었는데 Buck이 H.T.P를 한 이유는 유아에서 노인까지 친밀감을 가질 수 있어 가능하게 생각했으며, 개인적 성격의 다양한 면을 볼 수 있다는 점이다. H.T.P는 그린 후의 질문이 더 중요하며 자유롭게 질문하는데 '사람은 누구를 그렸는지, 몇 살인지, 성격은 어떤지, 무엇을 하고 있는지 등의 질문은 그림을 이해하는 데 도움을 준다. 예를 들자면 '이집은 어떤 집이냐?' 이런 식의 질문은 피하고 '이 집은 멀리 있느냐, 가까이 있느냐' 의 질문을 통해 가족에 대한 심리적인 상태를 알 수 있다. 또한, H.T.P기법은 진단도구로 가장 많이 활용하고 있으며 치료 전후의 상태를 진단하는 데 유용하다. 이 도구는 집, 나무, 사람을 그리게 함으로써 가족의 역할과 자신에 대한 느낌, 내담자가 가지는 자아개념 등을 알 수 있다.

▪ 잉크반점검사

잉크반점검사는 스위스 정신의학자인 로올샤흐(Rorschach)가 1920년에 개발하였다. 이 검사는 10매의 카드로 구성되어 있는데, 각각의 카드는 데칼코마니와 같은 형태로 제작되어 있다.

검사자는 피험자에게 카드를 한 장씩 제시하고 그 카드의 그림에 대한 연상을 표현하게 하는데 이를 통하여 개방성, 경쟁성, 협동성, 개인의 내면 심리 등의 특성을 분석해 내는 것이다.

▪ TAT

TAT 검사는 하버드 대학교의 머레이(H. Murray)와 모건(C. Morgan)이 1935년에 만든 것으로서 개인의 심리적 역동 상태를 진단하는 데 이용된다. 이 검사는 31매의 애매모호한 그림들로 구성되어 있는데 피험자의 연령이나 성별에 따라 이 중 20매를 사용한다. 피험자는 그림을 보고 자유롭게 상상한 내용을 응답하게 되는데, 응답 내용을 분석하여 동기, 욕구, 성격 등에 포함된 억압상태를 분석하게 된다.

TAT의 검사지는 [그림 1.1]과 같이 한 젊은 여인이 오른손으로 얼굴을 가리고 왼팔을 문 쪽으로 뻗혀 머리를 수그린 채 서있다. 해석은 우울감으로 표현 되는데 부모관계나 배우자 관계에서 파에 일부분으로 묘사되는 경우가 많다. 이런 그림들은 상황설명이 불투명한 내용들로 피험자는 그림을 보면서 그림 속의 사람과 자신을 동일시하고 그에 따라 자신의 내면세계를 표현하게 된다.

TAT는 억압된 내면세계를 표현하게 하는 데는 아주 좋은 검사이지만 반응결과의 해석이 어려워 높은 채점자 신뢰도를 얻기가 어렵다는 것이 단점이다.

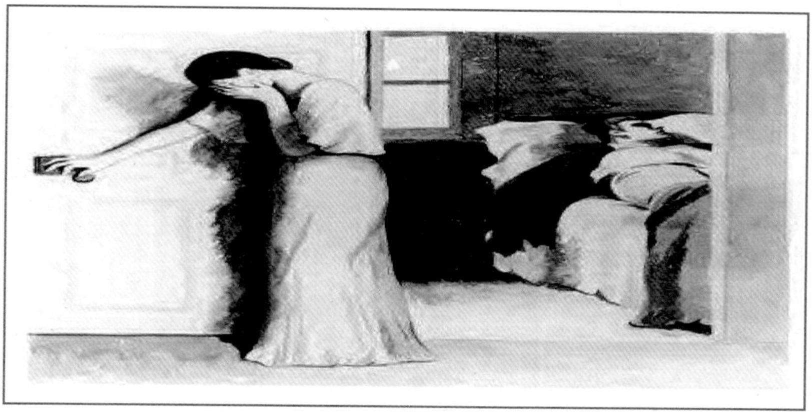

[그림 1.1] TAT 검사지의 예

▪ 그림좌절검사

그림좌절검사(picture frustration test)는 일상생활 속에서 흔히 겪게 되는 좌절상태를 만화처럼 만들고 자신이 그 그림 속의 인물이 되어 응답하게 하는 검사이다. 응답 문항은 25문항 정도이며 각각의 응답상황은 서로 다르다. 남의 집에 방문했다가 구두가 바뀐 경우, 지나가는 차가 흙탕물을 튕긴 경우, 나의 집 꽃병을 손님이 깨트린 경우 등 일상생활 속에서 나타날 수 있는 좌절상태의 그림들로 구성되어 있다.

[그림 1.2] 그림좌절검사의 예

투사적 검사방법은 이 이외에도 문장완성검사, 형태검사, 핑거 페인팅 검사(finger painting test) 등이 있다.

문장완성검사(성인용)

이름:　　　　성별:　　　나이

문항	내용	비고
1	나에게 이상한 일이 생겼을 때는 ~	
2	내 생각에 가끔 아버지는 ~	
3	우리 윗사람들은 ~	
4	나의 장래는 ~	
5	어리석게도 내가 두려워하는 것은 ~	
6	내 생각에 참다운 친구는 ~	
7	내가 어렸을 때는 ~	
8	남자에 대하여 무엇보다도 좋지 않게 생각하는 것은 ~	
9	내가 바라는 여성(남성)상은 ~	
10	남녀가 같이 있는 것을 볼 때는 ~	
11	내가 늘 원하는 것은 ~	
12	다른 가정과 비교해서 우리 집안은~	
13	나의 어머니는 ~	
14	무슨 일을 해서라도 잊고 싶은 것은 ~	
15	내가 믿고 있는 내 능력은 ~	
16	내가 정말 행복할 수 있으려면 ~	
17	어렸을 적에 잘못했다고 느끼는 것은 ~	
18	내가 보는 나의 앞날은 ~	
19	대개 아버지들이란 ~	
20	내 생각에 남자들이란 ~	
21	다른 친구들이 모르는 나만의 두려움은 ~	
22	내가 싫어하는 사람은 ~	
23	결혼생활에 대한 나의 생각은 ~	
24	우리 가족은 나에 대해서 ~	
25	내 생각에 여자들이란 ~	
26	어머니와 나는 ~	
27	내가 저지른 가장 큰 잘못은 ~	

문항	내용	비고
28	언젠가 나는 ~	
29	내가 바라기에 아버지는 ~	
30	나의 야망은 ~	
31	윗사람이 오는 것을 보면 나는 ~	
32	내가 제일 좋아하는 사람은 ~	
33	내가 다시 젊어진다면 ~	
34	나의 가장 큰 결점은 ~	
35	내가 아는 대부분의 집안은 ~	
36	완전한 남성상은 ~	
37	내가 성교를 했다면 ~	
38	행운이 나를 외면했을 때 ~	
39	대개 어머니들이란 ~	
40	내가 잊고 싶은 두려움은 ~	
41	내가 평생 가장 하고 싶은 일은 ~	
42	내가 늙으면 ~	
43	때때로 두려운 생각이 나를 휩쌀 때는 ~	
44	내가 없을 때 친구들은 ?	
45	생생한 어린 시절의 기억은 ~	
46	무엇보다도 좋지 않게 여기는 것은 ~	
47	나의 성 생활은 ?	
48	내가 어렸을 때 우리 가족은 ~	
49	나는 어머니를 좋아 했지만 ~	
50	아버지와 나는 ~	

5. 면접법(interview method)

면접법은 연구자가 직접 대상자와의 면담을 통해 자료를 얻는 방법이다. 면접은 질문지법에서 얻을 수 없는 생생한 사실감과 분위기 그리고 대상자의 표현 행동 등을 직접 체험할 수 있으므로 여러 정보를 동시에 얻을 수 있다. 그러나 면접법은 시간과 비용이 많이 들고 면접자의 면접 능력에 따라 결과가 왜곡되는 등의 문제점도 있다. 킨제이(Alfred Kinsey)는 면접법을 통하여 인간의 성행위에 대하여 밝힌 것으로 유명하다. 좋은 면접을 위해 유의해야 할 사항들은 다음과 같다.

· 부드럽고 안정된 분위기를 만들어야 한다.
· 면접자와 응답자 간에 따뜻한 신뢰관계(rapport)가 형성되어야 한다.
· 응답의 방향을 유도하여서는 안 된다.
· 선입관이나 편견을 가져서는 안 된다.
· 응답 내용을 주관적으로 해석하여 기록하지 말아야 한다.

6. 사회관계도법(sociometry method)

모레노(Moreno)가 1953년 처음 시작한 이 방법은 집단의 구조, 역동 관계 등을 분석하는 데 이용된다.

오늘날 학교현장에서 널리 이용되고 있는 이 사회관계도법은 집단 구성원 간의 친구 관계, 배척 관계, 집단내의 개인의 영향력, 고립아 등을 판별해 내는 데 유용하다.

사회관계도법은 작성방법에 따라 사회관계 행렬표(sociometric matrix)와 소시오그램(sociogram)이 있는데, 소시오그램이 보다 널리 사용된다.

사회관계도 작성을 위한 질문은 응답자의 연령 수준에 따라 질문의 내용이 조금씩 다른데 대략 다음과 같다.

· 옆자리에 함께 공부하고 싶은 사람은?
· 놀이에서 한 팀이 되고 싶은 사람은?
· 여행을 함께 하고 싶은 사람은?

응답 인원은 자유롭게 할 수 있으나 보통 1~3명이 적당하다.

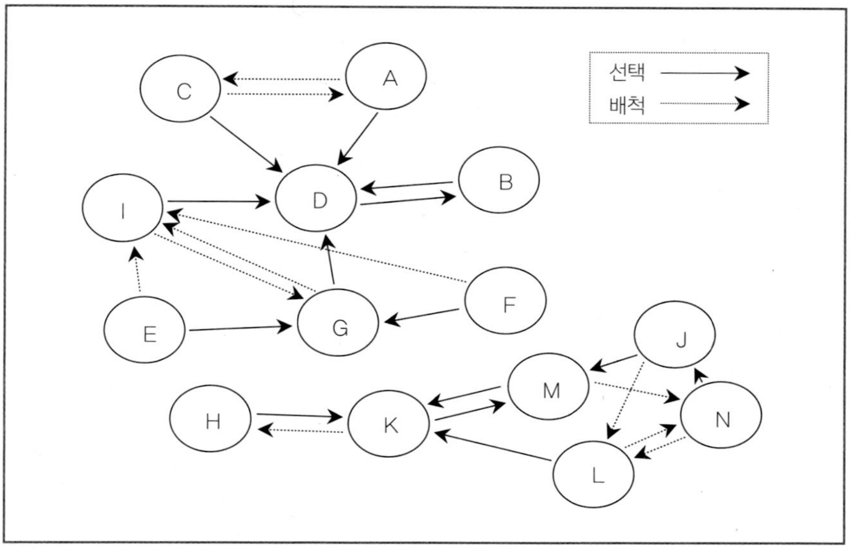

[그림 1.3] 소시오그램의 예

7. 표준화 검사(standardization test)

표준화 검사는 측정도구와 측정방법 및 측정결과의 해석 등이 표준화되어 있으므로 별도의 검증과정 없이 쉽게 사용할 수 있다. 표준화 검사는 개발과정은 복잡하지만, 활용은 복잡하지 않으며, 짧은 시간 내에 광범위한 대상들에 대하여 실시할 수 있는 장점이 있다.

표준화 검사는 척도와 규준이 개발자에 의하여 일정한 검증과정을 거친 것이므로 특별한 기준이 없이도 쉽게 검사하고 해석할 수 있다. 우리나라에는 다양한 종류의 표준화 검사가 보급되어 있는데 그중에서 지능검사, 성격검사, 적성검사, 학력검사 등이 대표적이다.

8. 기타

위에서 제시한 연구방법 이외에도 사례연구(case study), 일기, 자서전, 자문 등의 방법이 있다.

| 단원 마무리 |

질문을 만들어 보고 동료들과 이야기를 나눠 보세요.

♠ 정답이 있는 질문(교재에서 답을 찾을 수 있는 질문)

· 교육심리학의 의미는 무엇입니까?

·

·

·

♠ 정답이 없는 질문(더 궁금하고, 이유나, 추론, 적용 등을 묻는 질문)

· 가장 자신의 생각과 근접한 학자와 이론은 무엇입니까?

·

·

·

제2장 인간의 발달

제2장 인간의 발달

효과적인 교수학습을 위해서는 교육의 대상인 학생들의 발달과정에 대한 이해가 중요하다. 학생의 발달과정에 대한 이해는 학생의 발달단계와 특성에 맞는 교육계획 수립과 교육의 효과성 증진에 도움을 준다. 따라서 이 장에서는 발달의 개념, 인간의 발달과정에서 유전과 환경의 영향, 발달이론의 기초 개념, 그리고 인간의 인지발달, 사회성 발달, 도덕성 발달, 성격발달 등에 초점을 맞추어 인간의 발달과정을 고찰한다.

제1절 발달의 개념

1. 발달의 정의

발달(development)은 유전과 환경의 영향을 받아 인간의 생명이 시작되는 수정의 순간에서부터 시작하여 죽음에 이르기까지의 전 생애에 걸쳐서 일어나는 일련의 변화로 정의된다. 따라서 발달적 변화 과정에는 신장 및 체중의 증감과 같은 신체적 변화뿐만 아니라 지능, 성격, 도덕성 및 사회성 등과 같은 심리적 변화와 같은 변화들이 포함된다. 헐록(Hurlock, 1953)은 발달을 크기의 변화(changes in size), 비율의 변화(changes in proportion), 새로운 특징의 획득(acquisition of new features), 낡은 특징의 소실(disappearance of old features)로 규정하고 이들이 서로 상호작용하여 일어나는 과정이 발달이라고 보았다. 이렇듯 발달은 변화의 과정을 수반한다.

발달적 변화의 과정은 유기체의 어떤 특징이 양적으로 증대되고 구조가 정밀해지고 복잡해지는 긍정적이고 상승적인 변화와 구조와 기능면에서 점차적으로 쇠퇴해 가는 부정적인 변화까지 포함된다. 예전에는 아동기와 청년기의 변화는 긍정적이고 상승적인 변화이며, 장년기와 노년기 이후의 변화는 부정적인 변화라는 생각이 우세하였으나, 최근의 지능에 대한 한 연구는 추리력과 언어능력은 연령의 증가와 더불어 반드시 감소하는 것은 아니며 경우에 따라서는 꾸준히 증가하고 있음을 보여주고 있다(김유진 외 역, 1997). 따라서 장년기 또는 노년기 이후의 인간의 발달이 감퇴한다는 생각은 인간의 발달을 제대로 이해하지 못하고 있는 것이다.

발달과 의미가 비슷하게 사용되는 용어로 성장(growth)과 성숙(maturation)을 들 수 있다. 성장은 신체적 변화 중에서 키나 몸무게의 증가와 같은 양적인 변화에 국한하여 사용되는 개념이며 외부의 자극이 없어도 자연히 일어나는 비교적 환경의 영향을 적게 받는 변화를 말한다. 성숙은 유전의 영향으로 인한 영구치의 돌출, 사춘기의 2차 성 특징의 출현 등 부모로부터 물려받은 유전인자가 지니고 있는 유전정보에 따라 일어나는 신체적, 심리적 변화를 의미한다(김태련 외, 1992). 성숙은 자연적으로 그리고 자발적으로 일어나며 또한 대부분은 유전적으로 프로그램화되어 있다. 그러므로 성숙은 성장을 기초로 하여 나타나는 질적인 변화이다. 신체가 성장해서 생리적으로 성생활이 가능하게 되면 성적으로 성숙했다고 말하며, 친구를 사귀고 사회생활에 장애 없이 잘 적응하는 것을 사회적으로 성숙했다고 한다. 성숙이 교육적으로 중요한 이유는 학습(learning)과 관련이 있기 때문이다.

학습은 성장이나 성숙과는 구별되는 행동의 변화이다. 학습은 후천적인 연습이나 특별한 훈련에 의해서 생겨나는 행동변화를 의미하는 것으로 자연적인 변화인 성장이나 성숙과 구분된다. 무력한 신생아가 개별적인 성인으로 변화해 가는 과정은 부분적으로 성숙의 문제이다. 신생아가 신체적, 신경적 구조가 충분한 효능을 발휘하기까지는 일정한 시간을 필요로 하기 때문이다. 그렇지만 신생아로부터 성인이 되는 대부분의 변화는 학습의 결과이며 실제로 학습은 "경험에 의한 행동의 지속적인 변화"로 정의되고 있다(김유진 외 역, 1997). 어린이가 동일한 환경에 계속적으로 반응할 때 그가 나타내고 있는 행동은 그 이전의 경험에 영향을 받아 변화한 것이다. 학습을 통하여 개인의 발달이 촉진되지만 그렇다고 학습이 무한정 개인의 발달을 촉진시키는 것은 아니며 학습할 수 있는 발달적 준비가 되어 있어야만 학습이 촉진되는 것이다. 게셀(A. Gesell)과 톰슨(H. Thompson)의 46주 된 일란성 쌍생아의 계단 오르기 실험에서 볼 수 있는 바와 같이 46주 된 아이를 6주간 연속하여 행한 결과보다는 생후 53주부터 2주간의 훈련을 받은 아이가 효과적으로 계단을 올랐다는 실험결과는 훈련과 연습은 어느 정도의 성숙이 이루어졌을 때 효과적이라는 것을 의미한다. 학습은 기본적으로 성숙을 염두에 둔 준비성(readiness)에 대한 고려가 있어야 한다.

2. 발달에 영향을 주는 요인

발달을 규정하는 중요한 요인은 무엇인가. 생득적인 측면에서는 난자와 정자가 결합하는 순간이 결정적인 역할을 한다. 양 세포의 염색체와 유전인자는 이미 결정된 방향으로 성장을 유도한다. 그렇다고 이 염색체와 유전인자가 완벽하게 성장을 유도한다고 볼 수는 없다. 잉태시의 유전적 정보는 이 정보가 발현될 수 있는 환경적 조건이 얼마나 구비되어 있느냐에 영향을 받기 때문이다. 뮤센(P. H. Mussen)은 발달에 영향을 주는 기본적 요인을 ① 유전적으로 결정되는 생물학적인 요인, ② 비유전적인 생물학적인 요인(출생 시의 산소 부족이나 교통사고로 인한 뇌 손상 등), ③ 발달과정에 있어서의 학습, ④ 직접적인 사회적·심리적 환경(부모, 형제, 친구, 교사 등), ⑤ 어린이를 가르치는 총체적인 사회적·문화적 환경으로 나누고 있는 바, ①과 ②는 개체적 요인이며 나머지 셋은 환경적 요인이다. 이 점에서 교육은 발달을 규정하는 중요한 환경적 요인이다(강봉규, 1992).

물론 오늘날 인간의 발달이 유전 또는 환경에 의해서 결정된다는 양극단의 입장을 취하는 사람은 극히 드물다. 오늘날의 일반적 관점은 인간의 발달은 유전과 환경 양자의 영향에 의한 것이라는 점이다. 여러 가지 심리적 특성과 신체적 특성에 있어서는 유전이 발달의 경향성과 한계를 결정해 준다. 그러나 그 후에는 환경이 선천적인 특성들의 기능과 발달을 고무하기도 하고 좌절시키기도 한다. 즉 어떠한 유전적 정보가 완전히 발현되기 위해서는 이에 필요한 환경적 조건이 갖추어져야 한다는 뜻이다.

발달에 관한 오늘날 논쟁의 핵심은 선천성과 후천성의 상대적 중요성에 관한 것이라고 볼 수 있다. <표 2.1>은 IQ의 가족 간의 유사성으로 인간발달의 과정에서 유전과 환경의 문제를 설명하는데 좋은 시사를 준다.

〈표 2.1〉 IQ의 가족간의 유사성

관계 \ 상관	범위	평균
함께 양육된 무관계 아동	.00–.39	.22
부모와 양자로 삼은 아동	.09–.51	.31
따로 양육된 형제자매	.30–.41	.36
부모와 자녀	.26–.81	.46
함께 양육된 형제자매	.29–.71	.48
따로 양육된 일란성 쌍생아	.60–.84	.71
함께 양육된 일란성 쌍생아	.70–.95	.88

* 이 표는 김유진 외 역, 1997에서 재구성한 것임

1) 유전 요인

유전론은 개체의 성장 발달이 환경보다는 유전적 소질의 지배를 받으며 환경의 자극에 의한 발달과 변화는 부수적인 것으로 보는 입장이다. 발달은 개인이 가지고 있는 본성 속에 내재해 있는 내부법칙에 의해 규정되며 개체의 신체적 특성뿐만 아니라 심리적 특성까지도 유전적 요인에 의하여 결정된다고 본다.

고다드(H. H. Goddard)의 마틴 캘리캑(M. Kallikak) 가계에 대한 연구는 인간의 발달과정에서 유전적 요인의 중요성을 강조하는 고전적인 예이다. 캘리캑이 정상적인 여성과 결혼하여 낳은 496명의 자손들은 대부분이 보통 이상의 훌륭한 인물이었으며 의사, 변호사, 공무원, 교수 등 전문직에 종사하는 자손들이 비교적 많았다. 이에 비하여 정신박약 여성과 동거하여 출생한 자손들은 480명 중 46명만이 정상이었고 143명은 정신 박약자였으며 나머지도 문제를 가진 사람들이었다(E. R. Hilgard, 1973). 덕데일(R.

Dugdale)이 맥스 쥬크(Max Juke)라는 부랑아 자손 7대 540명을 조사한 결과도 이들 중 20여명 정도만 자기 능력으로 살아가고 있었고 나머지는 범죄, 비행 그리고 질병투성이인 전형적인 열등가계였다.

쌍생아의 연구는 많은 행동에서 유전의 증거를 제시한다. 일란성 쌍생아는 하나의 수정란으로부터 발달하므로 유전적 구성이 동일하다. 일란성 쌍생아가 함께 양육된 경우 지능간의 상관은 .86으로 매우 높게 나타나며 분리되어 양육된 경우도 .79로 높게 나타나고 있다(송명자, 1997). 정신분열증은 일란성 쌍생아의 한쪽이 정신분열증 환자이면 다른 쪽도 정신분열증 환자가 될 확률이 50% 정도이다. 이러한 상관은 무작위로 표집된 아동 간의 IQ의 상관이 0이고, 보통 사람들 중에서 정신분열증에 걸릴 확률이 1%임을 생각할 때 매우 높은 수치이다(김유진 외 역, 1997).

젠센(A. Jensen)은 최소한 지능의 80% 정도는 유전 요인으로 설명할 수 있다고 주장하였다. 또한, 자신의 측정에 근거하여 볼 때, 흑인이 백인보다 지능이 평균 10-15점 정도 낮으며 중상류층의 흑인들도 중상류층의 백인들보다 지능지수가 낮음을 발견하였다. 젠센은 흑인의 유전인자는 일반 전집의 유전인자와 다르게 보아야 한다고 주장하였다. 즉 그는 흑인과 백인 사이에는 선천적으로 결정되는 지능의 차이가 있다고 결론지었다(임창재, 1995).

뉴먼(Neuman) 등은 일란성 쌍생아와 이란성 쌍생아에 관한 연구를 통하여 그들의 체구에서 유전적 요인이 작용하고 있음을 밝혀냈다. 즉 한 가정에서 기른 일란성 쌍생아가 이란성 쌍생아보다 지능, 신장, 체중, 손의 길이와 넓이에서 더욱 유사성이 많음을 지적하였다(R. Strang, 1969).

〈표 2.2〉 쌍생아의 유사성 상관계수표

구분	일란성 쌍생아	이란성 쌍생아	형제 간
신장	0.93~0.95	0.50~0.65	0.50
IQ	0.91	0.63~0.70	0.50~0.60

이와 같은 연구결과들은 인간의 발달에서 유전 요인이 신체, 지능, 심리적 특성 등 다양한 측면에서 중요하게 작용하고 있음을 말해 준다.

2) 환경 요인

인간의 성장 발달은 개체가 경험하는 환경적 자극이나 훈련과 같은 후천적 요인에 의하여 결정된다고 보는 견해로 경험설, 학습설, 후천설 등으로 불린다. 환경이란 개체에게 직접, 간접적으로 영향을 주는 모든 자극으로 인간은 환경과 상호작용하면서 생득적으로 타고난 소질을 제한 당한다.

인간발달에 있어 환경의 작용에 관한 블룸(B. S. Bloom)의 일반적인 결론은 첫째, 환경은 인간의 특성에서 일어나는 변화의 범위와 종류를 결정해 주는 요인이며, 둘째, 환경이 미치는 영향은 인간발달과정 중에서 가장 급격한 발달을 가져오는 시기에 더욱 큰 영향을 미친다. 셋째, 인간에게 주어지는 환경 중에서 초기의 환경은 발달과정에 보다 큰 영향을 미치며, 넷째, 환경은 원칙적으로 개인에게 변별적으로 작용하나 그 환경이 접하고 있는 모든 개인에게 동일하게 작용할 수도 있다. 다섯째, 환경이 작용하여 일으키는 변화에는 한계가 있다. 따라서 인간의 성장 발달에 있어서 환경의 영향이란 교육적인 측면에서 매우 중요한 것이다(임창재, 1995).

인간의 발달에 있어 환경적 요인의 중요성을 지지해 주는 증거도 상당히 많이 있다. 정신분열증의 경우 정신분열증의 경향성을 물려받은 사람 모두가 실제로 정신분열증에 걸리지는 않는다. 통계적 조사에 의하면 정신분열증 환자들은 대도시의 빈민가와 준 빈민가에서 가장 많다고 한다. 빈민가에 있는 사람들은 빈곤과 좌절을 경험하기 쉽다. 정신분열증은 이러한 빈곤과 좌절이 쌓여 발생하기 쉽기 때문이다. 지능의 경우도 혈족 관계는 없지만 같이 양육된 아동간의 IQ는 긍정적인 상관관계가 있으며, 입양된 아동들의 IQ와 그들을 양육시키고 그들의 환경을 조성한 수양부모의 IQ는 보다 높은 상관관계가 있다. 따로 양육된 일란성 쌍생아의 경우 한 가정에서 양육된 일란성 쌍생아보다도 IQ의 상관이 낮음도 주목해서 볼 필요가 있다<표 2.2 참조>.

남아프리카에서 행해진 한 연구에 의하면 영양부족의 아동들은 적절한 음식물을 공급받은 아동들에 비하여 지능지수가 평균 20점이 낮았다. 또한, 임신 중 영양상태도 IQ에 영향을 준다는 연구결과도 있다. 즉 임신 중 영양제를 공급받은 임신모와 그렇지 않고 영양 결핍 상태에 있었던 임신모 집단의 연구에서도 영양제를 공급받은 여성의 어린이들이 현저하게 높은 IQ를 보여주었다.

환경은 또한 순수한 심리학적인 방법으로 아동의 IQ에 영향을 준다고 볼 수 있는데 아동이 저소득층에서 성장한다는 것은 지능검사가 모든 어린이에게 부여되어 있다고 가정하는 정보에 덜 노출되어 있다는 것을 의미한다. 예를 들면 어휘력 문제에 있어서 저소득층의 어린이들은 부모와 언어적 상호작용을 할 기회와 부모들이 어린이들에게 지적 자극을 주는 시간이 상대적으로 적기 때문에 흔히 학교생활과 지능검사에서 불리한 입장에 있다.

환경의 중요성에 관한 또 하나의 중요한 예는 1930년대부터 십 수년 간에 걸친 아이오와 주의 고아원 원생들에 대한 연구에서 나왔다. 표준화된 지능검사에 의하여 IQ가 평균 64인 13명의 어린 고아들은 정신박약 소녀와 여자를 위한 주립 가정으로 옮겨졌다. 이곳은 덜 혼잡했고 이곳에 있던 정신박약의 소녀와 여자들은 그들의 지적인 문제에도 불구하고 그 어린 13명의 고아들을 위하여 애정 있고 가정적인 분위기를 마련해 줄 수 있었다. 그 가정에서는 장난감과 책을 공급하여 주었고 걷고 이야기하는데 가장 많이 진보하는 어린이들을 격려하고 자극하였으며 함께 기뻐했다. 정신박약자들의 이 인간적인 주의 집중과 자극으로 그 고아들은 놀랄 만한 발전을 보였다. 1년 반 사이에 IQ 평균 점수가 28점이나 올라서 이들은 평균 IQ가 92가 되었고, 정상적인 입양가정으로 옮겨 질 수 있게 되었다. 추후 연구가 보여주기를 그 고아들은 평균 12년의 교육을 마칠 수 있었고 그들 대부분은 성공적으로 직장 생활을 했다. 또한, 그들 전부가 그 지역에서 평균 정도의 직업과 수입 수준으로 살고 있었다고 한다.

이 연구는 다른 곳으로 옮겨 갈 기회가 없어서 그 혼잡하고 자극이 없는 고아원에 남아 있어야 했던 12명의 고아의 생애에 대하여도 연구했다. 이 12명의 고아들은 실상 다른 곳으로 옮겨간 고아들보다 높은 평균 87의 IQ를 갖고 있었다. 그러나 그 후 2년 사이에 IQ 평균이 26점이나 떨어져 61로 낮아졌다. 그들이 성인이 된 후 행해진 추후 연구에 의하면, 그들은 평균 4년 정도의 교육밖에 마칠 수가 없었다고 한다. 그들 중의 3분의 1은 추후 연구 당시도 고아원에 남아 있었고, 그들 중의 단 1명만이 식당에서 접시 닦고 냅킨을 접는 일 이상의 직장에서 일하고 있었다.

레빈(K. Lewin)의 인간의 행동(B)을 개체(P)와 환경(E)의 함수관계로 본 행동방정식 B=f(P · E)도 환경의 중요성을 강조하고 있다. 유기체의 행동은 개체의 내면적 특성과 환경의 구체적인 조건의 함수관계로 설명된다는 것이다. 이 점에서 환경은 개체와 기능적 관련을 맺고 개체의 행동을 규정하는 함수관계에 있을 때 참다운 의미를 갖는다고 볼 수 있다. 따라서 인간의 성장 발달은 환경과의 상호작용에 의하여 전개되는 것이며 교육 역시 환경과의 기능적 관계 하에서 개체의 성장을 돕는 일이다.

인간의 발달은 전적으로 유전에 의해서만 혹은 환경에 의해서만 결정된다고 볼 수는 없으며, 오늘날 이와 같은 양극단의 논리를 전개하는 사람도 거의 없다. 현재의 발달 연구의 동향은 유전과 환경의 양자를 존중하면서 유전과 환경의 상호작용의 유형 및 그 영향에 대한 연구로 관심이 옮겨지고 있다.

3) 유전과 환경의 관계

오늘날 인간의 발달에 있어서 유전과 환경 중 어느 요인이 중요한가의 논쟁보다는 유전요인과 환경요인 모두를 중시하는 절충주의적 입장을 취하고 있다. 이에 대한 대표적인 입장은 스턴(W. Stern)의 폭주설(convergence theory)이다. 즉 발달은 내부적 소질과 외부적 환경 양자의 폭주에 의하여 이루어진다고 보는 입장이다. 이러한 스턴의 생각은 룩센버거(H. Luxenburger)가 대극설(對極說)로 발전시킨 바, 그의 대극설은 인간의 발달 정도를 유전과 환경의 상대적인 관계를 나타내는 대각선상의 점으로 나타내고 있다[그림 2.1 참조].

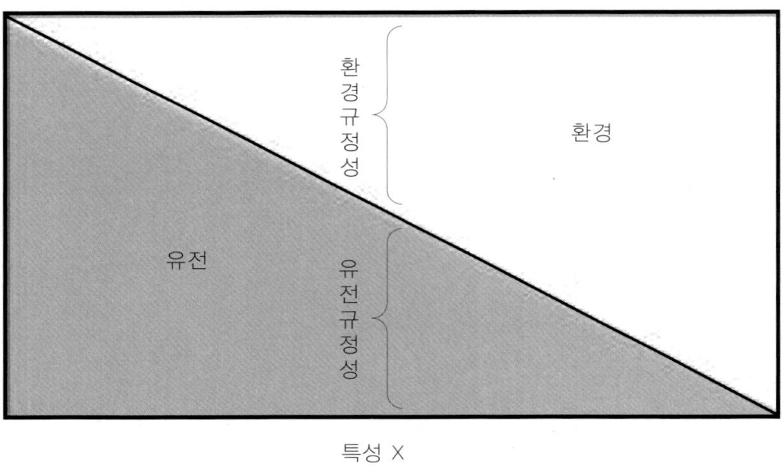

[그림 2.1] 룩센버거(Luxenburger)의 유전과 환경의 관계 도식

이러한 스턴과 룩센버거의 생각은 인간의 발달에 유전과 환경요인이 다 같이 작용하고 있음을 인정하고 있지만 단순히 가산적으로 기여하고 있다는 생각 때문에 가산

적 기여설로 불리고 있다.

폭주설은 1960년대부터 인간의 발달이 개체적 요인과 환경적 요인의 상호작용이란 입장이 수용되면서 비판을 받기 시작하였다. 즉 인간의 발달이란 유전과 환경의 단순한 가산적 작용이 아닌 그 이상의 어떤 것이라는 점이다.

유전과 환경의 대표적인 상호작용설로서는 젠센(A. R. Jensen)의 환경역치설(environmental threshold value theory)을 들 수 있다. 그에 의하면 심신의 기능이 발달함에 있어서 환경은 역치적 요인으로 작용한다. 즉 어떤 유전적 소질이 특성으로서 현실화되기 위해서는 필요한 환경적 요인의 질과 양이 각각 다르며, 각각 고유한 일정한 수준(환경역치)이 따로 있다고 본다. 소질이 있더라도 환경적 조건이 충분히 구비되지 못하고 역치 이하면 그 특성의 발현은 방해받지만, 역치를 넘어서면 현실화되어 발달해 간다는 것이다.

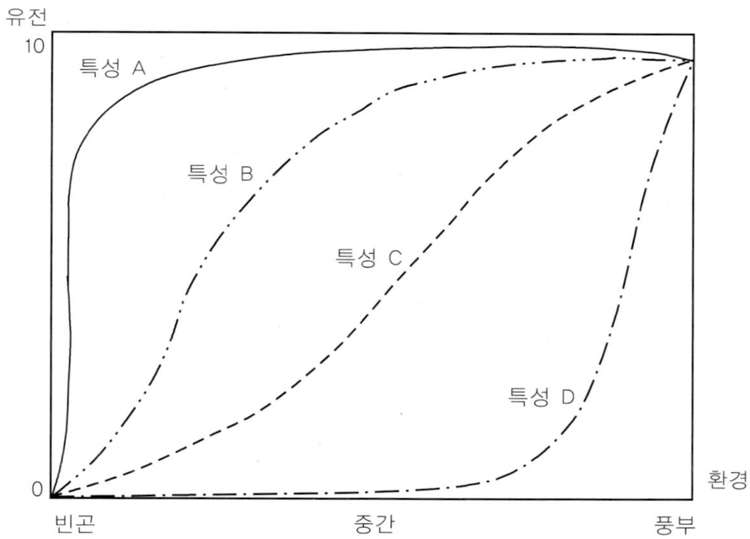

[그림 2.2] 유전적 가능성의 현실화 정도와 환경의 질과의 관계

[그림 2.2]에서 특성 A는 유전의 영향이 강하게 작용하며 극도로 부적절한 환경적 조건이 아닌 한 소질은 그 가능성을 현실화할 가능성이 크다. 이러한 예는 신장을 들 수 있다. 신장은 인간의 특성 중 다른 요인보다 유전적 영향이 크다고 볼 수 있다. 이에 비하여 특성 D는 환경의 영향이 강하게 작용하며 특별훈련이나 풍부한 환경적 조건하에서만 그 가능성이 실현된다. 이의 예는 외국어의 발음구별 능력을 들 수 있다.

또한, 특성 B는 유전적 요인이 상대적으로 큰 경우인데 지능이 그러한 예라고 볼 수 있으며, 특성 C는 학업성취도를 예로 들 수 있다(강봉규, 1992).

여기에서 우리가 주목해 볼 것은 인간의 신체적 특징, 즉 체격, 체질, 혈액형, 피부색 등과 같은 종족이나 민족의 일반적 특징과 부모들의 개별적 특징은 유전의 영향이 커서 환경에 의하여 변화될 소지가 적지만, 인간의 심리적 내지 정신적 특성인 성격, 예의, 개성, 흥미, 문화성 등은 상대적으로 환경의 영향을 많이 받는다는 것이다. 즉 인간의 사회생활과 문화와 관련된 많은 부분은 후천적 요인인 교육의 힘을 통하여 변화될 여지가 많다. 인간의 발달은 결국 내적인 요인인 유전과 외적인 요인인 환경의 상호작용에 의하여 결정되며 양요인의 최대 한계는 교육의 한계가 된다고 볼 수 있다. 따라서 교육은 유전적인 소질을 충분히 발휘할 수 있도록 환경을 조성하여 주어야 하고 개인의 교육적 노력을 통한 발전 가능성을 주지시켜 주어야 한다. 교육은 이 점에서 더욱 중요하다.

제2절 발달의 원리

1. 발달의 원리

인간의 발달에 관한 연구결과의 축적은 인간의 발달과정에 일정한 원칙이 있다는 것을 알게 해 주었다. 발달은 일정한 체계와 규칙적인 원리를 가지고 이루어지는 과정이며 많은 부분은 예측 가능하다.

발달의 일반적인 원리를 살펴보면 다음과 같다(E. B. Hurlock, 1978). 첫 번째 원리는 발달은 유전과 환경의 상호작용에 의하여 이루어진다는 점이다. 개체의 발달은 단순히 유전적인 요인에 의한 것도 아니고, 또한 환경적인 요인에 의한 것만이 아닌 이 양자가 상호작용한 결과로서 나타난다. 레빈(Lewin)은 이를 개체와 환경의 함수관계로 설명하였다.

두 번째 원리는 발달은 변화과정을 포함한다는 것이다. 발달은 전 생애에 걸쳐서 이루어지는 변화의 과정으로서 신체적 변화와 심리적 변화를 모두 포함한다.

세 번째 원리는 발달의 양상은 예측 가능하다는 것이다. 이러한 발달의 양상은 출생 전 · 후의 환경조건에 의해 지체될 수도 부분적으로 촉진될 수도 있다.

네 번째 원리는 발달은 일정한 순서와 방향으로 진행된다는 점이다.

두미(cephalocaudal)발달 원칙은 머리에서 발 방향으로 발달이 진행된다. 즉, 머리 부분이 몸통이나 사지보다 일찍 발달한다는 것이다. 근원(proximodistal)발달 원칙은 안에서 바깥쪽으로 발달이 진행된다. 즉, 중심부가 말초신경보다 먼저 발달한다는 것이다. 팔, 손목, 손, 손가락 순으로 발달이 이루어진다. 세분화(general to specific)발달 원칙은 일반적인 것에서 특수한 것으로 발달이 진행된다. 영아 초기 행동은 몸 전체를 사용하는 거칠고 분화되지 않은 것이지만 점차적으로 분화되고 정밀한 행동으로 대체된다.

[그림 2.3] 발달이 진행되는 방향의 도식화

다섯 번째 원리로는 발달에는 결정적 시기(critical period)와 최적의 시기가 있다는 점이다. 결정적 시기란 어떤 특정한 발달 또는 발달적 변화에 가장 큰 영향력을 갖는 시기를 말한다. 로렌츠(Lorenz)는 새끼 오리에 대한 연구에서 갓 부화한 새끼 오리가 처음 본 움직이는 물체를 쫓아다니는 현상을 발견하였다. 이러한 현상을 각인이라 하는데 이러한 각인 현상은 부화 초기의 짧은 시간만 나타나게 된다(새끼 오리의 각인은 부화한 후 14시간쯤에 가장 잘 일어나며 부화한 후 2일간은 어느 시간에서도 일어날 수 있다). 이것은 발달의 과정에서 어떤 것을 습득할 수 있는 결정적 시기가 있음을 뜻한다.

인간의 발달도 발달 영역에 따라 가장 용이하게 이루어지는 최적의 시기가 즉 결정적 시기가 있다. 태아발달의 경우를 보면 수정 후 보통 2-3개월까지 신체발달의 결정적 시기이다. 정신분석학자인 프로이드도 인간발달과정에서 5-6세까지의 초기경험이 중요하다고 주장한 바 있다. 만일 이러한 결정적 시기에 제대로 학습이 이루어지지 않으면 다음 기회에 많은 노력과 시간을 필요로 하며 후속 학습에도 영향을 미치게 된다. 그러나 인간의 경우는 이러한 결정적 시기의 개념이 아주 한정적으로 작용한다. 비록 인간이 인생의 어떤 시기에 특정 경험에 대해 민감하다 할지라도 후의 경험이 종종 초기경험의 영향을 바꾸어 놓을 수 있기 때문이다(박성연 역, 1996).

여섯 번째 원리는 모든 발달단계 또는 발달 시기마다 그 시기에 대한 사회적 기대가 있다는 점이다. 이러한 사회적 기대는 각 시기의 아동들이 환경에 적응해 가는 과정에 영향을 준다.

일곱 번째 원리는 발달은 점성성(epigenesis)을 갖는다는 것으로 인간의 발달은 항상 지금까지 이루어진 발달의 기초 위에 다음 단계의 발달이 이루어진다는 점이다.

여덟 번째 원리는 발달에는 개인차와 성차(性差)가 있다는 점이다. 인간은 보편적인 순서에 따라 발달하지만 개인별로는 개인차와 성차가 있다. 즉 개인별 또는 성에 따라 발달의 속도나 정도가 동일하지 않은데, 이러한 사실은 교육에 있어서 개별지도의 필요성을 말해주는 것이다. 각 개인의 개인차를 고려한 교육은 인간의 발달을 최적화할 수 있기 때문이다.

제3절 발달의 연령별 특성

인간의 발달단계를 나누는 관점은 학자들 간에 다소 차이가 있으나 다음과 같이 대략 9단계로 나누어 볼 수 있다.

1단계: 태아기(임신부터 출생까지)
2단계: 신생아기(출생 후 4주까지)
3단계: 영아기(출생 후 4주에서 2세까지)
4단계: 유아기(2세 이후 6세경까지)
5단계: 아동기(6세 이후 12, 3세까지)
6단계: 청년기(12, 3세 이후 22, 3세까지)

7단계: 성인 전기(22, 3세 이후 40세 전후까지)

8단계: 성인 중기(40세 전후 이후 60세 전후까지)

9단계: 성인 후기 또는 노년기(약 60세 이후 사망까지)

이 절에서는 교사들이 주로 상대할 청년기까지의 발달을 중심으로 살펴본다.

1. 태아기

인간의 발달은 정자와 난자가 만나면서 시작된다. 남성이 한 번 사정할 때 사출되는 정자의 수는 3억~5억 개 정도로 여성의 질에 사정을 하게 되면, 여성 질 내의 산성화 때문에 대부분의 정자는 죽고 일부의 정자가 난관으로 이동하게 된다. 이때 정자의 이동 속도는 1분에 0.5㎝ 정도로 이렇게 이동한 정자들 가운데 보통은 단 하나만이 난자를 만나 수정하게 된다. 물론 쌍생아의 경우처럼 둘 이상의 정자가 하나 또는 그 이상의 난자와 결합하는 수도 있다.

정자와 난자가 만나 수정이 이루어진 이후의 태내 발달은 배종기, 배아기, 태아기의 3단계를 거쳐 발달하게 된다(박성연 역, 1996).

배종기(난체기)는 수정 후 2주까지의 시기를 말하며, 배아기는 수정란이 자궁벽에 착상한 이후 8주에서 12주까지의 시기를 말한다. 배아는 머리 부분이 먼저 발달하고 뒤이어 심장이 생기며 4주 말쯤에는 눈, 코, 신장, 허파가 될 부분이 형성된다. 이 시기의 배아의 길이는 약 2.5㎝, 무게는 약 14ｇ정도이다. 이때는 성장과 발달이 빠르기 때문에 배아기 태내 환경에 의해 큰 영향을 받는다. 거의 모든 출생 시의 결함(언청이, 사지의 불완전한 발달이나 결손, 시각장애, 언어장애)은 결정적으로 임신 첫 3개월 동안에 발생한다. 아주 심각한 결함이 있는 배아는 보통 이때 살아남지 못하고 자연 유산된다.

태아기는 수정 후 8주에서 12주 이후부터 출생 시까지의 시기를 말한다. 3개월 된 태아는 손가락, 발가락, 눈꺼풀까지도 완전히 발달하며 성의 구분도 가능하다. 16주 정도가 되면 임신부가 태동을 느낄 수 있다. 20주 정도가 되면 분명하게 자고 깨는 형태를 보이며 자궁 내에서 좋아하는 자세를 갖고 있고 차기, 뻗치기, 꿈틀거리기가 더욱 활발해진다.

약물의 경우 1960년대 유럽에서 발생했던 것처럼 임신부들이 초기 입덧을 줄이기 위해 사용했던 탈리도마이드라는 약물은 팔 다리가 없는 기형아들을 출산하게 했으며, 알코올도 임신부가 상습적으로 마시게 되면 아기를 사산하거나 출산하더라도 태아 알코올 증후군(작은 눈, 안검하수, 짧은 들창코에 코가 낮고 평범한 볼, 가느다란 윗입술, 아래로 처진 귀, 들어간 턱, 불쑥 튀어나온 이마, 비정상적으로 넓은 인중, 짧고 납작한 작은 머리가 특징임: [그림 2.4] 참조)을 보여 발육부진과 지적장애, 행동의 이상 등과 같은 특징이 나타난다. 임산부의 흡연도 임신 중 유산의 가능성을 높여 주며 태어난 아이도 영·유아기에 사망하게 되는 경우가 많다. 또한, 흡연하지 않은 임산부에 비해 저체중아를 생산할 가능성도 2배나 된다. 흡연은 알코올과 마찬가지로 아동기에 이르기까지 장기간에 걸쳐 영향을 주는데 집중력 저하, 과잉 활동성 학습장애, 사회적 부적응, 낮은 지능지수, 뇌기능 장애 등을 나타낼 수 있다.

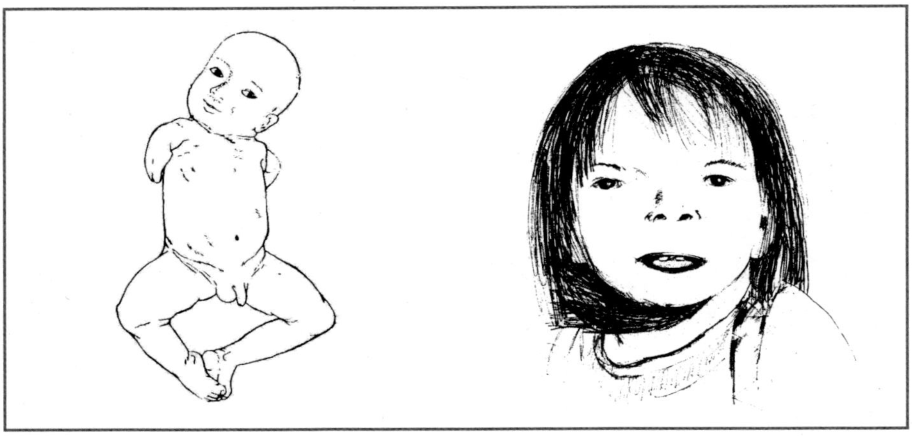

[그림 2.4] 탈리도마이드 약물재해와 태아 알코올 증후군

2. 신생아기

생후 첫 4주까지를 신생아기라고 하며 신생아는 평균 신장이 약 51㎝ 평균 체중은 3.3−3.4㎏ 수준이다.

신생아기의 운동은 전신운동과 특수운동으로 이루어진다. 전신운동은 신체 부분이 미분화된 상태로 움직이는 것으로 불완전한 운동을 하는 것이다. 또한, 신생아는 외부의 특정 자극에 즉각 대응할 수 있는 20여 가지의 반사운동을 갖고 태어난다. 이러한 선천적인 반사운동은 뇌간에 의하여 통제되는 무의식적인 운동으로서 신생아의 신경학적인 정상성을 판단하는 주요한 근거로 사용되기도 한다. 신생아기에 나타나는 주요 반사는 <표 2.3>에 제시되어 있다.

〈표 2.3〉 신생아기에 나타나는 주요 반사

반사	자극	행동	사라지는 시기
바빈스키 반사	아기의 발바닥에 자극을 준다.	발가락을 펴고 다리는 꼰다. 중추신경 계통의 미발달이 원인이다.	6–9개월
빨기 반사	손가락이나 고무젖꼭지로 아이의 뺨에 자극을 준다.	아기는 머리를 돌리고 빨기 운동을 시작한다.	9개월
모로 반사	아기를 떨어뜨리거나 큰 소리를 들려준다.	아기는 팔, 다리, 손가락을 쫙 펴고 등을 구부리며 머리를 젓힌다(10개월이 되었는데도 머리의 위치를 돌려줄 때 모로 반사를 보이면 중추신경계의 이상을 의심해 볼 수 있음.).	3–8개월
잡기 반사	아기의 손바닥에 자극을 준다.	아기는 주먹을 꽉 쥘 수 있으며 양 주먹으로 막대기를 쥐고 있다면서 있는 자세로 일어설 수 있다.	2개월
수영 반사	아기를 물속에 집어넣는다.	아기는 협응이 잘된 수영 움직임을 할 수 있다.	6개월
걷기 반사	맨발을 바닥에 댄 채 아기의 겨드랑이를 잡아 준다.	아기는 협응이 잘 된 걸음마 같은 동작을 한다.	2개월

* 박성연 역(1993).

3. 영아기

1) 신체적 발달

영아기는 신생아기 말부터 2세 전까지의 시기로 신체적 발달이 급속도로 이루어지며 보행, 말 배우기에 중요한 시기이다. 신장은 출생 시보다 1.5배, 체중은 약 3배가 된다. 특히 신경조직 가운데 뇌의 발달이 아주 현저해서 출생 시의 두 배가 되며 이를 통하여 신경계통이 발달한다. 그러므로 신장과 체중의 변화에 따른 충분한 영양과 골격형성을 위한 칼슘의 섭취, 보행에 따른 피로의 회복, 이유로 인한 불안의 제거, 신경계통의 발달에 의한 습관형성과 지도, 각종 질병에 대한 예방 등을 고려한 보살핌이 필요한 시기이다.

2) 운동의 발달

운동기능은 처음에는 거의 반사적 행동으로부터 시작되지만 성장하면서 점차로 대뇌 중추에 의하며 통제되는 의식적이며 목적적인 운동으로 발달해 간다. 이 시기의 대표적인 운동유형은 이동운동과 손과 팔운동을 들 수 있다. 신체 각 부위에 있는 근육의 발달이 이루어지고 이러한 근육의 발달에 따라 중요한 운동발달이 이루어진다. 물론 이러한 운동기능의 발달은 개인차가 있다.

3) 지각의 발달

지각이란 감각을 통하여 들어온 사물, 성질, 운동관계 등에 대한 정보를 파악하는 정신작용이다. 생후 1개월이 되면 영아는 빛을 바라보게 되고 2개월에는 빛의 움직임에 따라서 시선 이동이 가능하다. 3개월이 되면 색채에 따라 반응이 달라지는데 붉고 짙은 색에는 더 예민하게 반응한다. 4개월쯤 되면 아이는 달래는 소리에 웃음으로 반응하고 10개월이 되면 멀리 떨어진 사람이나 물건에 주의를 집중하게 된다.

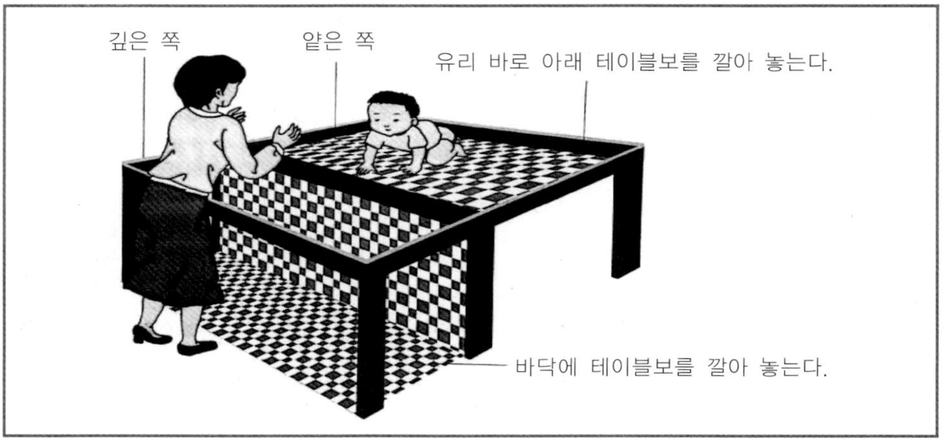

[그림 2-5] 시각 벼랑 실험

아이의 지각발달에 관한 연구 중 깁슨(Gibson)과 워크(Walk, 1960)의 시각벼랑(visual cliff) 실험은 매우 가치 있는 것으로 인정받고 있다. 이 실험에서 이들은 시각벼랑을 만들어 놓은 후에 이제 막, 기기 시작한 유아를 엎어놓고 벼랑 끝에서 어머니가 아이를 기어 오도록 유인하였다. 그러나 아이들은 벼랑 앞에서 기어오기를 멈추고 벼랑을 피하려는 반응을 보였는데 이러한 반응은 유아가 벼랑을 식별하는 깊이 지각능력을 갖고 있음을 보여주는 것이다. 시각벼랑 실험은 벼랑의 위험을 식별하는 깊이 지각에 관한 연구로 유아의 깊이 지각이 생득적인 것인가 학습된 것인가에 대한 논쟁을 불러일으켰다.

4) 언어 발달

언어는 자신의 의사를 표시하는 수단으로 언어를 통하여 아이는 자신 욕구를 충족하고 사회적 적응을 한다. 언어는 출생 시의 울음으로부터 시작하여 단조로운 울음의 시기가 한 달 정도 지속이 되다가 약 2개월부터는 높이, 크기, 리듬 등이 변화한다. 2개월 정도가 되면 예민한 엄마는 아기의 울음소리로 아기의 상태를 판단할 수 있게 된다. 이때부터 영아는 기분이 좋을 때는 "아 - 아 -"식의 울음소리와는 완전히 다른 음성을 내기 시작하다가 4개월쯤 되면 "바바바바" 등의 무의미한 반복 음을 빈번하게 내게 되는 데 이를 옹알이라 한다. 이러한 옹알이는 6개월 정도가 지나면 맘마, 빠빠와 같은 소리로 바뀌고 8-9개월이면 절정에 이른다. 10개월쯤에는 뜻이 있는 실제의 언어로 바뀌게 된다. 언어 발달에는 개인차가 있으나 보통 생후 1년 전후하여 명사를 사용하여 의사를 표현하는 1어문 시기에 들어가며 2세가 지나면서 어휘 수가 늘어나고 다양한 품사를 사용하여 의사를 전달하기 시작한다. 품사 사용의 발달은 명사, 동사, 형용사, 부사, 대명사, 조사의 순으로 발달한다.

5) 정서의 발달

정서란 어떤 자극에 대하여 동요되고 흥분될 때에 경험하는 심리 상태를 말한다. 즉 외적 자극이나 내적 상념에 관련되어 느끼는 쾌 · 불쾌의 차원을 감정이라 하며 감정의 분화된 상태를 정서라 할 수 있다. 막연한 흥분밖에 나타낼 줄 모르던 신생아도 3주째쯤부터는 정서가 분화되기 시작한다. 먼저 불쾌의 상태를 나타내고 3개월쯤에는 쾌의 상태가 나타나게 된다. 6개월 정도가 되면 불쾌는 분노, 혐오, 공포의 순으로 분화된다. 18개월쯤에는 질투가 분화되고 두 살쯤 되면 인간의 기본적인 정서는 거의 분화된다.

6) 사회성 발달

영아는 일반적으로 자신의 생활 전부를 어머니에게 의존한다. 그러나 단순히 수동적인 존재는 아니며 어머니의 특정 행동을 기대하면서 적극적으로 행동해 나가는 것이다. 영아는 8-9개월이 되면 다른 사람의 음성과 단순한 행동, 몸짓 등을 조금씩 모방하게 된다. 얼굴의 표정을 보고서 자기가 하던 행동을 중지하기도 한다. 영아는 부모로부터 사랑과 권위를 경험하면서 부모의 행동을 모방하고 부모의 가치관을 내면화한다. 따라서 부모의 자녀에 대한 관심이나 양육 태도는 영아의 사회화의 기본방향이나 인성형성의 기초를 이루는 데 결정적인 역할을 한다.

이러한 사회성 발달의 기초를 이루는 것은 애착(attachment) 행동으로 알려져 있는데, 애착이란 출생 후 1년여 동안 영아와 그를 돌보는 사람 사이의 밀접한 심리적 유대관계를 의미한다. 애착은 성장하는 아동의 정서, 사회성 및 성격발달에 매우 중요한 역할을 하는 것으로 알려져 있다.

애착형성이 아동의 정상적인 발달에 미치는 중요성은 어머니와 분리되어 자란 새끼원숭이에게서 찾아볼 수 있다. 할로(Harlow)와 짐머만(Zimmerman)의 연구에 의하면, 이들 모성 상실의 원숭이들은 정상적으로 어미에게서 길러진 원숭이와 비교했을 때, 지나치게 공격적이거나 회피하고 움츠리며 두려워하거나 때로는 무기력한 모습을 보였다. 더욱이 이들 원숭이들은 성년이 된 후에도 정상적인 구애나 성행동을 보여주지 못하였으며 새끼들에게 적절한 모성애를 보여주지 못했다. 이러한 모성상실의 특성들은 초기에 원만한 애착을 형성하지 못한 영아에 있어서도 동일하게 나타나는 것으로 유추되고 있다.

애착형성의 영향은 입학 전 아동기의 사회적 관계에까지 지속적으로 영향을 미치는 것은 물론이거니와 심지어는 그 후의 인지발달에도 영향을 미치는 것으로 알려지고 있다. 따라서 부모의 수유나 배설의 뒷바라지를 통한 생리적 욕구를 만족시켜 주는 일과 더불어 피부접촉이나 사회적 접촉을 충분히 베푸는 일은 애착형성과 이에 따른 영아의 사회성 발달의 중요한 부분임을 알 수 있다.

4. 유아기 발달

1) 신체적 발달

유아기는 2세에서 6세에 이르는 시기로 운동능력과 더불어 자신의 신체를 조정하는 능력이 증가하는 시기이다. 6세경에는 생후 1세 때 체중의 약 2배가 되고 신장은 1.5배가 된다. 출생 시를 기준으로 하면 신장은 약 2배가 된다. 뇌의 중량은 4-5세 때에는 성인의 약 80%, 6세 때에는 약 90%에 이른다.

2) 운동의 발달

유아기에 접어들면서부터는 시청각과 손발의 협응동작과 더불어 어느 정도의 목적적, 능동적으로 운동할 수 있는 능력이 발달된다. 운동감각, 위치감각, 자세감각 등이 발달하면서 달리기, 뜀뛰기, 던지기, 평행운동 등의 기능적 운동이 완숙하게 된다. 또한, 유아기에는 손가락 끝의 세부적, 기교적 운동의 발달이 현저하다.

3) 지각 발달

유아기에는 감각 지각보다 시간 지각, 공간 지각이 크게 발달한다. 어제, 오늘, 내일, 멀고 가까운 것, 빠르고 느린 것 등을 구별할 수 있게 된다. 유아기의 후반에 이르면 기호 지각이 발달하기 시작해서 간단한 숫자나 쉬운 글자를 알게 될 만큼 발달하게 된다. 도형 변별력의 경우 모양의 변별은 4세 때에 이미 성인의 수준에 도달하고 이어서 크기의 변별, 방향의 변별 순으로 발달하며 6세경에는 어느 것이나 성인의 수준에 도달하게 된다.

4) 언어 발달

유아기에는 1어문 시기에서 2어문 시기로, 다시 3어문 시기에서 다어문 시기로 발달해 간다. 유아기에는 어휘 수가 급격히 늘어나고, 기본적인 품사도 거의 다 나타난다. 4세 이후에는 복잡한 단어의 조합과 문장의 구조를 습득하여 합문법적인 문장을 구사할 수 있게 된다. 언어의 습득은 단순히 구체적인 개념 발달뿐만 아니라 추상화의 시작을 의미하며, 5-6세가 되면 물체에 대한 구체성을 이해한다.

이러한 유아의 언어 발달은 개인차가 있으며, 유아의 언어 발달에 영향을 주는 요인으로는 부모의 상태 및 부모와의 관계, 지능, 신체적 결함(특히 시청각과 발성 기관의 장애), 성별, 정서적 적응, 사회 경제적 환경, 출생순위 및 형제관계, 한 가정에서 두 가지 이상의 언어를 사용하는 이중 언어 등을 들 수 있다.

5) 사고의 발달

유아기는 사실 또는 실체와 결부시켜 사고하는 구체적 사고와 정서 상태에 의하여 영향 받은 정서적 사고의 특징을 띤다. 또한, 유아 사고의 근본적인 특징은 자기중심성과 물활론적 세계관이다. 유아는 모든 것에 생명이 있다고 생각하다가 6-8세가 되면 움직이는 것만 생명이 있다고 생각한다. 유아는 9-10세경까지 모든 사물의 구체적인 것과 추상적인 것의 분화가 미숙하여 모든 것을 구체적인 존재로 생각한다.

6) 정서의 발달

유아기의 정서는 영아기에 비해 더욱 분화 발달되고, 유아의 정신생활의 중심을 이룬다. 정서는 5-6세경에는 성인과 같은 정도로 복잡하게 분화된다. 유아기 때 주로 나타나는 정서는 공포, 애정, 분노, 어리광 정서, 질투의 정서를 들 수 있다. 2-4세의 유아는 자기가 놓여 있는 상태에 대한 공포심을 주로 나타낸다. 이상한 물건, 이상한 사람, 무서운 소리에 대해서 느꼈던 공포는 줄고 상상적이고 초자연적인 위험에 대한 공포와 어둠과 관련된 상상적인 공포가 증가한다. 6-7세는 어머니에 대한 애정이 지배적이지만 점차 동료나 연상에 대한 애정도 발달한다.

7) 사회성 발달

유아기의 사회적 행동은 초기 부모와의 애착관계를 기반으로 하여 형성되며, 점차 형제 등 가족에게로 확대되어 간다. 또한, 유아기 후기부터 또래 집단과 어울리기 시작하면서부터 상호작용의 범위가 보다 큰 사회조직에로 확대되어 간다.

교우관계는 유아의 사회성 발달의 중요한 요소인데 유아는 2세경부터 우호적 협동적 반응이 많아지고, 집단생활에 보다 민감해 진다. 이때부터 2-3명 정도의 놀이 상대와 놀게 되며, 6세 때에는 4-7명 정도로 놀이 상대가 많아지게 된다. 이러한 놀이 상대와의 놀이를 통하여 유아의 사회성은 발달한다(임창재, 1997). 갤러거(Gallagher)는 이 시기의 사회적 정서발달단계의 특징을 ① 기본적 욕구에 대한 만족을 찾고, ② 성인과의 유대관계를 맺으며, ③ 같은 또래의 친구에 대하여 모방하거나 동일시하며, ④ 자아를 탐구하는 등의 4단계로 나누고 있다.

5. 아동기 발달

1) 신체 발달

아동기는 보통 초등학교에 입학하는 6세부터 초등학교를 졸업하는 12세까지의 시기를 말한다. 이 시기는 신체발달이 활발한 시기로 병균을 없애 주고, 면역기능과 신체를 튼튼하게 하는 등의 기능을 담당하는 분비조직인 임파선 계통의 발달은 급격히 이루어지지만, 성적인 발달은 잠복기에 해당된다.

2) 운동의 발달

아동기의 운동발달은 유아기에 비해 속도의 정확성, 강도 등이 더욱 발달하고 정교해 진다. 전반적인 운동발달은 아동 초기에는 전체적인 운동을 하다가 차츰 부분적인 특수운동으로 분화해 간다. 예를 들어 손가락의 소근육 통제는 대근육통제보다 느리게 발달한다. 그러므로 아동 초기 때는 글씨를 쓰거나 악기 연주에 필요한 소근육 통제에 어려움을 느끼는 경우가 많다.

이 시기에는 운동을 시키는 데도 주의할 필요가 있다. 즉 발달단계에 맞는 운동을 시킬 필요가 있는데, 아동기 초기는 주로 전신운동인 달리기, 던지기, 멀리뛰기 등과 같은 기초능력을 중심으로 하고, 후반기에는 기교가 필요한 공놀이, 체조, 철봉, 평행봉 등을 많이 시키는 것이 좋다.

3) 지각 발달

공간 지각은 6-7세가 되면 가정이나 이웃은 물론 지역사회로까지 확대되어 가까운 곳의 거리의 이름을 알 수 있다. 8세 정도가 되면, 외국이나 사회관계와 같은 보다 넓은 사회관계를 좀 더 깊이 이해할 수 있게 된다. 과거의 일에 흥미를 갖고 모험적인 태도가 생겨서 새로운 곳을 가보기도 한다. 9세경에는 때와 날짜를 확실히 이해하기 시작한다. 역사의식은 10-11세경에 형성되며 아동 후기로 가면서 시간 의식도 복잡해지고 공간적 이해도 보다 높아진다.

4) 언어 발달

읽기와 쓰기의 언어능력의 발달이 현저하며 어휘 수도 크게 증가한다. 또한, 기억이나 주의력의 지속적인 향상과 더불어 표현력이 높아지며 동일 주제에 대한 계속적인 추구도 가능해진다. 구어가 문어보다 먼저 발달하고, 구어의 경우는 유아기에 발달하여 아동기에 완성된다. 문어의 읽기와 쓰기는 보통 학교학습에 의하여 발달하는데, 이것은 아동 사고의 기초 도구로써 중요한 역할을 한다. 특히 아동기의 언어 발달은 사고의 발달을 촉진시켜 준다. 아동기에는 언어가 사고에 영향을 주는 경향성이 강하다고 볼 수 있다.

5) 사고의 발달

아동기의 사고는 7-8세경에 이르면, 구체적 장면에서의 구체적 사물을 이용한 논리적 조작이 가능해진다. 아동 중기 이후에는 인간관계, 공간의 위치나 거리에 관한 지리적 관계, 역사적 사건에 대한 시간적 관계 등에 대한 흥미가 왕성해 진다.

6) 정서의 발달

아동기의 대부분의 정서는 주로 욕구불만에 기인하며, 아동은 신체적, 정신적 요구가 강할수록 그것이 충족되었을 때는 기쁨을 느끼지만 충족되지 않았을 때는 슬픔과 불안을 느끼게 된다. 이러한 정서의 표출은 성격의 형성에 영향을 준다. 공포는 저학년에서는 동물에 대한 공포가 크지만, 고학년으로 갈수록 죽음, 전쟁, 홍수 등의 재앙에 대한 공포가 증가한다. 분노의 표출은 8세 이후에는 현저하게 줄어든다.

7) 사회성 발달

아동기는 학교생활과 더불어 교우 또는 교사 등과 새로운 관계를 맺게 되고, 사회생활은 질적, 양적으로 크게 변화하게 된다. 아동 전기의 경우는 유아기적 특성이 남아 있기 때문에 성인에 의존하는 경향이 있으나, 아동 후기에 접어들면서는 강한 연대감이나 소속감, 폐쇄성을 갖는 또래 집단인 도당(clique)을 형성하여 이에 몰두하게 된다. 이 시기의 특징으로는 ① 친구와 같이 행동하기를 좋아한다. ② 친구로부터 승인이나 인정을 받고자 하는 욕구가 강하고, 친구의 의견에 동조하고 친구의 기대에 부합하고자 하는 경향이 강하다. ③ 자기들끼리 통하는 은어나 표식을 가지며 우리라는 의식이 강하고 집단 응집성도 높다. ④ 외부에 대하여는 강한 폐쇄성과 배타성을 나타내는 경우가 많다. ⑤ 집단의 구성원 간에 '우리의 맹세'와 같은 규칙을 정해 놓고 이에 대한 이행이 철저하다.

6. 청년기의 발달

1) 신체적 발달

청년기는 보통 12-13세에서 22-23세에 이르는 시기로 신체적 · 정신적 변화가 큰 시기이다. 이 시기는 아동에서 성인으로 이행하는 변환기(transitional period)적 성격이 강하므로 대단히 불안정하고 동요가 심하다. 사춘기에 접어들면서 성호르몬의 분비가 왕성해지고 변성이 시작되며 체모가 나타나고, 신체 구조와 골격이 남성 또는 여성적 특징을 띠게 되는 제2차 성징이 나타나게 된다. 사춘기의 신체 및 성적 발달이 이루어지는 시기와 양상은 일반적으로 여아가 남아보다 2년가량 앞서는 발달 속도의 성차를 보인다(김정희 외, 1996). 최근 UN에서 발표한 자료에 의하면 청년은 65세까지이다. 청년기가 되면 자아의식이 민감하게 되어 자신의 신장이나 체격, 용모를 타인과 비교 평가하는 경향이 강해지고 이에 대해서 고민하게 된다. 이러한 청년기의 신체적 · 성적 발달은 전반적인 자아 개념과도 밀접한 관계가 있다. 자신을 신체적으로 보다 매력적이라고 생각하는 사람이 보다 긍정적인 자아 개념과 보다 좋은 교우관계를 형성하는 것으로 밝혀지고 있다(Brooks-Gunn & Warren, 1988).

2) 운동의 발달

청년기의 운동능력은 아동기에서 이루어진 운동능력을 바탕으로 주로 신체의 균형을 유지하고 자기의 능력과 기능에 대하여 깊은 관심을 갖는 방향으로 나아가게 된다. 운동능력은 남녀 간의 성차가 큰데 보편적으로 남자가 여자보다 우월하게 된다. 이와 같은 차이는 남자와 여자의 신체적 및 정신적 특징에 기인한다고 볼 수 있다. 신체적 요인으로는 체격, 골격 근육, 생리 및 여기에 수반되는 전체적 변화, 내장기관 등의 차이를 들 수 있으며, 정신적 요인으로는 신체에 대한 관심, 사회적 제약, 연습기회의 차이 등을 들 수 있다(임창재, 1997).

3) 지능의 발달

청년기에는 지적 능력의 발달도 정점에 도달하여 이해, 기억, 사고, 추리, 창조능력 등이 양적 · 질적인 발달을 보인다. 기억은 보다 논리적 기억으로 바뀌고, 사고도 구체적인 사고에서 추상적 사고로 변화한다. 청년 후기에는 논리적 기억과 추상적 사고가 고도로 발달하는데 이 때문에 현실과 실제를 떠난 추상적인 이상론에 빠지기도 한다. 비판능력 역시 독단적, 주관적, 그리고 비현실적인 행동 경향을 보이기도 하는데 엘킨드(D. Elkind)는 이를 개인적 우화(personal fable)라고 하였다. 물론 이 과정을 거치면서 청년들은 보다 성숙된 조망을 획득하게 된다.

4) 정서의 발달

청년기의 정서는 전반적으로 막연성, 동요성, 내면화의 지속, 억압과 왜곡성, 격정성과 정조(sentiment)의 심화를 일반적인 특징으로 한다. 정서적 경향은 불안, 고독감, 열등감, 공허감에 따른 고민을 많이 하게 되며, 이 고민은 청년기의 정서 발달의 중요한 위치를 점하고 있다. 청년기의 생활 경험은 지적인 발달에 따라 확대되고 심화되어 보다 차원이 높은 문화가치를 추구하게 된다. 이와 같은 가치에 수반하는 분화된 감정으로서 차원이 높은 고상한 정서가 정조이며 지적 정조, 윤리적 정조, 심미적 정조, 도덕적 정조 등으로 분화 발달하게 된다. 이러한 정조는 개인의 가치관의 기초가 되며 또한 인격이나 품성을 형성하는 중요한 요소가 된다.

5) 사회성 발달

청년기에 들어서면 청년의 눈은 처음으로 자기 내면을 향하게 되고, 자아의식이 급속히 높아지면서 스스로의 힘과 판단에 의하여 행동하려는 독립의 욕구가 강하게 작용한다. 대상 또는 객체로서의 자기 존재에 관심을 갖게 됨에 따라 슈프랑거(E. Spranger)가 말하는 자아의 발견이 이루어지는데 이는 청년기의 생활 태도에 커다란 변화를 가져온다.

청년 전기에는 아동 후기의 도당적 행동이 점점 사라지고 부모나 교사 등 기성세대에 비판적인 태도를 나타낸다. 이때의 비판과 반항은 나름대로 이유가 있는 것으로 특히 현실과 이상 간의 괴리에 의한 경우가 많다.

청년 중기에는 통제적인 조직에 복종하는 것을 싫어하며 자기의 욕구를 충족시켜주는 조직에 참여하기를 좋아한다. 우정을 강조하며 이를 통해서 너와 나의 관계, 추종자와 지도자로서의 역할을 배우게 된다. 또한, 자아의식이 강해지고 주관적으로 생각하며 자기가 추구하는 학자나 사상가의 이론에 심취하고 자기를 인정해 주는 교사나 선배를 신뢰하게 된다.

청년 후기는 인생관이 확립되고 사명감을 의식하며, 현실사회에 대하여 자기의 역할 입장 등을 자각하게 되고 자존심도 강해진다. 타인보다 자신의 우월을 원하지만 장 · 단점도 분별하게 된다. 특히 이성에 대한 관심이 높아져 이성을 상호존중하고 이해할 수 있게 된다.

| 단원 마무리 |

질문을 만들어 보고 동료들과 이야기를 나눠 보세요.

♠ 정답이 있는 질문(교재에서 답을 찾을 수 있는 질문)
· 발달에 영향을 주는 요인은 무엇입니까?
·
·
·

♠ 정답이 없는 질문(더 궁금하고, 이유나, 추론, 적용 등을 묻는 질문)
· 본인의 아동기에 대하여 이야기 한 후 청년기의 본인의 욕구는 무엇인가요?
·
·
·

Educational Psychology

제3장 발달이론

제3장 발달이론

제1절 인지발달이론

인지발달(cognitive development)은 개인이 정보를 지각하고 평가하며 이해할 수 있는 지적인 능력을 습득하는 과정으로 사고의 변화 과정을 뜻한다. 피아제(Jean Piaget)의 인지발달이론을 살펴보자.

1. Piaget 인지발달이론의 개념

스위스의 발달심리학자인 장 피아제(Jean Piaget, 1896~1980)는 지능검사를 표준화하는 과정에 참여하면서 아동의 사고과정이 성인과 다르다는 것을 깨닫고 아동의 사고발달에 흥미를 느끼고 연구를 시작하였다. 그 당시 미국은 '과학적인' 실험연구가 주를 이루고 있던 행동주의 심리학이 지배적이었기 때문에 피아제의 인지발달이론은 심리학에 커다란 영향을 주었다.

피아제 인지발달은 유전과 환경의 상호작용에 의한 적응과정으로, 인간은 능동적인 생물화학적 유기체로서 환경과 끊임없는 상호작용을 한다. 도식(Schema)이라는 기존의 머릿속에 저장된 지각의 틀, 인지구조를 지속해서 재구성하여 주어진 환경에 효과적으로 적응해 간다. 인간이 발달하는 것은 자기 자신과 그 주위에 있는 환경으로서의 세계를 구성하여 인지구조가 변화하는 것이다. 환경에 작용을 가함으로서 정보를 조직하면서 우리의 사고과정도 변경시키게 된다.

1) 피아제의 기본 전제

(1) 아동은 능동적인 존재로서, 아동은 수동적으로 기억하지 않고 환경과 능동적으로 상호작용을 하면서 인지구조를 구성한다. 인지는 구성적인 과정이며 변화한다.
(2) 지능은 환경적응 능력으로 정적(靜的)이지 않고 동적(動的)인 특성을 갖는다.
(3) 물리적, 사회적 환경과의 상호작용이 아동의 인지발달에 큰 영향을 미친다.
(4) 아동의 사고는 성인의 사고와 질적으로 다르다. 아동은 성인과 같은 방식으로 사고할 수 없으므로 발달에는 성인보다는 또래와의 상호작용이 더 중요하다.
(5) 인지발달은 단계적으로 이루어진다. 모든 아동은 동일한 순서로 발달단계를 거친다. 이전 발달단계를 완성한 후에 이후 발달단계로 나아갈 수 있다.
(6) 각 단계의 발달 정도는 아이의 경험, 문화, 성숙도에 따라 다를 수 있다.

2) 사고의 기본방향

피아제는 인간의 인지발달과정을 설명하기 위하여 도식(schema) 또는 인지구조(cognitive structure), 동화(assimilation)와 조절(accomodation), 평형화(equilibrium), 조직(organization)의 개념을 사용하였다.

- 도식(schema, 인지구조)은 우리의 머릿속에 저장된 외부 세계에 대한 정신적 표상으로 구조화되고 조직된 지식의 틀이다. 공에 대한 도식은 공이 둥글다는 것, 상징 도식은 한글로 '공' 영어로는 'ball' 에 대한 도식 같은 개념을 이해하는 것을 뜻한다.
- 동화(assimilation)는 새로운 정보를 기존 인지구조에 맞게 적용하려는 경향성을 뜻한다. 개를 봤던 경험이 있는 아이는 새끼 젖소를 보고 개라고 말한다.

- 조절(accommodation)은 자신이 가진 기존 도식이 새로운 대상을 받아들일 때 적합하지 않은 정보는 새로운 대상에 맞도록 이미 가지고 있는 도식을 바꾸는 인지 과정이다. '젖소'를 보며 '개'라고 부르는 아이를 엄마는 "개는 멍멍~ 짖어야만 해, 저 동물은 얼룩이 있고 음~머 하고 울기 때문에 젖소야"라고 설명해 줄 때 아이는 개와 젖소의 차이점을 알고 기존의 도식을 수정한다. 동화(assimilation)와 조절(accommodation)은 평형화를 통한 도식의 재구성 과정에서 나타나는 것이다.
- 평형화(equilibrium)는 기존의 인지구조와 새로운 정보 간의 균형을 회복하는 과정이다. 기존 도식으로 이해하기 어려운 정보를 접하면 불평형이 유발되어 본능적으로 인지적 평형을 이루고자 기존의 도식을 수정하여 더 새로운 안정된 도식 구조가 발달하는 과정이 발생한다. 그러나 새로운 정보와 기존 인지구조가 지나치게 큰 차이가 있다면 그 정보는 무시되고 인지구조는 그대로 유지되므로, 적정수준의 차이가 있으면 더 안정된 인지구조가 발달한다.
- 조직(organization)은 유기체가 일관성 있는 체계를 형성하도록 통합하는 기능을 의미한다. 물리적 또는 심리적 구조를 더욱 높은 수준 체계로 통합하는 기능이다.

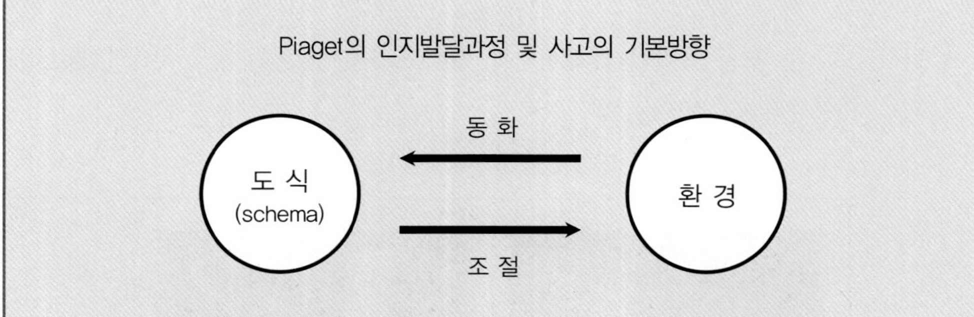

◆ 조직과 적응은 서로 분리시킬 수 없는 상호 보완적 기능
- 조직이 내적 측면에 관계한다면 적용은 외적 측면에 관계
- 조직은 사고 그 자체의 조화에 작용
- 사상(事象)에의 적응을 통해서만 사고 그 자체의 조직이 가능해지고
- 조직에 의해서만 사고는 사상을 구조화할 수 있음

◆ 적응 : 동화(同化 : assimilation)와 조절(調節 : accommodation)
-동화 : 새로운 환경적 사상에 직면했을 때 그 사상을 기존의 지적 조직에 일치하도록 구조화하는데 작용하는 기능
-조절 : 새로운 환경적 사상이 개인에게 던져주는 여러 가지 요청에 개인 자신을 맞추어 가는 적응과정이나 기능

[그림 3.1] 인지발달과정 및 사고의 기본 방향(김희수 외, 2014)

아이는 물건을 잡는 도식과 시각 초점을 맞추는 도식이 있으나, 발달 초기에는 이 두 도식이 독립적으로 움직이다 발달이 이루어지면 두 가지 행동 도식을 조직하여 물건을 보면서 잡는 높은 수준의 도식을 가지게 된다.

3) 피아제의 인지발달 단계

피아제는 아동의 인지발달을 나이에 따라서 단계적으로 이루어진다고 보았다. 인지발달과정은 사고가 질적으로 급격하게 변화하는 과정에 따라 크게 네 단계로 구분된다. 아동이 각 단계를 통과하는 속도에는 다소 차이가 있지만, 단계를 뛰어넘는 도약은 없으며 반드시 앞의 단계를 통과해야 이후 단계로 옮겨갈 수 있다.

(1) 감각운동단계(sensory motor stage): 출생~약 2세

진정한 의미의 사고능력은 없으며, 감각과 반사운동이나 순환 운동 같은 운동능력을 사용하여 세상을 이해하고 환경에 적응하므로, 이 단계의 지능을 감각 운동지능(sensory motor intelligence)이라 부른다.

- 반사(reflex)는 모든 유아가 선천적으로 가지고 있는 행동들로서 유아의 최초 도식들이 형성되는 기반이 된다.

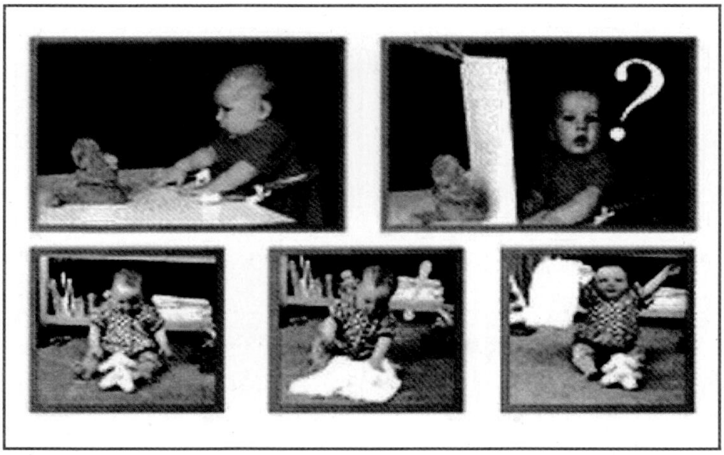

[그림 3.2] 대상연속성 발달

- 대상영속성(object permanence)은 대상물을 볼 수 없어도 그 대상물이 존재함을 인식하는 것으로 감각 운동단계의 후기인 두 살 정도에 나타난다. 대상 영속성을 갖는다는 것은 표상 능력을 갖게 됨을 의미하며, 더 넓은 세상에 대한 이해의 시작으로 모든 지적 기능의 토대가 되는 필수적인 인지기능이다.

이 시기에는 영아가 물체에 능동적으로 만지고, 당기고, 밀고 꽉 쥐는 등 감각 운동이나 신체활동을 통해 영아의 인지발달을 촉진시킨다.

(2) 전조작단계(pre-operational stage): 2~7세

① 전개념기(period of preconception): 2~4세

상징도식이 활발하게 발달하는 시기로 앞치마를 통해 엄마의 역할을 할 수 있는 논리적인 사고가 아닌 불완전하고 비논리적인 개념을 사용한다. 전개념기적 특성은 변환적 추리, 물활론, 실재론, 인공론 등으로 나타난다.

- 변환적 추리(變換的 推理, transductive reasoning)는 특수사례에서 특수사례로 진행하는 추리 형태로서, 논리적인 오류가 발생한다. 예를 들면, "소는 풀을 먹는다. 염소도 풀을 먹는다. 따라서 소는 염소다."라는 논리이다.
- 물활론(物活論, animism)은 생명이 없는 대상에 인간의 특성을 부여하여 살아있는 사람처럼 생각하는 경향이다. 움직이는 것은 모두 생명이 있다고 생각하므로 예를 들면 움직이는 인형도 살아 있다고 생각하며, 해와 달을 사람 얼굴처럼 그린다.
- 실재론(實在論, realism)은 정신 현상을 물리적인 현상으로 가정하는 사고이다. 4세 무렵에는 꿈이 실재한다고 믿는다. 구체적 조작단계가 되면 실재론적 사고에서 벗어나 정신적 현상과 물리적 현상을 구분할 수 있게 된다.
- 인공론(人工論, artificialism)은 사물이나 현상이 사람의 필요와 목적에 맞게 만들어진 것이라고 생각한다. 예를 들어 파란 하늘은 누군가 파란 물감으로 색칠한 것이라고 생각하는 것이다.

② 직관적 사고기(period of intuitive thought, 지각에 의한 사고): 2~7세

이 시기의 아동은 대상이나 현상의 가장 두드러진 한 가지 지각적 속성을 기준으로 대상을 파악한다. 직관적 사고는 가역성(reversibility)이 빠져 있어 사고의 체계성과 논리성이 부족한 한계점을 나타내는 데 이를 중심화라고 한다. 자기 중심성(egocentrism)은 자기가 모든 것의 중심이라고 생각하는 경향으로 언어와 지각, 사회적 상호작용에 영향을 크게 미친다. 자아 중심성은 자아 중심적 사고와 자아 중심적 언어로 나타난다.

- 중심화(centration, 집중화)는 대상물이나 활동의 우세한 한 가지 측면에만 집중하는 경향을 말한다. 예를 들어 털이 달린 동물인 토끼, 강아지, 고양이를 보고 모두 강아지라고 부른다.
- 자아 중심적 사고(egocentric thought)는 다른 사람의 관점을 이해하지 못하며, 모든 사람들이 자기와 동일한 방식으로 세상을 본다고 생각하는 것을 의미한다. 예를 들어 이 단계의 아동은 자기 눈만 가리면 남들도 자기를 볼 수 없다고 생각하므로 숨바꼭질할 때 얼굴만 숨기고 다리는 드러나는 것을 볼 수 있다. 엄마의 생일선물로 자신이 좋아하는 장난감을 선물하기도 한다.

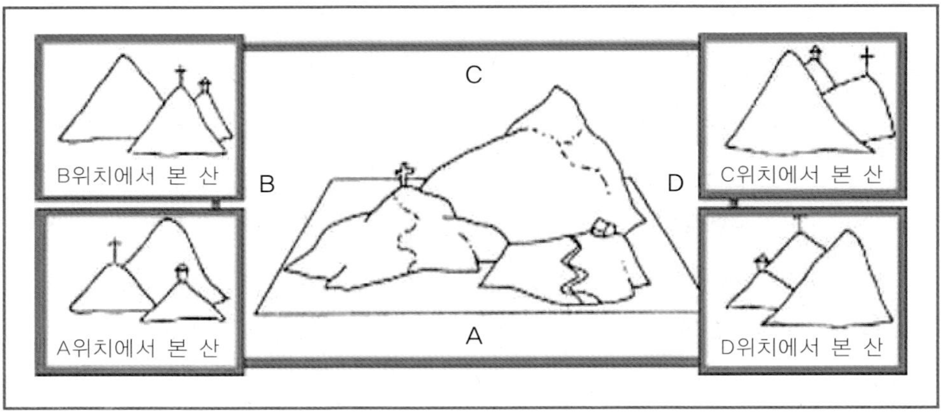

[그림 3.3] Piaget의 세 산 모형 실험

피아제는 전조작기의 유아를 A 위치에 앉히고 C 위치에는 인형을 앉힌 후, 먼저 유아에게 산의 모습이 어떻게 보이는지 묻고, C 위치의 산은 어떻게 보이겠느냐 물었더니 유아는 C 위치의 산도 A 위치와 같이 동일한 모습으로 보인다고 말한다([그림 3.3] Piaget의 세 산 모형 실험 참조).

- 자아 중심적 언어(egocentric speech)는 상대의 입장은 고려하지 않고 자기 생각만 일방적으로 전달하는 방식으로 말을 하는 것이다. 반복어와 독백어를 말하고 친구와 대화하는 것 같지만 자신의 마음속에 있는 것에 대해서만 말하는 집단 독백어(collective monologue)를 사용하는데, 7세 이후가 되면 자아 중심적 언어는 감소하고 사회적 언어(socialized speech)를 사용할 수 있다.

(3) 구체적 조작기 단계(concrete operational period): 7~11세, 아동기

직접 경험할 수 있는 구체적 대상물에 대해 논리적으로 사고(귀납적, 연역적 사고)하는 능력이 발달한다. 이 시기에 아동의 인지능력은 탈중심화(decentration)로 인해 사회적 언어와 사회화된 사고가 발달하며 가역적으로 변화한다. 가역적 사고가 발달하면서 길이, 무게, 부피 등 여러 형태에서 보존개념과 분류능력, 서열화 능력 등이 발달한다.

- 탈중심화(decentration)는 사물이나 현상의 여러 측면을 고려하는 것이다. 다른 사람의 입장이나 생각 등을 추론해서 이해하는 조망수용능력이 감정, 공간, 인지적 측면에서 두루 나타나는데, 사회학자 미드는 역할취득(role taking)으로 표현하였다.
- 보존성(conservation)은 대상물의 어떤 속성은 다른 속성의 변화에 상관없이 동일하게 남아있다는 개념이다. 즉, 물체의 모양이나 위치가 달라져도, 수와 양과 같은 본질은 변함없이 같다는 것이다. 보존성은 과제의 형태에 따라 습득시기가 달라지는데, 수(6~7세), 질량과 길이(7~8세), 면적(8~9세), 무게(9~10세), 부피(11세~15세)의 보존성 개념 순으로 발달한다.
- 분류능력이 체계적으로 발달하여 유목화 능력이 발달한다. 두 개 이상의 기준을 사용하여 사물을 분류하는 중다분류(multiplicative classification)가 가능하여, 대상물이 동시에 몇 가지 범주에 속할 수 있다는 유목포함(class inclusion) 개념을 갖는다. 따라서 물체를 여러 가지 특성에 따라 다양하게 분류할 수 있는 위계적 유목화가 나타난다.
- 서열화(seriation)는 4세 이후 나타나지만 시행착오를 통해 발달하는 경향이 나타나다가 아동기가 되면 사물을 크기나 무게, 길이 등 어떤 일정한 기준에 따라

순서대로 배열하는 능력이다.

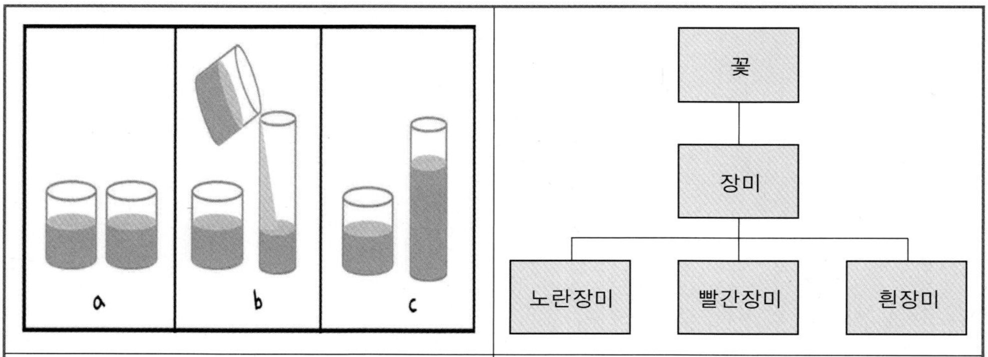

보존성 개념 실험 | 유목화 개념

[그림 3.4] 보존성과 유목화

(4) 형식적 조작기 단계(formal operational period): 11~15세

성인의 사고방식과 질적으로 동일한 가장 높은 수준으로, 실재하는 것뿐만 아니라 가설적인 것에 대해서도 논리적으로 사고할 수 있다. 형식적 조작기의 사고는 추상적 사고, 체계적 사고, 가설연역적 사고, 명제적 사고, 조합적 사고의 특성을 보인다.

- 추상적 사고(formal thinking)는 직접적이고 현실적 사고에 국한하지 않고 추상적인 개념을 사용해서 논리적으로 사고하는 능력이다.
- 체계적 사고(systemic thinking)는 조직적 사고로서 각 변인을 분리하여 생각하는 것이다. 예를 들어, 공부를 잘하는 데는 여러 가지 변인이 있음을 사고한다.
- 가설 연역적 사고(hypothetical-deductive thinking)는 가설을 설정하고 검증 및 결론을 추론하는 것으로, 형식적 조작기의 핵심적인 특징이다. 구체적 조작기에서는 친숙한 대상에 한정되는 반면, 형식적 조작기에서는 구체적이지 않은 사실에 대해서도 문제 해결을 위해 가설을 설정하고 검증할 수 있다. 물리적 현상에 한정되지 않고 사회, 정치, 종교, 철학 등 전 영역에 걸친 이상주의로 확대된다. 이상주의로 인하여 청년은 자기 관념을 달성하기 위해 집착하며, 자기와 일치하지 않는 것을 비판하거나 배척하는 성향을 보이기도 한다.

- 명제적 사고(propositional thinking)는 명제를 구성하고 명제 간의 관계에 대해 논리적으로 추론할 수 있다. 예를 들어 삼단논법적 추리를 할 수 있다.
- 조합적 사고(combination thinking)는 어떤 문제를 해결할 수 있는 다양한 경우를 논리적이고 체계적으로 고려하는 복합적, 융합적, 문제 해결적 사고이다.

〈표 3.1〉 피아제(Piaget)의 인지발달 단계와 특징

발달 단계	연령	인지적 특성
감각운동기	0~2세	- 감각운동적 도식발달, 시각, 청각 등의 경험과 동작에 의해 학습된다. - 대상영속성의 개념을 알기 시작한다. - 반사행동에서 목적을 가진 행동으로 발전한다. - 사물에 대한 어떤 표상도 없고 모방력을 발전시키며, 모방력은 이후의 관찰 학습을 위한 토대를 형성한다.
전조작기	2~7세	- 언어의 상징과 같은 표상적 사고능력이 발달하기 시작한다.. - 자아중심적 사고로 타인의 역할과 견해를 고려할 줄 모른다. - 직관적 사고의 중심화로 대상을 한 가지 관점에서만 논리적 조작을 할 수 있다.
구체적 조작기	7~11세	- 구체적 상황 (구체적 경험에 한함)에서의 논리적 사고가 발달한다. - 보존의 법칙을 이해하며 가역성, 유목화, 서열화 개념이 습득된다. - 사회지향성 행동으로 발전한다.
형식적 조작기	11세 이후	- 논리적으로 추상적인 문제해결이 가능하다. - 가설연역적 추리가 가능해진다. - 조합적인 추리가 가능하여 사회적 쟁점, 정체성에 대한 관심이 발달한다.

* 김희수 외, 2014.

2. Vigotsky 인지발달이론

러시아의 심리학자인 비고츠기(L. S. Vigotsky, 1896~1934)는 심리학의 모차르트라고 불릴 정도로 천재의 자질을 나타냈다. 불과 28세의 젊은 나이에 모든 심리학 이론을 통달하고 획기적인 이론을 구상하였다. 그에 따르면 인간은 사회적 맥락 속에 존재하고 있기 때문에 인간을 이해하려면 사회 및 문화 환경에 대한 이해가 선행되어야 하며, 교육은 인지발달을 촉진하는 역할을 해야 한다고 주장하며, 문화와 사회가 인간발달에 큰 영향을 주고 있음을 강조하였기 때문에 사회문화적(socio-cultural) 구성주의로 불린다. 비록 38세의 젊은 나이에 폐결핵으로 요절하였지만, 인지발달분야에서

중요한 위상을 차지하고 있다.

1) 비고츠키의 기본 전제

(1) 사회적 상호작용

피아제는 인지적 보편성을 강조하여 성장환경은 발달에 거의 영향을 미치지 않으며, 세계의 모든 아동이 거의 동일한 인지발달특성을 갖는다고 보았다. 이에 반하여 비고츠키는 문화와 사회가 인간발달에 큰 영향을 준다고 강조하였다. 복잡한 정신활동은 사회적 활동으로서 시작하며 아동은 타인과의 관계에서 영향을 받으며 성장하는 사회적 존재라고 하였다.

(2) 내면화(internalization)

개인은 다른 사람과의 대화를 통하여 인지발달이 촉진된다. 사회적 활동이 내적 정신활동으로 진화하는 과정인 내면화를 통해 지식을 획득한다. 인지발달은 사회문화적인 맥락(context)의 영향을 받으며, 1차적으로 발생하는 개인 간의 사회적 과정은 아동의 내부에서 재구성(내면화)된다. 즉, 사회적 과정에서 심리적 과정으로 전이되는 것이다.

(3) 내적 언어(inner speech)

비고츠키는 아동의 지적 발달에 내적 언어와 사회적 언어 둘 다 영향을 미치며, 특히 언어와 사고의 발달에 있어서 자기 대화(self-talk; 아동이 자신에게 소리 내어 말하는 것)를 중요하게 보았다. 사고와 언어는 서로 독립적으로 발달하지만 2세경에는 사고와 언어가 상호의존하게 되어 언어를 통해 자신의 사고를 표현하기 시작하며 이때부터 아동은 그들 스스로에게 많은 말(자기 대화)을 한다.

예를 들어 어떤 일이나 놀이를 할 때 계속 혼잣말을 하면서 한다. 4세가 되면 언어는 아동의 사고 형성에 구체적인 도움을 준다. 아동에게 언어는 문제 해결을 위한 사고의 도구가 된다. 목적달성에 필요한 수단을 얻기 위해 마음속으로 사용하는 언어를 내적 언어라고 한다. 자기 대화와 내적 언어는 내면화 과정의 예들이다. 사고와 언어의 결합은 아동의 단어에 대한 호기심, 빠른 어휘력 습득으로 나타난다.

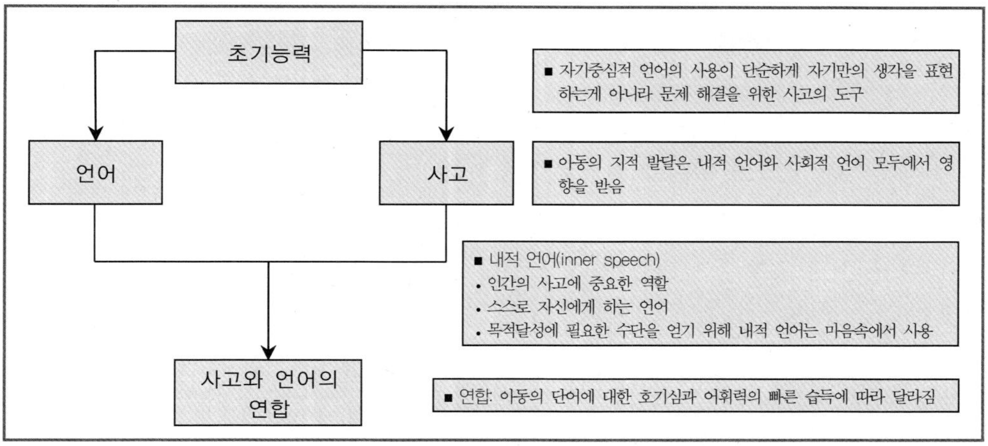

[그림 3.5] 사고와 언어의 발달과정(김희수 외, 2014)

(4) 근접발달영역(ZPD, Zone of Proximal Development)

아동 스스로 문제를 해결할 수 있는 실제 발달수준과 스스로 해결할 수 없지만 성인이나 더 유능한 또래의 도움을 받아 해결할 수 있는 영역인 잠재적 발달수준의 차이를 근접발달영역이라 한다. 비고츠키는 근접발달영역에서의 상호작용을 통해 아동의 인지가 발달한다고 보았으며, 아동이 성장하는 데 도움을 주는 것을 발판(비계, scaffolding)이라고 하였다. 따라서 교사나 성인이 아동의 인지발달에 도움이 된다는 이론적 근거를 마련하였다는 점에서 중요한 의미가 있다. 또한, 장애아동과 비장애아동과 함께 교육받는 것이 효율적이므로 장애아 분리 교육을 반대하고 통합교육을 강조하였다.

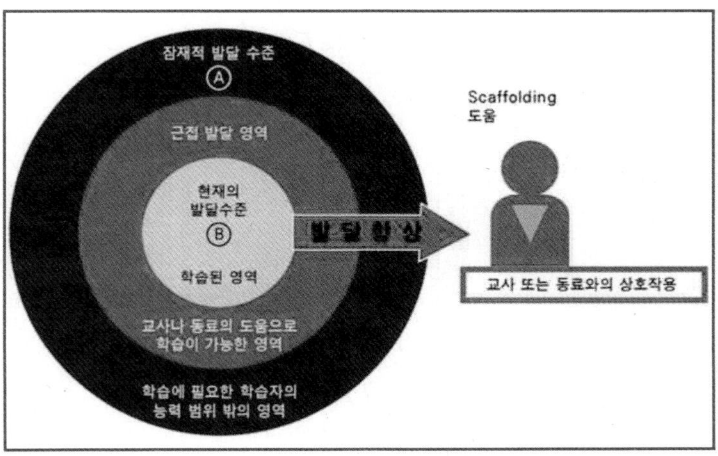

[그림 3.6] 근접발달영역(ZPD)

(5) 비계설정(scaffolding)

비계는 건물을 지을 때 높은 위치에서 공사가 가능하도록 설치하는 안전 가설물을 칭한다. 비계는 안전하게 효율적으로 건물을 지을 수 있도록 돕는다. 이처럼 아동이 혼자서 인지적 조작의 원리를 발견하지 못한다. 이 발견은 가족, 교사, 친구 등의 중재나 도움을 통해 이루어진다. 이러한 도움을 비계설정이라고 하는데 비계설정은 근접발달영역에서 제공되는 더 뛰어난 친구나 성인의 도움을 뜻한다. 학습에서 문제해결을 위한 교사의 힌트나 친구와의 협동학습 도움과 지원은 인지발달을 앞당길 수 있다. 이때 교사나 부모는 조력자인지 학습의 주체자가 되어서는 안된다. 초기 단계에서는 많은 도움을 제공하다가 점점 도움을 줄여나가 학습자가 스스로 주체적으로 할 수 있도록 이끌어 나가야 한다.

[그림 3.7] 공사장의 비계

〈표 3.2〉 교수과정에서 비계설정의 유형

비계설정의 유형	예시
모델링	보건안전 수업에서 칫솔사용 방법에 대해 시범을 보인다.
질문하기	교사는 발견학습, 강낭콩 키우기의 이해를 돕기 위해 햇빛을 잘 보고 자란 강낭콩과 검은 봉지를 씌운 강낭콩은 각각 어떤 형태로 자랐을까요? 질문하여 사고력을 키운다.
길잡이와 힌트	교사가 문제를 낼 때 어려운 내용은 앞글자를 딴 두문 글자를 제시한다.
소리 내어 생각하기	교사가 판서한 내용을 학생이 직접 읽어보도록 한다.
수업자료 조정하기	계절에 대해 알아보기 수업에서 쉽게 접할 수 있는 기본개념부터 점차적으로 세부적인 구분까지 난이도를 높인다.

2) 피아제(Piaget)와 비고츠키(Vigotsky)의 이론 비교

(1) 공통점

① 발달은 아동과 사회 환경의 상호작용을 통해 발생한다.
② 학습자는 능동적인 존재이다.
③ 발달은 급격한 변화로 구성된 역동적인 과정이다.

(2) 피아제와 비고츠키의 차이점

대표적으로 피아제는 인지적 보편성을 강조하여 모든 아동이 거의 동일한 인지발달특성을 갖는다고 보았다. 즉 아동의 발달단계에 따라 그에 맞는 인지구조의 발달을 촉진하는 경험을 통해 인지적 성장을 돕는다고 강조한다.

이에 반하여 비고츠키는 사회적 상호작용의 결과에 따라 아동의 인지발달이 발전한다고 강조한다. 아동은 교사나 또래, 성인의 타인과의 관계에서 영향을 받으며 성장하는 사회적 존재라고 하였다.

〈표 3.3〉 피아제(Piaget)와 비고츠키(Vigotsky)의 차이점

구분	피아제(Piaget)	비고츠키(Vigotsky)
환경관	물리적 환경에 관심	사회문화적 환경에 관심
아동관	학습자가 발달에 주체적 역할	아동의 사회적 영향이 발달에 중요한 영향
지식구조의 형성	평형화를 중시	내면화를 중시
사고와 언어	사고발달 〉 언어발달; 사고(인지발달)가 언어에 반영	언어발달 〉 사고발달; 사고와 언어는 독립 ⇨ 연합 ⇨ 언어가 사고에 반영
개인차	관심 없음	관심 있음
발달과 학습	발달이 학습에 선행	학습이 발달에 선행
수업	자기주도적 발견	교사 안내 수업
학습	현재 지향적 접근; 현재 아동의 발달단계에 맞는 내용 제시	미래 지향적 접근; 현재 발달수준보다 조금 앞서는 내용 제시
교사 역할	안내자 (환경 조성자)	촉진자 (성장 조력자)
언어 발달	자기중심적 언어-사회적 언어	사회적 언어-자기중심적 언어-내적 언어
교수에 주는 시사점	평형화를 깨는 경험을 계획	발판 제공, 상호작용을 안내

제2절 성격발달이론

인간은 자신의 환경에 적응해 나갈 때 많은 요인들의 영향을 받는다. 그중에서도 특히 성격은 환경에 대한 개인의 독특한 적응 방식을 결정짓는 하나의 신체적·심리적·물리적 역동체로서 지대한 영향을 미친다. 성격에 대한 이해는 자기 자신은 물론 타인과의 대인관계를 향상시키는 데 도움을 받는다. 성격은 행동의 개인차를 설명하는 정의적 요인으로 매우 다양한 행동 패턴을 보인다.

1. 성격의 이해

1) 성격의 의미

성격(personality)이란 무엇인가? 성격이라는 용어는 지성, 능력, 정서, 관념, 습관, 태도, 신체적 특징 등 많은 요소를 포함하고 있어서 대개 포괄적이면서 다의적으로 사용되고 있으며, 그 개념을 간결하게 그러면서도 정확히 표현하는 일이 그렇게 쉽지 않다. 성격의 통합된 개념을 페르빈(Pervin, 1996)은 다음과 같이 제시하고 있다.

"성격은 사람들의 삶에 방향과 양식(일관성)을 제공하는 인지, 정서 및 행동들의 복합 조직이다. 성격은 신체처럼 구조와 과정으로 구성되어 있는데, 천성(유전)과 양육(경험)을 반영한다. 이에 더하여 성격은 과거의 영향을 포함하고 있는데, 이는 현재 및 미래의 구성뿐만 아니라 과거의 기억을 포함하고 있다."

2) 성격형성 요인

성격형성의 요인으로는 유전적 요인, 신경계 기능과 내분비 기능과 같은 생리적 요인, 양육태도, 출생순위, 가정의 분위기와 같은 가정환경 요인 등이 있는데, 여기서는 가정환경 요인에 중심을 두고 설명한다.

(1) 양육태도

양육태도는 성격형성에 중요한 요인 중 하나이다. 볼드윈(Baldwin)과 칼혼(Kallhornn)의 연구에 의하면, 익애형 또는 과보호적 가정에서 자란 아동은 신경질, 의존심, 자기중심성, 비사회성이 나타나기 쉽고, 거부형과 방임형의 가정에서는 반항적, 공격적이며 불안정한 성격이, 전제적인 가정에서는 수동적·순종적인 성격, 결손가정에서는 애정의 결핍이나 대인기피 같은 성격특성이 형성되기 쉽다.

(2) 출생순위

아들러(Adler)에 의하면, 출생순위는 성격형성의 중요 요인 중 하나이다. 첫째 아이는 처음 태어나서 '독자'인 시기에는 부러워할 만한 위치에 있다. 아들러는 첫아이를 '폐위된 왕'에 비유했고, 이것이 마음의 상처가 될 수 있다고 했다. 그 결과로 첫째 아이는 스스로 고립해서 적응해 나가며, 다른 사람의 애정이나 인정을 얻고자 하는 욕구에 초연해서 혼자 생존해 나가는 전략을 습득한다.

둘째 아이는 처음 날 때부터 형이나 누나라는 속도 조정자(pace setter)를 가지고 있으므로, 그들의 장점을 능가하기 위한 자극과 도전을 받는다. 이런 사실이 둘째 아이에게 박차를 가하고, 첫째보다 훨씬 빠른 비율로 발전하게 하기도 한다. 예를 들면, 둘째 아이가 첫째보다 훨씬 빨리 말하고 걷기 시작한다. 그 결과 둘째 아이는 아주 경쟁심이 강하고 대단한 야망을 가진 성격이 된다.

막내의 상황은 여러 면에서 독특하다. 첫째, 동생에게 자리를 빼앗기는 충격을 경험하지 않고, 가족의 귀염둥이로 응석받이로 자라게 된다. 둘째, 부모가 경제적으로 넉넉하지 못할 경우, '늘 귀찮게 붙어 다니는 아이'의 위치로 전락할 수도 있다. 셋째, 모두가 자기보다 크고, 힘세고 특권이 있는 형으로 둘러싸여, 그는 독립심의 부족과 함께 강한 열등감을 경험하기 쉽다. 그럼에도 불구하고 한 가지 이점이 있는데, 그것은 위의 형들을 능가하려는 강한 동기유발이다. 그 결과 막내는 가장 빠른 수영선수, 훌륭한 음악가, 재능 있는 예술가, 또는 가족 중에 가장 야망 있는 아이가 된다. 아들러는 때때로 '도전받는 막내'가 혁명가가 될 가능성이 많다고 했다.

아들러에 의하면, 외동이는 응석받이로 기르기 쉬운 약점이 있고, 그 결과 보호받기를 원해 생활방식에서는 의존심과 자기중심성이 현저하게 나타난다.

(3) 가정의 분위기

가정의 분위기와 성격의 관계에 대해 라드케(Radke)는 첫째, 전제적인 분위기에서 자란 아동은 다른 아동에 비해 인기가 없으며 정서가 불안정하고 싸움이 빈번하다는 점, 둘째, 민주적인 가정에서 자란 아이는 정서가 안정되어 있으며 솔직하고 인기가 있으며 싸움이 적다는 점, 셋째 자유도가 적은 가정의 아이는 수동적, 소극적이며 인기가 없다는 점, 넷째, 엄격하고 벌이 심한 가정의 아이는 타인의 의견을 무시하며 인기가 없다는 덤, 다섯째, 형제 자매간에 싸움이나 질투가 적은 아이는 협력적, 순종적이며 정서적으로 안정되어 있지만 조용하고 수동적이며 활발하지 못한 점 등을 각기 특징으로 들고 있다. 이밖에 학교환경이나 사회문화적 환경에 따른 영향도 크다고 볼 수 있다.

2. Freud 심리성적 발달이론

프로이드(S. Freud, 1856~1939)는 체코에서 태어나 오스트리아 빈 대학에서 의학을 전공하였고, 1900년대에 정신분석학이라는 조직적인 성격이론을 처음 제안하였다. 그는 결정론의 견지에서 우연히 일어나는 것은 아무것도 없으며 모든 행동에는 원인이 있는데 바로 무의식이 표출된 것으로 보았다. 정신분석은 인간의 행동이나 사고, 감정의 원인을 규명하고자 하며, 교육과 직접적인 관련은 크지 않지만 인간의 본성을 이해하는 데 큰 도움이 되므로 알아보는 데 의의가 있다.

1) 정신의 구조

정신분석학은 인간의 정신세계를 의식(conscious)과 전의식(preconscious), 무의식(unconscious)으로 구성되어 있다고 보았으며, 이를 빙산에 비유하여 설명하였다. 의식세계는 빙산의 물 위에 떠있는 작은 부분이라면 무의식세계는 물속에 잠겨있는 더 큰 부분에 해당한다. 전의식은 원할 때 쉽게 의식화할 수 있는 기억, 사고, 꿈 등이다. 무의식은 억압된 본능에 의해 만들어진 것으로 인간의 성격 형성에 큰 영향을 준다. 그는 무의식의 본질과 기능에 관심을 두었다.

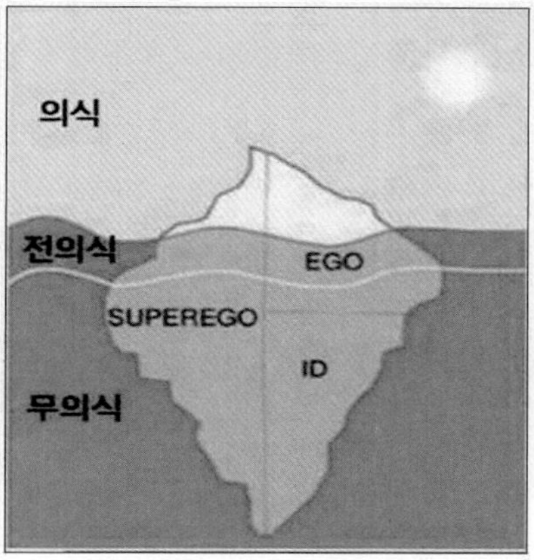

◆ 의식
개인이 현재 각성하고 있는 모든 행위와 감정

◆ 전의식
- 이용 가능한 기억, 조금 노력하면 의식화됨
- 떠올릴 수 없는 생각이나 감정
- 무의식과 의식의 영역을 연결

◆ 무의식
- 인간의 정신세계에서 가장 중요하며 인간행동의 동기로서 작용
- 사회에 의해 용납될 수 없는 감정, 충돌들 억압
- 내적 갈등의 경험

[그림 3.8] 인간의 정신세계

2) 성격의 구조

프로이드는 성격의 구조를 원초아(본능), 자아, 초자아의 세 가지로 구성되어 있으며, 인간의 행동은 이 세 가지 성격구조의 상호작용에 의해 나타난다고 주장하였다. 원초아(id, 본능)는 쾌락중심의 원초적 충동이며, 자아(ego)는 현실중심의 합리적인 방법으로 쾌락을 얻고자 하며, 초자아(super-ego)는 양심과 이상적인 자아상을 추구한다. 원초아와 자아, 초자아는 상호작용하고 있는데, 서로 추구하는 목표가 다르기 때문에 내적 갈등을 유발한다. 원초아와 초자아의 상반된 힘이 자아를 압도하면 심리적인 불안을 경험하게 되며, 자아가 원초아와 초자아의 힘 사이에 균형을 유지하면 불안은 사라진다. 원초아(id), 자아(ego), 초자아(super-ego)의 상호작용의 결과로써 발달이 이루어지며 특히 원초아의 역할이 중요하다고 보았다.

이러한 세 가지 성격구조를 형성하고 움직이는 것이 성적에너지인 리비도(libido)이다. 리비도는 나이 단계에 따라 정해진 순서대로 특정한 신체부위(성감대)에 집중되어 이동되며, 이에 따라 발달단계를 다섯 단계로 구분하였다. 따라서 그의 이론을 심리성적 발달이론이라고도 한다.

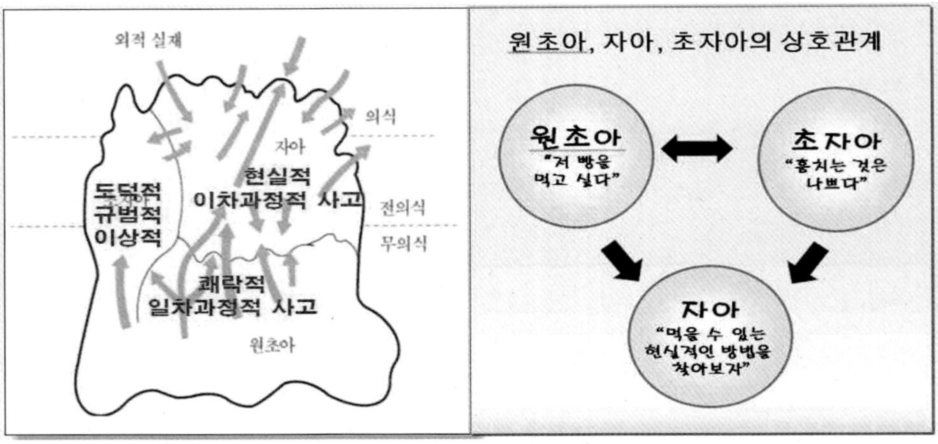

원초아(id)	자아(ego)	초자아(super ego)
① 심리적 에너지의 원천이자 본능이 자리 잡고 있는 곳이다. ② '쾌락의 원칙'에 따라 본능적 욕구를 충족시키고자 비논리적이고 맹목적으로 작용한다. ③ 욕망실현을 위한 사고능력은 없으며 다른 욕망 충족을 소망하고 그것을 위해 움직인다. ④ 과정은 무의식적으로 이루어진다.	① 원초아의 본능과 외부 현실세계를 중재 또는 통제하는 역할 ② '현실의 원칙'에 따라 현실적이고 논리적인 사고를 하며 환경에 적응한다. ③ 자아는 현실에 따라 원초아(id)와 초자아(super ego), 그리고 현실 간의 균형을 유지한다. ④ 원초아는 맹목적 욕구 충족을 꾀하지만 자아는 주관적 욕구와 외부의 환경을 구별하는 현실 검증의 능력이 있다.	① 쾌락보다 완전을 추구, 현실보다 이상적인 것을 추구 ② 부모에게서 받은 전통적 가치관과 사회적 이상이 자리 잡고 있다. ③ 도덕적으로 위배되는 원초아의 충동을 억제하고 자아의 현실적 목표를 도덕적이고 이상적인 목표로 유도한다. ④ 초자아는 도덕적이고 규범적인 기준에 맞추도록 유도한다.

[그림 3.9] 프로이드의 성격구조

3) 발달단계

(1) 구강기(oral stage): 0~18개월

구강기에는 입, 입술이나 혀 등 구강이 쾌락을 주고 긴장을 감소시키는 중요한 근원이 된다. 이 단계의 중요한 갈등은 이유(離乳), 물어뜯기(biting)와 관련되어 있다. 심리학적 관점에서 구강기에 고착된 사람은 과식, 과음, 수다 떨기 등 입을 통해 쾌락을 얻고자 하는 과잉의존성이 나타나고, 다른 사람에 대해 언어적인 공격을 함으로써 쾌락을 얻고자 하는 적대적이고 호전적인 성격을 나타낼 수 있다.

(2) 항문기(anal stage): 18개월~3세

구강에서 항문으로 리비도가 이동하며, 배설하는 과정을 통해 쾌락을 얻고자 한다. 이 시기의 유아는 자신의 본능적 충동을 처음으로 외부로부터 통제당하는 경험을 하게 되며, 자기 통제력을 길러야 한다. 부모의 배변훈련은 성격발달에 중요한 영향을 준다. 훈련이 너무 엄격하고 강압적이면 고집이 세고 인색하고 결벽증이나 완벽증 등 항문보유적 성격이 형성된다. 이 시기에 고착되면 잔인하고 공격적인 성격을 갖게 된다.

(3) 남근기(phallic stage): 3~6세

쾌락(리비도)이 항문에서 성기로 옮겨간다. 남아는 남근을 가졌다는 사실을, 여아는 남근이 없다는 사실을 인식하는 시기로서 성기에서 쾌락을 느끼는 것을 알게 된다. 또한, 남아는 어머니를 사랑하고(오이디푸스 콤플렉스, Oedipus complex), 여아는 아버지를 사랑하는(엘렉트라 콤플렉스, Electra complex) 등 이성 부모를 향한 성적 욕구를 인식한다. 오이디푸스 콤플렉스는 아버지를 제거한 후 어머니를 완전하게 소유하고 싶은 남아가 겪는 무의식적 욕망인데, 이 상황에서 아버지가 자신의 남근을 제거하지 않을까 하는 거세불안(castration anxiety)의 고민을 갖는다. 남아는 어머니에 대한 성격 충동을 포기하고, 아버지와 자신을 동일시(identification)하는 과정을 통해 남근기 갈등은 극복된다. 콤플렉스를 극복하는 것은 남성적 역할 뿐만 아니라 초자아와 도덕성 발달의 계기가 된다. 고착 시에는 남성은 남성다움을 과시하거나 야심적이며 성공에 몰입하는 성격을 보이고, 여성은 유혹적이거나 남성을 능가하려는 성격을 나타내기도 한다.

프로이드는 여아에게는 남근 선망이 나타나지만, 여아는 어머니에 대한 공포를 갖고 있지 않다는 점에서 남아와는 다르다고 주장한다. 이는 여아의 엘렉트라 콤플렉스가 일생동안 해결되지 않으므로 여성이 남성보다 도덕적으로 열등하다고 주장한 것으로 세간의 비난을 받고 있다.

(4) 잠재기(latency stage): 6~11세

학교생활을 통하여 주위 환경에 호기심을 갖고 지적 탐구활동이 활발한 시기로서, 성적 욕구가 잠재되어있는 평온의 시기이므로 프로이드는 심리적 휴식기 또는 잠재기라고 하였다. 즉, 학교, 친구, 취미 활동 등에 관심을 보이고 사회적 관계를 형성하는 시기이다.

(5) 생식기(genital stage): 11세 사춘기 이후

사춘기가 되면서 성적에너지는 다시 분출되며 성적 쾌감이 자기 애착적인 경향에서 이성으로 옮겨가므로 이성 애착시기라고 한다. 부모로부터 독립하고자 하는 욕구가 강하게 나타나므로 심리적 이유기이라고도 한다.

생식기는 프로이드의 심리성적발달의 마지막 단계로서 이전 단계의 갈등이 잘 해결되면 도달할 수 있어서 이타적이고 원숙한 생식기적 성격을 갖게 된다. 만약 그러지 못했다면 신경증 환자가 될 수 있으며, 권위에 대한 반항이나 이성에 대한 적응이 곤란이 나타날 수 있다. 결국, 성인의 성격은 유아기와 아동기의 갈등을 어떻게 극복했는가에 따라 좌우되므로 프로이드는 5~6세에 성격발달이 완성된다고 주장하였다.

〈표 3.4〉 프로이드 심리성적 발달단계

단계	연령	특징
구강기	출생~18개월	· 성적에너지가 구강(혀, 입술) 부위에 집중되는 시기 · 부모를 소유하고, 부모에게 의존하는 욕구를 통해 인생 전반의 소유와 의존에 대한 태도를 형성 · 고착성격 : 지나치게 의존적, 비평, 비난, 집착, 시기와 질투, 낙관주의적 성향을 띰
항문기	18개월~3세	· 성적욕구가 항문 주위에 집중되는 시기 · 배변훈련을 통해 부모가 제시하는 도덕적 규범을 수동적으로 확립 · 자기조절(자율적인 성격 vs 타율적인 성격) 문제가 출발하는 시기 · 항문 공격적 성격(내보내기) 배변 후 칭찬을 해주면 아이는 이 행동을 즐거워함 · 항문 보유적 성격(지니기) 엄격하고 강압적으로 배변 훈련을 하고 참게 됨
남근기	3~6세	· 성적욕구가 성적 부위에 집중되는 시기 · 이성의 부모에 대해서는 연애적 감정을 동성의 부모에 대해서는 적대적 감정과 행동 · **오이디푸스 콤플렉스** : 남아는 자신의 성기에 관심을 가지면서 공격적이고 영웅적인 남자로서의 자신을 상상하는 환상 속에서 첫 번째 사랑의 대상이 엄마에게로 향하지만, 아버지라는 너무 큰 경쟁자가 있어 아버지에 대해 질투를 느끼게 됨. 하지만, 아버지를 필요로 하므로 현실적으로 실천하지 못함 · **일렉트라 콤플렉스** : 여아는 5세 무렵이 되면 아기일 때 받았던 엄마의 부단한 관심이 줄어들고 특히 자신에게 음경이 없다는 사실을 발견하면서 엄마에게 실망하고 아버지의 관심을 느끼면서 여성으로서의 자존심을 다시 회복하게 됨
잠재기	6~11세	· 성적발달의 휴식기간 · 성적욕구는 승화되어 지적인 관심, 운동, 친구 간의 우적으로 전환되며 사회성이 발달됨
생식기	11세 이후	· 성적충동과 공격적 충동이 재출연하며 이성에 대한 관심과 인식이 증가 · 사춘기에 초기 일시적인 동성애가 나타남

4) 프로이드 이론에 대한 평가

프로이드는 성격발달에 있어서 유아의 초기, 5세까지의 경험이 결정적인 영향을 미친다고 강조했다. 이 시기의 유아는 주 양육자를 통해 많은 경험들을 하게 된다. 따라서 부모의 역할과 양육 태도, 가정환경의 중요성을 일깨워 준다. 하지만, 성격이론을 설명하면서 지나치게 성본능을 강조하고 이에 대한 설명이 타당성이 없다는 비판을 받고 있다.

- 초기 경험의 중요성, 특히 다섯 살까지의 경험이 성격발달에 결정적 영향을 준다고 주장
- 성격의 기초를 형성하는 데 있어서의 부모의 양육 태도가 무엇보다 중요함을 강조
- 인간행동의 무의식적 결정요인을 강조함으로써 성격연구에 획기적인 전기를 마련
- 심리학, 심리치료, 유아교육 등의 분야에서 널리 활용

비판점

❶ 인간을 성욕과 과거 경험에 지배되는 수동적 · 소극적 존재로 본 점

❷ 신경증 환자들로부터 얻은 임상자료를 통해 정상인의 성격발달을 역으로 적용시킨 점

❸ 과학적 검증이 어렵고 성격발달에 있어서 사회문화적 영향을 간과한 점

❹ 성격발달의 결정적 시기로 5세까지의 초기 과정만을 지나치게 강조하고 청소년기나 성인 이후의 성격발달 가능성을 간과한 점

[그림 3.10] 프로이드 이론 교육적 함의 및 평가(김희수 외, 2014)

3. Erikson 심리사회발달이론

에릭슨(E. H. Erikson, 1902~1994)은 프로이드의 영향을 받아 정신분석에 관심을 갖게 되었는데, 프로이드의 심리성적 발달단계를 발전적으로 확대시킨 독자적인 성격발달 단계이론을 제시하였다. 그는 아동의 자아정체감 발달에는 심리적, 사회적 관심이 많은 영향을 준다고 주장하여 개인적, 정서적 그리고 사회적 발달을 통합한 그의 이론을 심리사회 발달이론(psycho-social developmental theory)이라고 한다.

1) 에릭슨 이론의 기본 견해

(1) 발달에 자아(ego)를 강조하고 원초아나 초자아에는 큰 관심을 갖지 않았다. 자아는 위기를 경험하고 극복하는 과정에서 중추 역할을 한다.
(2) 발달은 일생 동안 이루어진다고 제안하여 최초의 전생애(全生涯) 발달심리학자로 평가된다.
(3) 성격발달은 단계별로 이루어지고, 발달단계는 상호의존적이며, 모든 인간은 보편적으로 같은 단계를 거친다. 이전 단계에서 심리사회적 위기를 어떻게 극복했는가에 따라 다음 단계의 발달이 좌우 된다.
(4) 발달은 점성적으로 이루어진다. 점성원리(epigenetic principle)는 태아가 발달하는 과정에서 특정 시점에 특정 신체 기관이 나타나고 점진적으로 태아로 '통합'되는 원리를 말한다. 에릭슨은 신체의 각 부분이 상호 관련된 방식으로 발달하는 것처럼 성격도 상호 관련된 단계를 통해 발달하는 것으로 간주하였다.
(5) 발달단계에서 나타나는 심리 사회적 위기는 발달과업과 비슷한 개념으로 특정 시기에 해결해야 하는 사회발달과제를 의미한다. 심리 사회적 위기를 성공적으로 극복해야 긍정적인 성격으로 발전한다.

2) 에릭슨의 인성발달단계

에릭슨은 저서 『아동기와 사회』(1963)에서 전 생애 자아발달과정을 8단계로 나누어 설명하였다.

(1) 제1단계: 기본적 신뢰성 대 불신감(basic trust vs. distrust, 출생~18개월)

이 시기의 신생아는 어머니를 비롯한 타인과의 관계가 일관되고 예측 가능하면 주변 세계에 대해 신뢰성을 가지나, 기본 욕구를 충족하지 못하는 부정적인 경험이 많으면 불신감을 형성하게 된다. 그런데, 관계의 양 보다는 질이 더 중요하다. 단순히 음식이나 애정의 양 보다는 상호작용이나 일관성, 계속성 등이 더 중요하다.

인간관계에서 애착을 형성하려면 신뢰성이 중요하지만 지나친 신뢰성은 문제가 될 수도 있으므로 신뢰성과 불신감의 적절한 비율에 따라 건전한 성격발달이 이루어질 수 있다.

(2) 제2단계: 자율성 대 수치심과 회의감(autonomy vs. shame and doubt, 18개월~3세)

이 단계는 식사나 옷 입기, 대소변 가리기 등을 스스로 하는 훈련이 가능하다. 이 시기에는 부모가 유아에게 자율적인 활동을 허용하는 정도에 따라 심리사회적 위기를 극복하는 것이 좌우된다. 부모가 유아의 자발적인 행동을 격려하여야 자율성을 형성하며, 지나치게 엄격한 배변 훈련이나 비난, 통제를 한다면 수치심을 느끼고 자신의 능력에 대해 회의를 느끼게 된다.

(3) 제3단계: 주도성 대 죄의식(initiative vs. guilt, 3~6세)

이 단계는 또래 집단을 형성하며 놀이 활동에 참여하면서 자기주장을 하기 시작한다. 운동기능이 더 발달하고 자율성을 효율적으로 활용하여 목표를 지향한다. 유아가 주도적으로 활동에 참여하도록 부모가 자유를 허용한다면 주도성(자발성, 목표지향성)이 형성되며, 만약 주도적으로 참여할 기회를 제한하고 비난한다면 아이는 주도적인 활동에 대해 죄책감을 갖게 된다.

(4) 제4단계: 근면성 대 열등감(industry vs. inferiority, 6~11세)

이 단계는 자아 성장의 가장 결정적인 단계로서 인지적, 사회적 기능을 습득한다. 아동이 주로 학교생활을 하는 시기이므로, 학교나 가정에서 주어지는 공부나 과제를 성공적으로 성취하면 근면성이 발달한다. 만약 이 단계의 과제가 너무 어려워 실패하게 되면 열등감에 빠져든다. 근면성은 이후 생애의 인간관계를 형성하고 적응하며 성공하는 데 중요한 특성으로 작용하므로, 교사는 학생들이 자신의 어려움을 잘 극복할 수 있도록 도와주어야 한다.

(5) 제5단계: 자아정체성 대 정체혼미(identity vs. confusion, 12~18세, 청소년기)

"나는 누구인가(Who am I)?" 청소년기는 자신에 대한 의문을 갖고 답을 찾고자 하는 과정이다. 이 단계는 육체적, 지적, 감성적인 변화를 경험하게 되며 이때, 경험이 긍정적인 자기평가로 이어지면 자아정체성이 확립되지만, 부정적인 평가 사이에는 갈등이 발생하고 이를 극복해가는 과정을 거치게 된다. 정체성 위기는 정체성을 확립하지 못하여 경험하는 정체혼미상태로서, 이후 성인으로서 수행해야 하는 사회적 역할에 대한 두려움과 혼돈에서 비롯되기도 한다. 이 때 청소년은 절망하고 방황하게 되는데, 에릭슨(Erikson)은 이러한 과정을 심리적 유예(psychological moratorium)라고 하였다.

(6) 제6단계: 친밀성 대 고립감(intimacy vs. isolation, 19~40세, 성인전기)

이 단계는 부모나 학교로부터 독립하여 성인으로서 책임감을 가지고 역할을 수행해야 하며, 자신의 문제에만 몰두하는 데서 벗어나 주변 사람들과 친밀하고 신뢰성 있는 관계를 형성해야 한다. 직업이나 친구, 배우자 등을 선택하며 타인의 단점을 수용하고 차이점을 인정하면서 갈등을 극복하는 과정에서 친밀성이 형성된다. 만약 친밀한 대인관계가 형성되지 못하면 사회관계를 회피하는 고립감이 형성되어 위협이 된다고 생각되는 사람에 대하여 거부감이나 적대감을 갖게 된다.

〈표 3.5〉 에릭슨의 심리사회적 발달단계

심리사회적 단계	연령	주요사회적 관계	바람직한 결과	주요발달
신뢰감 대 불신감	출생~18개월	어머니(주양육자)	신뢰, 희망	세상에 대한 믿음과 신뢰의 발달
자율감 대 수치심	18개월~3세	부모	의지	자신을 통제할 수 있는 독립된 개체로 인식하는 것이 발달
주도성 대 죄의식	3세~6세	가족	목적, 의도	새로운 도전에 대한 자발성과 실패에 대한 대처방법 발달
근면성 대 열등감	6세~12세	이웃, 학교	유능감	기본적 기술과 대인관계 형성 학습
자아정체감 대 역할 혼미	12세 이후 청년기	또래집단, 리더십 모델	성실, 충성	자아의 지속적이고 통합적인 정체감 형성
친밀감 대 고립감	성인전기	친구, 연인, 동료	사랑	이성과의 몰입된 애정관계 형성
생산성 대 침체감	성인중기	노동분화, 가사분담	배려	아동양육, 창의적인 생산적 작업에 기여
자아통합감 대 절망감	노년기	인류	지혜	삶에 대한 만족과 가치 있는 삶으로 정리

(7) 제7단계: 생산성 대 침체감(generativity vs. stagnation, 40~60세, 성인중기)

이 단계는 장년기로서 자녀를 양육하거나 직업 활동을 통해 창조성과 생산성을 경험한다. 다음 세대를 지도하는 과정을 통해 자신의 존재 가치를 확립하면 생산성이 형성되며, 만약 생산성을 획득하지 못하면 침체감에 빠지게 된다.

(8) 제8단계: 통합성 대 절망감(ego integrity vs. despair, 60세 이상, 노년기)

노년기는 자신의 삶을 되돌아보고 정리하는 시기이다. 신체기능, 정신기능이 쇠퇴하고, 경제력 등도 상실된다. 이전의 자신의 삶에 대해 전체적으로 살펴보았을 때 열심히 살았고 후회를 느끼지 않는다면 긍정적으로 수용하여 통합성이 발달된다. 만약 자신의 삶이 무가치하고 부정적으로 느껴진다면 비통하고 절망감을 느끼게 된다.

- 각 발달단계마다 성취해야 할 과업과 극복해야 될 위기 상황을 고려하여 이에 영향을 미칠 수 있는 사회적 요인들을 교육에 잘 활용하고 각 발달단계에 적절한 환경을 제공할 것을 제시
  - 영아 : 신뢰감 형성 교육(신체적 · 심리적 욕구를 충족시켜 주고 일관성 있게 돌봐줌)
  - 학령전기 : 주도성 함양 교육
  - 초등학생 : 자신감과 근면성 함양 교육
  - 중 · 고등학생 : 긍정적 자아정체감 함양 교육 (토론의 장과 상담기회를 제공하여 스스로의 문제를 해결할 수 있도록 격려)

비판점

❶ 성격발달에 결정적 시기가 존재하는 가의 의문

❷ 성격발달이 고정된 순서로 일어나며 보편적인 것인지에 대한 의문

❸ 많은 개념적 문제들을 불명확한 상태로 남겨두어 실증적 연구가 어려움

[그림 3.11] 에릭슨 이론 교육적 함의 및 평가(김희수 외, 2014)

3) 프로이드와 에릭슨의 이론 비교

(1) 공통점

① 정신분석학에 바탕을 두고 있다.

② 인생의 초기경험을 중요하게 강조 한다.

③ 발달은 일련의 단계를 거쳐 이루어진다.

(2) 프로이드와 에릭슨의 차이점

프로이드 이론은 유아기에 성격이 결정된다는 조기 결정론과 주 양육자의 역할과 태도, 가정환경 등 어떤 경험을 했느냐에 따라 성격형성에 주요한 역할을 한다고 강조한 반면, 에릭슨은 인생의 전반에 거쳐 발달이 이루어진다는 확장적인 개념을 주장하였다. 또한, 성격발달이 심리사회적인 측면에서 다른 사람과의 상호작용을 통해 이루어진다는 점에서 대인관계의 중요성을 강조했다.

〈표 3.6〉 프로이드와 에릭슨의 차이점

프로이드(Freud)	에릭슨(Erikson)
성적심리 발달이론 (id심리학 - 무의식)	심리사회 발달이론 (ego심리학 - 의식)
가족관계 중시	사회적 대인관계 중시
리비도의 방향 전환	가족과 사회의 영향
발달의 부정적인 면을 조망	발달의 긍정적인 면을 조망 (약간의 부정적인 면은 인정)
5단계 발달 - 청년기 이후 발달 무시.	8단계 발달 - 전 생애를 통한 계속적인 발달.
과거지향적 접근	미래지향적 접근

* 오현준 외, (2014)

제3절 도덕발달이론

도덕(morality)의 개념은 각 이론들의 입장에 따라 다양하게 정의되고 있다. 정신분석학자 프로이드에 의하면 도덕은 아주 어릴 때의 경험에의하여 무의식적으로 형성된 양심이다. 행동주의 이론가인 스키너(Skinner)는 약속을 잘 지키는 것 같은 특수한 행동이 습관으로 굳어진 것이라고 한다. 사회적 학습이론가인 반두라(Bandura)는 타인의 행동을 관찰하고 모방한 결과로 정의하며, 인지주의 이론가들은 도덕적 문제 사태에서 도덕적 원리에 맞게 판단하는 능력이라고 하였다. 이 절에서는 인지주의 이론의 입장에서 대표적인 피아제(Piaget)와 콜버그(Kohlberg)의 이론을 중심으로 도덕발달이론에 대해 살펴 본다.

1. Piaget 도덕발달이론

(1) 피아제의 도덕발달이론 개요

피아제(Jean Piaget)는 아동이 도덕적 판단을 하기 위해서는 인지적 발달이 필수적으로 이루어져야 한다고 보고, 6세 이전에는 아동들이 도덕적 추리를 할 수 없다고 생각하였다. 그는 이를 가정으로 하여 게임에 참여한 4~13세 아동이 게임의 규칙을 이해하는 방식이 어떻게 다른지 인터뷰하여 도덕적 규칙이 획득되는 과정을 4단계로 구분하였다.

〈표 3.7〉 피아제(Piaget)의 도덕발달 단계

도덕적 발달단계	연 령	특 징
운동신경적 규칙 단계	4세	• 도덕이 발달되지 않음 • 반복적인 규칙 행동방식 이해하여 도덕적 판단 기제에 영향
도덕적 절대주의 단계	4-7세	• 규칙과 질서를 절대적인 것으로 인식, 도덕적 판단은 행동의 결과로만 판단 * **타율적 도덕 단계**
도덕적 상대주의 단계	7-11세	• 다른 사람과의 상호작용을 고려, 행동의 결과보다 의도를 기준으로 선악 판단 • 규칙을 바꾸기도 하고 수정하기도 함 * **협력의 도덕 단계**
형식적 추론 단계	11세 이상~	• 인지적으로 조작적 추론 능력을 가지게 되어 규칙을 보다 보편적이고 추상적인 개념으로 이해 * **협력의 도덕 단계**

① 1단계: 운동 신경적 규칙(motor rules): 0~3세

아직 도덕을 갖추지 못하였지만, 놀이를 할 때 반복적으로 보이는 규칙성 있는 행동 방식을 보이는데 도덕적 판단 역시 이러한 기제에 영향을 받게 된다.

② 2단계: 타율(제약)**의 도덕적 절대주의**(heteronomy and moral realism): 3~7세

이 단계는 아동이 게임의 규칙이 다소 강제적인 면이 있다는 것을 깨닫는 시기이다. 아동은 변하지 않는 규칙이 있으며 그것은 반드시 지켜야 한다는 것을 이해한다.

이 때 도덕적 판단은 행동의 결과로만 판단하는 아동의 절대론적 사고를 나타낸다.

③ 3단계: 자율(협력)의 도덕적 상대주의(autonomy and moral relativism): 7~11세

이 단계의 아동은 게임을 하면서 규칙을 수정하거나 새롭게 만들기도 하였다. 따라서 규칙은 정해져 있는 것이기도 하지만 변화시킬 수도 있다는 상대주의 관점이 발달한다.

④ 4단계: 자율과 상대주의에 대한 형식적 추론(formal reasoning about autonomy and moral relativism): 11세 이상

이 단계에서 아동은 인지적으로 조작적 추론 능력을 가지게 되어 규칙을 보다 보편적이고 추상적인 개념으로 이해하게 된다. 새로운 경험 상황 속에서도 규칙을 새롭게 만들어 낼 수 있다. 또한, 아동은 객관적인 행동의 결과뿐만 아니라 개인의 의도와 개인이 처한 상황의 관점에서 옳고 그름을 판단할 수 있다.

2. Kohlberg 도덕발달이론

콜버그(Lawrence Kohlberg, 1927~1987)는 듀이(Dewey)와 피아제의 영향을 많이 받았으며, 10~16세의 미국 아동을 대상으로 한 논문(1958)에서 인간은 사회적 상황에서 도덕적 판단을 할 때 자연스러운 발달단계를 거친다고 주장하였다. 또한, 다른 연구에서는 서로 다른 문화에도 유사한 발달단계를 거친다는 것을 확인하였다. 그는 복잡한 도덕적 이슈가 내포된 장면을 설명하고 있는 《Heinz(하인츠)의 딜레마》라는 사례를 다음과 같이 제시하여 아동들의 반응을 통해 도덕발달 수준을 판단하였다.

유럽의 어느 마을에 하인츠(Heinz)라는 남자의 부인이 특수한 종의 암에 걸려 죽어가고 있었는데, 그 부인을 살릴 수 있는 약이 꼭 하나 발명되었다. 그 약은 최근에 같은 마을의 약사가 발명한 라듐의 일종으로 그 판매 가격이 원가인 2백 달러의 10배나 되는 2천 달러로 매우 비쌌다. 하이즈는 약을 살 돈을 구하기 위해 할 수 있는 모든 일을 했으나 약사에게 가서 약을 팔라고 했으나 천 달러밖에 구하지 못했다. 그리하여 하이즈는 약사에게 가서 천 달러만 받고 약을 팔던지 일단 외상으로라도

약을 주기를 간청했으나 매몰차게 거절당했다. 절망에 빠진 하이즈는 마침내 부인을 위해 밤에 약국을 부수고 들어가 약을 훔쳤다.

· 만일 당신이 하인츠라면 무엇을 했을까?
· 하인츠가 한 행동은 정당한 것인가? 만약 정당하다면 왜 그러한가?
· 다른 사람들은 동일 한 질문에 당신과 다르게 대답할까?

1) 수준 1. 인습 이전 수준의 도덕(preconventional morality)

(1) 1단계: 벌과 복종에 의한 도덕

자기중심 지향적인 수준이며, 결과가 가져다주는 보상이나 처벌에 의해 도덕을 판단 한다.

(2) 2단계: 욕구충족 수단으로서 도덕

이 단계에서는 호혜성이 내포된다. '눈에는 눈, 이에는 이'라는 슬로건과 통 한다.

2) 수준 2. 인습 수준의 도덕(conventional morality)

(3) 3단계: 대인관계의 조화를 위한 도덕

착한 소년-소녀가 되기 위해 행동한다. 자기를 인정하는 타인의 반응이 도덕 판단의 기준이 되며, 사회적 규제를 수용하기 시작 한다.

(4) 4단계: 법과 질서 유지를 위한 도덕

특정 사람을 기쁘게 하기보다는 공동체의 인정, 즉 법과 규칙을 지키는 것 자체가 중요한 판단기준이 된다.

3) 수준 3. 인습 이후 수준의 도덕(post-conventional morality)

(5) 5단계: 사회 계약 정신의 도덕

법 자체를 맹목적으로 받아들이는 것이 아니라 '최대 다수를 위한 최대의 이익'을 얻을 수 있는 기준으로 판단한다. 법과 규칙은 다수의 이익을 위해 바꿀 수 있다고 생각한다.

(6) 6단계: 보편적 원리지향의 도덕

법을 초월하는 인간의 존엄성과 정당성, 양심, 정의, 사랑, 공정성 등에 근거한 추상적이고 보편적인 원리에 바탕을 두고 판단한다. 이 단계의 도덕은 개인적인 것이므로 때로는 다수가 수용하는 사회적 질서와 갈등을 일으킬 수도 있다. 이 단계에 해당하는 사람은 많지 않으며 '보편적 원리'의 존재에 대한 의문이 제기되고 있다.

콜버그는 피아제와 같이 도덕발달은 단계적으로 이루어지며, 인지적 재구조화에 따를 결과로서 도덕이 발달한다고 보았다. 따라서 도덕발달은 인지적 추론능력에 의해 결정된다고 주장하였다.

〈표 3.8〉 콜버그(Kohlberg)의 도덕발달단계

콜버그(Kohlberg)의 도덕발달단계		
인습 이전 수준	1단계 : 복종과 처벌 지향	- 교육을 고정적, 권위의 결과로 판단 - 권위자의 벌을 피하고 권위에 복종함 * 하인츠 예: 법에 어긋나며 벌을 받으니까 나쁘다
	2단계 : 개인적 쾌락주의	- 개인의 욕구충족을 우선적으로 판단함 - 어떤 행동이 나에게 이익이 되고 즐거움을 주면 도덕적 * 하인츠 예: 아내를 사랑해서 약을 훔치는 것은 정당함
인습 수준	3단계 : 착한 소년/소녀 지향	- 타인의 인정, 대인관계에서 상호 간의 기대, 의리에 따라 판단 - 의리, 인정, 칭찬이 도덕적 판단에 중요한 요인 * 하인츠 예: 아내의 생명을 구하려고 애쓴다.
	4단계 : 사회질서와 권위 지향	- 보편적인 사회 규칙이나 규범에 근거하여 판단 - 법과 질서를 준수하고 사회 속에서 개인의 의무에 충실 * 하인츠 예: 약제사에게 약값을 치르고 감옥에 가야 함
인습 이후 수준	5단계 : 사회적 계약 지향	- 사회적 책임으로서 공리주의 가치 기준의 일반화 - 법이나 규칙이 사람들에게 유익이 되지 못하면 바뀔 수 있음 * 하인츠 예: 법을 초월하는 정당한 이유는 있지만 이에 대한 포괄적 설명을 내리지 못해 혼란스러움
	6단계 : 보편적 원리 지향	- 법을 초월하는 보편적인 원리에 따라 판단 예) 부처님 - 스스로 선택한 도덕적인 양심, 원리에 의해서 판단 * 하인츠 예: 모든 개인의 생명은 절대적으로 고유한 가치

3. Gilligan 배려의 윤리

길리건(Carol Gilligan, 1982)은 '다른 목소리로 In a Different Voice' 이란 저서를 통해 남성중심의 성차별적 윤리관을 비판하며 그에 대한 대안으로 배려의 윤리를 주장하였다. 콜버그 도덕적 발달 원리인 남성은 추상적 판단에 기초한 정의 지향적 관점으로 도덕적인 판단을 하는 것에 반해 여성에게는 도덕의 다른 측면에 해당하는 인간관계와 타인의 보살핌, 책임, 애착, 희생을 강조하는 배려 지향적 도덕이 있다고 강조하였다. 즉 여성들은 정의보다 인간관계를 더 중요하게 다루며 타인의 행복과 복지에 대한 관심이 더 크다는 것이다. 성인 남성은 4, 5단계의 도덕발달단계를 보이고, 여성은 대부분 도덕발달수준이 3단계에 머물러 있다고 주장한 콜버그의 이론을 강하게 비판했다. 대개 여성들은 남성보다 다른 사람의 감정을 이해하는 공감능력이 더 높다. 남성이 경쟁적이라면 여성은 협력적이다. 그래서 길리건의 도덕발달을 공정성, 정의보다는 동정이나 배려의 도덕발달이론이라고 한다.

〈표 3.9〉 콜버그(Kohlberg)와 길리건(Gilligan)의 도덕지향 차이점

구분	정의지향성	배려지향성
대표학자	Kohlberg	Gilligan
궁극적 기준	정의, 공정성, 도덕적 권리, 책임	배려, 돌봄, 자비로움, 친절함
가치 특성	남성주의 가치	여성중심적 가치
도덕 판단	객관적 논리와 이성적 추론	공감, 사랑, 자비, 동정심

* 서미옥, 2017.

| 단원 마무리 |

질문을 만들어 보고 동료들과 이야기를 나눠 보세요.

♠ 정답이 있는 질문(교재에서 답을 찾을 수 있는 질문)

· 피아제와 비고츠키 이론의 차이점은 무엇일까요?

·

·

·

♠ 정답이 없는 질문(더 궁금하고, 이유나, 추론, 적용 등을 묻는 질문)

· 하인쯔의 딜레마에 대하여 본인의 생각은 어떠한가요?

·

·

·

Educational Psychology

제4장 학습이론

제1절 학습의 개념

제2절 학습의 이론

제3절 학습의 조건

제4장 학습이론

제1절 학습의 개념

인간에게 일어나는 모든 것들은 의도하든 그렇지 않든 간에 여러 가지를 학습한다. 힐가드(E. R. Hillgard)는 학습이란 경험에 의한 비교적 지속적인 행동의 변화라고 하였다. 자연적, 유전적 성숙에 의한 것이 아니라 후천적으로 환경의 영향을 받으면서 경험이나 연습에 의해 일어나는 행동이나 행동 잠재력의 지속적인 변화를 의미한다.

학습에 대한 몇 가지 기본적인 요소들을 살펴보면 다음과 같다.

첫째, 학습은 행동이나 행동 잠재력이 변화되어 가는 과정이다. 행동은 자극과 반응 사이의 관계 속에서 형성하고, 변화해 간다. 또한, 행동 잠재력은 개인의 지식, 신념, 가치관이 변화되는 과정이다.

둘째, 학습은 수행에서의 변화를 통해 추론할 수 있는 과정이다. 학습은 행동 잠재력의 변화를, 수행은 행동 잠재력을 직접 관찰할 수 있는 행동으로 나타낸다. 학습은 직접 관찰할 수 없으므로 수행에 근거해서 추론해야 한다. 예를 들어 영어를 공부하는 학생의 수행은 학습시간에 비례하여 향상되는 것만 아니라 학습의 경험이나 연습과 행동을 통해 학습이 이루어진다.

셋째, 학습은 경험과 연습을 통해 이루어진다. 자연스러운 성장이나 성숙에 의한 행동의 변화는 학습이라 간주할 수 없다. 학습은 후천적인 경험이나 연습을 통해 일어나는 행동이나 행동 잠재력을 말한다고 할 수 있다.

넷째, 학습은 의도적인 학습과 우연적으로 학습이 발생할 수 있다. 심리학자들은 의도적 학습과 우연적 학습을 구분한다. 의도적 학습은 목적 지향적인 학습이라 할 수 있고, 우연적 학습은 학습할 의도가 없는데도 무의식적으로 학습이 발생하는 것을 말한다.

다섯째, 학습은 영속적인 행동의 변화가 수반되어야 하기에 지속기간이 필요하다. 일시적인 행동의 변화를 학습이라 할 수 없기에, 경험이나 연습을 통한 행동의 변화는 어느 정도 시간의 경과에 의해 지속된다는 것을 전제한다.

여섯째, 학습은 사고와 동일하지 않다. 사고는 개념, 구성, 판단 등을 행하는 이성 작용이면서 이미 학습한 기술을 사용하는 과정인 반면, 학습은 결과물을 포함한다. 새로운 것을 받아들이기 위해 경험을 분석하고 판단하는 것과 같이 학습하기 위해 사고한다. 경험과 연습을 통해 이룩한 학습은 이전에 학습한 것들에 대한 사고의 결과인 것이다.

제2절 학습의 이론

학습은 교육의 여러 영역들 중에서 가장 중요하고 대표적인 영역이다. 인간이 가지고 있는 지식, 기능, 태도, 행동은 거의 학습된 것이다. 학습이 어떤 심리적 메카니즘(mechanism)에 의해 진행되며 어떤 이론적 기초 위에서 설명되는지 알아본다.

심리학이 크게 행동주의와 인지이론으로 양대 줄기를 형성하며 발전하고 있듯이, 학습에 대한 연구 역시 행동주의에 기초한 학습이론과 인지이론에 기초한 학습이론으로 대별되고 있다. 본 장에서는 여러 가지 학습이론 중, 행동주의이론으로는 파블로(Pavlov)의 고전적 조건반사이론, 손다이크(Thorndike)의 시행착오이론, 스키너(Skinner)의 조작적 조건반사이론과 반두라(Bandura)의 사회학습이론 등을 소개하고, 인지이론으로는 퀘러(Köhler)의 통찰이론, 톨먼(Tolman)의 기호형태이론 그리고 정보처리이론 등을 소개한다.

1. 행동주의 학습이론

1900년 초 심리학자들은 심리학의 연구방법을 과학적이어야 한다면서 관찰 가능한 유기체의 '행동'이 관찰의 대상이 되어야 한다고 주장하였다. 행동주의 창시자 왓슨(John B. Watson, 1878~1958)은 학습을 내면적인 사고나 태도의 변화는 학습이 아니며 외현적인 행동에 변화가 있을 때 학습이 일어난다고 보았다. 자극과 반응의 관계를 탐구하는 행동주의 심리학자들은 사고나 정서, 동기와 같은 유기체의 내적 과정은 관찰이나 측정이 불가능하기 때문에 블랙박스(black box)가 존재한다고 가정한다.

자극 (S) → ■ → 반응(R)

행동주의자들이 말하는 블랙박스는 일종의 정신과정이다. 블랙박스이기에 관찰도 측정도 할 수 없는 과정이지만 인간은 빈 백지상태로 태어난 유기체로서 환경과 경험으로 점점 채워져 가는 것이다. 유기체는 자극과 반응 간의 연결이나 강화를 통해서 각자 독특한 행동을 습득하게 된다. 학습은 자극과 반응 사이의 연합을 형성하는 과정이다. 그래서 행동주의 학습이론을 자극-반응이론 또는 연합이론이라고 한다.

1) 고전적 조건반사이론(classical conditioned reflex theory)

고전적 조건반사이론은 러시아의 생리학자인 파블로(Pavlov, 1849~1936)는 개의 소화생리를 연구하는 과정에서 실험자의 모습을 보거나 발자국 소리만 들어도 개가 침을 흘린다는 것을 관찰하게 되어, 1904년 소화(digestion)에 관한 연구로 노벨상을 수상하였다. 이 조건반사이론이 왓슨에 의해 미국의 행동주의 심리학에 도입되면서 행동주의 학습이론으로 자리 잡게 되었다. 파블로의 조건반사이론은 가장 고전적인 S-R이론으로서 뒤에 소개할 스키너의 조작적 조건반사이론과 구별하기 위해 고전적 조건반사이론으로 불리기도 한다.

(1) 실험

파블로는 개의 타액분비의 작용을 실험하기 위해, 배고픈 개에게 약 30초간의 벨소리를 울린 후 먹이를 주었다([그림 4.1] 참조). 5~10분 간격으로 40~60회를 수 일 동안 반복하였다. 그 결과 실험이 40~60회 시행된 후 개는 음식을 주지 않고 벨만 울려도 침을 분비하게 된다는 것을 발견하였다.

이러한 과정을 이해하기 위해 파블로 자신이 사용한 용어를 구체적으로 살펴보면 다음과 같다(김유진 외 역, 1997).

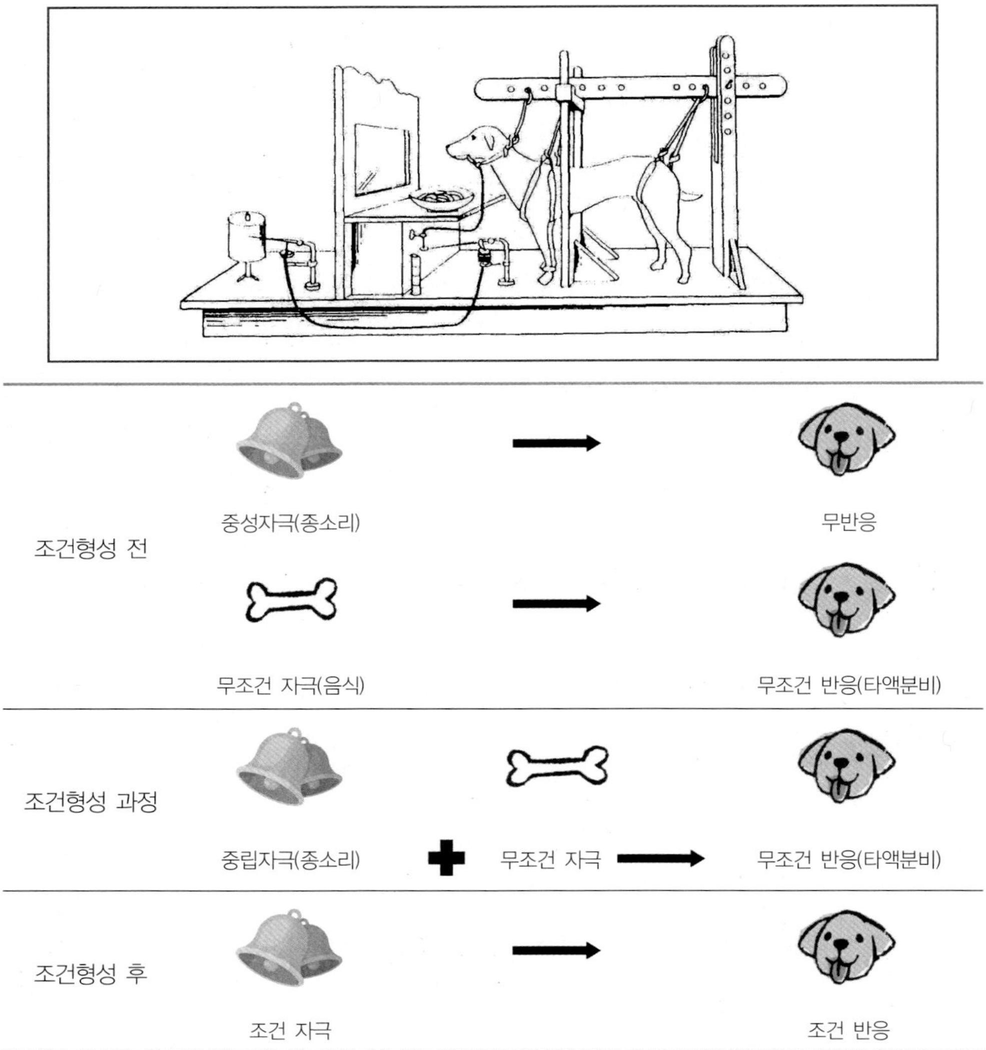

[그림 4.1] 고전적 조건형성의 과정

① 실험에 사용된 음식은 무조건 자극(UCS: unconditioned stimulus)이라 하는데 이것은 학습이 없이도 자동적 자연적으로 타액을 분비하게 하는 자극을 말한다.
② 벨소리는 처음에는 중성 자극이었으나 실험에 사용됨으로써 조건자극에 의한 것과 유사한 반응을 일으키게 되는데 이것을 조건자극(CS: conditioned stimulus)이라 한다.
③ 소리와 같은 조건자극에 음식과 같은 무조건 자극을 연합하는 것을 강화(reinforcement)라 하고 이것은 조건형성의 핵심이 된다.
④ 고기에 반응해서 자연적으로 타액이 분비되는 반사반응은 무조건반응(UCR: unconditioned response)인데 이 반응은 학습에 의하지 않고 신경계의 작용으로 자동적으로 일어나게 된다.
⑤ 벨 소리에 반응하여 침을 흘리는 것은 조건반응(CR: conditioned response)인데 이것은 무조건 자극과 조건자극의 연합에 의해 개의 신경계 내에서 변화를 가져와 타액반사를 일으키게 된다.

[그림 4.2]와 같이 무조건자극과 조건자극이 결합되어 조건반사를 일으키게 하는 현상을 조건화(conditioning)라고 한다. 즉 고전적 조건화는 조건을 형성함으로써 반응을 유도해 내는 것이다.

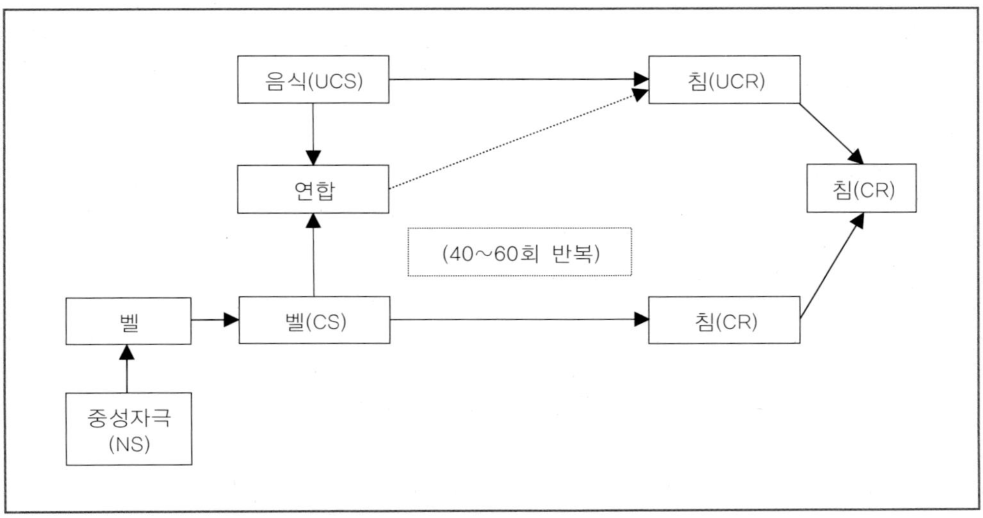

[그림 4.2] 파블로의 조건화 과정

(2) 조건반사의 원리

▪ **시간(time)의 원리**

조건반사는 무조건 자극보다 조건자극을 시간적으로 조금 먼저 제시하거나 동시에 주어야 조건화가 잘 형성된다. 무조건 자극이 조건자극보다 먼저 주어지면 조건화가 형성되지 않는다.

▪ **강도(intensity)의 원리**

무조건 자극(음식)의 심리적 강도가 조건자극(벨)의 강도보다 같거나 커야 조건화가 형성된다는 것이다. 두 자극 사이에 강도 차이가 지나치게 커도 조건화는 잘 형성되지 않는다.

조건자극(벨)은 조건화가 성립될 때까지 동일한 것으로 주어야 한다. 조건화가 성립되기 전에 조건자극의 종류를 바꾸어 경적, 북, 딸랑이 등으로 대신하면 이전의 실험과정은 무의미해진다.

▪ **계속성(continuity)의 원리**

조건자극과 무조건 자극의 결합이 계속적으로 반복(40~60회)되어야 한다. 반복의 횟수가 많을수록 조건화의 형성이 촉진된다. 이 원리는 손다이크의 시행착오설에서 연습의 법칙과 동일 한 것이다.

(3) 고전적 조건형성의 주요 개념

조건화과정에서 일어날 수 있는 학습현상들은 다음과 같은 것들이 있다.

▪ **획득**(aquisition)

조건자극이 무조건자극과 반복 결합되어 강화되는 현상을 획득이라 한다. 이것은 자극과 반응의 결합에 의한 결과 즉, 학습이다.

▪ **일반화와 변별**(generalization and discrimination)

조건화 초기 단계에서는 조건자극(벨)과 유사한 자극에 조건반응을 나타내는 현상을 말한다. 자극 일반화라고도 한다.

연습이 반복되면 최초의 조건자극(벨) 이외의 자극에는 반응하지 않게 된다. 일반적 자극에는 반응하지 않고 유사성이 떨어질수록 조건반응의 크기는 점차적으로 작아진다. 원래의 자극에서는 반응을 하고 다른 자극에서는 반응하지 않는 것을 변별 또는 분화라 한다.

▪ **소거**(extinction)

조건화되어 있는 개에게 계속해서 조건자극(벨)만 제시하고 무조건 자극(음식)을 중단하는 과정을 반복하게 되면 조건반응(침)이 점차 줄어들어 결국은 반응을 중단하게 되는데 이것을 소거라고 한다. 즉 무조건 자극을 주지 않고 조건자극만 반복해서 제시할 때 조건반응이 점차 감소하는 현상을 말한다. 예를 들어 강화가 제공되지 않을 경우에는 행동의 빈도가 감소하거나 사라지는 과정을 말한다. 이것은 소멸 또는 소거 폭발(extinction burst)이라고 하며, 내적 금지(internal inhibition)라고도 한다.

▪ **자발적 회복**(spontaneous recovery)

음식이 뒤따르지 않는 조건자극에도 일시적으로 조건반응을 보이는 현상이 있다. 소거가 이루어진 후에 시간이 경과 한 다음에 종소리만 들려주어도 침을 흘리는 반응을 다시 나타내는데 이를 자발적 회복이라고 한다. 이것은 이미 학습된 조건반사가 잠재적으로 남아 있기 때문에 나타나는 현상이다. 자발적 회복(spontaneous recovery)은 소멸이 진행된 지 약간의 시간(수 시간 정도)이 경과된 뒤에 실시해야 나타난다.

▪ **고차적 조건형성**(higher order conditioning)

이미 형성된 조건자극을 무조건 자극으로 삼아 새로운 조건반사를 형성할 수 있다. 이를 2차 또는 고차 조건화라 한다. 이론적으로는 3차, 4차 조건화도 가능하지만 실험실에서는 4차 조건화 이상은 성공하지 못하는 것으로 보고 있다. 예를 들어 학생들에게 '실수나 실패'는 중립자극에 해당되고, 체벌은 두려움을 유발 시키는 무조건 자극이다. 시험에서 불안이 체벌과 연합하게 되면 학생은 두려움에 빠지게 되어 시험에서의 실패와 두려움 간에 조건형성이 이루어진다. 제2의 조건자극이 조건반응을 유발하는 기능을 획득하면 그 자극은 제3의 중립자극과 연합된 결과 조건반응을 유발하게 된다. 이러한 현상을 고차적 조건형성이라고 한다.

2) 시행착오학습이론(trial and error theory)

시행착오학습이론은 문제가 발생하여 해결하는 상황에서 자극(S)과 반응(R)이 서로 연결되는 과정에서 이루어지는 학습이다. 손다이크(Thorndike)는 교육심리학의 아버지라 불리는 학자로서 최초로 교육심리학을 체계화시킨 심리학자이며, 주로 학습이론의 정립에 힘썼다. 그는 고양이, 병아리, 개 등을 이용하여 퍼즐박스(puzzle box)를 통한 실험을 실시하였다.

처음 손다이크가 이 실험을 통해 발표한 것은 '시행성공 이론(trial and success theory)'이었으나, 2년 후에 '시행착오 이론(trial and error theory)'으로 명명하였다. 손다이크의 이 시행착오 이론은 파블로의 조건반사 이론과 함께 학습이론의 정립에 결정적인 역할을 하였는데, 특히 행동주의 이론의 기초형성에 중요한 역할을 하였다. 여기에서 '시행착오'란 시행을 하면서 오류가 줄어든다는 의미이다. 예를 들어 심리학 교수가 철수에게 열쇠 꾸러미를 주면서 실험실 문을 열고 실험부품을 찾아오라고 부탁했고, 철수가 열쇠를 자물통에 하나씩 넣어보면서 실험실 열쇠를 찾아냈다면, 철수는 시행착오학습을 한 것이다.

(1) 시행착오학습 실험

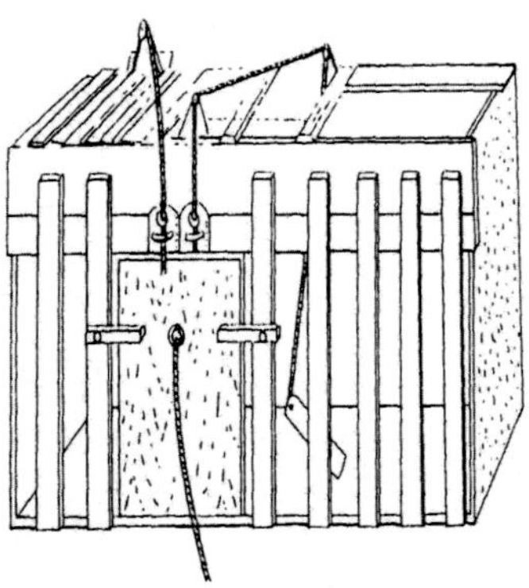

(A)

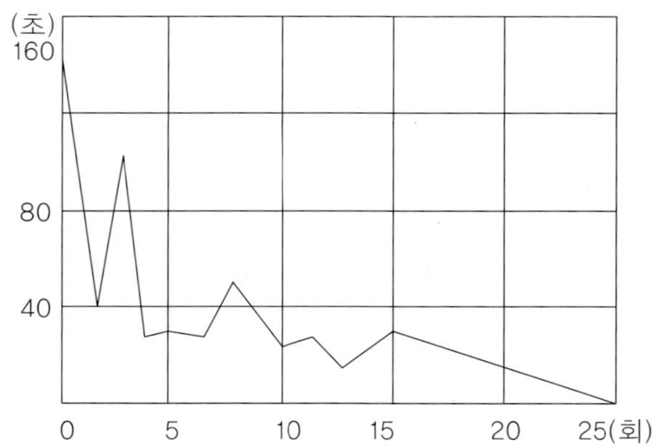

(B)

[그림 4.3] 손다이크의 퍼즐박스(A)와 시행착오 학습곡선(B)

퍼즐 박스에 굶주린 고양이를 넣고서 고양이가 어떻게 박스를 열고 나오는가를 관찰하였다. 퍼즐 박스는 안에 판자로 된 발판 지렛대(lever)가 있어 위에 올라서면 그 무게에 의해 판자에 묶인 줄을 잡아당기게 되고 이 힘에 의해 상자의 문이 열리도록 설계되었다. 이 상자 밖에는 고양이가 좋아하는 음식물이 눈에 보이게 놓여 있다. 그러면 고양이는 먹이가 먹고 싶어 상자를 빠져나가기 위해 상자의 안을 이리저리 뛰며 할퀴고 구르고 한다. 이런 여러 시행 행동 중에서 우연히 판자를 밟게 되고 문이 열려 밖으로 나가게 된다. 처음 고양이가 우연히 판자를 밟는 데 걸린 시간은 160초였으나, 점차 시간이 줄어들어 나중에는 10초 만에 판자를 밟고 밖으로 나갈 수 있게 되었다.

이 실험결과를 기초로 하여 그는 "자극과 반응의 결합(S-R결합)이 유기체에게 만족을 일으킬 때 결합이 강화 된다"라고 하는 이론을 정립하였다. 즉, 자극(음식)과 반응(발판 누르기)이 결합하여 만족감(문이 열려 음식을 먹을 수 있게 됨)이 커지면 학습이 발생한다.

(2) 시행착오 학습법칙

▪ **연습의 법칙**(law of exercise)

연습의 법칙은 스탠포드(Stanford)는 빈도(frequency)의 법칙이라 하였고, 반복된 연습이 자극-반응 결합을 강하게 하여 학습을 촉진한다는 것이다.

연습의 법칙은 두 가지 하위 법칙으로 구분된다. 반복연습이 학습을 강화한다는'사용의 법칙', 반복연습이 계속되지 않으면 자극-반응 결합이 약화된다는 '불사용의 법칙'이 있다. 손다이크는 1932년 이후부터는 연습의 법칙을 사용하지 않았다. 단순한 반복이 반응을 강화시키지도 않고 사용하지 않는다고 해서 결합을 약화시키는 것도 아니기 때문이다.

▪ **효과의 법칙**(law of effect)

효과의 법칙은 자극-반응 결합의 결과가 만족감(효과)이 클수록 결합이 강화된다. 효과의 법칙은 만족의 법칙과 불만족의 법칙으로 나누어진다. '만족의 법칙(satisfaction)'은 S-R결합의 만족감이 클수록 행동의 강화가 이루어진다는 것이며, '불만족의 법칙'은 결합 만족감이 작을수록 행동의 강화가 약화 된다는 것이다.

행동의 결과를 강조하는 법칙으로 칭찬, 보상과 같은 반응은 자극과 반응 사이의 강도를 높여 만족스러운 결과를 가져오고 꾸중, 처벌과 같은 반응에 대한 결과는 불만족스러운 결과를 가져 온다는 것이다. 그러나 보상이 꼭 만족감을 주고 처벌이 불만족감에 영향을 미치지는 않아서 나중에 수정되었다.

▪ **준비성의 법칙**(law of readiness)

준비성의 법칙은 어떤 반응을 할 심리적, 신체적 자세가 갖추어져 있을 때 만족스럽지만 준비가 되어 있지 않거나 어떤 일의 수행할 기회를 가지지 못할 때는 불만족스럽게 된다는 법칙이다. 즉, 고양이가 준비성(배고픔)이 있을 때 학습이 성립될 수 있다는 것이다. 고양이가 배고프지 않으면 문을 열고 나가려고 하지 않을 것이다. 즉, 학습자는 학습에 대한 준비태세를 갖추었을 때 보다 더 효과적인 학습이 이루어진다.

▪ **하위의 법칙**(law of low)

① 다양반응(multiple response)의 법칙: 학습자가 여러 가지 반응을 시도하게 되면 그 중에 성공하는 반응이 있으므로, 성공할 때까지 계속 다양한 반응을 나타낸다.

② 자세(set)의 법칙: 학습은 학습자의 선행경험(set)에 따라 좌우된다는 것이다. 학습자의 과거 습관, 성격, 개인적 특징 등이 특정한 방식으로 행동하려고 하여 학습에 영향을 준다는 것이다.

③ 연합전환(associative shifting)의 법칙: 이전 자극에 대해 나타난 반응이 다른 생소한 자극에 대해서도 나타나는 것이다.

④ 유사(assimilation)의 법칙: 과거에 수행했던 장면이 현재 유사한 상황에서 반응이 일어나는 법칙이다. 즉, 학습자가 좋아하는 요소와 유사한 장면에서 학습이 잘 일어난다는 것이다.

⑤ 요소우월성(superiority)의 법칙: 학습장면 중에서 학습자는 중요하다고 생각하는 요소에 더 우선적으로 선택하여 반응한다는 것이다.

3) 조작적 조건반사 이론(operant conditioning theory)

조작적 조건반사 이론은 스키너(Skinner)에 의해 제안된 것으로 스키너는 반응에 선행하는 자극보다 반응에 의해 수반되는 결과로 반응–강화 관계를 학습한다고 하였다. 고전적 조건 이론과의 다른 점은 고전적 조건이론이 행동을 유발 하기위해 자극에 관심을 두었다면 조작적 조건반사 이론은 자극보다는 유발된 행동의 결과에 관심을 둔다는 것이다. 예를 들어 수업시간에 경청을 잘하는 학생에게 주는 교사의 칭찬이 이에 속한다.

조작적 조건화 이론은 스키너가 파블로의 조건반사 이론을 더욱 발전시킨 것이다. 파블로의 이론은 행동형성(학습)를 위해 자극을 통제하는 것, 즉 수동적 행동학습이 주요개념인 데 비해, 스키너의 조건화 이론에서는 반응의 통제, 즉 능동적 행동이 더 중요한 개념이 된다. 조작적 조건화는 도구적 조건화(instrumental conditioning)라고 부르기도 한다.

〈표 4.1〉 고전적 조건형성과 조작적 조건형성의 비교

구분	고전적 조건형성	조작적 조건형성
관점	유기체는 행동을 조작하지 않음	유기체는 행동을 조작
자극- 반응 순서	자극이 반응에 선행	반응이 결과에 선행
조건형성의 과정	중립자극이 무조건 자극과 결합	행동의 결과가 미래의 행동에 영향
조건형성의 내용	정서적, 불수의적 행동이 학습	목적 지향적, 의도적 행동이 학습
조건형성의 목적	중립자극에 대한 새로운 반응형성	반응확률의 증가 또는 감소
학자	파블로(Pavlov)	스키너(Skinner)

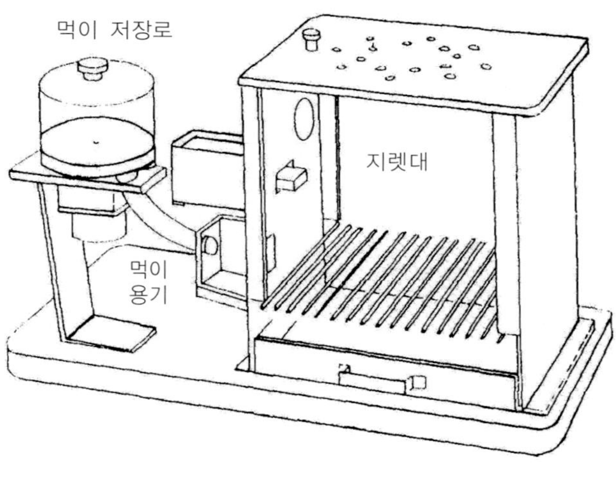

[그림 4.4] 스키너의 실험상자

(1) 실험

스키너는 [그림 4.5]와 같이 제작된 스키너 박스(Skinner box)를 이용하여 실험을 하였으며, 스키너는 파블로처럼 유기체에 대한 자극을 통제하는 것이 아니라 유기체의 반응을 통제하여 학습을 형성하려는 것이다. 스키너 박스는 쥐를 박스에 넣어 지렛대를 눌러 먹이를 먹는 과정을 관찰할 수 있도록 장치되었다.

굶주린 쥐는 처음 박스 안에 넣어졌을 때 우연한 행동의 결과로 (손다이크의 실험에서 시행착오적으로 행동한 것과 같이) 지렛대를 누르게 되고, 그 결과 먹이를 먹게 된다. 처음에는 지렛대와 먹이의 관계를 몰랐으나 점차 시행이 증가함에 따라 지렛대를 누르면 먹이가 나온다는 사실을 학습하게 된다. 그래서 쥐는 먹이가 필요한 때마다 지렛대를 누르게 되고 이 행동은 먹이가 계속해서 주어짐에 따라 강력한 행동으로 형성(강화, reinforcement)되게 된다.

즉, 쥐가 지렛대를 누르는 행동은 배고픔(자극)에 대한 반응으로서 수동적인 반응이 아니라 적극적이고 임의적인 작동 행동인 것이다. 그러므로 파블로의 행동형성은 수동적인 조건화 즉 자극을 주면 반응하는 자극(S) → 반응(R)인 데 비해 스키너의 행동형성은 능동적인 조건화 즉, 반응을 함으로써 자신이 원하는 자극을 얻는 반응(R) → 자극(S)인 것이다.

스키너는 반응행동의 종류를 두 가지로 구분하고 있다. 하나는 고전적 조건화에서 볼 수 있는 자극에 단순히 반응하는 수동적 행동(respondent behavior)이며, 다른 하나는 작동 조건화에서 볼 수 있는 능동적 작동 행동(operant behavior)이다.

$$R_1 \rightarrow S_1 \rightarrow R_2 \rightarrow S_2 \cdots\cdots Rn \rightarrow Sn$$

[그림 4.5] 스키너의 작동 행동 형성과정

(2) 강화와 처벌

스키너의 조작적 조건화 이론은 학습자의 행동수정이론으로 발전하였다. 행동수정에서의 대표적인 개념은 강화와 처벌이다.

▪ 강화

강화는 행동의 빈도를 증가시키는 요소이다. 강화물과 강화의 개념은 구분 되어져야 한다. 반응의 확률 혹은 강도를 증가시키기 위해 반응 후 강화물을 사용하는 절차를 강화라 한다. 먹이는 유기체에게 있어서 행동을 얻어내기 위해 반응확률을 증가시키는 기능을 한다. 쥐에게 있어서 먹이는 지렛대를 누르게 하는 강화요소이며, 돌고래에게는 생선이 강화 요소이다.

강화에는 정적 강화와 부적 강화가 있다. 정적 강화(positive reinforcement)는 어떤 행동을 하면 행위자가 만족을 하도록 유쾌한 자극을 줌으로써 그 행동의 빈도를 증가시키는 것을 말한다. 부적 강화(negative reinforcement)는 어떤 행동이 일어난 후 행위자의 불쾌 감정을 제거하여 그 행동의 빈도를 증가시키는 것을 의미한다. 즉, 정적 강화는 요구되는 반응을 하면 유쾌한 자극으로 보상되는 강화이며, 부적 강화는 요구되는 반응을 하면 불쾌한 자극을 회피할 수 있는 강화이다. 부적 강화를 벌과 혼돈하는 경우가 있는데 행동의 증가를 목표로 하는 것은 부적강화이고 행동을 약화시키거나 감소시키는 것이 벌이기 때문에 개념을 구별해야 한다.

정적 강화에는 물질적 강화(사탕, 돈 등)와 사회적 강화(칭찬, 격려 등), 그리고 대용적 강화(token reinforcement)가 있다. 대용적 강화는 토큰과 같이 그 자체로서는 가치가 없으나 물질이나 사회적 강화 등으로 보상받을 수 있는 강화이다.

강화의 과정을 간단하게 도식화 하면 [그림 4.6]과 같다.

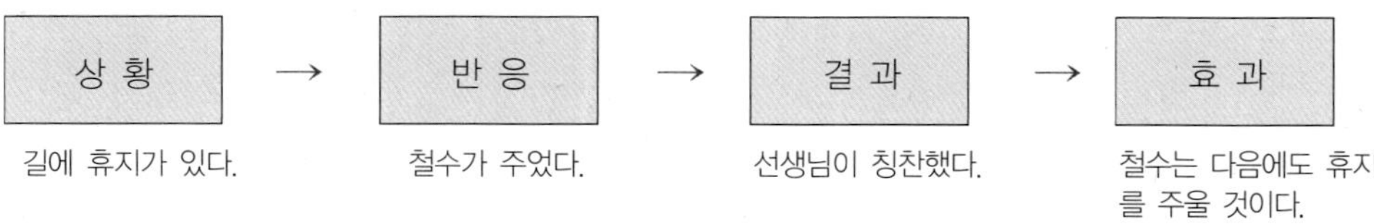

[그림 4.6] 강화의 과정

즉, 철수는 휴지를 주운 것에 대한 칭찬의 결과로 휴지 줍는 행동이 강화되어 다음 행동, 즉 휴지 줍는 행동의 빈도를 증가시키게 된다.

강화의 사용방법은 다음과 같은 것이 있다.

① 증가시키고자 하는 표적 행동을 구체적으로 선택 한다.

② 강화물(reinforcer)을 선택 한다.

③ 강화물이 과잉으로 주어져 포화되지 않도록 주의 한다.

④ 강화계획을 알려준다.

⑤ 인위적인 강화물은 점차 자연적인 강화물로 대체 한다.

학습된 행동을 계속해 줄 때 보다 간헐적으로 강화를 해 주었을 때 학습된 행동을 유지하는데 더 유용한 경우가 많다. 강화 받을 행동을 할 때마다 강화를 받다가 소거를 하게 되면 학습 유용성이 부분적으로 받은 경우보다 더 떨어지는 경우가 있다. 부분강화는 연속적 강화보다 소거에 대해 더 저항적이어서 학습된 행동을 유지하는 데 유용하다. 강화를 제공하는 강화계획에는 크게 연속 강화와 간헐적 강화로 나눌 수 있는데 간헐적 강화는 다시 4가지로 나누어진다. 강화계획은 강화물을 통제하는 강화의 패턴으로서 행동수정의 내용에 따라 강화계획의 방법도 달라진다.

강화계획은 고정비율계획, 고정간격계획, 변동비율계획, 변동간격계획이 있다.

① **고정간격계획**(FI ; fixed interval schedule): 반응횟수와는 상관없이 일정한 시간이 지날 때마다 강화가 주어지는 방법이다. 즉, 1초마다 1강화, 또는 10초마다 1강화 등으로 시간 간격에 따라 고정적으로 강화가 제공되는 방법이다. 예를 들어 학교에서 보는 정규적 시험이나 직장에서 받은 월급이 이에 해당한다.

② **고정비율계획**(FR ; fixed-ratio schedule): 일정한 횟수의 반응을 해야 강화가 주어지는 방법이다. 고정비율의 비율은 1:1, 1:2, 또는 1:10 등으로 자유롭게 정하되 그 비율은 고정적이다. 즉, 고정비율이 1:10이라면 10반응에 1강화가 주어지는 체제이다. 즉 피아노를 5번치면 간식을 주거나, 직장에서 계약을 10건 할 때 마다 보수를 지급하는 것으로 능률을 향상시키기 위해 사용 되어진다.

③ **변동간격계획**(VI ; variable interval schedule): 고정간격계획을 변형한 강화계획으로 강화를 주는 시간 간격을 불규칙적으로 변화 시키는 강화계획이다. 즉, 평균 시간에 따라 강화가 주어지는데 강화를 받은 시간 간격이 바뀐다. 강화 받을 시간을 예측할 수 없으므로 고정간격 강화보다 반응확률을 더 일정하게 유지할 수 있다.

④ **변동비율계획**(VR ; variable-ratio schedule): 고정비율계획을 변형한 것으로 행동에 대한 강화비율이 고정적이 아니라 변동적이다. 이 계획에서는 변동비율의 비율

은 1:5, 1:10 등으로 자유롭게 정해지나 강화 비율은 평균 5번 또는 10번 반응 중에 1회가 주어지므로 피험자는 몇 회의 반응을 해야 강화가 주어질지 알 수 없으므로, 강화가 주어질 때까지 시행을 계속하게 된다.

▪ **처벌**

처벌이란 강화를 중단하여 특정 행동을 약화시키거나 발생 빈도를 낮추어 결국에는 반응 행동을 제거 시키는 과정이다. 처벌에는 제시형 처벌과 제거형 처벌이 있다. 제시형 처벌은 혐오적인 자극을 제시하여 행동의 빈도를 감소시키는 것이다. 제거형 처벌은 어떤 행동을 할 때 유쾌 자극을 제거하거나 박탈시킴으로써 그 행동의 발생 확률을 감소시키도록 하는 것이다.

〈표 4.2〉 강화와 처벌의 관계

자극	반응 후 제시	반응 후 제거
유쾌자극	정적강화 ▪ 반응빈도 증가 ▪ 공부를 열심히 할 때 보상	부적처벌 ▪ 반응빈도 감소 ▪ 학원 안갈 때 휴대폰 뺏음
불쾌자극	정적처벌 ▪ 반응빈도 감소 ▪ 지각할 때 학교 청소	부적강화 ▪ 반응빈도 증가 ▪ 청소를 열심히 할 때 잔소리하지 않음

▪ **소거(extinction)와 처벌(punishment)**

소거란 강화를 중단하여 행동의 빈도를 낮추어 결국에는 반응 행동을 제거시키는 과정이다. 보통 소거의 방법은 무관심, 주의집중의 억제 등으로 달성될 수 있다. 예컨대, 한 아이가 울고 있다면, 우는 반응에 대하여 과거에 어떤 보상이 있었기 때문이다. 이때 우는 행동을 소거 시키려면, 아이가 울 때 주어지는 보상(관심, 돌보아줌 등)을 주지 않으면 점차 우는 반응이 감소 되다가 결국은 소거되고 만다.

소거에 주의해야 할 일반적인 원칙들은 다음과 같다.

① 소거는 상반 행동에 대한 강화와 동시에 사용해야 효과적이다.

상반 행동이란 소거하고자 하는 행동의 반대 행동에 대한 강화를 말한다. 동생을 울리는 행동을 소거시키려 한다면, 사이좋게 놀 때 즉, 상반 행동에 강화를 주면 효과적이다.

② 강화 자극 이외의 외적 자극을 잘 통제해야 한다.

③ 상반 행동에 사용되는 강화는 간헐적인 강화보다는 지속적인 강화가 좋다.

보통 소거는 처벌과 유사하게 인식되고 있으나 동일한 것은 아니다. 소거는 강화자극을 제거하는 것이지만, 처벌은 강화의 반대 자극을 주어 행동 빈도를 감소시키는 것이다.

스키너는 처벌의 사용에 대하여 근본적으로 부정적이었다. 왜냐하면, 처벌은 유용한 행동을 만드는 것과 관련이 없기 때문이다. 그는 다음과 같은 처벌의 무용론을 들고 있다.

첫째, 처벌은 불행한 정서적인 결과를 남긴다. 벌을 받아 즐거운 감정을 가질 수 없다.
둘째, 처벌은 남에게 고통을 주는 것을 정당화 한다.
셋째, 처벌은 하지 말아야 할 행동을 제시할 뿐 가치 있는 행동을 제시하지는 않는다.
넷째, 처벌을 제거하면 원래의 행동으로 돌아간다.
다섯째, 처벌받은 아이는 공격적인 성격이 된다.

위와 같은 처벌의 무용성은 충분히 논리적인 근거를 가지고 있지만 실제 학교현장에서는 처벌이 사라지기 어려운 실정이다. 그래서 가급적 처벌을 사용하지 않는 것이 원칙이긴 하지만, 꼭 처벌을 사용해야 한다면 권대훈(2006)은 다음과 같은 몇 가지 주의사항을 제안하였다.

① 처벌은 반응을 약화시키는 기능이 있어야 한다.
② 행동이 끝난 즉시 처벌해야 한다.
③ 처벌을 하기 전에 미리 경고하는 것이 좋다.
④ 처벌하는 행동을 분명하고 구체적으로 정의해야 한다.
⑤ 처벌하는 이유를 분명하게 설명해야 한다.
⑥ 처벌 강도는 너무 강하거나 너무 약하지 않고 적당해야 한다.
⑦ 처벌 후 보상을 주지 말아야 한다.

⑧ 대안적인 행동(바람직한 행동)을 분명히 제시해야 한다.
⑨ 일관성 있게 처벌해야 한다.
⑩ 처벌받는 사람이 아니라 잘못된 행동에 대해 처벌해야 한다.
⑪ 처벌할 때 개인적 감정을 개입시키지 말아야 한다.

4) 사회학습이론(social learning theory)

인간은 태어나면서부터 부모의 언어나 행동, 사회적 관습 등 인간의 모든 행동을 모방하고, 따라 하려는 경향성이 있다. 스스로 직접 행동하면서 학습을 하는 경우도 있지만 다른 사람의 행동이나 상징적 모델을 통해 학습을 하기도 한다. 이런 관찰을 통해 하는 학습을 사회인지 학습이론이라고 한다. 관찰학습을 주장한 반두라(Bandura)는 원래 행동주의 심리학자였으나 나중에 인지 이론을 도입하여 행동주의 이론을 보완하여 인지적 행동주의자라 불리기도 한다. 반두라는 행동주의와 인지주의의 다리 역할을 하였다고 볼 수 있다. 그의 이론을 관찰학습이론(observation learning theory), 사회학습이론(social learning theory), 대리학습이론(vicarious learning theory), 모델링학습이론(modeling learning theory)으로 불린다. 사회인지 학습이론의 핵심은 관찰학습이다. 관찰학습은 모델에 대한 관찰을 통해 발생하는 인지적, 정의적, 행동적 변화이다. 보보(BoBo)인형 연구에서 관찰학습의 효과가 긍정적인 것도 있지만 바람직하지 않은 행동을 학습한 사례도 연구에서 나타나고 있다(Bandura et al, 1961). 보보라는 인형을 이용하여 실험한 연구에 의하면 공격적 행동 즉 발로 차고, 쓰러뜨리고, 집어 던지는 행동 등을 하는 어른의 행동을 녹화한 영상을 아이들에게 관찰하게 했더니 아동들은 공격적 행동을 학습했다. 아동들은 직접적으로든지 아니면 영상물 등을 통해 간접적으로라도 폭력적인 장면을 보게 되면 공격성을 학습하게 된다는 것을 시사 한다.

모델로부터의 관찰학습은 주의집중, 파지, 재생, 동기화 과정을 통해서 이루어진다.

		주의집중과정		파지과정		재생과정		동기화과정		
행동	⇨	모델 특성 · 독특성, · 복잡성, · 우월성 관찰자 특성 · 지각능력 · 인지능력 · 정서능력	⇨	· 시연 · 부호화 · 상징화 · 정교화 · 심상형성 · 조직화	⇨	· 자기관찰 및 피드백 · 신체능력 · 수행능력 · 인지적 표상	⇨	· 직접강화 · 대리강화 · 자기조절 · 목표설정 · 자기평가 · 자기반응	⇨	동작 수행

[그림 4.7] 모델링의 과정

▪ 주의집중과정

모델링의 시작은 모델의 말과 행동 등의 중요한 특성에 주의를 집중하면서 관찰이 시작된다. 관찰자는 모델의 독특한 성질, 정서적 가치, 우세한 특징이나 단서를 정확하게 지각해야 모델로 부터 학습이 가능하다. 모델의 특징이 학습자의 주의집중에도 영향을 미치고, 관찰자의 동기상태, 선행경험 등 관찰자의 특징이나 행동의 기능적 가치도 주의집중에 영향을 끼친다.

▪ 파지과정

관찰자는 인지적 내용이든 그렇지 않은 내용이든 경험에 의하여 얻은 내용들을 저장하는데 이를 기억이라 하고 기억하고 있는 것이 재생되고 있는 것이 파지라 한다. 관찰자는 모델의 행동을 기억해야 없는 경우에도 관찰한 정보들을 유용하게 꺼내어 사용할 수 있다. 파지는 관찰된 내용이 관찰자의 기억 속에 유지되는 것이기에 되새김과 시연이라는 과정을 겪는다.

▪ 재생과정

관찰자는 모델의 행동을 상징적으로 부호화해서 기억해 둔 파지를 동작으로 전환시켜 보아야 한다. 단순한 행동의 재생뿐만 아니라 복잡한 동작을 행동으로 옮기기 위해서는 반복적인 연습과 피드백을 통해 기능들을 익히고 숙달해야 한다.

■ **동기화과정**

반두라(Bandura, 1986)는 강화가 행동을 하는 학습하는 과정보다 수행하는 과정에 더 큰 영향을 미친다고 하였다. 사람들은 자신의 행동을 관찰하고 자신이 설정한 기준에 따라 자신의 행동을 판단하고 자신을 강화하거나 강화 받을 수 있다고 기대되는 행동을 한다. 관찰자는 모델의 행동을 수행하려는 과정 중에 동기화 영향을 받는다.

2. 인지주의 학습이론

인지는 정보를 획득하고 파지하고 활용하는 것이다. 인지는 본질을 판단하며 판단을 통해 대상들을 구별하고 그것이 어떤 한 개념 또는 몇 가지 개념에 의해 특징지어 지는지를 규정한다. 인지심리학은 '인간의 마음이 어떻게 작용하는가'를 연구하는 학문이다. 인간의 마음이 어떻게 환경과 자신에 대한 지식을 갖게 되는지, 지식을 어떻게 활용하여 각종 생활 장면에서의 과제들을 수행하는가 하는 문제를 다루는 심리학이다. 행동주의자들은 유기체를 블랙박스(black box)로 가정하였는데 인지심리학자들은 유기체를 화이트박스(white box)로 가정한다.

자극 (S) → [ ] → 반응(R)

행동주의 심리학자들이 간과했던 인간의 인지, 관념, 감각, 사고와 같은 개념들을 과학적으로 접근하기 시작하였다. 인지심리학을 정보처리론 이라고도 한다. 이는 대부분의 인지심리학자들이 인지를 학습할 때 정보의 습득, 저장, 인출 및 활용이 여러 단계를 거쳐 이루어진다고 가정하고, 각 단계에서 어떤 일이 벌어지는 지를 밝히고자 하였다. 인지심리학은 마음의 정보처리와 관련된 모든 고등 정신과정에 대한 이해와 설명을 다루며, 인지 과정은 환경의 정보가 감각 기관에 입력되어 행동으로 출력되기까지의 모든 과정을 포함한다.

1) 통찰이론(insight theory)

통찰이론은 쾨러(Köhler)에 의하여 성립되었다.

인지심리학의 초기 접근으로 형태주의 심리학은 유기체가 환경을 있는 그대로 수용하기보다는 능동적으로 구성하고 조직한다고 보고 전체는 부분들의 합보다 더 크고, 학습은 간결과 의미의 법칙에 의해 단순하고, 유의미하며, 완전한 형태를 가지려는 경향성이 있다고 하였다.

독일의 형태주의(Gestalt) 심리학에 기초한 통찰이론은 대표적인 인지이론(cognitive theory)으로서 침팬지 실험을 통하여 유기체의 통찰능력이 학습을 좌우한다는 것을 밝혀낸 이론이다. 쾨러는 고등 정신능력을 가진 유기체는 문제해결을 시행착오적으로 하는 것이 아니라, 문제 사태를 전체적으로 재구성하는 통찰의 과정을 갖는다고 생각하였다. 여기서 통찰(insight)이란 주어진 문제를 전체 상황으로 인식하여 문제 사태를 재구성, 해결하는 것을 말한다.

우리가 일상생활 속에서 어떤 문제에 부딪쳤을 때, 여러 가지 해결방법을 모색하다가 갑자기 "알았다!"하고 단숨에 문제의 해결점에 도달하는 경우가 있다. 이때의 '알았다'는 깨달음이 곧 통찰이라고 볼 수 있다.

통찰의 과정을 살펴보면 다음과 같다.

① "무엇이 문제인가?"하는 알려고 하는 욕구 발생한다.
② 문제에 직면한다.
③ 인지의 불균형이 생기므로 행동을 계속하게 하는 동기유발이 된다.
④ 무엇인가를 시도함으로 일종의 시행착오의 단계를 거친다.
⑤ 문제해결을 위한 모든 수단과 방법을 동원하면서 문제 장면을 재구조화 한다.
⑥ 갑자기 해결책이 떠 오른다.
⑦ 문제해결의 '통찰'을 얻게 되면서 '아하'를 외치게 된다.
⑧ 기쁨의 순간을 맛보게 되면서 긴장이 완화된다.
⑨ 인지의 균형을 이루게 된다.

(1) 실험

퀘러(Köhler)의 통찰실험은 여러 가지가 있는데 그 중 다음의 네 가지가 대표적인 실험이다.

① 우회로 실험

[그림 4.8]과 같은 우회로 안에 굶주린 닭과 개를 넣고 목표에 도달하는 과정을 관찰하였더니 개체의 지적 수준에 따라 문제해결 방식이 달랐다. 닭은 시행착오적으로 행동하여 먹이에 도달하였으나, 개는 그러지 않았다. 즉 닭이 먹이에 도달하는 과정은 시행착오적이었으나, 개는 통찰적이었던 것이다. 여기서 개체의 지적 수준이 높을수록 통찰적으로 문제를 해결한다는 것을 알 수 있다.

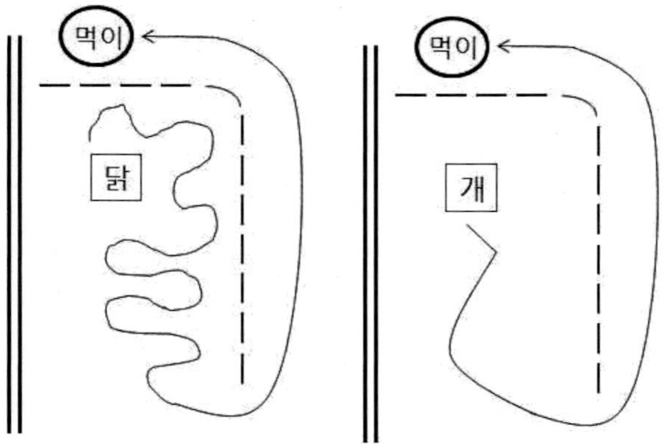

[그림 4.8] 퀘러(Köhler)의 우회로 실험

② 도구사용 실험

그림과 같은 실험장치 안에 굶주린 침팬지를 넣어 두고 어떻게 먹이를 먹는가를 관찰하였다. 침팬지는 처음 실험실에 넣어지자 우선 주변 상황을 둘러본 다음 실험실 내에 놓여 있는 막대기를 이용하여 창틀 밖에 놓여 있는 바나나를 잡아당겨 먹었다. 즉, 침팬지는 주어진 실험상황 속에서 문제 사태를 재구성(막대기를 이용하여 바나나를 먹는 것)하여 목표에 도달하였다.

[그림 4.9] 도구사용실험

③ 도구제작 실험

이 실험은 먹이가 좀 더 멀리 떨어져 있어서 막대기 하나로는 먹이가 닿지 않는 상황이었다. 실험실 속에는 막대기를 두 개 넣어 두었다. 침팬지는 결국 두 막대기를 낚싯대처럼 끼워 연결한 뒤 먹이를 당겨 목표를 달성하였다.

[그림 4.10] 도구제작실험

④ 도중 목표를 거치는 도구제작 실험

이 실험상황은 위의 ③의 실험과 동일하되 막대기 하나는 실험장 밖에 놓여 있었다. 실험실에 놓인 침팬지는 일차적으로밖에 놓여 있는 막대기를 잡아당겨 실험실에 놓여있는 막대기와 연결함으로써 길어진 막대기를 창밖으로 내밀어 목표를 달성하였다. 즉 침팬지는 주어진 문제 사태를 있는 그대로 해결한 것이 아니라 사태를 재구성하여 통찰적으로 해결 하였던 것이다.

[그림 4.11] 도중 목표를 거치는 도구제작 실험

(2) 통찰학습현상

퀘러는 침팬지를 통한 실험을 통해 다음과 같은 학습현상들을 발견하였다.

첫째, 통찰에 의한 문제의 해결은 경험적인 사실들을 재구성하는 구조전환의 과정이다.

둘째, 통찰은 문제해결을 위한 계속적인 탐색과정에 의하여 달성된다.

셋째, 통찰은 실험장면이 잘 보일 때, 즉 문제를 전체적으로 파악할 수 있을 때 잘 일어난다.

넷째, 통찰은 학습의 종류나 개체의 개인차에 따라 크게 달라질 수 있다.

2) 기호형태이론(sign-gestalt theory)

기호형태이론은 형태주의 심리학의 영향을 받은 톨먼(Tolman)이 주장하는 학습이론으로 기호-의미이론, 기대이론으로 불린다. 톨먼은 이 이론을 통해 인지이론과 행동주의를 접합시켜보려 하였으며, 자신은 이 기호형태이론을 목적적 행동주의라고 주장하기도 하였다.

톨먼에게 있어서 학습은 쥐의 실험에서 단순한 조건반사적 반응이 아니라 목표를 예기하여 그 목표에 도달하는 데 단서가 되는 기호들의 관계를 인지하면서 환경에 대한 인지도(cognitive map)를 형성하는 것이다. 또한, 그는 학습자가 새로운 자극, 즉 기호(sign)와 이미 경험하였던 의미 있는 자극들 간에 연결이 이루어지는 것을 학습이라고 보았다. 톨먼의 학습이론은 행동주의에서 말하는 자극(S)－반응(R) 결합이라기보다는 기호(S)－의미(S)(sign-significance) 이론이라고 볼 수 있다. 이때 학습은 구체적인 행동이 아니라 목표와 수단의 관계에 관한 사전인지(precognition), 인지도(cognitive map)의 형성이다.

인지도를 형성하는 것을 학습이라고 본 톨먼의 주요 학습개념은 보수기대, 장소학습, 잠재학습 등이다.

(1) 보수기대(reward expectancy)

학습은 보수가 주어질 것이라는 기대감에 의해서 발생한다는 것이다.

침팬지가 보는 앞에서 2개의 그릇 중 한 그릇에만 바나나를 담고 다른 하나에는 담지 않는다. 얼마 후 나머지 빈 그릇에 바나나보다도 약한 유의성이 있는 먹이를 넣어 보였다. 그런 후에 침팬지에게 그릇을 선택시켰더니 바나나를 넣었던 그릇을 선택하는 것이 관찰되었다. 이와 같이 보다 높은 유의성이 있는 보수를 기대한다는 이론이 보수기대이다.

(2) 장소학습(place learning)

목표에 도달할 것인가를 파악하는 인지지도(認知地圖)를 획득하는 것이 장소학습이다. 학습자가 장소학습을 반응학습보다 잘 학습한다는 이론이다(Terry, 2000).

처음에 일군의 쥐들이 A 위치에서 오른쪽으로 돌아 먹이에 도달하는 훈련을 받았다(왼쪽 그림). 이후에 미로를 180도 회전시켜 B의 위치에서 쥐를 출발시켰을 때 쥐는 어느 쪽으로 돌 것인가? 톨먼의 인지도 개념을 반영한다면 쥐는 왼쪽으로 돌아야 한다(장소학습). 실제로 톨먼의 실험은 장소학습이 반응학습보다 효과적임을 보여주었다.

그림과 같은 미로에서 장소학습 쥐는 A 위치에서 먹이는 Y에(왼쪽 그림), B의 위치에서도 먹이는 Y에 놓여 있는 위치를 학습하였다(오른 쪽 상단). 반응학습 쥐는 A의 위치에서는 먹이가 Y에 B의 위치에서는 X에 먹이가 오도록 하여 장소보다는 오른 쪽으로 미로를 돌면(반응하면) 먹이가 나오도록 하였다. 그 결과 장소학습 쥐가 반응학습 쥐보다 월등히 높은 학습률을 나타내어, 장소학습 쥐는 7~8회 만에 학습을 달성하는데 비해, 반응학습 쥐는 70회의 시행에서도 착오를 보였다.

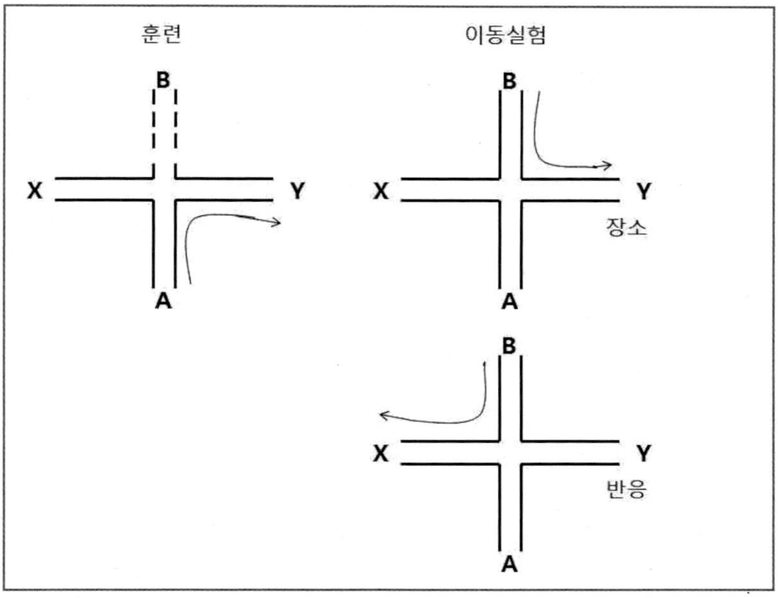

[그림 4.12] 장소학습과 반응학습

그런데 이러한 톨먼의 실험은 후속 연구들에 의하여 계속적인 지지를 받지는 못했다. 일부의 쥐는 장소학습이, 다른 일부의 쥐는 반응학습이 유발되었기 때문이다.

쥐들이 미로에서 헐(Hull)의 주장처럼 자극-반응의 연합을 획득한다는 반응학습이론이나 인지도를 획득한다는 톨먼의 학습이론은 실험조건과 관계가 있는 것처럼 보인다. 이러한 상반된 결과는 공간학습에 사용된 자극들에 대한 중요한 어떤 것을 말해주는데 예를 들어, 헐과 그의 동료들에 의하여 행해진 연구들은 미로의 통로들이 벽들로 막혀 있어 쥐가 그 방안에서 방향의 실마리를 찾을 수 있는 것이 아무것도 없었다. 이러한 외적인 단서의 결핍이 반응학습을 고무시켰다는 것이다. 톨먼 등에 의하여 행해진 실험에서의 미로는 벽이 없고 평평한 통로를 갖고 있는 '개방형 미로(strip maze)'였는데 이 때문에 방안의 독특한 특징들을 그 미로로부터 분명하게 시각화 할 수 있었다. 이러한 절차는 인지도 학습을 고무시켰다.

장소학습 대 반응학습의 논쟁은 특수한 반응들 또는 인지도들이 학습될 수 있다는 것을 말해준다. 쥐나 사람 모두 이용할 수 있는 단서들이 있을 경우 융통성 있게 그들을 사용하게 된다.

(3) 잠재학습(latent learning)

잠재학습은 일정기간 동안 유기체에게 잠재되어 있지만 수행으로 나타나지 않고 보수가 주어지지 않는 상태에서도 학습이 발생한다는 것을 말한다. A쥐에게 보수가 없는 미로를 통과시켰더니 한 번도 미로를 통과한 적이 없는 B쥐보다 보수가 있는 다음의 미로학습에서 더 놓은 성공을 나타냈다.

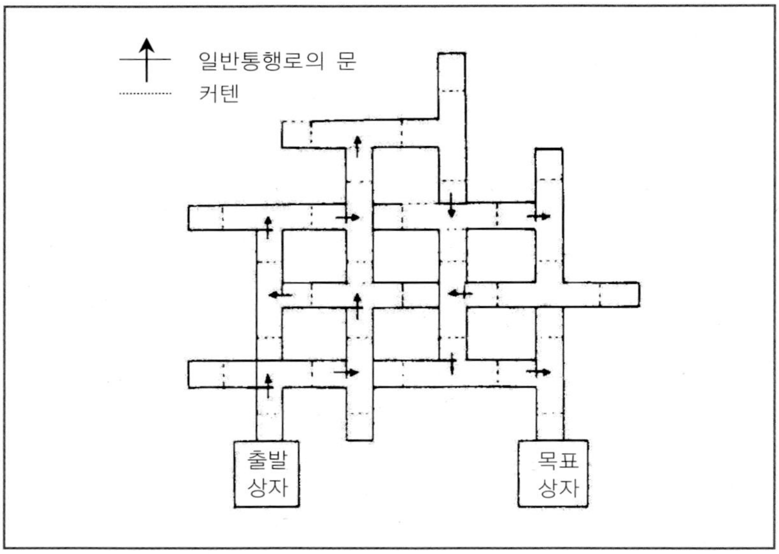

[그림 4.13] 잠재학습 실험용 미로

3) 정보처리이론(information processing theory)

정보처리이은 인간의 정보처리과정을 컴퓨터에 의한 정보처리에 비유하여 설명하고 있다. 컴퓨터의 정보처리과정은 기본적으로 입력(input), 저장과 처리, 출력(output)의 과정을 기본적인 패턴으로 하고 있는데 인간의 정보처리과정도 이와 유사하다는 것이다.

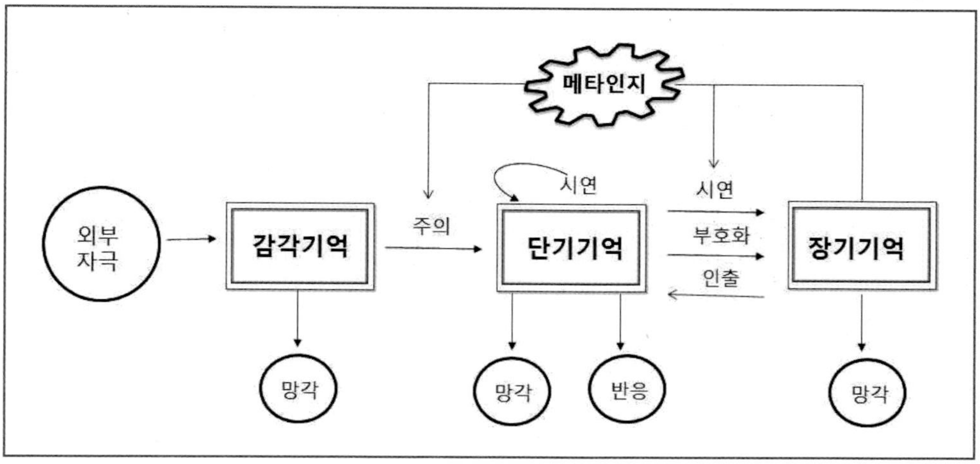

[그림 4.14] 기억에서의 정보처리과정

이 모델이 인간의 정보처리와 관련하여 관심을 갖는 부분은 기억 속에 정보가 저장될 때 무슨 일이 일어나는가를 설명하는 것이다. 이 모델은 기억을 부호화(encoding), 저장(storage), 인출(retrieval)의 3가지 과정의 측면에서 설명하고 있다. 부호화는 감각기관에 의하여 투입된 정보가 기억 속에 자리 잡을 수 있도록 일정한 유형의 표상으로 변환하는 것이고, 저장은 부호화된 정보를 기억 속에 유지하는 방법과 관련이 있으며, 인출은 기억 속에 저장된 정보에 접근하는 방법과 관련이 있다.

(1) 감각기억

환경적인 외부 자극인 시각, 청각, 촉각, 후각, 미각 등과 같은 감각이 신체기관으로 계속 투입이 된다. 감각등록기(감각기억)에 의하여 정보를 변환하여 처리되어 일시적으로 저장소의 역할을 한다. 대표적인 감각기억은 시각기억과 청각 기억이 있다. 감각기억은 환경적으로 유입된 정보를 분석되지 아니한 감각적인 형태로 잠시 동안 유지시킨 후 형태재인이라는 분석과정을 통하여 단기기억으로 전이시킨다. 감각적인 정보는 0.1~0.5초의 짧은 기간 동안 저장된다. 시각적 정보는 약 1초, 청각적 정보는 약 2~4초 정도 지나면 사라진다. 감각정보들 중에서 유의미한 정보들은 단기기억 상태이며, 단기기억은 5~9개의 적은 정보단위 밖에 저장하지 못한다. 감각기억은 많은 정보들을 망각(소실)된다. 짧은 순간에 사라지는 정보를 계속 처리하기를 원할 때는 특별한 정신적 노력을 해야 한다. 해당 정보에 대한 주의를 선택적으로 기울여야 하고,

정보를 처리하기 위해서 주의집중을 통해 감각기억의 자극을 그대로 받아들이는 것이 아니라 정신적으로 해석하여 지각(perception)이라는 의미 부여를 해야 한다.

(2) 단기기억

단기기억(STS: short-term store)은 작업기억(working memory)이라고도 한다. 작업기억이란 어떤 한순간에 의식할 수 있는 기억이면서 현재 작동하고 있는 기억이라고 볼 수 있다. 정보는 작업기억에서 일시적으로 머물면서 장기기억의 지식과 결합되어 처리된다. 밀러(Miller, 1956)에 의해 단기기억에서 저장할 수 있는 기억범위는 7±2 정도로 알려져 있다. 7이라는 숫자는 단기기억 용량의 한계를 나타낸다고 보고 대부분 7자리 정도는 쉽게 기억되어진다. 7자리 전화번호 숫자나 동화나 시조들을 보더라도 7자로 구성된 것들이 많음을 알 수 있다.

단기기억에서는 현재 우리가 사용하고 있는 제한적인 수의 정보만을 유지할 수 있으며 반복하여 시연하지 않으면 20~30초 이내에 사라져 버린다. 좀 더 오랫동안 정보가 유지되게 하기 위해서는 특별한 처리가 필요하다. 단기기억의 재료가 장기기억으로 가기 위해서는 시연이 필요하다. 시연은 작업기억에 머물고 있는 정보를 장기기억의 선행지식과 관련시켜 장기기억에 저장하는 기능을 수행한다.

(3) 장기기억

장기기억은 수많은 정보를 영구적으로 저장하는 기억을 말한다. 장기기억은 정보가 매우 짧은 시간에 인출되는 정보도 있지만 거의 평생 동안 지속된다. 시연을 한 단기기억의 재료는 정보의 영속적인 저장고인 장기기억(LTS: long-term store)으로 옮겨간다. 정보가 단기기억에 있는 동안 장기기억에 있는 관련지식이 활성화되고 거기에다 새로운 정보를 통합시키게 된다. 장기기억의 용량은 매우 크며 정보는 의미에 따라 다시 말하면 어의적으로 부호화 된다. 장기기억에 있는 정보가 상실되는가의 문제는 입장에 따라 다양하나 정보처리모형에서는 비교적 영속적이며 거의 상실되지 않는다고 보고 있다.

장기기억 속에 있는 지식은 선언적 지식(declarative knowledge), 절차적 지식(procedual knowledge), 조건적 지식(conditional knowledge)으로 되어 있다.

선언적 지식은 '무엇이 어떻다'는 지식과 사실에 관한 지식으로 특정한 사실이나 사건, 법칙, 이론에 관한 지식으로 의식할 수 있고 언어로 표현 가능하다. 선언적 지식에는 일화적 기억과 의미적 기억으로 분류된다. 의미적 기억은 살면서 알아간 정보에 대해 사실, 의미, 개념에 관한 지식이다. 의미적 지식은 대부분 추상적, 합리적, 논리적이며 언어와 관련이 깊다. 의미적 지식은 일화적 지식과는 달리 특정한 시간과 장소에서 개인이 경험한 사건에 관한 지식으로 정서적 느낌과 함께 장기기억 속에 저장된다.

절차적 지식은 '무엇을 어떻게 해야 하는가'에 대한 지식으로 어떤 것을 행하는 방법에 관한 지식이다. 예를 들어 자동차가 어떤 부품으로 구성되어 있는지를 아는 지식은 선언적 지식이고, 자동차 타는 방법을 아는 것은 절차적 지식에 해당된다. 절차적 지식은 오랫동안 사용하지 않아도 잘 잊어지지 않는다. 어린 시절에 배운 수영이나 자전거 타기 등 특별한 훈련을 받거나 장시간 노력해서 습득되기도 한다.

조건적 지식은 선언적 지식과 절차적 지식을 통해 다양한 지식을 적용하는 때(when), 장소(where)와 이유(why)에 관한 지식이다. 학습해야 하는 정보에 알맞은 학습전략을 사용하는 것으로 조건-행위 규칙으로 나타난다(Anderson, 1993). 이 지식을 잘 활용하여 직면한 문제를 해결해야 하기에 자기조절 학습과도 관련이 있다.

정보처리이론의 발달은 주로 언어학습의 연구, 기억의 구조 등에 대한 언어학적 · 신경생리학적 연구의 결과들에 의해 밝혀진 인간의 정신구조에 그 기초를 두고 있다.

4) 메타인지(초인지, 상위인지)

메타인지(Meta-cognition)는 자신의 인지과정을 객관적인 입장에서 인식하고 바라보고 성찰하며 통제하는 인지능력을 의미한다. 메타인지를 사고에 관한 사고, 인지에 관안 인지라고 하여 초인지, 상위인지라고도 한다.

인지는 인간이 자극과 정보를 지각하고 여러 가지 형식으로 부호화하여 기억에 저장하고 뒤에 인출할 때 상기해 내는 정신과정이라고 한다. 인지구조를 인간 두뇌가 정보를 처리하는 시스템을 컴퓨터의 정보처리 과정과 유사하게 본다. 사고하는 중에 지식은 추리, 이해, 문제해결 등의 인지과정을 알아차리고 조절하는데 사용된다. 메타인지는 '자신이 무엇을 아는지 모르는지를 아는가, 주어진 과제를 어떤 절차와 순서로 해결할 것인가?, 기억력에 있어 어떤 부호화 전략을 사용할 것인가?'를 인식하고 조절하는 것이다. 또한 인지과정에 관해 갖고 있는 지식과 그 인지과정을 어떻게 적용할 것인가에 관한 지식을 가리킨다.

인지과정은 학습내용이나 정보에 적용되는 정신과정(주의, 시연, 조직화, 정교화, 인출)이라고 한다면 메타인지는 자신의 인지과정에 적용하는 인지과정이다. 그래서 메타인지를 상위인지, 고차적 인지라고 하는 것이다.

글상자 4-1	인식의 착각

인식의 착각(illusion of knowing)은 모른다는 것을 모르는 현상, 즉 모르면서도 안다고 착각하는 현상으로, 제2의 무지(secondary ignorance)라고 불리기도 한다(Baker, 1989). 인식의 착각은 무엇을 안다는 것을 단순하게 생각하는 학생에게서 흔히 나타난다.

일반적으로 학생들은 잘 알고 있다고 생각하면 더 이상 학습을 하지 않는다. 인식의 착각에 빠진 학생들의 가장 큰 문제는 실제 모르는 것을 안다고 착각하고 학습을 조기에 종결한다는데 있다. 이들은 시험점수가 극히 낮을 때 당혹감에 빠져 학습내용을 완전히 이해한다고 생각하는데 시험점수가 낮은 이유를 도저히 이해할 수 없다는 불만을 토로하기도 한다.

인식의 착각에서 벗어나려면 학습 도중 수시로 이해점검을 하면 도움이 된다. 이해점검을 하는 첫 번째 방안은 학습내용을 그림이나 도표로 나타내 보는 것이다. 그림이나 도표는 공간관계나 인과관계를 다룬 학습내용의 경우 꽤 효과가 있다. 이해점검을 하는 두 번째 방안은 학습내용에 관해 질문을 해 보는 것이다. 학습 도중 제목과 소제목을 이용하여 질문을 하고 그 질문에 답해 보면 자신이 무엇을 알고 있고 무엇을 모르고 있는가를 확인할 수 있다. 특히 다음과 같은 질문을 해 보면 이해 여부를 점검하는 데 도움이 된다.

- ~의 이유(방법)는 무엇인가?
- ~의 주제는 무엇인가?
- ~을 어떻게 활용할 것인가?
- 새로운 사례는 무엇인가?
- 어떤 일이 일어날 것이라고 생각하는가?
- 어떤 차이가 있는가?
- 공통점 또는 차이점은 무엇인가?
- 어떤 영향을 미칠 것인가?
- 최선의 방안은 무엇인가? 왜 그렇게 생각하는가?

*출처: 교육심리학의 이론과 실제(권대훈)

학습에서 메타인지 능력이 뛰어난 학습자는 학업 성취와 문제해결능력이 우수하고 학습계획, 학습상황의 조절 및 인지의 수정과 학습과제에 대한 자기관리 및 통제방법, 학습내용을 기억하고 이해하기 위해 초인지전략을 자유롭게 활용한다. 또한 학습자 스스로가 자신의 학습에서의 문제를 파악하고 학습목표를 설정하여 자신의 학습 속도에 맞춰 학습을 조절한다. 학습이 진행되는 동안 달성하고자 하는 목표가 제대로 달성되고 있는지 끊임없이 점검하고 평가하는 자기통제 및 문제해결 능력이 높다고 볼 수 있다. 즉, 메타인지는 자신의 인지를 조절, 통제하는 능력으로 계획, 평가, 점검이 있다. 목표를 설정하고, 관련자원을 활용하며 학습을 한 후 이해수준을 판단한다. 학습 도중 학습내용을 이해하고 적절한 전략을 잘 세웠는가를 주기적으로 확인하는 이해점검을 한다.

3. 구성주의 학습이론

구성주의(constructivism) 학습은 여러 관점이 나열된 구조를 나타내며 기존의 인지와 새로운 인지 사이의 갈등을 촉진시키며 이를 통해 학습자가 자신의 경험에 알맞은 새로운 지식구조를 스스로 형성하거나 구성한다고 보는 관점이다.

행동주의나 인지주의는 누구나 객관적으로 인정하는 지식이나 행동이기 때문에 객관적인 지식관에 근거하고 있다고 볼 수 있다. 반면에 구성주의는 상대주의적인 지식관에 근거를 하고 있다. 개인이 처한 상황에 따라 지식의 의미와 뜻이 달라진다고 보는 것이다. 모든 지식은 인식의 주체자인 개인에 의해 주관적으로 구성된다는 전제하에 동일한 지식이라도 인식주체가 누구냐에 따라 다르게 해석이 된다.

1) 인지적 구성주의

인지적 구성주의(cognitive constructivism)는 피아제의 인지발달이론에 기반을 둔 것으로 지식이 개인의 내부에 있는 인지 작용을 통해 지식이 구성된다는 관점이다.

피아제는 인간은 기본적 인지 구조인 도식(schema)을 가지고 태어나며 환경과 상호작용을 통해 발달한다고 본다. 인지 구조들은 동화와 조절이라는 적응과정을 통해 변화하는데, 동화는 새로운 정보나 새로운 경험을 접했을 때 이미 자신에게 구성되어 있는 인지구조에 의거해 해석하는 것이라고 한다면 조절은 주어진 상황에 맞게 기존의 인지구조를 변화시키는 것을 의미한다. 인지 발달은 동화와 조절의 과정을 거치면서 환경에 적응하려는 끊임없는 노력을 통해 도식을 변화시키는 과정이며, 학습이란 학습자의 인지발달 단계에 맞는 자극을 제공하는 것이라고 하였다.

피아제의 인지발달이론에 의한 구성주의 교육의 원리는 네 가지로 요약할 수 있다. 첫째 학습자들은 인지 발달 단계에 따라 실재에 관한 해석을 달리한다. 둘째, 학습자가 참여할 수 있고 동화와 조절의 적응과정이 일어나는 활동과 상황에 의해 인지 발달이 촉진된다. 셋째, 학습자료와 학습활동들은 학습자의 신체 또는 정신활동에 적절한 것이어야 한다. 넷째, 학습자들이 적극적으로 참여할 수 있고 도전적인 학습방법을 사용하여야 한다.

인지적 구성주의는 인간의 지식구성이 정신내부에서 일어나는 내적인 과정이며, 인지평형을 위해 인지혼란과 갈등을 통해 일어나는 개인 내적 발달이라고 하겠다.

2) 사회적 구성주의

사회적 구성주의(social constructivism)는 지식이 개인의 내적인 인지작용을 통해서가 아닌 개체와 사회적인 상호 작용을 통해 구성된다고 보는 관점이다. 비고츠키의 언어 및 사고 발달이론에 기초를 두고 학습에 영향을 미친 사회문화적인 상호작용의 내면화 결과인 것이다. 인지적 구성주의는 개인이 자신의 세계를 스스로 구조화한 정신활동의 산물로 본다면, 사회적 구성주의는 다른 사람과 사회적인 상호작용을 하는 과정에서 경험하는 결과로 보았다.

따라서 학습은 사회적으로 맥락화된 지식을 자신의 시각에 의하여 내면화하는 과정이며, 이러한 과정은 동료들이나 주변 사람들의 도움으로 촉진된다. 근접발달영역(ZDP : Zone of Proximal Developmen)은 학습자가 자신보다 더 능력있는 교사, 부모, 유능한 친구에 의해 도움을 받아 학습을 하면 개인 스스로 해결할 수 있을 것으로 기대되는 잠재적 발달 수준과 학습자가 과제를 독립적으로 해결할 수 있는 실제적인 발달 수준간의 차이를 의미한다. 학습자 성장하는 데 필요한 요소를 지원하는 도움을 비계라고 하며, 학습자가 스스로 문제를 해결할 수 있을 때까지 제공되는 도움을 의미한다.

인지적 구성주의와 사회적 구성주의는 지식을 구성하는 요인에 대해 다른 관점을 가지고 있지만 이는 서로 불가분의 관계이고 서로 상호보완적이다.

인지적 구성주의와 사회적 구성주의에 대한 견해를 제시하면 <표 4.3>과 같다.

〈표 4.3〉 인지적 구성주의와 사회적 구성주의의 비교

	인지적 구성주의	사회적 구성주의
지식의 성질	• 개인적으로 지식 구성 • 개인 내적 인지과정 강조	• 가변적 지식체계 • 사회적 구인으로 상호작용으로 지식 구성
학습	• 선행지식에 근거하여 재구성 • 능동적으로 구성	• 사회적으로 정한 지식과 가치를 배우기 위한 협력적 구성 • 사회적 상호작용
교수	• 개인들이 완전히 이해하도록 안내 • 개인의 인지활동 중시	• 학습자와 함께 지식 구성 • 사회적 상호작용 강조
학습자 역할	• 능동적으로 지식을 구성 • 능동적으로 사고, 설명, 해석, 질문	• 다른 사람과 공동으로 지식구성 • 능동적 사고, 설명, 해석, 질문으로 상호작용
교사 역할	• 촉진자, 안내자, 조력자 • 개인의 인지활동 고려	• 촉진자, 안내자, 조력자 • 사회적으로 정한 개념 고려
또래 역할	• 필요하지 않지만 개인의 지식구성을 자극할 수 있음	• 상호적 지식구성을 위해 중요함

*출처: Woolfalk(2007)

3) 구성주의 학습이론의 교육원리와 구성주의 교수원리

구성주의자들은 지식의 전달을 강조하는 객관주의의 암기식, 주입식 교육은 학습자가 혼자 학습한다는 가정하에 학습활동을 설계하고 정리가 잘 된 좋은 자료를 학생에게 제공할려고 하지만 교육적으로 효과적이지 않다고 말한다. 구성주의자들이 주장하는 교수학습의 원리는 다음과 같다(강인애, 1997;박현주, 1998).

첫째, 인식의 주체로서의 학습자 중심학습이다. 객관주의 교육은 교수자가 학습자에게 지식을 적극적으로 전달하고 가르치는 것이다. 구성주의 교육은 학습자가 지식

을 이해하고 해석하면서 유의미한 학습이 되도록 학습자들을 적극적으로 학습의 과정에 참여시킨다.

둘째, 실행 가능한 실제적 과제와 학습상황, 맥락을 강조한다. 객관주의 교육은 효과적이고 효율적으로 전달된 지식을 배우지만 지식의 맥락과 실제 상황에서의 연계성이 낮기 때문에 문제해결력이 저조할 수 있다. 교사는 학생이 배우는 지식 맥락과 유사한 상황을 학생들에게 제공하고 지식을 재구성하여 문제를 해결해 보도록 해야 한다.

셋째, 협동학습을 강조한다. 개인이 유능한 사람과 서로 상호작용을 하여 서로의 지식을 잘 습득하도록 다양한 방법과 관점을 갖게 해야 한다. 집단지성의 힘으로 유연하고 융통성 있는 사고를 갖도록 하는 학습방법이다.

넷째, 교수자는 학습의 안내자, 촉진자, 조력자의 역할을 해야 한다. 객관주의 교육에서 교수자는 객관적인 지식을 학습자에게 전달하는 주체자였고, 학습자는 수동적으로 받는 입장이었다. 반면에 구성주의 교육의 교수자는 학습자 스스로가 창의적으로 문제를 해결할 수 있도록 도와주는 역할을 해야 한다.

1980년대의 인지과학의 발전으로 학습이 구체적인 상황과 맥락에 따라 그 의미와 과정이 달라진다는 관점이 생겨나기 시작했다. 같은 지식이라도 어떠한 상황과 맥락에서 학습이 일어날 수 있다는 구성주의 학습이 보급되기 시작하였다. 구성주의가 교육의 현장에서 적용되고 있는 대표적인 교수이론은 상황학습이론, 인지적 도제, 문제중심학습, 협동학습 등이 있다.

(1) 상황학습이론

상황학습이론은 전통적인 학교학습이 실생활에 활용되지 않는 이유를 학교에서 배운 지식이 실제 사용되는 맥락과 분리되었기 때문에 학교에서는 실제 상황에서 닥칠 수 있는 문제에 대한 해결력을 길러주어 학습자가 실제에서 유용하게 사용할 수 있도록 해야 한다. 상황학습은 지식과 함께 지식이 활용되는 맥락을 함께 제시함으로 학교교육의 탈맥락성을 극복하고자 한다. 지식이란 상황적인 것이고 그 지식이 사용될 과제, 맥락, 문화 안에서 생성되는 것이지 결코 단독적으로 존재 하는 것은 아니다. 따라서 실제와 유사한 상황에서 이루어지는 학습이야 말로 문화 적응의 과정이다라고 상황학습의 개념을 정의하였다(John Seely Brown, Allan Collins & Paul Duguid, 1989). 지식은 단순히 독립적으로 존재하기 보다는 현실에서 활용될 수 있는 도구일 때 진정한 지식이라고 평가될 수 있기 때문이다.

그래서 학습상황에 있어서 가장 중요한 관점은 학습뿐만 아니라 사고 그 자체가 상황화 되어야 한다는 것이다. 상황학습이론에서는 지식과 상황과의 상호작용을 중시하고 있으며, 학습을 탈맥락화 된 지식체로부터 일반적인 정보를 얻는 행동이라기보다는 사회문화적인 현상으로서 인식하고 있다.

상황학습에서 지식을 안다는 것은 실제 상황에서 어떻게 그 지식을 활용할 수 있는지에 대한 인식이 형성되었다는 것이다. 그러기 위해서는 지식이 구체적으로 적용되는 문화의 적응 훈련 과정이 있어야 하며, 이를 학습 과정이라고 말할 수 있다. 이러한 학습 과정은 현실적으로 혼자서 문제를 수행하는 것보다는 여러 명이 문제를 풀어나가는 경우가 대부분이며 문제 해결 상황에서 협동학습이 이루어지게 되는 것이다.

협동학습을 통해서 개인적 견해와 사고의 틀을 넓히는 결과를 가져오게 된다. 상황적 학습모델의 협동학습에서는 어떠한 상황 혹은 어떤 일련의 사건이 있을 때, 그것에 대해 학생들이 각기 다양한 해석과 접근 방법을 서로 소통하는 과정 속에서 다른 사람에게 자신의 견해를 설득력 있게 밝힐 수 있는 기술과 다른 사람들과의 토론을 이끌어 가는 기술도 익힐 수 있게 된다.

상황학습에 있어서 교사의 역할은 지식이나 정보의 전달자가 아니고, 학습의 안내자일 뿐이므로 교사는 학습자의 학습 상황을 파악하고 학습자의 개인차에 대한 인지와 학습 결과물에 대한 지속적인 평가를 위한 전략이 수립되어야 한다. 학습에 대한 평가는 학습하는 중간 중간에 과정 중심 평가로 이루어지도록 설계하고, 평가에서 중요시 할 원칙은 항상 능동적이고 지속적이며 연속적인 학습자 평가가 이루어져야 한다.

(2) 인지적 도제

인지적 도제는 전문가로부터 지식과 기술을 전수 받는 것을 의미한다. 도제란 특정 기술을 보유한 전문가가 그 기술을 초보자에게 전수하는 것을 말한다. 이런 과정에서 과제수행이나 문제해결과 같은 인지적 영역의 기술을 다루기 때문에 인지적 도제라고 한다.

도제는 중세시대 이후 전문 직업분야의 전문가와 초보자 간의 시범과 전수를 통한 교육방법이다. 학습자가 실제 과제를 수행하는 과정에서 전문가의 지원을 받아 새로운 학습을 성취하는 과정이다. 고전적 도제는 단순한 작업 기술 등을 익히지만 구성주의 기반의 인지적 도제이론은 다른 인지적 기술을 습득하고 발전시켜 나간다. 내적 인지 과정을 언어로 나타내면서 학습자는 언어화된 인지 과정을 지속적인 자아성찰과 교수적 도움을 통해 이를 내면화 한다. 학습자는 이과정을 거치면서 메타인지의 고등 사고능력을 습득하고 발전시켜 나가게 된다.

인지적 도제모형은 여섯단계를 거친다고 볼 수 있다(Collins, Brown, & Newman, 1989).

① **모델링(Modeling)**: 교사가 문제를 해결하거나 과제를 수행하는 과정을 시범을 보이면 학생은 교사의 시범을 관찰하면서 학습을 하게 된다.

② **코칭(Coaching)**: 코칭에서 학생이 과제를 수행하고 있을 때 교사가 관찰을 하면서 외부적인 조력을 제공한다. 과제를 수행하는 중간 중간에 필요한 도움을 질문, 힌트, 피드백, 암시, 시범과 같은 형태로 제공한다.

③ **스케폴딩(Scaffolding)**: 스케폴딩 단계에서 학생은 교사로부터 도움을 제공 받지만 코칭과는 달리 학생이 일정 수준에 도달하였다고 보고 수행을 잘 할 수 있도록 발판화 역할을 한다. 간접적으로 돕다가 스스로 해 낼 수 있을 때 스케폴딩을 제거한다.

④ **명료화(Articulation)**: 명료화 단계에서 학생은 자신이 습득한 지식, 기술, 문제해결 과정을 명백하게 진술하도록 하는 단계로 학습자가 자신의 생각을 말로 설명하게 하거나, 질문을 던져 학습자가 이해 하도록 한다. 이때 학습자가 제대로 이해하고 있는 지를 바로 구별하여 도와줄 수 있는 장점이 있다.

⑤ **반성적 사고(Reflection)**: 학습자는 자신의 문제해결과정과 전문가의 문제해결 과저정 반성적으로 비교, 분석, 검토하면서 자신의 수행과정을 되돌아보고, 전문가나 다른 학습자들과 비교함으로써 다각도로 분석하면서 보완해 나가도록 판단하고 적용하게 된다.

⑥ **탐색(Exploration)**: 탐색의 단계는 학생이 교사의 개입 없이 스스로 학습을 할 수 있는 단계를 말한다. 인지적 도제의 마지막 단계로 지식이나 기능을 새롭게

활용할 수 있는 방식을 모색하도록 하는 방법이다.

인지적 도제는 교수자와 학습자가 상호작용을 함으로써 학습자가 인지적 성장을 하고 학습 목적을 달성하도록 조력하는 것이다. 교수자와 학습자(전문가와 초보자)의 관계에서 모델링부터 탐색에 이르기까지 적절한 전문가의 개입을 통해 수행을 수정, 보완함으로써 인지적 활동을 하는 것이다.

(3) 문제중심학습(Problem-Based Learning : PBL)

문제중심학습은 1960년대 캐나다 의과대학에서 학생들이 오랫동안 힘든 교육을 받았음에도 불구하고 실제 의료 현장에 나가면 실제 배운것과는 달리 어려움을 격게 되는 것을 돕기 위해 시작되었다. 일반적으로 의과대학의 공부가 과다한 지식의 암기수업으로 진행되고 임상실습과는 분리되고, 다양한 상황에서 적응을 할 수 없어서 문제중심학습을 통해 의과대학 교육시스템을 학습자들이 학업과 의료환경에의 적응, 문제해결력이 길러지도록 개선한 방법이다.

문제중심학습에서 제시된 문제는 첫째, 비구조화된 문제이다. 문제해결 방안이 몇가지로 제한되는 것이 아니라 문제를 어떻게 접근하느냐에 따라 여러 가지 결론에 도달할 수 있는 문제이다. 학습자들의 노력여부에 따라 해결방안이 달라지기 때문에 학습동기를 유발할 수 있다. 둘째, 실제적 문제이다. 현실에서 맞딱뜨릴 수 있는 문제로 학습자가 갖고 있는 실제 경험과 지식, 기능 등이 활용될 수 있는 문제이다. 셋째, 복잡한 문제이다. 현실에서 부딪치는 문제들을 혼자서 해결하기 어려운 것들이기에 협력학습을 통해 해결하는 복잡한 문제를 제시한다. 넷째, 관련성이 있는 문제이다. 학습자로 하여금 자신과의 관련성을 느낄 수 있는 문제이다. 다섯째, 다른 지식과 연계가 되는 문제이다. 다른 곳에서 배운 지식과 연계, 통합될 수 있는 지식을 학습할 수 있는 문제이다. 이와 같은 다섯가지 문제의 특성을 갖고 있다.

문제중심학습은 자기주도적 학습이 될 수 있고, 혼자서 해결하는 것이 아닌 동료와 함께 해결하면서 새로운 지식을 구성한다. 또한 비구조화된 문제를 다루기 때문에 문제해결능력이 길러짐과 동시에 하나의 정답을 갖기 보다는 다양한 해답을 얻을 수 있게 된다.

제3절 학습의 조건

학습이 일어나는 데 필요한 조건들은 학습준비성, 학습동기, 학습의 전이, 파지와 망각, 학습방법 등이 있다. 이들은 모두 학습에 영향을 미치는 조건들로서 독립적이라기보다는 서로 유기적인 관계 속에 있다.

1. 학습준비성(learning readiness)

준비성이란 학습자가 학습할 수 있는 심리적 · 신체적 태세(set)가 갖추어져 있는 상태를 말한다.

준비성은 학습의 종류에 따라 달라진다. 운동에 대한 준비성에는 운동복, 운동기구, 운동욕구, 신체적 능력 등이 있으며, 산수학습의 준비성에는 노트, 연필, 심리적 피로의 약화, 산수에 대한 문제해결의 욕구, 심리적 안정 등 다양한 준비성이 있다.

준비성은 성숙(maturity) 요인과도 밀접한 연관성을 가지고 있다. 신체적 · 정신적 성숙은 학습에 도달할 수 있는 기본적인 준비태세의 요인이 된다. 즉, 준비성에 맞는 학습제시만이 높은 학습효과를 가져올 수 있다는 점이다.

브루너(Bruner)는 지적 학습에 있어서 준비성의 요인이 때때로 극복될 수 있다고 주장하였으나, 이것은 성숙이라는 기본 조건이 충족된 상태에서의 경우에 한정된다.

2. 학습동기유발(learning motivation)

학습동기유발은 학습자가 학습하고자 하는 욕구가 표현된 상태를 말한다. 즉, 학습자의 학습의욕을 말하는 것으로서 학습의욕이 높으면 높은 학업성취를 달성할 수 있으므로 학습동기를 유발하는 것은 학습의 중요한 조건이 된다. 같은 조건의 학습자라도 학습자의 동기유발정도에 따라서 학습의 효과는 달라진다.

동기(motive)는 행동을 유발, 방향제시, 그리고 유지시키는 내적상태로서 일반적으로 정의되며, 동기유발(motivation)은 동기가 충족되는 과정을 말한다.

동기의 역할을 살펴보면 다음과 같다.

① 동기는 사람이 어떤 행동을 할 것인지 선택하도록 돕는 역할을 한다. 사람은 태어나면서 죽을 때까지 수많은 상황 가운데 선택을 하며 살아간다. 무엇을 해야 하는지 우선순위를 갖게 한다.

② 동기는 선택한 행동이 실제로 일어나게 만드는 역할을 한다. 사람은 좋아하는 일을 선택하게 되면 스스로 알아서 학습을 하게 된다. 선택한 일에 집중하고 자발적으로 정보를 처리하고 피드백을 받으면서 학습이 이루어진다.

③ 동기는 선택하고 시작한 행동을 계속 유지시키는 역할을 한다. 특정한 활동을 계속해서 시작하고 지속하도록 하는 데 방해와 좌절이 있는 상황에서도 그 활동을 계속하도록 한다.

1) 동기의 종류

(1) 1차적 동기

1차적 동기는 기본적 동기, 생득적 동기로써 유기체가 생체를 유지하는 데에 필요한 동기이다. 이러한 1차적 동기는 항상적 동기(homeostastic motive)와 비항상적 동기(nonhomeostastic motive)로 구분된다.

항상적 동기는 신체적 항상성, 즉 평형성을 유지하고자 하는 동기로서 배고픔, 목마름, 수면, 성욕, 수면, 고통의 회피 등이 이 동기에 해당된다. 이와 같은 동기들은 욕구가 충족되어 생리적으로 평형상태(homeostasis)가 유지될 때까지 지속적으로 발생한다.

비항상적 동기에는 호기심(curiosity), 탐색(exploration), 조작(manipulation), 활동(activity)의 동기 등이 있다. 이 동기는 1차적 동기이지만 평형상태를 유지하지 않아도 되는 동기이다.

(2) 2차적 동기

2차적 동기는 사회적 동기로써 학습된 동기이다. 2차적 동기는 출생 후 학습된 동기들로서 도덕성, 야망, 희망, 권력, 이념, 자아실현 등을 예로 들 수 있다.

동기의 요소가 되는 욕구의 종류를 머레이(Murray)는 획득, 보존, 질서, 파지, 조립, 우월, 성취, 인정, 과시, 불가침, 방어, 지배, 유사, 반대, 공격, 비하, 친애, 배척, 유회. 인지, 해설, 자아실현, 자율성, 창조 등을 제시하고 있다.

2) 동기의 기능

동기는 크게 다음과 같은 3가지 기능을 한다고 볼 수 있다. 첫째로 동기는 행동의 원동력으로서 행동을 유발시킨다. 1차적 동기나 2차적 동기 모두 그 충족을 위해 발생되는 것으로서 행동을 유발하는 원동력이 된다.

동기는 또한 행동을 선택한다. 행동의 원동력이 된 동기는 무조건 충족되는 것이 아니라. 개체의 조건에 알맞게 충족될 수 있도록 행동을 선택한다.

마지막으로 동기는 행동의 방향을 결정짓는다. 개인의 조건과 개인의 상태에 알맞게 선택된 동기는 개인의 행동 방향을 제시하여 지속적인 행동의 패턴이 형성되도록 방향성을 결정짓는다.

3) 학습동기의 유발방법

학교현장에서는 여러 가지 동기들 중에서 학습을 적극적으로 수행할 수 있도록 학습동기를 유발할 필요가 있다. 학습현장에서의 학습동기는 개인차, 동기의 강도, 동기의 지속성, 동기의 결과 등에 유의하여 촉진되어야 할 것이다.

학습동기 유발의 방법은 내적 동기유발과 외적 동기유발로 구분할 수 있으며 다음과 같은 것들이 있다.

(1) 내적 동기유발

내적 동기유발은 동기의 목표를 학습자 내부에 두어 학습 자체에 의하여 동기가 유발되도록 하는 방법이다. 내적 동기유발은 인간 유기체가 누구나 가지고 있는 1차적 동기와 2차적 동기 중에서 학습과 관련된 동기를 자극하여 유발되도록 하는 것이다.

① 호기심

호기심은 새로운 자극에 반응하고자 하는 동기이다. 유기체는 새로운 장면에 적응하기 위해 새로운 자극에 민감하다. 학습자에게 호기심을 유발시키려면 제시되는 자극의 새로움, 즉 신기성이 있어야 한다.

학습의 재료, 학습교재의 다양성, 학습 목표의 구체화 등이 호기심을 촉진하는 방법이다. 호기심을 유발하는 데는 학습자의 지능, 발달수준, 사회적 성숙도 등을 고려하여야 한다. 학습자의 수준과 비교하여 너무 높게 제시되거나 너무 낮게 제시된 호기심은 학습자가 수용하기 어려우므로 동기로서의 가치를 갖지 못한다.

② 인지 동기

유기체가 새로운 경험에 대한 욕구를 가진다는 것은 인지(cognition)의 동기가 있다는 것을 의미한다. 학습자가 가진 인지적 욕구를 자극하는 것은 인지동기의 활성화를 위하여 필요한데 학습자에게 약간 높은 목표를 제시하거나 미완성과제를 제시하여 완성하고자 하도록 유인하거나, 학습재료에 대한 의문이나 회의를 갖도록 하여 인지적 욕구를 자극하는 것이 중요하다.

③ 조작적 동기

인간의 동기 중에는 주어진 사물들을 정리하고 분류하려는 동기가 있다. 공간적으로 제시된 재료들은 조작적 동기를 유발한다. 정리되지 않은 퍼즐, 조립되어 있지 않은 기계부품 등은 조작과 조립을 통해 새로운 상태로의 전환이 가능한 것들이다.

④ 결과에 대한 지식

학습자의 학습활동은 맹목적인 것이 아니다. 최종적으로 도달된 결과에 따라 학습행동이 좌우된다. 그러므로 학습동기를 유발하기 위해서 학습결과에 대한 지식을 제공할 필요가 있다. 이 학습과제를 완성하면 어떤 보상이 주어질 것인지를 사전에 제시하는 것이 좋다.

⑤ 명확한 학습목표의 설정

목표설정은 학습동기 유발의 중요한 요소이다. 학습자가 달성하려고 하는 목표가 무엇인지를 분명하게 하여야 학습동기를 유발하는 데 효과적이다. 목표를 명확히 한다는 것은 학습자가 추구해야 할 학습행동이 무엇인지를 알려주는 것이다.

⑥ 적절한 성공과 실패의 경험

궁극적으로 모든 학습목표들은 달성되기 위해 제시되는 것이지만, 그 목표 도달의 과정이 너무 단순해서는 학습동기를 유발하기 어렵다. 학습목표가 학습자의 능력을 고려하여 선정되어야 하며, 때로는 성공을 하기도 하고 때로는 실패를 경험하기도 하여야 한다. 적당한 실패감은 성공에 대한 동기를 더욱 유발시킬 수 있다. 그러나 실패감이 성공감보다 너무 크면 학습자는 학습장면에서 회피하려 하므로, 학습동기 유발에 부적당하다.

늘 학습에 성공한다는 것도 학습의욕을 저하시키는 요인이며, 모든 학습에 늘 실패하는 것도 학습동기가 유발되지 않게 하는 요인이 될 뿐만 아니라 부적절한 자아개념을 형성한다. 그러므로 성공감과 실패감의 강도를 잘 조절하는 것은 학습 성공의 중요한 관건이 된다.

(2) 외적 동기유발

외적 동기는 학습자의 학습목표나 학습자의 심리적 · 신체적 조건과 관련된 동기가 아니다. 이것은 학습을 진행해 나가는 과정에서 발생하는 보상 또는 처벌 같은 학습 외적 요소들과 관련이 있다. 예컨대, 열심히 공부하는 이유가 장학금을 받는 데 있다면, 이 장학금은 본래의 학습목표와 무관한 외적인 동기목표가 되는 것이다. 외적 동기유발의 방법은 다음 몇 가지를 들 수 있다.

① 상과 벌

학습자의 학습행동은 학습목표를 달성하는 데만 있는 것이 아니다. 오히려 그 학습을 달성하여 얻어지는 2차적 목표에 의한 경우가 많다. 우리가 공부하는 이유 역시 지적 호기심의 충족이라는 본질적인 목표보다는 입시, 취업, 사회적 성공 등이라는 외적 동기와 더 많은 관련성을 가지고 있는 경우가 많다.

상은 학습자의 목표 추구 행동을 더욱 촉진시키는 역할을 한다. 즉, 학습행동을 유발하는 강화의 기능을 하는 것이다.

상의 내용은 가급적 일시에 충족될 수 있는 물질적인 것보다는 정신적인 보상감을 갖도록 제시하는 것이 좋다. 예컨대, 우등상을 받았으니 선물을 사준다는 것보다는 격려와 칭찬과 같은 무형의 보상이 더 지속적인 효과를 갖는다. 물질적 보상은 대부분 보상 직후에는 효과가 높지만 시간이 경과될수록 상의 효과가 저하된다.

일반적인 학습의 상황에서도 자기 만족감을 높여주는 칭찬, 격려, 사회적 인정 등과 같은 정신적 보상을 통해 학습동기를 유발하는 것이 보다 효과적이다.

학습동기 유발은 상만이 효과가 있는 것은 아니다. 상의 효과만큼은 되지 않지만 적절히 주어지는 벌도 중요한 역할을 한다. 벌이란 체벌, 질책, 보상의 박탈 등이 있는데 되도록이면 신체적 · 정신적인 거부감을 주는 벌은 회피해야 한다. 즉, 벌은 정서적인 불만감을 갖지 않도록 제시하는 것이 좋으며, 보통 벌 받을 대상자들과 사전에 동의를 해두는 것이 감정적 거부감을 갖지 않게 하는 방법이다.

② 경쟁과 협동

대부분의 학습자들은 학습의 과정에서 적절히 경쟁과 협동을 통해 자극을 받는다. 경쟁의 상대가 없다는 것은 학업성취에 오히려 부정적인 결과를 가져오므로, 약간의 경쟁심을 자극하는 것이 필요하다. 그러나 경쟁이 과열되면 본래의 목표인 학습목표는 무관심해져서 오히려 학습동기에 부정적인 결과를 가져오게 된다. 학급에서 1등과 2등을 다투는 경우에 그중 한 학생이 전학을 가게 되면, 나머지 한 학생은 성공감을 맛보기보다는 때때로 경쟁목표의 상실에서 오는 허탈감에 빠지기도 한다. 그 결과 급속한 성적의 하락을 경험하는 경우가 자주 있다.

협동은 목표를 공동으로 도달하는 행동과정이다. 경쟁보다는 강도가 본질적으로 약한 방법이지만 학습의 효과는 더 크다. 왜냐하면 협동은 성취감을 공동으로 가지므로 만족의 강도를 증폭시키는 효과가 있다. 협동은 학습동기의 유발 효과뿐만 아니라 시민으로서의 가치관을 갖게 한다는 점에서도 유용한 방법이다.

3. 학습의 전이

전이(transfer)란 이전의 학습경험이 다음의 학습경험을 촉진하거나 방해하는 학습현상으로 적극적 전이(positive transfer)와 소극적 전이(negative transfer)가 있다.

전이이론은 한때 능력심리학이론의 한 부분으로서 형식도야이론(formal discip-line)의 주요 주장이었다. 형식도야이론은 정신훈련의 방법으로서, 신체를 단련하듯이 반복연습을 통해 정신의 능력도 단련될 수 있다는 주장에서 비롯되었다. 특히 한 가지 능력의 집중적인 훈련은 그 능력과 관련된 다른 학습장면으로 전이된다는 주장을 하였다. 형식도야이론은 제임스(James), 손다이크(Thorndike) 등의 과학적 심리학자들에 의해 부정되었다.

적극적 전이는 이전의 학습이 새로운 학습을 촉진하는 전이이다. 예컨대, 덧셈학습을 한 뒤 뺄셈학습을 하는 것은 적극적 전이를 유발하여 뺄셈을 학습하고 덧셈을 학습하는 것보다 학습효과가 높다.

소극적 전이는 이전의 학습이 새로운 학습을 방해하는 전이이다. 독일어를 공부한 직후에 불어를 공부하면, 단어나 발음에서 상당히 혼란을 겪게 되는데 이는 두 교과의 유사성이 소극적 전이를 불러일으켰기 때문이다. 학습은 적극적 전이와 소극적 전이의 요소들을 잘 이용함으로써 학습효과를 높이 수 있으므로 전이에 대한 보다 적극적인 이해가 필요하다. 전이와 관련된 이론들에는 동일요소설, 일반화설, 형태설 등이 있다.

1) 전이의 이론

(1) 동일요소설

동일요소설은 행동주의 심리학자들에 의해 지지를 받는 이론으로서 손다이크가 주장한 것이다. 손다이크는 두 학습 사이에 전이가 발생하려면 학습자료 간에 동일요소(목적, 내용, 방법, 기능, 절차 등)가 있어야 한다고 주장하였다. 그는 면적을 알아내거나 선을 긋는 훈련결과는 단어나 문장학습에 전혀 전이를 유발하지 못한다고 하면서, 두 학습 사이에 동일요소가 없으면 전이가 발생하지 않는다고 하였다.

두 학습 사이의 요소 간의 동일성이나 유사성이 크면 클수록 전이가 잘 발생된다. 수학에서의 추리능력 훈련은 논리학의 추리능력에 전이되고, 라틴어 학습은 라틴어에서 파생된 영어의 어원 등의 학습에 전이 된다.

(2) 일반화설

일반화설은 쥬드(Judd)가 주장한 전이이론이다. 쥬드의 주장은 선행학습에서 일반적인 원리를 학습하고 후행학습에서 일반적 원리가 적용되는 내용을 학습하면 전이가 발생한다는 것이다.

쥬드는 초등학교 5·6학년 학생들을 두 집단으로 나누어 한 집단에는 빛의 굴절원리를 설명해 주고, 다른 한 집단에는 아무런 원리의 설명도 하지 않았다. 그리고 두 집단 모두에게 물속에 있는 표적을 화살로 맞추는 연습을 시켰다. 빛의 굴절원리를 사전에 학습한 집단은 처음에는 착오를 보였으나 점차 성공률이 급격히 높아졌다. 반면에 아무런 원리를 학습하지 못한 집단은 성공률이 상대적으로 높지 않았다. 이 실험의 결과 일반적 원리의 학습은 그 원리가 적용될 수 있는 학습으로 적극적 전이가 발생한다는 것이 밝혀졌다.

(3) 형태설

형태설은 인지이론가들에 의해 주장된 전이이론이다.

형태설은 한 학습장면에 관한 관계나 형태의 전체적인 이해가 다른 학습장면으로 전이된다는 주장이다. 이것은 두 학습 간의 요소나 원리에 의해서만 전이가 발생하는 것이 아니라, 오히려 그보다는 학습장면의 전체적인 이해가 전이를 일으킨다는 것이다.

닭에게 명암의 차이에 따라 먹이가 주어지는 훈련을 시켰다. 어두운 장면에서는 먹이가 주어지지 않고 밝은 장면에서 먹이가 나오도록 장치하여 이를 훈련시켰다. 그런 뒤에 실험장면의 밝기를 통제하여 실험장면 보다 더 밝은 장면을 제시하였더니, 닭은 원래의 실험장면 보다는 더 밝은 장면을 선택하였다. 즉 닭은 밝기의 형태에 반응하였던 것이다. 이 이론가들에 의하면 전이는 인지구조의 재구성에 의해 전이가 발생하는 것, 즉 형태 파악의 결과라는 것이다.

(4) 메타인지론(metacognition theory)

메타인지는 자기 자신의 인지 처리 과정을 이해하고 인식하는 것으로, 쉽게 말해서 '생각에 관한 생각'을 말한다. 인간의 뇌와 다른 동물의 뇌를 구분하는 가장 큰 차이가 바로 메타인지다. 자신의 인지 과정에 대하여 한 차원 높은 시각에서 관찰·발견·통제하는 정신 작용이다. 두 가지 종류의 지식이 있다. 첫 번째는 내가 알고 있다는 느낌은 있는데 설명할 수는 없는 지식이고 두 번째는 내가 알고 있다는 느낌뿐만 아니라 남들에게 설명할 수도 있는 지식이다. 두 번째 지식만 진짜 지식이며 내가 쓸 수 있는 지식이다.

메타인지와 인지과정은 다르다. 인지과정은 정보를 처리하기 위한 인지전략인 주의, 시연, 조직화, 정교화, 인출 등을 말한다.

영어공부를 한다고 하였을 경우 인지전략과 메타인지전략의 관계를 살펴보자. 먼저 학습목표를 설정하고, 어떤 방법을 공부할 것인지 생각하는 것, 공부를 하다가 자신이 잘 알고 있는지 모르는지를 확인하는 것, 그래서 다시 개념을 확인하고 이해했는지 판단하고 공부한 내용을 잘 이해한지를 평가하는 것은 메타인지전략이다. 공부를 할 때 주의를 기울이고(주의), 집중이 되지 않아서 다시 주의를 집중하도록 노력하고(주의), 개념의 정의를 다시 반복해서 공부하고(시연), 공부한 내용을 여러 개념들과 관계를 마인드맵으로 구조화하고(조직화), 학습한 개념을 다시 한번 분석(정교화)하는 전략은 인지전략이다.

2) 전이의 조건

전이가 잘 일어나기 위해서는 위에서 제시한 동일요소, 일반화, 형태 파악 등을 포함하여 다음과 같은 몇 가지 조건들이 있다.

(1) 동일요소

전이를 일어나게 하는 조건 중에서 가장 대표적인 것은 손다이크가 주장하였던 동일요소이다. 학습재료 간의 요소의 동일성은 두 자료의 동질성으로서 이것이 전이를 발생시킨다는 것이다. 요소의 동일성이 크면 클수록 전이의 강도가 크다. 역사와 문화사. 한국어와 일어, 수학과 물리학 등의 경우 요소의 동일성이 큰 경우가 된다. 덧셈의 요소와 곱셈의 요소, 뺄셈의 요소와 나눗셈의 요소가 동일성의 크기 때문에 두 학습 사이에 전이가 발생한다.

(2) 자료의 유사성

학습자료의 유사성이 클수록 전이를 발생시킨다. 이것은 두 학습 사이의 공통 요소뿐만 아니라, 두 자료 간의 내용, 조직, 형태 등의 유사성에 의해 전이가 촉진된다는 것이다.

유사성의 전이효과는 유사성의 내용에 따라 적극적 전이를 일으키기도 하고 소극적 전이를 일으키기도 한다. 말하자면 고려시대 왕의 이름들을 암기하는 것이 조선시대 왕의 이름들을 암기하는 데 전이되지만, 소극적 전이로 작용하여 암기에 방해가 될 수도 있다.

(3) 일반화

쥬드에 의해서 실험된 것으로서, 일반적인 원리의 학습이 그 원리와 관련된 학습자료에 적극적 전이를 발생시킨다는 것이다. 빛의 굴절원리는 수중 목표물을 맞히는 연습에 적극적으로 전이될 것이며, 운동의 가속원리 학습은 여러 운동기능의 학습에 적극적으로 전이될 것이다.

(4) 학습의 방법

학습의 방법에 따라 전이가 일어나는 조건이 된다. 학습방법을 알면 적극적 전이가 발생한다. 우드로우(Woodrow)는 훈련방법이 어떻게 전이를 일으키는가를 실험하였다. 기억훈련방법을 제시하여 주고 기억훈련을 시킨 집단은 훈련방법을 제시받지 않고 기억훈련을 실시한 집단보다 높은 성취를 보였다. 이것은 훈련방법, 즉 학습방법의 학습이 적극적 전이를 일으켰다는 것을 의미한다.

(5) 지능

학습자의 지능도 전이의 조건이 된다. 지능이 높다는 것은 문제해결능력과 통찰능력이 높다는 것을 의미한다. 그러므로 지능이 높은 학습자는 두 학습 사이의 연관성을 좀 더 잘 파악할 수 있으므로 전이를 발생시킨다. 지능이 높을수록 보다 큰 전이효과를 가져올 수 있다.

(6) 학습태도

태도(attitude)란 행동의 경향성(tendency)이다. 학습태도란 학습에 대한 행동 경향성으로서, 학습자가 학습과제에 대하여 어떤 태도를 가지고 있느냐에 따라 전이의 효과는 달라진다. 학습자가 학습자료에 대하여 적극적이고 긍정적인 태도를 가지고 있을 때 부정적인 태도를 가지고 있을 때 보다 전이가 잘 일어난다.

(7) 학습량

학습자가 한 학습에 투입한 학습량이 많으면 많을수록 전이가 잘 일어난다. 우리가 가장 많이 학습한 대표적인 학습재료는 덧셈, 뺄셈, 그리고 구구단과 같은 것들이다. 구구단을 학습하는데 많은 시간을 투입하였으므로 우리는 일상생활에서 매우 유용하게 구구단을 사용하곤 하는데, 이것 또한 구구단이 일상생활 문제의 해결에 전이되는 경우이다.

(8) 두 학습 사이의 시간 간격

두 학습 사이의 시간 간격은 짧을수록 전이효과가 크다. 곱셈을 학습한 직후 나눗셈을 학습할 때 곱셈의 원리가 나눗셈에 전이된다. 이 조건은 망각율과도 관련성을 가진 것으로서 시간 간격이 너무 크면, 두 학습재료들은 서로 독립적인 학습재료의 성격을 갖게 되어 전이가 잘 발생되지 않는다.

4. 파지와 망각

학습결과가 유지되는 것은 기억(memory)이 있기 때문이다. 이 기억의 과정에는 여러 가지가 있으나 그중에서 기억의 흔적, 즉 학습이 유지되는 것을 파지(retention)라고 하고, 기억의 흔적이 소실되는 것을 망각(forgetting)이라 한다.

1) 기억발달

기억은 기계적 기억과 논리적 기억으로 구분된다. 기계적 기억은 반복연습에 의해 발생되는 것이고, 논리적 기억은 학습 구조화, 논리적 구성 등에 의해 학습의 재료가 기억으로 전환되는 것이다. 기계적 기억은 언어습득 이후인 8~10세경부터 13~14세까지 급격하게 발달한다. 논리적 기억은 논리적 사고가 형성되는 시기인 11세경부터 급격히 발달하여 13~14세경에는 기계적 기억보다 더 높은 기억능력을 갖게 되며 17~18세 이후에는 보다 질 높은 기억능력으로 발전된다.

기계적 기억과 논리적 기억은 서로 상반되고 독립적인 것이 아니라 서로 상호 의존적이고 상호 보완적인 과정이다. 그러므로 학습자는 기계적 기억의 학습에도 논리적 기억의 방법을 기초로 해야 효과적이며, 반대로 논리적 기억 학습자료에서도 기계적 기억의 방법을 기초로 삼아야 더 효과적인 능력을 나타낼 수 있다.

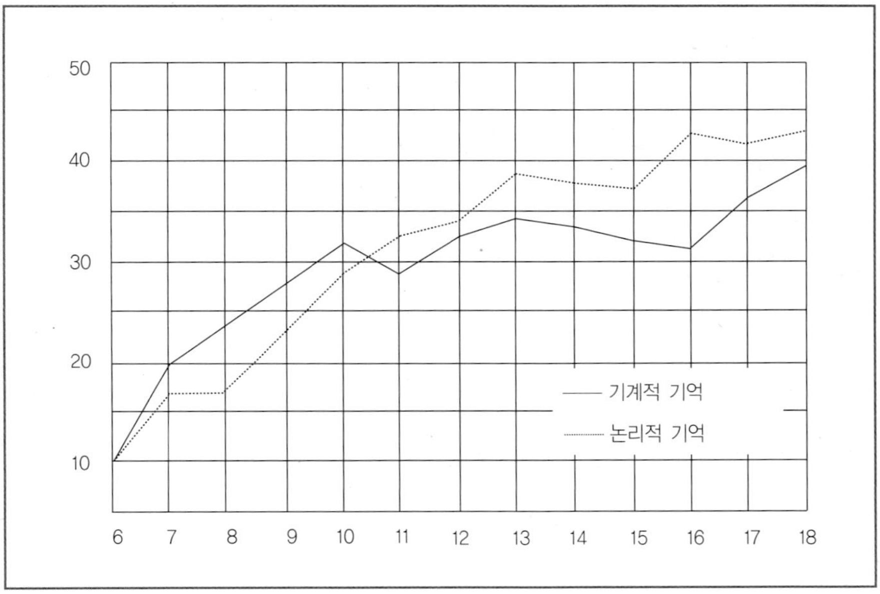

[그림 4.15] 기억의 발달

2) 망각곡선

에빙하우스(Ebbinghous)는 망각률을 조사하여 망각곡선을 모형화 하였다.

[그림 4.16]에서 망각률이 높은 그래프는 무의미 철자의 학습이며 망각률이 낮은 그래프는 유의미 철자의 학습이다. 그리고 <표 4.3>은 무의미 학습재료의 망각률을 나타낸 것이다.

[그림 4.16]과 <표 4.3>을 보면 학습 직후의 망각률이 아주 높아 0.33시간, 즉 20분이 경과 되었을 때 이미 41%의 망각률을 보이고 1시간이 경과 되었을 때는 55% 이상의 망각률을 보이고 있다. 이 망각률은 점아 완만하여져 1주 정도 이후에는 아주 낮은 망각률을 나타내고 있어, 학습 직후의 망각률이 높다는 사실을 보여주고 있다.

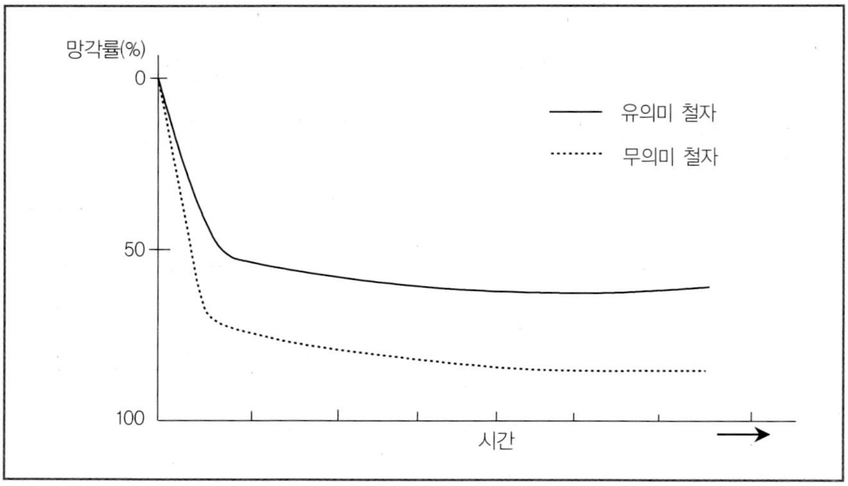

[그림 4.16] 망각곡선

〈표 4.3〉 무의미철자의 망각률

경과시간	파지율(%)	망각율(%)
0.33	58.2	41.8
1	44.2	55.8
8.8	32.8	61.2
24	33.7	66.3
48	27.8	72.2
6일	25.4	74.6
1개월	21.1	78.9

또한 [그림 4.16]을 통하여 학습자료의 의미성 여부에 따라 망각률이 크게 차이가 난다는 사실을 알 수 있다. 유의미 철자는 무의미 철자보다 훨씬 높은 파지율을 나타내고 있으므로, 학습에 있어서 재료의 의미화는 매우 중요한 조건임을 알 수 있다.

3) 기억의 조건

학습에 있어서 파지율을 높이고 망각률을 낮추는 것은 아주 중요한 문제이다. 기계적인 암기학습이든 정의적 학습이든 또는 운동기능의 학습이든지 간에 파지율을 높이고 망각률을 낮출 수 있는 조건들은 동일하다.

(1) 과잉학습

과잉학습(over learning)이란 그 학습의 완성까지의 기준을 100으로 하였을 때, 100 이상을 학습에 투입하는 것을 말한다. 즉 구구단을 외우는 데 필요한 최소 시간이 10 시간일 때, 실제로 투입하는 시간을 15시간 하였다면, 이것은 5시간 과잉학습을 실시한 것이 된다.

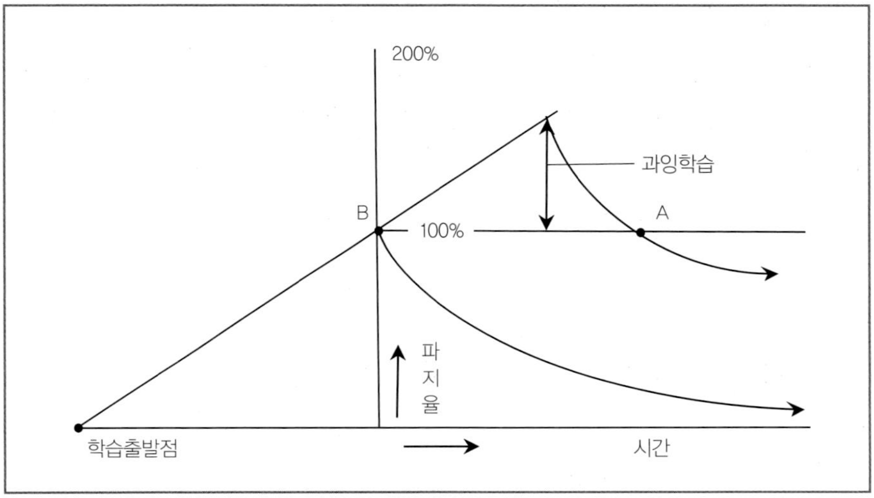

[그림 4.17] 과잉학습의 망각율 변화 가상도표

과잉학습이 파지율을 높이는 이유는 과잉학습에 투입된 양만큼 100의 파지율이 시간적으로 지속되어서 망각이 진행되는 시점이 그만큼 늦어지기 때문이다.

[그림4.17]에서 보는 것처럼 학습의 중단 위치가 100% 이상의 위치에 있다면, 즉 과잉학습을 실시했다면 망각이 100% 이하로 떨어지는 시점을 A점에서 부터이다.

(2) 금지현상

금지(inhibition)현상이란 두 학습 간에서 서로 학습을 방해하는 현상을 말한다. 앞의 학습이 뒤의 학습을 방해하는 현상을 전진금지(proactive inhibition), 뒤의 학습이 앞의 학습을 방해하는 현상을 소급금지(retroactive inhibition)이라 한다. 이러한 금지현상은 전이와는 다른 현상으로서 학습의 방해만을 의미한다.

학습재료가 무의미하거나 단순할 때, 기계적인 암기를 필요로 하는 재료일 때, 두 학습 사이의 시간간격이 가까울 때, 학습구조의 유사성이 있을 때 등은 금지현상을 촉진하는 조건들이므로 유의해야 한다.

(3) 학습방법

일반적인 학습방법에는, 휴식 없이 전 과정을 학습하는 집중법과 학습 도중에 휴식을 넣어서 학습하는 분산법이 있다. 이 학습방법 중에서 집중법 보다는 분산법이 대부분이 학습에서 파지율을 높인다. 단순한 기계적 암기, 반복적으로 연습하는 운동의 기능학습 등의 경우 휴식의 중요성이 크다. 그러나 모든 학습재료에서 분산법이 유리한 것은 아니다. 학습과제가 하나의 계열로 묶인 재료이거나 앞의 학습이 뒤의 학습에 관련된 재료인 경우에는 분산법보다 오히려 집중법이 유리하다. 즉, 학습의 방법을 선택하는 것은 학습 내용이 무엇이냐에 따라 선택되어야 한다.

(4) 준비성

학습의 준비성이 갖추어져 있으면 보다 더 오랫동안 파지될 수 있다. 학습준비성이 갖추어져 있을 때 학습자는 보다 더 자극적으로 학습하려 하게 되어, 학습의 능률을 높일 뿐만 아니라 높은 파지율을 유지할 수 있게 된다.

(5) 의미와 길이

학습재로는 의미가 있을수록 무의미 재료보다 오래 기억된다. 또한, 의미가 있으면서 재료의 계열성이 길면 더욱 오래 파지된다. 여기서 길이라는 것은 단순히 재료의 크기를 말하는 것이 아니라 의미의 길이를 말하는 것이다. 예컨대, 단편소설 여러 편보다 같은 분량의 한 편의 장편소설이 더 오래 기억될 수 있다는 말이다.

(6) 수면

수면의 효과는 두 가지 면에서 생각할 수 있다. 첫째 수면은 학습의 피로, 즉 심리적 포화(psychological satiation)를 낮추어 주는 효과가 있으므로 기억능력을 높여줄 수 있다. 둘째는 수면 중의 망각속도는 깨어있을 때의 망각속도보다 느리다는 점이다. 수면 중에는 다른 감각적 경험의 간섭을 받지 않으므로 수면 직전에 실시한 학습을 비교적 오래 유지할 수 있다.

(7) 학습재료의 감정가

감정가(感情價)란 재료에 대한 학습자의 정서적 유쾌, 불쾌 또는 중성적 반응을 의미한다. 학습재료는 학습자에게 유쾌하고 긍정적 감정을 일으키는 것이 가장 오래 파지되며, 불쾌재료가 그 다음이고 중성재료는 가장 낮은 파지율을 보인다. 천사(유쾌), 악마(불쾌), 나무(중성)의 세 단어를 학습하는 경유라면, 천사>악마>나무의 순으로 기억될 것이다.

그러므로 학습의 파지율을 높이기 위해서는 학교학습에서 제시되는 대부분의 중성가치 학습재료는 유쾌 정서를 불러일으키는 다른 재료와 결합시켜 학습하는 것이 효과적인 학습방법이다.

(8) 망각률을 낮추기 위한 그 밖의 방법

망각률을 낮추기 위한 그 밖의 방법들로서는 재료 간의 변별력을 높이기 위해 차별화하는 방법, 중심 내용을 부각하기 위해 요점을 정리하거나 특별한 표시를 하는 일, 물리적 학습 환경을 바꾸는 일, 학습정보를 기호화하거나 형태화하여 시각적인 구조를 바꾸는 일 등이 있다.

4) 기억의 강화방법

이미 기억된 정보를 오래 파지할 수 있는 조건들에 관해서는 위에서 기술하였으므로, 여기서는 학습정보들이 여러 가지 강화를 통해 장기적으로 저장될 수 있는 방법들을 제시한다.

(1) 주의력(attention)

주어지는 자극의 크기, 색상, 형태 등에 유의하면 쉽게 저장할 수 있다. 이것은 학습재료의 특징에 대해 주의를 기울인 결과가 기억에 효과를 준다는 것이다.

(2) 기술화

주어진 정보의 체계나 구조를 중심으로 기억하는 방법이다. 영어 단어의 접두어 변화나 어미변화에 의해 단어를 학습하는 경우로 예를 들어 접두어가 a일 때, ek일 때,

co일 때 등에 연결시켜보는 방법이다.

(3) 정보의 요약과 재정리

'빨주노초파남보'나 '시미라레솔도파' 또는 '태정태세문단세' 등은 단위정보의 이니셜로 요약하여 기억하는 방법이다. 이 정보의 요약의 경우 요약정보에 의미를 부여하면 더욱 쉽게 기억할 수 있다. '파도솔레라미시'를 '파도소리에 라미시라는 소녀가 생각난다' 등으로 의미화 하는 경우이다.

(4) 언어적 · 신체적 활동

소리 내서 암송하기, 손짓 · 발짓을 하며 암기하기, 대화하듯이 암기하기, 음악을 들으면서 박자를 맞추면서 암기하기 등의 경우이다. 개인의 기호와 반응 경향에 따라 여러 가지 방법이 있으나, 한 가지 방법이 모두 사람에게 동일한 효과가 있는 것은 아니다.

(5) 연상

기억하고자 하는 학습정보를 다른 유의미한 경험과 연결시키는 방법이다. 예컨대, 모자, 넥타이, 양말, 지갑, 벨트, 손수건, 못이라는 단어를 순서대로 암기하고자 한다면 '모자를 머리에 쓰고, 넥타이를 목에 감고, 양말을 어깨에 걸치고, 지갑을 앞주머니에 넣고, 벨트를 허리에 매고, 손수건을 바지 주머니에 넣고, 못에 발바닥을 찔리고……'와 같이 신체의 위에서부터 차례로 아래쪽으로 내려가면서 연결시켜 암기하는 방법이다. 이 방법은 기계적인 기억보다 더욱 장기적인 기억효과를 가져올 수 있는 방법 중의 하나로 기억내용의 파지율을 높여준다.

5) 학습곡선

학습재료가 다양하듯이 학습량의 변화도 학습내용에 따라 여러 가지 형태가 있다. 피아노 학습과 무의미 철자학습이 동일한 학습 진보를 갖는 것은 아니다.

[그림 4.18]에서 A곡선은 학습시간과 학습량이 비례하는 경유이다. 이 곡선은 단어의 암기, 간단한 의미 재료의 암기, 기초 피아노 교본의 연습 등의 경우이다. 가장

일반적인 곡선이다.

B곡선은 A곡선처럼 일정하게 진보하다가 일시적으로 학습시간이 경과되어도 학습시간만큼 학습량이 늘어나지 않거나 오히려 감소하는 경우이다.

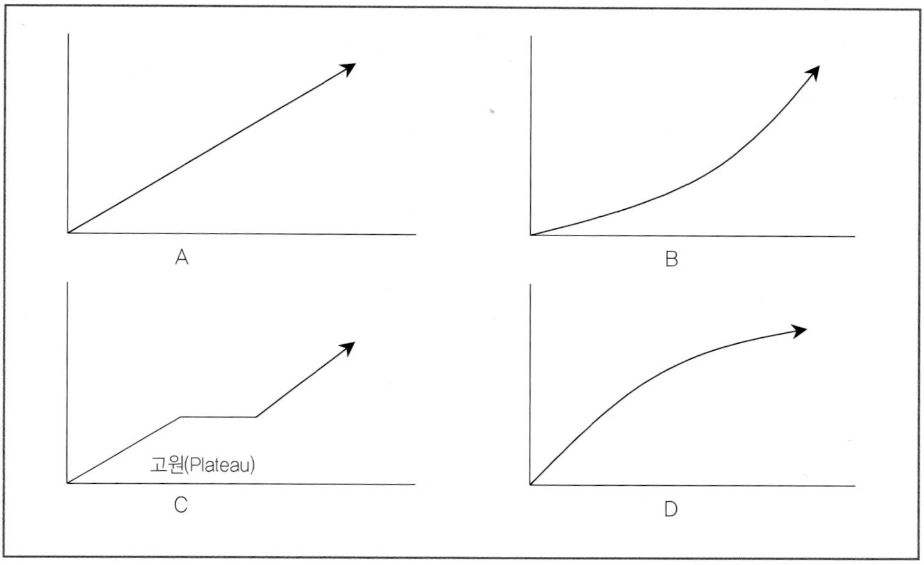

[그림 4.18] 학습현상에 대한 가상곡선

C곡선은 학습의 초기에는 학습량이 거의 증가하지 않다가 어느 시기부터 학습량이 급격히 증가되는 곡선이다. 기계적 반복 운동의 경우를 예로 들면, 눈감고 구슬을 한 주먹에 열 개씩 잡기 연습을 할 때, 연습 초기에는 실패율이 아주 높으나 어느 정도 연습이 진행되고 나면 한번 집을 때 정확히 열 개씩 잡게 된다. 수학의 인수분해나 방정식도 마찬가지로서 초기에는 한 문제를 푸는 데 오랜 시간이 걸리지만 기본적인 연습이 달성되면 높은 성공률을 보이게 되는 경우이다. 운동선수가 운동경기에서 보이는 슬럼프도 이 경우이며, 피아노 연습에서 초급에서 중급으로 넘어갈 때, 원리의 학습에서 원리의 파악이 어느 수준에서 난이성을 보일 때 등이다. 이 평평한 부분을 고원(高原, plateau)이라 부른다. 고원현상이 나타나면 잠시 휴식을 하거나 학습방법을 바꾸어 주면 극복되기도 한다.

D곡선은 학습 초기에는 높은 학습율을 보이지만 점차 시간이 경과 될수록 학습능률이 떨어지는 경우이다. 무의미 철자의 기계적 암기, 긴 문장을 반복하여 암기하는

경우 등으로서 학습의 피로가 급격히 증가하기 때문에 발생한다. 단순 학습재료의 암기 등에서는 짧은 휴식을 자주 갖거나 학습방법을 변화시켜 줌으로써 극복할 수 있다.

6) 학습방법의 종류

학습방법의 종류는 두 가지로 구분된다. 하나는 집중법과 분산법이며 또 하나는 전습법과 분습법이다.

(1) 집중법과 분산법

집중법과 분산법을 구분하는 기준은 학습 진행 도중에 휴식을 하느냐 하지 않느냐에 의해 결정된다.

학습 중간에 휴식을 넣지 않으면 집중법이고, 학습 중간중간에 휴식을 넣어 학습을 진행하면 분산법이다.

집중법이나 분산법은 학습의 내용에 따라 달라진다. 다음은 두 학습방법의 사용결과에 대한 일반적인 차이이다.

① 대부분의 학습은 일반적으로 분산법이 유리하다.

② 분산법의 효과는 학습의 초기가 후기보다 크다. 학습의 후기는 초기보다 학습의 피로에 의한 심리적 포화가 크기 때문이다. 학습의 포화(satiation)란 학습피로가 극도로 높아져서 학습시간의 경과에도 불구하고 더 이상 학습능률이 높아지지 않는 것을 말한다.

③ 분산법에서의 휴식방법은, 분산의 초기에는 짧은 휴식이 필요하고 후기에는 긴 휴식이 필요하다. 이것은 포화와는 관련이 없다.

④ 유의미 재료이거나 원리의 학습에는 집중법이 유리하며, 기계적 기억의 학습이나 감각운동 학습에는 분산법이 유리하다.

⑤ 학습재료의 길이가 길거나 문제해결과 관련된 것은 분산법보다는 집중법이 유리하다.

(2) 전습법과 분습법

전습법은 한 학습재료를 분할하지 않고 처음부터 끝까지 학습하는 방법으로서, 학습이 완성될 때까지 처음부터 끝까지 반복학습을 실시한다.

분습법은 학습재료를 몇 개의 작은 부분으로 나누어서 각 부분을 독립적으로 학습하는 것이다. 분습법은 한 부분을 학습하고 나면 다음 부분으로 넘어가는 방법이다. 분습법은 순수 분습법, 점진적 분습법, 반복적 분습법으로 나누어진다.

① 순수 분습법

순수 분습법은 분습법의 가장 대표적인 방법이다. 나누어진 각 부분들을 독립적으로 학습하고 최종적으로 전습법으로 학습하면 효과적이다.

② 점진적 분습법

점진적 분습법은 [그림 4.19]에서 제시한 것처럼 분습을 실시하되 어느 정도 분습을 실시하고서는 부분적인 전습을 실시하는 방법이다. 즉, A와 B를 분습하고 A, B를 하나로 묶어 학습한 뒤 C로 넘어가는 방법이다. 이 방법은 학습의 앞부분이 비교적 중요할 때 사용되는 방법이다.

③ 반복적 분습법

이 학습방법은 앞의 단위를 여러 번 반복하면서 점차 뒤의 부분으로 반복해 나가는 방법이다. 이 학습방법은 앞부분이 나머지 학습의 기초가 되므로 앞부분을 완전하게 학습하지 못하면 다음 학습으로 진행하기 어려운 학습에 실시하면 효과적이다. 수학의 경우 덧셈은 인수분해의 기초이며, 인수분해는 미분적분의 기초이므로, 덧셈을 학습하지 않고 다음 학습으로 진행해 나갈 수 없는 경우가 여기에 해당된다.

전습법과 분습법의 효과에 대한 일반적인 경향을 알아보면 다음과 같다.

① 학습자의 지능이 높을수록 전습법이 효과적이며, 동일한 조건에서는 연령이 높은 사람에게 전습법이 유리하다.

② 학습의 초기에는 분습법이 유리하며, 학습이 진행됨에 따라 전습의 효과가 커진다.

③ 학습재료의 길이가 길 때는 전습법이 유리하다.

④ 학습재료가 의미 있는 계열을 가진 것일 때는 전습법이 유리하다. 장편소설을 읽을 때, 처음부터 끝까지 한 번에 읽는 것이 중간중간 쉬면서 읽는 것보다 유리한 경우가 이것이다.

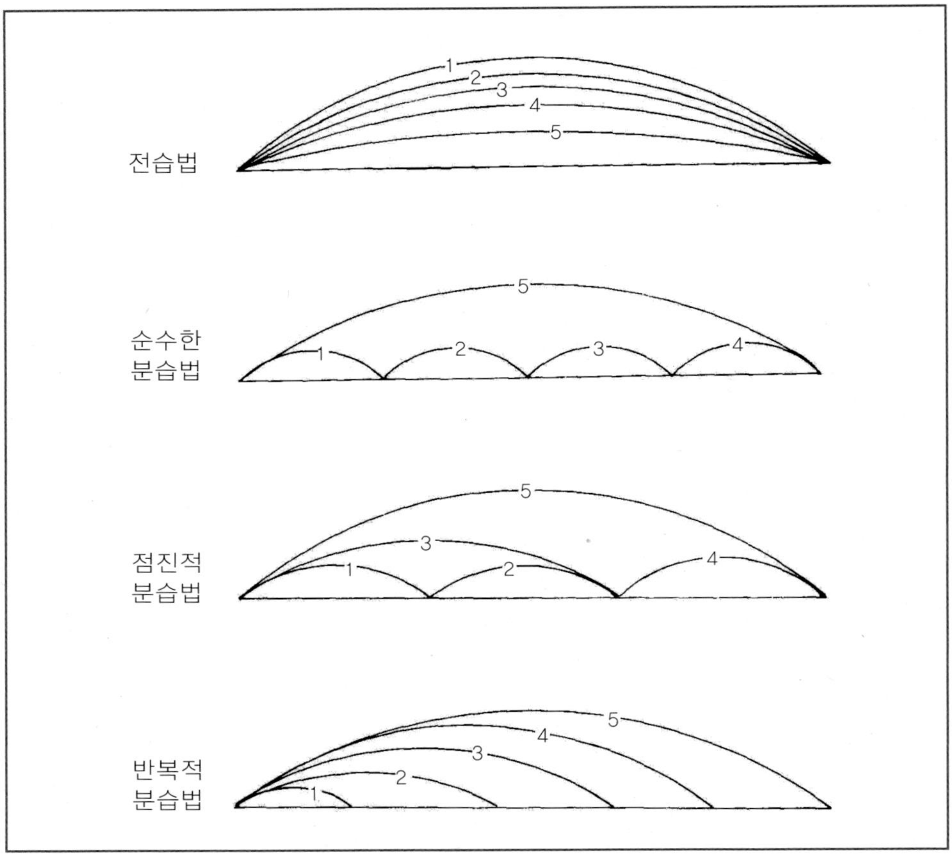

[그림 4.19] 전습법과 분습법

| 단원 마무리 |

질문을 만들어 보고 동료들과 이야기를 나눠 보세요.

♠ 정답이 있는 질문(교재에서 답을 찾을 수 있는 질문)
· 학습은 어떤 심리적 메카니즘에 의해 진행될까요?
·
·
·

♠ 정답이 없는 질문(더 궁금하고, 이유나, 추론, 적용 등을 묻는 질문)
· 아동기에 부모나 선생님에게서 받은 부적강화와 정적강화의 예는 무엇이 있을까요?
·
·
·

Educational Psychology

제5장 학습자의 지능

제1절 지능

제2절 지능이론의 발달

제5장 학습자의 지능

제1절 지능

1. 지능의 정의

버트(Burt, 1955)에 의하면 지능(intelligence)이란 용어는 아리스토텔레스가 사용한 두 가지 용어 즉, 감정적이고 도덕적 기능인 oresix, 인지적이고 지적 기능인 dianoia를 키케로가 intelligentia(inte란 내부에서의 의미, leger란 함께 모으고, 선택하고 분별한다는 의미를 지니고 있음)라고 번역하면서 최초로 사용되었다.

우리가 지능이라 부르는 것에 대해 사람들마다 의견이 다른 것은 오래전부터였다. 플라톤은 이미 2000여 전 전에 유사한 다양성을 논한 바 있다. 지능의 본질에 대한 초기의 이론들은 지능을 다양한 관점에서 보았는데 이들은 ① 학습하기 위한 역량, ② 한 인간이 획득한 총 지식, ③ 일반적으로 새로운 상황과 환경에 성공적으로 적응하는 능력 등이다.

지난 20세기에는 지능의 의미에 대한 상당한 논쟁이 있었다. 보링(Boring, 1923)은 지능에 대해 "지능검사가 측정하는 것"이라고 하였고, 웩슬러(Wechsler, 1958)는 "합리적으로 사고하고 유목적적으로 행위하며 환경을 효과적으로 다루는 총체적인 능력"이라고

하였다. 또 다른 학자로 헵(Hebb, 1964)은 "지적발달의 선천적 잠재력과 현재의 지적 능력"이라고 하였다.

지능이 무엇이며, 그것을 어떻게 측정해야 할 것인가에 대해서 학자들 간에 여러 견해들이 있지만 대부분의 학자들의 일치된 견해라면 학업성취도를 결정하는 주요 변인으로 간주하고 있다.

지능을 연구하는 학자들의 지능에 대한 일반적인 정의들은 다음의 4가지 종류의 범주로 분류된다(황정규, 1966).

첫째, 지능의 적응적 성격을 강조하는 정의이다. '지능이란 한 개인의 전체 환경에 대한 적응'이며 생활의 새로운 문제 및 새로운 사태에 대한 일반적인 정신의 적응성(general mental adaptability)이라고 본다. 개인의 주위에는 여러 가지 새로운 문제가 많이 생긴다. 이러한 새로운 문제에 부딪쳤을 때, 개인이 행동을 보다 효과적이며 보다 적절하게 행동할 수 있도록 재조직하는 능력이라는 관점이다.

둘째, 지능을 '학습하는 능력'으로 보는 관점이다. 이 정의에 따르면 개인의 지능이란 그가 '교육받을 수 있는 능력'의 범위를 말한다. 보다 지적인 사람은 지적인 면이 부족한 사람보다 더 잘 배울 수 있고 더 넓게 배울 수 있다. 따라서 그의 경험이나 활동의 범위가 후자보다 크고 넓어진다.

이 중에서도 지능을 "추상적인 사고를 하는 능력"(ability to carry on abstract thinking)이라고 하는 사람이 있다. 이 정의에 따르면 지능이란 문제를 다룰 때 개념이나 상징기호를 얼마나 효과적으로 이용하느냐에 귀착된다. 이런 추상의 방법 중에서 특히 강조되는 것이 언어와 수를 통한 문제해결이다. 최초로 지능측정도구를 만든 비네(Binet)의 지능에 대한 개념이 여기에 포함되는데, 그는 지능을 잘 추리하고, 잘 판단하고, 자기를 비판하는 능력이라고 정의했다.

셋째, 위의 정의와 관련되는 정의이지만 다소 그 의미가 다른 정의로 지능이란 '추상을 배울 뿐 아니라 그것을 구체적 사실과 관련시키는 능력'이라는 정의다. '개'라고 할 때 우리는 이 개의 구체적 형태부터 생각하고 그 추상성을 빠뜨리는 경우가 많다. '개'라고 했을 때, 개의 일반적 추상성과 개의 구체적 성격을 함께 결부시키며 연관시키고 응용하는 능력이라는 관점이다.

넷째, 웩슬러(Wechsler)는 "지능이란 목적을 향해 행동하고, 합리적으로 사고하며 환경을 효과 있게 다루는 개인의 집합적 능력(global or aggregate capacity)"으로 정의하고 있다. 이 정의를 분석해 보면 이미 말한 세 가지 내용과 비슷한 내용도 있고 차이가 나는 면도 있다. 차이가 생기는 두 가지 새로운 면은 지능을 한 개인의 행동의 집합이라는 면에서 보고 있다는 것과 '행동의 목적성'이라는 면에서 정의하고 있다는 것이다.

이상에서 지능의 정의를 통하여 한 가지 분명한 것은 지능을 어떠한 관점에서 정의하던지 간에 지능이 학습과 밀접한 관계가 있다는 것이다. 앞에서도 언급한 바와 같이 지능의 구성요소가 무엇이든 학습의 중요한 요인인 것은 분명하다. 특히 지능은 지각, 기억, 추리, 사고, 판단 등의 활동에 큰 영향을 미치고 있다. 지각을 통하여 직접 경험을 받아들이고, 경험한 것을 변별하고, 기억하고, 추리에 의해서 새로운 문제 장면에 대처하고 미지의 세계를 그리며, 사고에 의해 올바른 인식을 얻는 것이야 말로 학습의 기본능력으로 받아들여야 함은 당연하다고 하겠다.

지능이 무엇인지에 관한 논쟁은 지난 20세기 이래로 계속되어왔지만, 아직까지도 그 개념은 완전히 자리 잡지 못하고 있다. 지능은 주관적인 판단과 복잡한 측정의 척도가 맞물려서 지능의 영역을 설정하고 있기 때문에 시간이 경과함에 따라 그 개념 역시 변화를 거듭하는 것은 당연하다. 그나마 분명한 부분은 지능이란 검사가 재고 있는 것이 무엇인가에 따라 달라진다는 점과 그 검사는 학교에서의 성패, 여러 종류의 직업에서의 적응능력, 생의 지적성취 등을 어느 정도 예언할 수 있다는 점이다. 보통 지능검사는 언어적, 상징적 능력을 측정한다. 그러나 그것은 지능의 개념을 설정한 후의 일이다. 그리고 그것도 이론이나 가정으로부터 도출된 사전의 정의의 문제이다. 지능에 관한 주요학설을 종합하면 지능은 추상적 사고를 할 수 있는 능력, 관계를 인식할 수 있는 능력, 목적 있는 행동을 하는 일, 합리적으로 생각하는 일, 환경에 효과적으로 적응하는 일 등으로 설명될 수 있다.

2. 지능의 측정

학교에서 일반적으로 사용하는 지능검사들은 거의 대부분 내용 즉, 특수능력과 일반능력으로서 지능을 정의한 것에 기초하고 있다. 심리학자들이 지능이 무엇인가에 대해서는 동의하지 않는다 해도 표준화된 검사에 의해서 측정되는 지능과 학교에서의 학습이 관련되어 있다는 것은 동의한다. 그것은 부분적으로는 지능검사가 학습과 관련해 먼저 발달한 것과 관련이 있을 것이다.

1) 지능검사의 발전

1904년 비네(Binet)는 파리에 있는 공교육부에 의해 제기된 다음과 같은 문제들에 직면했다. 특수지도가 필요하고 별도의 도움이 필요한 학생들을 정규학급에서 실패하기 전에 어떻게 발견할 수 있을까? 그 당시에는 오늘날 지적장애라 불리는 이러한 학생들의 대부분이 그들의 필요에 맞도록 설계된 학급에서 공부했어야 했는데도 불구하고 이에 대한 고려가 없어 정규학급에서 더욱 뒤쳐지면서 몇 년을 보내곤 하였다. 비네의 과제는 이러한 학생들을 가려내기 위한 어떤 방법을 고안하는 것이었다. 그는 정치가였기 때문에 아동의 권리에 대하여 많은 관심을 기울였다. 특히 그는 학습능력을 객관적으로 측정함으로써 차별의 희생자이자 학습지진아라 가정되어 학교를 그만두도록 강요당했을 가난한 집안의 학생들을 보호할 수 있다고 믿었다.

비네와 그의 동료 시몽(Simon)은 단순한 학업성취뿐만 아니라 학생이 학교에서 잘하는데 필요한 지적기술을 측정하기를 원했다. 그들은 우선 공부 잘하는 학생과 같은 나이의 공부 못하는 학생을 구분할 수 있는 검사 문항을 수집했다. 그들은 정규학교 학생들과 지체아를 위한 교습소에 다니는 같은 나이의 학생들을 검사하여 그 결과를 비교하였다. 여러 번의 다른 검사를 시도하여 성취학생과 비 성취 학생을 구분하지 못하는 문항을 제거한 후에, 비네와 시몽은 3세에서 13세를 위해 연령 별로 몇 개씩의 검사를 포함시켜 최종적으로 58개 검사를 작성했다. 비네의 검사는 검사자에게 아동의 정신연령(mental age)을 결정할 수 있게 해준다.

비네 검사의 척도에 대한 개선은 여러 차례에 걸쳐 있었으나 가장 중요한 것은 스텐포드 대학의 터만(Terman)의 주도로 이루어진 것이었다. 그것은 스텐포드-비네(Standford-Binet, SB) 척도로 불리며, 여기에서부터 지능지수의 개념이 처음으로 도입되었다.

또 하나 널리 사용되고 있는 지능검사가 웩슬러 지능검사이다. 뉴욕의 벨레부(Belleuve) 병원의 심리학자였던 웩슬러(Wechsler)는 SB검사가 지나치게 언어적 및 추상적 능력에 치우쳐 있으며, 그러한 적성은 사람이 생활에서 부딪히게 되는 모든 상황에 있어서의 정신적 기능을 적절하게 예언할 수 없다고 생각하였다. 이에 따라 웩슬러는 언어척도, 동작척도(비언어적 문제해결 형 문항) 양자에 관련된 지능을 측정하고자 하였다.

다음은 웩슬러 지능검사를 구성하고 있는 하위검사들이다.

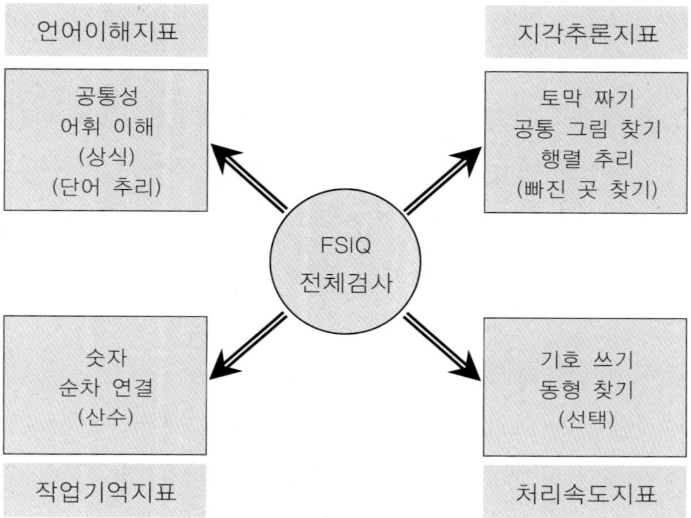

[그림 5.1] 웩슬러 지능검사의 구조

2) 지능검사의 활용

지능검사는 대략 다음과 같은 목적을 위하여 사용될 수 있다.

첫째, 개인의 지적인 능력수준을 평가해 준다. 개인의 지적인 능력은 일종의 잠재적 지적능력으로서 내적 동기가 함께 고려될 때 학업이나 직업적 성취를 예견해 줄 수 있다(Matarazzo, 1976). 따라서 개인의 잠재능력에 대한 평가를 통해 지적 적응이나 성취의 정도를 예견하고 이에 따른 결정을 하고자 지능검사를 수행한다. 예를 들면 개인의 지능정도가 정상지능 혹은 지적장애 혹은 특수지능에 속하는지를 구별하고자 한다거나 학업상담이나 직업상담 과정에서 개인의 지적수준을 평가하려는 목적으로 지능검사가 시행된다. 학교장면에서 학생들의 개인차를 객관적으로 발견하고 평가하는데 지능검사는 중요한 역할을 한다.

둘째, 지능검사를 통하여 개인의 인지적, 지적 기능의 특성을 파악할 수 있다. 지능검사는 개인의 전체적 지적능력을 평가해 줄 뿐만 아니라, 소검사들의 점수분산을 근거로 한 형태분석을 통하여 개인의 인지적, 지적 능력의 특성을 파악할 수 있게 해준다. 이러한 개인의 특성은 개인의 적응에 도움을 주는 강점일 수도 있고, 적응에 장애를 가져다주는 인지적 특징일 수도 있다. 그 어느 경우이든지 간에 개인의 지적, 인지적 특징을 파악함으로써 개인에게 보다 적절한 지적 활동영역을 탐색하거나 보다 충분한 지적성취를 계획할 수 있도록 도울 수 있을 것이다.

셋째, 지능검사 결과를 기초로 하여 임상적 진단을 명료화하고자 한다. 지능은 지적 능력 뿐만아니라 개인의 인격적 특성이나 적응 행동과 관계가 있으므로 지능검사 결과의 예리한 분석은 피검자의 현재의 인격적, 정서적 특징을 나타내 줄 것이다. 이러한 목적을 달성하기 위해서는 지능검사의 결과에 대한 분석이 양적 분석을 넘어선 질적 분석이어야 하며 이러한 질적 분석이 적절하게 이루어진다면 피검자의 임상적 진단을 명료화해줄 자료를 제공해 준다.

넷째, 지능검사를 통하여 기질적 뇌손상 유무, 뇌손상으로 인한 인지적 손상을 평가할 수 있다. 예를 들면, 외상성 기질적 뇌손상에 동반되는 지적능력의 손상 정도와 특징, 치료에 따른 지적기능의 회복 여부를 평가할 수 있을 것이다. 또한, 노인성 치매, 약물 남용으로 인한 기질적 손상, 학습장애에 선행되는 뇌손상 등 명백한 행동 변화가 드러나지 않는경우에도 기질적 장애로 인한 지적 기능의 손상에 대한 평가가 요구되며 지능검사가 도움을 줄 수 있다.

다섯째, 치료계획을 세우는 과정에서 지능평가를 통하여 합리적인 치료목표를 설정할 수 있다. 특히 정신치료를 시행하고자 하는 경우 개인의 과거 경험과 현재의 행동 사이의 연관성을 탐색하고 행동의 의미를 파악하는 추상적 사고능력이 요구되기 때문에 이러한 능력에 대한 평가를 위해 지능검사를 시행 한다.

(1) 예언변인으로서의 지능지수

사람들은 종종 IQ 점수가 미래 성공과 어떤 관련이 있는지 궁금해 한다. 지능검사 점수는 최소한 대단위 집단에서는 학교에서의 성취를 정확히 예언한다. 예를 들어 학업성취와 잘 알려진 개인지능검사인 개정판 웩슬러 아동용지능검사(revised Wechsler Intelligence; Wisc-III) 점수 사이의 상관은 약 .65이다(Sattler, 1992). 지능검사들이 학업성취를 예언하기 위하여 설계되었기 때문에 이런 사실은 놀라운 게 아니다. 비네가 우등생과 열등생을 변별하지 못하는 검사 문항들을 제거한 것을 기억하라. 또한, 웩슬러

지능검사와 고교 및 대학에서의 성적과의 상관을 보면, 지능검사는 대학성적보다 고교성적과의 상관이 높다(R. Conry & W. T. Plant, 1965). 물론 대학생 자체가 고등학생에 비해 이미 상위집단의 선발집단이기 때문에 그 변산도가 작아 상관이 낮을 수밖에 없다는 반론이 제기 될 수도 있지만, 여하튼 대학교 3학년 학생의 스텐포드-비네 지능검사의 점수와 그들의 6학년 때의 학업성적과의 상관이 0.74이며, 유치원 WISC 지능검사점수와 그들이 5학년이 되었을 때의 읽기 교과목 성적과의 상관은 0.57임이 밝혀졌다.

그러나 이와 같은 결과는 지능검사가 측정하는 요인이 학교의 교과목 학습에서 요구하는 능력과 공통된 요인이 많기 때문이라고 해석할 수도 있다. 또한, 지능과 학업성적과의 상관은 지능을 전체 IQ로 볼 때와 요인별로 나누어 볼 때, 또 학업성취를 전체 평균성적으로 보느냐 교과목 성적에 따라 보느냐, 그리고 피험 집단의 발달단계, 교과목의 종류, 성검사의 내용에 따라 달라지기 마련이다.

한편 지능과 창의력과의 관계에 있어서, 터만과 오덴(L. M. Terman & M. Oden, 1947)은 창의적인 사람의 지능을 스텐포드-비네 검사로 측정해본 결과, IQ에서 상당히 넓은 변산을 보이기는 하지만 지능이 관계가 있다고 지적하면서, 특히 예술과 과학 분야에서 현저하게 창의적인 사람의 경우 IQ가 120 이하인 사람은 드물다고 보았다. 하지만 지능검사에서 높은 점수를 받은 사람이 실제 생활에서 더 성공하는가? 여기에 대한 대답은 분명하지 않다. g요인 또는 일반요인은 '실제 세계의 학문적, 사회적, 직업적 성취'와 관련된다는 증거가 있으나(Ceci, 1991), 이런 상관관계의 의미나 크기에 대해서는 커다란 논란이 되고 있다(Current Directions in Psychological Science, Special Section: Controversies, 1993). 지능이 높은 사람들은 더 높은 학년까지 교육을 받고 보다 좋은 직업을 갖는 경향이 있다.

하지만 교육기간이 일정할 때, IQ 점수와 나중의 삶에 있어서의 수입과 성공 간에는 상관관계가 높지 않았다. 이러한 예측은 일반적으로 큰 집단에 대해서는 어느 정도 맞는다 하더라도, 개인을 놓고 볼 때는 자주 틀린다. 만약 대학을 졸업하였다면, IQ점수를 가지고는 자기의 학급동료들과 비교해서 직장에서 성공적일 확률을 정확하게 예측할 수 없다(McCelland, 1973; 1993). 주어진 직종에서의 성공은 측정된 지능과 관련이 있어 보이지는 않는다. 동기, 사회적 기술, 운과 같은 다른 요인들이 차이를 만드는 것 같다(Sternberg & Wagner, 1993).

3. 특수학습자

1) 지적장애

1970년대 이전에는 '지적장애(mental retardation)'를 단순히 지능검사에서 어떤 특정기준 이하의 점수를 받았을 때로 정의하였다. 예를 들어 한 학군에서는 IQ 75를 또 다른 학군에서는 IQ 67을 기준선으로 사용한다면 한 학생이 학군에 따라 지적장애가 될 수도 안 될 수도 있었다. IQ 점수만으로 학생들을 분류하기 위한 기준으로 사용한다는 것은 매우 위험하다. 따라서 대부분의 지적장애에 대한 정의는 지적장애자가 환경에 적절하게 적응하지 못한다는 개념을 담고 있다.

① 정의와 출현율

미국지적장애협회(American Association on Mental Difficiency: AAMD Ad Hoc Committee on Terminology and Classification, 1992)에 따르면 지적장애는 다음을 의미한다.

현재의 지적기능에 상당한 제한성을 뜻하는데, 그것은 의사소통, 자기 돌봄, 가정생활, 사회적 기술, 지역사회이용, 자기-지시, 건강과 안전, 기능적 학문, 여가활동, 직업 등의 적용 가능한 적응 기술들 중에서 두세 가지 이상의 제한점들이 동시에 관련되어 존재하는 평균 이하의 지적기능으로 특징지을 수 있으며, 지적장애는 보통 18세 이전에 나타난다.

지적기능은 보통 IQ 검사에 의해 측정되는데 지적장애의 한 징후로는 보통 IQ 70-75를 기준점수로 삼는다. 그러나 언제나 기억해 둘 것은 한 아이의 IQ 점수가 70-75 범위 이하라고 해서 이를 지적장애라고 진단하기에는 충분치 않다는 것이다. 즉 적응행동, 매일 매일의 독립생활과 사회적 기능의 문제점도 고려해야 한다. 이러한 점은 서로 다른 문화권 학생들의 점수를 해석할 때 특히 중요하다. 지적장애가 IQ 점수에만 기초를 둔다는 것은 학생들이 학교에서 보내는 하루의 몇 시간 동안만 지적장애가 있다고 보는 '6시간짜리 지적장애(6-hour retardates)'라고 불리는 비판을 야기할 수 있다.

〈표 5.1〉 지적장애아의 발달적 특징

지체의 정도와 IQ	학령전기(0-5세)	학령기(6-20세)
경도지체(경미한) 50-55-70	· 사회적 기술과 의사소통 기술을 발달시킬 수 있음 · 최소의 감각운동지체 · 이때는 지체가 나타나지 않을 수 도 있다	· 10대 말까지 6학년 학문수준정도를 달성할 수 있음 · 사회적 동조와 생활지도를 수용. 교육가능
경중도지체(약간 심함) 30-35-50-55	· 말을 하거나 의사소통이 가능함 · 빈약한 사회인식 · 운동발달이 순조로움 · 적당한 감독이 필요 · 자조훈련이 효율적	· 2학년 수준을 넘는 학문수준진보 는 어려움 · 사회적, 직업적 기술훈련이 효율적임 · 익숙한 장소에서 혼자지내는 것은 배울 수 있음
중도지체(심함) 20-25-35-40	· 최소한의 언어: 의사소통기술이 거의 없음 · 빈약한 근육발달 · 자조훈련이 일반적으로 부적당함	· 말하거나 의사소통하는 것을 배울 수 있음 · 기초위생과 자신을 돌보는 습관들을 체계적으로 훈련시키는 것이 효율적임
최중도 지체(아주 심함) 20-25 이하	· 최소한의 감각운동기능을 갖고 있음 · 적극적인 돌봄이 필요	· 약간의 운동을 발달시킬 수 있음 · 제한된 자조훈련이 효율적일 수 있음

* 출처: Samuel Kirk and James Gallagher, Educating Exceptional Children, 3rd Edition, p. 142. Copyright © 1979 by Houghton Mifflin Company.

단지 전체 인구의 1내지 1.5%만이 지적기능과 적응행동 모두에서 AAMD가 규정한 지적장애에 해당된다(Hallahan & Kauffman, 1994). 이 지적장애아들의 대부분인 약 75%는 경도(경미한) 지체를 가지고 있고, 5%만이 중도(심한)나 최중도(아주 심한)의 지체를 가지고 있다. <표 5.1>은 취학 전과 취학연령에 있는 경도, 경중도, 중도, 최중도 지체아들의 전형적인 발달적 특징들을 묘사하고 있다.

2) 영재

특수교육이 필요한 또 하나의 집단은 학교에서 흔히 간과하기 쉬운 영재(giftedness)들이다. 과거에는 대단히 똑똑하고 재능 있는 학생들에게 윤택한 교육을 제공하는 것이 비민주적이고 엘리트주의적인 것으로 생각되었다.

우리나라도 뒤늦은 감이 있지만 2000년 영재교육진흥법의 공포와 2002년 영재교육진흥법 시행령의 공포를 통하여 영재교육에 대한 제도적 정비와 더불어 영재교육프로그램 개발, 영재교육기관 확충 등 영재에 대한 교육에도 노력하고 있다.

① 우수아에 대한 기준

우수아를 무엇으로 볼 것인가에 대한 일치된 견해는 없다. 각 개인들은 서로 다른 재능들을 가지고 있을 수 있다. 가드너(Gardner, 1983)는 지능을 9가지 별개의 서로 다른 능력으로 구분하였고, 길포드(Guilford, 1988)는 180가지가 있다고 주장했다.

랜줄리(Renzulli, 1982)는 학업의 우수성과 창의적/생산적인 우수성을 구별해야 한다고 제안한다. 학업우수아들은 매우 쉽게 그리고 빠르게 학습하고, 일반적으로 지능검사에서 좋은 점수를 받지만 그러한 점들이 인생의 성공을 예고하지는 않는다. 그러나 생산적인 면에서 우수한 사람들은 문제를 풀기 위하여 정보적용이 필요한 상황들에서 뛰어난 능력을 발휘하는 경향이 있다. 이러한 특성들이 성인기의 성공과 더욱 관련이 있다.

이런 개념들을 사용하여 렌줄리와 라이스(Reis, 1991)는 우수성을 평균이상의 일반능력, 높은 수준의 창의성, 그리고 특정분야에서 성공하기 위해 필요한 동기화나 높은 과제 수행력 등 세 가지 기본특성들의 조화로 규정하고 있다. 실질적으로 우수아는 단순히 적은 노력으로 빨리 배우는 학생들이 아니다. 우수아들은 일을 독창적으로 하면서 그들 나이에 비해 극도로 진보적이며 동기가 지속되는 특성이 있다.

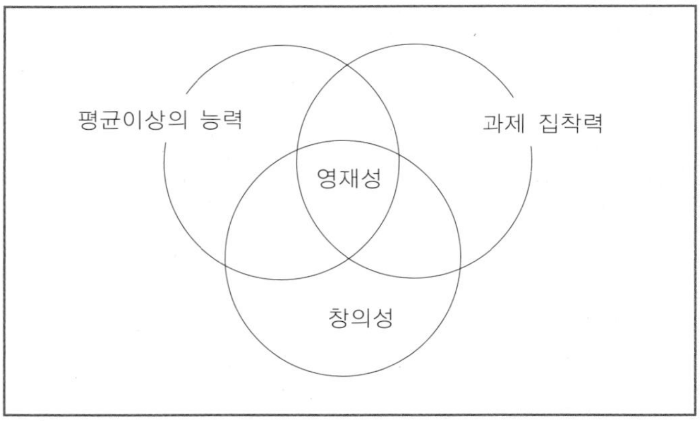

[그림 5.2] Renzulli의 세고리 모형

전 미국 교육국장 마랜드(Marland)가 '우리의 가장 관심 밖이었던 학생'이라고 불렀던 이들 우수아들에 대하여 우리는 무엇을 알고 있는가? 우수아들이 가진 특성에 대한 연구는 수 십 년전 터만과 그의 동료들(1925, 1947, 1959)에 의해 시작되었다. 이 거대한 연구는 생존하는 1528명의 우수한 남성과 여성들을 추적 연구하였고, 2010년까지 계속될 것이다. 연구 피험자들은 전인구의 상위 1%의 IQ 점수를 가진 자들로 스텐포드-비네(Standford-Binet) 개인 지능검사에서 140이나 혹은 그 이상의 점수를 얻었다. 우수아들은 교사의 추천과 IQ 검사에 의하여 선별되었으며, 대부분이 렌쥴리의 학업 우수아의 범주에 속해 있다.

터먼과 그의 동료들은 우수아가 보통 학생들보다 크고, 강하고, 건강하다는 것을 발견했다. 우수아들은 보통 걸음이 빠르고 운동신경이 발달되어 있었다. 또한, 다른 보통 학생들보다 정서적으로도 안정되어 있었으며 어른이 된 후에도 잘 적응하였다. 그리고 비행, 정서적 어려움, 이혼, 마약 문제 등에선 낮은 비율을 보였다. 물론 우수아들을 지명했던 터먼의 연구에서의 교사들은 처음부터 더 잘 적응했던 학생들을 선택했을 수도 있다.

② 학생들의 특별한 능력인식

영재들을 구분한다는 것이 간단하게 보일 수도 있다. 하지만 항상 그렇지만은 않다. 많은 부모들은 자녀들을 조기교육하고 있다. 혹시 학급에 들어온 유치원 학생이나 초등학생들이 그 학년 수준보다 읽기에 능하고, 악기를 잘 연주하며, 모든 과제에 빈틈이 없을 수 있다. 그러나 저학년에서 읽기에 능하다는 것이 몇 년 후에도 계속 뛰어날 것이라고 보장해주지는 않는다. 스스로 노력하는 학생이나 부모로부터 압력을 받는 학생들로부터 우수아들을 어떻게 구분할 수 있는가? 중·고등학교에서는 몇몇 아주 능력 있는 학생들이 자신들의 능력을 인식하기 어렵게 만들도록 의도적으로 낮은 점수를 받기도 한다. 교사가 학급에서 영재들을 가려내는 데 성공하는 확률은 약 10-50% 정도밖에 되지 않는다. 우수 학생에 대한 초기 연구로 부터 발췌한 아래의 7가지 질문은 요즈음에도 여전히 영재들을 판별하는 좋은 지침이 되고 있다.

· 누가 쉽고 빠르게 배우나?
· 누가 많은 상식과 실질적 지식을 많이 사용하나?
· 누가 들은 것을 오래 기억하나?
· 누가 다른 아동들이 모르는 많은 것들에 대해 아는가?
· 누가 많은 수의 단어들을 쉽고 정확하게 사용하는가?

· 누가 관계들을 잘 인식하고 의미를 이해하는가?
· 누가 민첩하고 예리하게 관찰하며 신속하게 반응하는가?

렌줄리와 라이스(1991)의 우수성에 대한 정의에 기초하여 덧붙일 수 있는 것은 다음과 같다.

· 누가 어떤 과제에 높게 동기화되고 지속적인가?
· 누가 창의적이고, 종종 기발한 생각이나 흥미로운 연결을 만들어 내는가?

③ 우수성과 공식적인 검사

학업우수성을 측정하는 최고의 단일 예측 도구는 여전히 개인지능검사이다. 대부분의 학교에서는 그들의 인종이나 문화집단 안에서 상위 3% 안에 속해 있는 학생들을 학문적으로 우수하다고 규정한다(미국 출생 백인의 경우 IQ 130).

이들을 판별하는 데는 여러 가지 방법이 쓰이고 있다. 개인지능검사는 어느 정도 정확한 결과를 기대할 수 있으나, 비용과 시간이 많이 드는 단점이 있다. 집단 성취검사나 지능검사는 매우 영리한 아동들의 IQ를 과소평가하는 경향이 있다. 집단검사는 선별하는 데는 적절할 수 있으나, 배치 결정 및 판단을 하는 데는 부적합하다. 많은 심리학자들은 우수 학생들을 밝혀내는 방법으로 사례연구(case study) 접근법을 추천하고 있다. 사례연구접근은 많은 종류의 정보, 시험점수, 성적, 일의 실제, 프로젝트와 포트폴리오, 교사들의 평가나 편지, 자기-평가 등을 모으는 것을 의미한다(Renzulli & Reis, 1991). 특히 예술적 재능을 인식하기 위해서는 학생들의 창작물을 평가하기 위하여 그 분야의 전문가를 초빙할 수도 있다. 과학과제, 전시회, 연주회, 오디션, 인터뷰 등이 모두 가능한 방법들이다. 창의성 검사는 다른 측정방법으로는 찾아내지 못하는 학생들을 발견할 수도 있는데, 특히 다른 유형의 검사들에게서는 불이익을 받았던 소수인종 학생들에게는 더욱 그렇다고 볼 수 있다.

④ 우수 학생의 교육

우수 학생을 위한 교육계획을 세우는 데는 적어도 두 가지 쟁점이 있다. 하나는 어떻게 집단을 편성해서 어떤 속도로 가르치느냐 하는 것이고, 또 하나는 어떠한 교수법이 가장 효과적인가 이다.

교육자들은 집단편성과 속도에 대해 의견을 같이 하지는 않는다. 어떤 교육자들은 우수 학생들을 월반이나 특별한 과목을 통해서 학습을 촉진시켜야(accelerated) 한다고 믿는다. 다른 일부의 교육자들은 심화학습(enrichment)을 선호하기도 한다. 즉 학생들에게 부가적인 좀 더 복잡하고 생각을 자극하는 과제를 주면서 학교에서 동년배 학생들과 계속 같이 지내게 하는 것이다. 사실 두 가지 모두 적절한 방법이라 할 수 있다. 그러나 많은 사람들이 촉진학습에 대하여 반대하고 있으나, 신중하게 행해진 연구들을 살펴보면 초·중·고등학교, 대학교 또는 대학원을 좀 더 일찍 시작한 우수 학생들은 정상 속도로 진전했던 비우수학생들 보다 사실상 대체로 나았다는 것을 알 수 있다. 이들의 사회적·정서적인 적응 또한 손상되지 않는 것으로 나타났다. 우수학생들은 연상인 놀이 친구들을 더 선호하는 경향이 있으며, 같은 나이 또래와 있을 때 매우 지루해 한다는 것이다. 월반하는 것이 어떤 특정한 학생에게는 최선의 방법이 아닐 수는 있으나, 일반적으로 상상할 수 있는 것과 같은 나쁜 결과를 초래하지는 않는다(Jones & Southern, 1991; Kulik & Kulik, 1984; Richardson & Benbow, 1990). 월반에 대한 또 다른 한 방법은 한두 과목에서 학생들에게 촉진학습을 시키되 대부분의 수업에서 또래들과 함께 지내게 하는 것이다(Reynolds & Birch, 1988). 개인지능검사에서 160 이상의 점수를 받은 학생들과 같이 지적으로 최고 우수한 학생들을 위한 유일한 실질적 해결책은 그들의 학습을 촉진시키는 것이다(Gross, 1992).

우수학생들을 위한 교수법은 단지 많은 학습이 아닌, 추상적 사고(형식적-조작적 사고), 창의성, 독립성 등을 복 돋아주어야 한다. 우수아와 재능아들을 대하면서, 교사들은 상상력이 풍부하고 융통성이 있어야 하고, 이러한 학생들의 능력에 위축되지 않아야 한다. 교사들은 항상 이 아이들에게 가장 필요한 것은 무엇인가? 학생들이 배울 준비가 되어 있는 것은 무엇인가? 누가 도울 수 있는가를 스스로에게 물어야 한다. 그 질문에 대한 대답은 가까운 대학의 교수진, 퇴직 교수, 책, 박물관, 혹은 상급학생들로부터 얻을 수 있을 것이다.

학습전략은 한 학년 높은 수준의 수학문제를 풀도록 하는 것만큼 간단할 수도 있다. 좀 더 융통성 있는 프로그램들이 우수학생들에게 투입될 수 있다. 즉 여름학교, 가까운 대학에서의 과목 이수, 지역사회의 미술가나 음악가 또는 무용가들과의 수업, 독립적 연구과제, 어린 학생들을 위한 일부 고등학교 과목 수업, 장학생반, 특별활동반 등 이외에도 여러 프로그램들이 있다. 모든 것은 우수학생들에게 적절한 학습 환경을 제공하기 위한 선택사항들이다(Mitchell, 1984).

3) 주의력결핍 과잉행동장애(ADHD)

주의력결핍 과잉행동장애는 주의력과 집중력이 매우 약하고 한시도 가만히 있지 않으며 충동적인 행동을 보이는 장애를 말한다.

① 주의력결핍

주의력이 짧고 산만함을 더해 세부 사항에 세심한 주의를 기울이는 데 어려움이 있으며 과제나 숙제에 주의를 기울이기 어렵다. 활동하는 데 건망증이 생기며 체계적인 학업성취의 어려움을 보이고 지루하고 시간이 많이 걸리는 작업을 하는데 어려워한다.

② 과잉행동장애

과도한 행동을 하는데 활동성이 두드러지는 특징이 있다. 행동에 아무런 목적이나 계획이 없다. 다리를 떨고, 몸을 뒤틀고, 끊임없이 말을 하면서 한시도 가만히 있지 못한다. 한 자리에 오래 앉아 있기 어렵고, 자리에서 일어나 교실을 돌아다니기도 한다.

③ 충동성

행동에 대한 제어가 잘되지 않고 행동하기 전에 생각을 잘하지 못하며 자신의 행동이 어떤 결과를 불러올지 전혀 생각하지 못한다. 참고 기다리는 능력이 없어서 단체 생활이나 대인관계에 적응하기 어렵다.

주의력결핍 과잉행동장애(ADHD)는 다음과 같은 특징을 갖고 있다.

- 쉴 새 없이 움직인다.
- 식사 때 가만히 앉아 있지 못한다.
- 단순한 지시에도 따르지 못한다.
- 보통 아이보다 시끄럽게 논다.

- 끊임없이 말하고 다른 사람이 말할 때 자주 끼어든다.
- 친구를 잘 못 사귄다.
- 위험한 행동을 해서 사고가 날까 늘 불안하다.
- 앉은 자리에서 안절부절못하고 계속 꼼지락거리고 수업시간에 교실을 돌아다닌다.
- 쉽게 어수선해져서 숙제나 일을 끝내지 못한다.
- 매우 거칠게 논다.
- 질문에 대해 부적절한 시점에서 대답하고 불쑥불쑥 말한다.
- 줄을 서서 기다리지 못하고 놀이나 학교생활에서 다른 아이들과 교대로 행동하지 못한다.
- 학교 성적의 기복이 심하다.

4. 지능의 관련요인

1) 유전과 환경

지능의 결정요인으로서 무엇보다도 먼저 논의되어야 할 것은 유전이다. 어느 개체이든지 종족의 유지와 발전을 위해 개체는 환경에 적응하는 능력을 갖고 있다. 인간 또한 예외는 아니며, 그 환경에 대한 적응을 위해 지적 적응능력을 필요로 하고 있다.

인간이 가지고 있는 환경에의 적응력은 생물학적 유전의 요소가 가장 크다. 유전적 요인은 교육이나 학습 및 후천적 훈련으로 쉽게 변화되지 않는다. 지능 역시 인간의 한 특성으로서 유전적 요소를 갖고 있다.

지능의 유전적 연구에는 가계조사, 쌍생아 연구, 형제간의 상관도 등이 이용되고 있다. 그 중 일란성 쌍생아는 유전적 형질을 거의 동일하게 소유하고 있으므로 쌍생아의 지능차이를 통해서 유전과 환경의 차를 어느 정도 추론할 수 있다.

쌍생아의 경우라고 할지라도 서로 다른 환경에서 성장하였을 때에는 환경에 의한 지능의 변화가 무시할 수 없다는 것을 알 수 있다.

유전의 영향에 대한 심리학적 연구들은 대부분 유전과 환경의 영향을 통계적 수치로 제시하고 있지만, 연구방법의 통제 등에서 신뢰성을 떨어뜨리는 요인들 때문에 아직도 명확한 결론을 내리지 못하고 있다. 다만 지능이 유전과 환경의 영향을 받고는 있으나 이 들 중 어느 한 요인이 절대적이지 않다는 주장에 대부분의 연구들이 일치하고 있다.

연령의 변화에 따라 지능의 성장률에도 변화가 있다. 일반적으로 지능은 5세 이전에 급격한 성장을 보이고 20세 전후에 최고점에 도달한 뒤 점차 하락하는 것으로 알려져 있다.

2) 지능과 학업성취

지능이 학업성적과 상관이 있는가에 대한 연구들은 주로 교육심리학자들에 의하여 수행되었다. 물론 지능을 학습할 수 있는 능력이라고 정의하는 경우처럼 지능은 학습능력의 조건이 되기도 한다. 그러나 지능지수가 학업성적과 절대적으로 일치하지는 않고 있으며, 상관도가 .52-.60의 비교적 높은 상관을 보여주고 있을 뿐이다. 즉 지능이 높으면 학업성적이 높을 것이라는 전제는 지능이 학업성적의 충분조건이 아니라 필요조건이라는 점을 말해줄 뿐이다.

교과목에 따라서도 지능의 상관도는 달라진다. 국어, 수학, 과학 등과 같은 교과목은 지능과의 상관도가 높으나 음악, 미술, 체육 등과 같은 예능이나 운동기능의 경우는 그보다 상관도가 훨씬 떨어진다.

젠슨(Jenson)은 학년과 지능-학업성적과의 상관도 변화한다고 밝히고 있다. 즉, 저학년에서는 지능-학업성적 간의 상관관계가 비교적 높으나 고학년으로 올라갈수록 두 가지 요인 간의 상관도는 낮아지고 있다. 젠슨의 연구결과는 지능과 학업성적이 반드시 일치하는 것은 아니며, 학습자의 수준에 따라 변화될 수 있음을 보여주고 있다. 이렇게 고학년으로 갈수록 상관도가 낮아지는 것은 고학년의 학습내용과 성취에 작용하는 변인이 지능 이외의 요인, 즉 성격, 태도, 집중력 등이 학습효과에 더 큰 영향을 미치기 때문이라고 볼 수 있다.

3) 지능의 항상성

한 개인의 지능지수가 얼마나 변화되는가도 교육심리학자들의 관심사이다. 이것은 같은 피험자들에 대하여 오랫동안 종단적 연구를 실시해야 얻어질 수 있는 것이다. 지금까지의 연구결과들에 의하면, 지능지수의 항상성은 유아기와 성인기를 비교했을 때 0.2-0.3의 상관계수를 보이고, 성장이 정점에 도달한 이후에는 0.7-0.8의 항상성 계수를 보이고 있다. 즉 유아기 때는 지능의 항상성이 낮아 변화의 가능성이 매우 크며, 점차 성장함에 따라 변화 가능성이 낮아져 높은 항상성을 유지한다고 볼 수 있다.

4) 지능과 성격

동일한 지능지수를 가진 사람들 간에도 학업성취도에서는 차이가 나며, 이때 동일지능을 가진 사람들 간의 성취도에 영향을 주는 중요한 요인은 학습자의 성격이다. 즉 성격에 따라 동일한 지능이라 하더라도 학업성취도에 차이가 발생한다고 볼 수 있다.

동일한 지능집단의 경우 높은 학업성취를 보인 학습자는 나머지 학습자보다 학습태도가 좋고, 학습에 관심도 높으며 인내력, 책임감이 있고, 계획적이며, 학업과제에 대한 긍정적 자아개념을 갖고 있다. 반대로 동일집단보다 낮은 학업성취를 나타낸 학습자는 충동적이고 쾌락적이며, 이기적이고 사회성이 부족하며, 목표를 달성하려는 긍정적 자세가 부족하고, 심리적 압박에 잘 무너지며, 방어적이고 화를 잘 내는 특성을 갖고 있다.

테일러(Taylor) 지능검사에서 예측되는 학업성취 이상의 성취를 나타낸 학생들의 성격특성을 다음과 같이 들고 있다.

첫째, 긍정적인 자기평가를 한다. 낙관적이고 자기신뢰감이 높으며, 긍정적인 자아개념을 갖고 있다.

둘째, 권위를 인정한다. 교사나 부모의 기대에 동조를 하며 그들을 즐겁게 하려는 노력을 기울인다.

셋째, 긍정적인 인간관계를 형성한다. 타인의 감정에 대한 관심과 반응을 잘 나타낸다.

넷째, 독립심과 의존심을 적절히 조절한다. 결정을 내리거나 행동을 해야 할 때 독립성과 의존성이 잘 조화 된다.

다섯째, 학습의 방향선택이 적절하다. 학습 태도가 규율화 되고 학업성취에 대해서도 높은 동기를 가지며, 학문적 가치나 교과 내용에 대해서도 관심을 가진다.

여섯째, 현실적인 목표를 추구한다. 장기적인 목표를 위해 단기적인 쾌락은 포기하거나 연기할 수 있는 능력이 있다.

일곱째, 고민이나 불안을 잘 통제한다. 내적 갈등이나 부조화를 적절히 해소하고 학업활동을 성실히 수행한다.

이와 같은 특성들과 달리 평균적 성취 이하를 보인 학생들은 부정적 자아개념, 권위에 대한 적개심, 비현실적인 목표 추구 등의 성격적 특징을 보이고 있다.

제2절 지능이론의 발달

1. Spearman의 g 요인

스페어만(Charles Spearman)은 지능에 관한 초기연구가 중 영국의 심리학자로 가장 큰 주목을 받는다. 그의 이론에 따르면 지능이란 모든 정신적 기능과, 특정과제에 연관된 특수요인(s 요인: specific factor)과 일반요인(g 요인: general factor)으로 이루어진다고 해서 지능의 2요인설이라고도 한다. 일반요인은 여러 수준의 모든 지적활동을 포괄하는데 비해 특수 요인들은 과제의 수준과 종류에 따라 관련되어 있을 수도 있고 관련이 없을 수도 있다. 따라서 머리가 좋다는 것은 주로 g 요인을 많이 가지고 있다는 것을 의미한다. 물론 g 요인이 높으면서도 특정과제의 수행능력은 떨어지는 경우가 있을 수도 있다. 한편 g 요인은 모든 정신적 과정 속에 스며 있는 정신능력의 형식이기 때문에, 전체적으로 일반지능이 낮은 사람이 특정영역에서 높은 지능을 보일 수는 없을 것이다. [그림 5.3]에는 g 요인과 s 요인의 관계가 나타나 있다.

스페어만의 주의를 사로잡은 것은 각각 다른 과제의 검사점수가 보이는 패턴으로써 그 모든 과제의 배후에 존재하는 단일한 특성이 있다는 것을 가정할 수 있다는 점이다. 다시 말해서, 스페어만은 자신의 연구결과, 모든 지적능력 검사간의 상관계수를 설명할 수 있는 g라는 단일한 능력이 존재한다고 결론지었다. 이러한 생각은 하위의 보다 복잡한 상관관계를 분석할 수 있는 기초가 되었다. 즉, 일련의 자료로부터 그 배후의 공통적 특성을 분리할 수 있는 통계적 방법이 모색되었다.

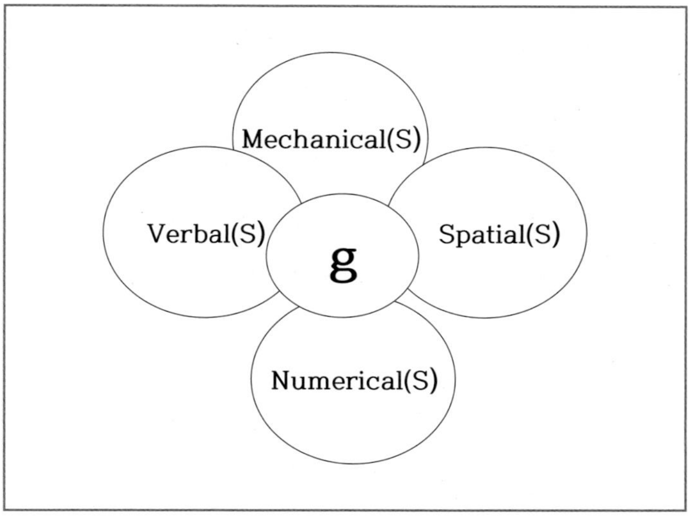

[그림 5.3] g 요인 및 s 요인에 대한 Spearman의 개념

2. Thurstone의 기초정신능력(Primary Mental Abilities; PMA)

서스톤(L. L. Thurstone)은 일반적 지능의 개념을 추구하기 보다는 문항 간 상관계수의 패턴을 연구하였다. 서스톤은 스페어만의 시대에서는 알려져 있지 않던 새로운 통계 기법을 사용하여 스페어만의 g요인을 아동기와 소년기의 모든 연령 중에서 나타나는 일련의 기초정신능력(PMA)으로 구분하였다. 이 PMA의 수는 해마다 달라져서 첫해인 1938년에는 9개, 1963년에는 5개로 발표되었다가 다시 7개로 수정 발전되었다. 그 7개 요인은 다음과 같다.

(1) 언어 이해 요인

어휘의 수, 읽기, 그리고 문장과 격언과 같은 단어로 표현된 생각을 이해하는 능력으로 어휘력 검사와 독해력 검사로 측정된다.

(2) 단어 유창성 요인

시를 짓거나 낱말 수수께끼를 풀 때 낱말을 빨리 생각해 낼 수 있는 능력으로 단어의 신속한 산출을 요구하는 검가에 의해 측정된다.

(3) 수

수학적으로 사고하고 조작하는 능력으로 기초적인 산수 문제에 의해 측정된다.

(4) 공간

같은 도안을 새로운 배경에 놓았을 때 알아볼 수 있는 능력과 공간 관계를 구상화할 수 있는 능력으로 주로 깃발검사 도형검사 카드도형검사 등이 사용되며 각종 상징이나 가하학적 도형의 정신적인 조작을 필요로 하는 검사에 의해 측정된다.

(5) 추리

논리적으로 사고하는 능력으로 주어진 자료에서 일반원칙을 알아내어 적용력을 측정하는 요인이다.

(6) 지각속도

도안과 그림 사이의 공통점과 차이점을 신속하게 발견하는 능력으로 같은 숫자찾기 검사, 얼굴검사, 거울보기 검사 등이 있다.

(7) 기억 요인

단순한 기억력을 검사하는 것으로 단어나 문장의 회상, 짝진 낱말 표를 빨리 암기할 수 있는 능력 등이 주로 사용된다.

서스톤은 기초정신능력 사이의 내적상관계수를 토대로 정신능력이 서로 중복되는 부분이 있으며 위계적인 관계가 있다는 증거를 채택하였다. 그렇다면 스페어만의 g요인처럼 여러 종류의 정신능력을 포괄하는 어떤 일반적인 지적능력이 존재한다는 것을 뜻한다. 그렇기 때문에 서스톤의 모든 PMA요인은 어느 정도 상관이 있다는 것이다. 다른 각도에서 보면, 지적능력은 두 개의 군집, 즉 언어능력과 수리(numerical) 또는 논리(logical) 능력으로 구분될 수 있다. 서스톤은 7개의 요인이 어느 정도의 내적 상관관계가 있으면서도 어느 정도는 상호 독립적인 기초정신능력으로 존재한다고 보았다. 따라서 특별한 g요인이 없어도 수 · 논리능력이 뛰어난 사람이 있을 수 있다. 역으로 보면 g요인의 능력을 가지고 있으면서도 특정요인은 낮을 수도 있는 것이다.

그러나 서스톤은 이들 7개의 검사 중에서 어느 하나에서 평균 이상의 점수를 얻게 되면 나머지 검사에서도 평균 이상의 점수를 얻게 됨을 발견하였다. 따라서 서스톤은 지능은 7개의 제 1차적 능력에다 모든 능력에 공통적인 일종의 일반요소로 구성되어 있다고 결론지었다. 그는 후에 지각속도 요인을 제외한 나머지 요인을 묶어서 2차적 일반요인으로 규정하였다.

3. Cattell의 선천적 지능과 후천적 지능

카텔(Raymond Cattell)은 지능에 관해 다른 연구자들과 달리 다소 색다른 견해를 가지고 있다. 그는 지적 능력을 신경 생리적 기능의 영향과 우연적 학습의 영향이 합성된 선천적 지능(gf 유동적 지능: fluid intelligence)과 경험과 문화의 응집체로써 학습의 영향이 큰 후천적 지능(gc 결정성 지능: crystallized intelligence)으로 구분하였다. 선천적 지능이란 생물학적 유전을 반영하는 개념이고, 후천적 지능은 경험, 교육, 문화 배경 등의 환경적 영향을 반영하는 지능이다(R. Cattell, 1963).

카텔에 의하면 두 종류의 지능은 모두 일상생활과 깊고 넓게 관련되어 있으며, 모든 종류의 검사에 연관 되어 있다. 선천적 지능은 유전인자를 반영하고 교육적, 경험적 및 기타 환경적 요인들과 무관하다. 그것은 새로운 상황에 대한 적응력이 필요한 과제를 통해 측정될 수 있다. 이에 비하여 후천적 지능은 과거의 환경적 결과에 의해 개발된다. 후천적 지능이 높은 사람은 어휘, 단어사용, 수리능력이 평균 이상이고 어휘, 학업에 있어서 성공적일 가능성이 높다. 한편 선천적 지능은 비교적 문화와 상관이 없다. 그것은 불특정한 수와 대상을 다루는 과제에서의 직관적 추리나 공간적 과제 또는 새로운 상황에서 나타날 수 있다. 그것은 학문적 기능과 무관한 추리 과정이며, 사실적, 문화적 자료로부터 무엇을 도출하는 사고과정도 아니다. 불우 아동의 경우에서처럼 경험이 풍부하지 못했을 때 후천적 경험은 영향을 받지만 선천적 지능은 그런 제한과 무관하게 발달할 수 있다.

카텔의 이론에 따르면 gf와 gc가 모두 높은 사람은 자신의 정신적 능력을 완전히 개발한 경우이다. 높은 gf와 낮은 gc가 의미하는 바는 유전에 의한 지능개발의 범주가 미완성인 채로 남아 있는 경우이다. 낮은 gf와 높은 gc는 그 사람의 가능성이 제한적임에도 불구하고 특별히 지능을 잘 개발한 경우이다. 낮은 gf와 낮은 gc는 가능성이 낮은 상태로 인해 빈약한 지적수준을 갖게 된 것을 뜻한다.

카텔(Cattell)에 의하면 소위 지능이란 실제로 문화적 지능이다. 그리고 그것은 gf와 gc가 섞인 결과라고 할 수 있다. 왜냐하면, 그것은 문화적 배경이나 환경적 영향을 포함하고 있지 않기 때문이다. 이론적으로 측정된 지능의 50%는 gf이고 나머지 50%는 gc이다. 좋은 지능검사는 이 두 종류의 지적능력을 똑같이 측정해야 한다. IQ 점수가 뚜렷한 불안정성을 보이는 이유는 대체로 어떤 경우에는 선천적 지능에 높은 비중을 둔 검사가 사용되고 또 어떤 경우에는 후천적 지능을 너무 강조한 검사가 사용되는 경우이다. 그러므로 정확한 지능을 측정하기 위해서는 gf와 gc를 같은 비율로 출제한 IQ 검사지를 사용하는 것이 중요하다.

4. Jensen의 연합에 관한 지능과 추상에 관한 지능

젠센(Arthur Jensen, 1968)에 의해 제기된 2단계의 위계적 정신능력의 모델은 아마도 지능에 관한 연구 중 가장 활발한 논의가 있는 부분이 아닌가 한다. 그는 지능을 연합에 관한 지능과 추상에 관한 지능으로 구분하였다. 연합에 관한 지능은 기억과 간단한 학습을 포함하는 것이며, 추상에 관한 지능은 언어적, 상징적 관계를 생각할 수 있는 능력(이것은 스페어만의 g, 즉 일반 지능요인과 밀접한 관련이 있다)을 말한다.

연합적 사고는 하위 수준의 지적능력으로서 상위수준의 지적능력을 개발하는데 필요하지만 충분하지는 않은 조건이다. 상위수준의 능력에 대한 그의 설명에 의하면 이것은 감각기관에 접수된 단순한 자극을 복잡한 행동반응으로 통합하는 활동을 포함한다. 개념형성과 문제해결 등이 그러한 예에 속할 것이다. 이러한 견해와 유전과 환경의 상대적 영향을 고려하여 젠센은 1단계 능력은 사회·경제적, 인종적 인류학적 차이에 무관하게 고르게 분포되어 있는 반면에, 2단계 능력은 이질적으로 분포되어 있다고 주장했다. 1단계 사고는 대부분의 문화에서 생존을 위한 기본이 된다. 2단계 사고과정은 기술수준이 높은 사회에 훨씬 더 유리한 특성이다. 2단계 지능의 발달은 1단계 지능의 개인차와 관계가 있다. 특히 1단계 지능의 결함은 2단계 지능의 발달에 큰 영향을 미친다. 여기에서 한 가지 짚고 넘어가야 할 부분은 지능은 보통 또는 그 이상이나 학습장애를 보이는 학생의 경우이다. 그렇다면 학습장애아는 연합에 관한 기초학습능력(1단계)에 결함이 있는 것이 아니고 다만 추상의 능력(2단계)에 결함이 있다는 이야기가 된다.

젠센은 학습장애아가 학교학습에서 어려움을 겪는 이유는 학교에서 개념과 문제해결에 중점을 두기 때문이라고 주장한다. 그런 아동은 평균적 또는 평균이상의 1단계 능력을 갖추었다 할지라도 학교학습에 명백한 장애를 나타내므로 학교교육과정은 그러한 아동을 위하여 연합관련 학습위주로 재조직되어야 한다고 보았다. 학습장애아를 위한 보충교육은 학생들의 타고난 인지능력에 거의 변화를 줄 수 없다는 것이다. 보충교육의 많은 실패담을 들으면서 젠센은 그런 프로그램이 실패한 이유는 대상학습자들이 적응하기 어려운 추상적 정신능력 쪽에 중심을 두었기 때문이라고 주장했다. 그러나 젠센에 따르면 이러한 시도는 자칫 학습장애아를 2류 학습환경으로 내 쫓는 결과를 가져올 수 있으므로 주의할 필요가 있다.

5. Guilford의 입방체 모형

길포드(J. P. Guilford, 1967)는 서스톤의 기본정신능력의 개념을 더욱 확장 발전시켜 지능을 더욱 복잡하게 설명하고 있는데 그에 의해 제안된 중대 IQ요인의 모형은 정신능력을 세 개의 차원으로 구분하고 있다. 갈포드의 이론은 기존 지능검사에서 측정되던 지능의 협소한 개념들을 연구자나 교사들이 확장 시킬 수 있도록 하였다는 점에 의의가 있다. 그러나 교실에서 적용하기엔 모델의 복잡함과 어려움에 한계를 가지고 있다.

(1) 내용

정보와 관련된 정신 활동으로 개인이 무엇에 의하여 사고하는가와 관련이 있다.

a. 시각적(시각기관에 수용된 내용)
b. 청각적(청각기관에 수용된 내용)
c. 상징적(글자나 부호체계, 예컨대 알파벳이나 수 체계)
d. 어의적(생각이나 어의의 형태)
e. 행위적(사회적 지능이나 자신 및 타인에 관한 이해)

(2) 조작

특정 내용을 처리하는 것과 관련된 정신 활동으로 개인이 어떻게 사고하는가와 관련이 있다.

a. 인식(지식)
b. 기억파지
c. 기억저장
d. 확산적 사고(창조적 사고와 생산)
e. 수렴적 사고(관계와 유추 형성)
f. 평가(평가와 결정을 내리는 일)

(3) 산출

조작을 내용에 적용하는 것과 관련된 정신 활동

a. 단위(시각, 청각, 상징적, 어의적 자료의 이해)
b. 분류(단위들을 분류하는 일)
c. 관계(항목 간의 연계를 인식하는 일)
d. 체제(서로 관련된 일체의 지식)
e. 변형(기존의 자료를 변화시키는 일)
f. 시사(서로 관련이 없었던 항목을 연관 짓는 일)

이 3차원 모형을 도식화해보면 [그림 5.4]와 같은 5×6×6=180의 기하학적 모형이 된다. 이것은 5가지의 내용, 6가지의 조작, 그리고 6가지의 산출로 이루어져 있으며, 따라서 지능은 180개의 정신 능력으로 구성된다. 1971년까지 요인분석(factor analysis)을 통하여 98가지의 능력이 분리되고 확인되었다. 길포드는 나머지의 미확인된 단위는 미지의 기초정신 능력을 나타내는 것이라고 결론지었다.

길포드의 모형은 매우 추상적이고 이론적이며 따라서 지능지수를 측정하는 것은 많은 검사를 실시하고 채점하는 일을 필요로 한다. 지능이 단일한 요인으로 구성된 것이 아니라 180가지의 정신능력으로 구성되어 있다고 보기 때문이다. 그래서 지능의 측정을 둘러싼 이론적 논점은 더욱 복잡성을 띠게 된다. 길포드는 포괄적이고 일반적인 지능의 점수에 대한 실증적 근거는 차치하고라도 그 중요성이 어디에 있는가에 대한 의문을 제기하고 답을 찾고자 하였다. 그리고 180가지 특정 능력을 대안으로 제시했다.

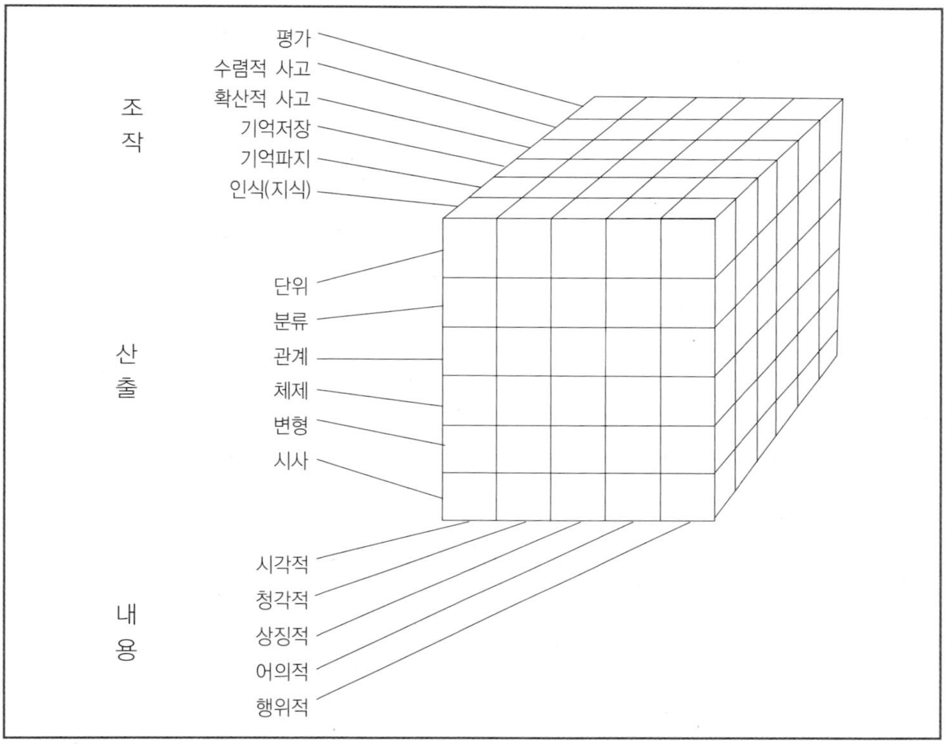

[그림 5.4] Guilford의 지능의 구조

[그림 5.4]에서처럼 모든 정신 활동은 어떤 종류의 내용을 조작함으로써 그 결과로 나온 산물을 포함한다. 길포드가 새롭게 제안한 지능의 정의는 '다양한 방법으로 상이한 종류의 정보를 처리하는 능력이나 기능의 체계적인 집합체'라는 것이다.

6. Gardner의 다중지능 이론

가드너(Howard Gardner, 1983)가 제안한 다중지능(multiple intelligences) 이론에 의하면 최소한의 9가지의 다른 종류의 지능이 있는데 이들은 언어적, 음악적, 공간적, 논리-수학적, 신체-운동적, 타인을 이해하는 것(대인관계적), 자신을 이해하는 것(개인 내적)과 자연 세계에 대한 이해 능력, 그리고 최근에 9번째 지능이라고 하여 실존지능 또는 도덕지능이라 하여 하나를 추가하여 9개로 확장하고 있다. 가드너는 자신의 별개 능력에 대한 견해를, 뇌손상(예를 들어 뇌졸중)이 종종 언어와 같은 한 영역의 기능을 방해하지만 다른 영역에서의 다른 기능에는 영향을 미치지 않는다는 증거에 부분적으로 근거해 왔다. 또한, 개인들이 보통 이런 9개의 영역 중 한 영역에서는 우수하지만 다른 8개의 영역에서는 탁월한 능력이 없음에 주목했다.

가드너의 다기능지능이론은 9가지 다른 인간 능력의 유목이 있다고 제안한다. 한 개인은 한 가지 혹은 몇몇 분야에서 강점과 약점을 가질 수 있다. <표 5.2>는 각 개인이 가질 수 있는 능력으로 수행할 수 있는 직업의 예와 구성요소이다.

〈표 5.2〉 다중지능 이론

지능	귀결 사항	핵심구성요소
논리 수학 지능	과학자, 수학자	식별할 수 있는 민감성과 재능, 논리적이나 수학적 유형, 긴 추리 사슬을 다루는 능력
언어 지능	시인, 언론인	단어의 소리, 리듬, 의미에 대한 민감성: 언어의 다른 기능들에 대한 민감성
음악 지능	작곡가, 바이올리니스트	리듬, 음높이, 음색을 만들고 감상하는 능력: 음악표현의 형태를 감상
공간 지능	항해사, 조각가	시공간 세계를 정확하게 지각하는 능력과 최초 지각을 전환하는 능력
신체운동 지능	무용수, 운동선수	자신의 신체운동을 통제하고 목표를 기술적으로 다루는 능력
대인관계 지능	치료사, 세일즈맨	다른 사람의 기분, 기질, 동기, 욕구를 식별하고 적절하게 반응하는 능력
개인 내적 지능	자세하고 정확한 자기 지식을 가진 사람	자신의 감정에 접근할 수 있고 또한 감정들을 구별해서 행동의 방향을 결정하는데 사용하는 능력: 자신의 강점과 약점, 욕구, 지능에 대한 지식
자연 이해 지능	사냥꾼, 식물학자	자연세계를 이해할 수 있는 능력
실존지능	철학자, 종교인	인간의 실존에 관한 통찰력이 있어서 자신의 삶을 의미 있는 삶으로 이끌 수 있는 능력

* 출처: H. Gardner & T. Hatch(1989). Multiple intelligences go to school. Educational Researcher, 18(8), p. 6. Copyright 1989 by the American Research Association

다중지능 검사 질문지
각 문항을 읽고 해당 번호를 맨 아래 답안지에 표시하세요. (1. 전혀 그렇지 않다 / 2. 별로 그렇지 않다 / 3. 보통이다 / 4. 대체로 그렇다 / 5. 매우 그렇다)
1. 취미 생활로 악기 연주나 음악 감상을 즐긴다.(   )
2. 운동경기를 보면 운동선수들의 장단점을 잘 집어낸다.(   )
3. 어떤 일이든 실험하고 검증하는 것을 좋아한다.(   )
4. 손으로 물건을 만들고, 그림을 그리는 것을 좋아한다.(   )
5. 다른 사람보다 어휘력이 풍부한 편이다.(   )
6. 친구나 가족들의 고민거리를 들어 주거나 해결하는 것을 좋아하다.(   )
7. 나 자신을 되돌아보고, 앞으로의 생활을 계획하는 것을 좋아한다.(   )
8. 자동차에 관심이 많고, 각각의 공통점과 차이점을 알고 있다.(   )
9. 악보를 보면 그 곡의 멜로디를 어느 정도 알 수 있다.(   )
10. 평소에 몸을 움직이며 활동하는 것을 좋아한다.(   )
11. 학교 다닐 때 수학이나 과학과목을 좋아했다.(   )
12. 어림짐작으로도 길이나 넓이를 비교적 잘 알아맞힌다.(   )
13. 글이나 문서를 읽을 때 문법적으로 어색한 문장을 잘 찾아낸다.(   )
14. 직장 내 성희롱이 왜 발생하고 어떻게 해결하면 좋을지 알고 있다.(   )
15. 나의 건강 상태나 기분, 컨디션을 정확히 파악할 수 있다.(   )
16. 옷이나 가방을 보면 어떤 브랜드인지 바로 알아맞힐 수 있다.(   )
17. 다른 사람의 연주나 노래를 들으면 어떤 점이 부족한지 알 수 있다.(   )
18. 어떤 운동이라도 한두 번 해보면 잘 할 수 있다.(   )
19. 다른 사람의 말 속에서 비논리적인 점을 잘 찾아낸다.(   )
20. 다른 사람의 그림을 보고 평가를 잘 할 수 있다.(   )
21. 나의 어렸을 때 꿈은 작가나 아나운서였다.(   )
22. 다른 사람들로부터 다정다감하다는 소리를 자주 듣는다.(   )
23. 내 생각이나 감정을 상황에 맞게 잘 통제하고 조절한다.(   )
24. 동물이나 식물에 관하여 많은 정보를 알고 있다.(   )
25. 다른 사람과 노래할 때 화음을 잘 넣는다.(   )
26. 운동을 잘한다는 말을 자주 듣는다.(   )

27. 회사 생활에서 발생하는 문제를 해결하는 절차와 방법을 잘 알고 있다.(　　)
28. 내 방이나 사무실을 꾸밀 때, 어떤 재료를 사용해야 하고 어떻게 배치해야 할 지 잘 알아낸다.(　　)
29. 글을 조리 있고 설득력 있게 쓴다는 말을 자주 듣는다.(　　)
30. 직장 동료나 상사의 기분을 잘 파악하고 적절하게 대처한다.(　　)
31. 평소에 내 능력이나 재능을 계발하기 위해 노력하고 있다.(　　)
32. 동물이나 식물을 좋아하고 잘 돌본다.(　　)
33. 악기를 연주할 때 곡의 음정, 리듬, 빠르기, 분위기를 정확하게 표현한다.(　　)
34. 뜨개질이나 조각, 조립과 같이 섬세한 손놀림이 필요한 활동을 잘할 수 있다.(　　)
35. 물건의 가격이나 은행 이자 등을 잘 계산한다.(　　)
36. 다른 사람으로부터 그림 그리기나 만들기를 잘한다고 칭찬 받은 적이 있다.(　　)
37. 책이나 신문의 사설을 읽을 때 그 내용을 잘 이해한다.(　　)
38. 가족이나 직장 동료, 상사 등 누구와도 잘 지내는 편이다.(　　)
39. 내 일정을 다이어리에 정리하는 등 규칙적인 생활을 위해 노력한다.(　　)
40. 나는 현재 동식물과 관련된 직업에 종사하고 있다.(　　)
41. 어떤 악기라고 연주법을 비교적 쉽게 배운다.(　　)
42. 개그맨이나 탤런트, 주변 사람들의 행동을 잘 흉내 낼 수 있다.(　　)
43. 어떤 것을 암기할 때 무작정 외우기보다는 논리적으로 이해하여 암기하곤 한다.(　　)
44. 새로운 지식을 습득할 때 그림이나 개념 지도를 그려 가며 외운다.(　　)
45. 학교 다닐 때 국어 시간이나 글쓰기 시간을 좋아했다.(　　)
46. 내가 속한 집단에서 내가 해야 할 일을 잘 찾아서 수행한다.(　　)
47. 어떤 일에 실패했을 때 그 원인을 철저히 분석해서, 다음에는 그런 일이 생기지 않도록 노력한다.(　　)
48. 동식물이나 특정 사물이 갖는 특징을 분석하는 것을 좋아한다.(　　)
49. 빈칸을 주고 어떤 곡을 채워 보라고 하면 박자와 전체 곡의 분위기에 맞게 채울 수 있다.(　　)
50. 연기나 춤으로 내가 전하고자 하는 것을 잘 표현할 수 있다.(　　)
51. 어떤 문제가 생기면 성급하게 결혼을 내리기보다는 여러 가지로 그 원인을 밝히려고 한다.(　　)
52. 고장 난 기계나 물건을 잘 고친다.(　　)

53. 다른 사람이 하는 말의 핵심을 잘 파악한다.(　　　)
54. 다른 사람들 앞에서 프리젠테이션이나 연설을 잘한다.(　　　)
55. 앞으로 어떻게 성공해야 할지에 대해 뚜렷한 신념을 가지고 있다.(　　　)
56. 환경 문제를 해결할 수 있는 방법들을 많이 알고 있다.(　　　)

〈평가〉

답안의 번호가 1인 경우는 1점, 2는 2점, 3은 3점, 4는 4점, 5는 5점을 준다.

표의 세로 항목별로 점수 합계를 낸다.

세로 항목별로 점수를 다음 공식에 넣어 100점 만점으로 환산한다.

((총점–7)/7*25 = 각 지능의 점수

각 각의 세로 항목에 해당하는 지능

A: 음악지능	B: 신체운동지능	C: 논리수학지능	D: 공간지능
E: 언어지능	F: 인간친화지능	G: 자기성찰지능	H: 자연친화지능

A	B	C	D	E	F	G	H
1	2	3	4	5	6	7	8
9	10	11	12	13	14	15	16
17	18	19	20	21	22	23	24
25	26	27	28	29	30	31	32
33	34	35	36	37	38	39	40
41	42	43	44	45	46	47	48
49	50	51	52	53	54	55	56

7. Sternberg의 지능의 삼원론(triarchic theory of intelligence)

스턴버그(Sternberg, 1985, 1990) '지능의 삼원론'은 지능을 이해하는 인지과정적 접근의 한 예이다. 이름에서 추측할 수 있는 대로 이 이론은 세 부분으로 나누어진다.

첫째는 대략 지적행동과 관련된 개인의 정신과정을 묘사한다. 이러한 과정들은 '구성요소(components)'라는 용어로 정의된다. 요소는 대상이나 상징들의 내적 표상에 영향을 미치는 기초적 정보과정을 말한다(Sternberg, 1985). 요소는 수행기능들과 일반성의 정도에 의해 분류되는데, 최소한 세 가지 다른 기능들이 수행된다. 즉 첫 번째 기능 –상위계획(higher order planning), 전략선택(strategy selection), 감독(monitoring)– 은 상위요소(metacomponents)에 의해 수행된다. 상위요소의 예로는 문제를 밝혀내고, 주의를 배분하고 전략이 얼마나 잘 작용하고 있는지를 감독하는 것 등이 있다. 선택된 전략을 실행하는 요소에 의하여 추진되는 두 번째 기능은 '수행요소(performance components)'로 논해진다. 하나의 수행요소는 새로운 정보를 지각하고 저장하려 한다. 그리고 세 번째 기능은 '지식획득요소(konwledge–acquisition components)'로 새로운 정보를 이해하려할 때 부적절한 정보로부터 적절한 것들을 분리하는 것과 같은 역할을 수행한다(Sternberg, 1985).

어떤 요소들은 구체적이다. 즉 그들은 유추문제를 푸는 것과 같이 오직 한 종류의 과제에만 필요하다. 그러나 다른 구성요소들은 매우 일반적이고, 거의 모든 인지과제에 필요할 수 있다. 예를 들어 상위요소들은 전략을 선택하고 진행과정을 추적한다. 이것이 모든 유형의 지능검사들 사이에 지속되는 상관관계를 설명하는 데 도움을 줄 것이다. 좋은 문제해결전략을 선택하고, 진행과정을 잘 통제하며, 첫 번째 전략이 실패했을 때 새로운 접근으로 전환하는데 효과적인 사람들은 모든 유형의 검사에서 보다 성공적이다. 상위요소들은 스피어만의 현대판 g요인이라고 볼 수 있다.

스턴버그 3원론의 두 번째 부분은 새로운 경험에 대처하는 것을 포함한다. 지적행동은 두 가지 특성에 의해 나타나는데 통찰력(insight) 또는 새로운 상황을 효과적으로 다루는 능력, 사고와 문제해결에서 효율적이고 자동적이 되는 능력 등이다. 따라서 지능이란 새로운 문제들을 푸는 창의적 사고와 자동성(automaticity)–재빠르게 새로운 해결책을 일상적인 과정들로 바꾸어서 인지적인 노력 없이도 적용할 수 있는–을 포함한다.

〈표 5.3〉 스턴버그의 지능의 삼원론

요소적 지능	경험적 지능	상황적 지능
과정정보를 추상적으로 사고하고 무엇이 필요하게 될지를 결정하는 능력. 구성요소적 지능의 요소들을 측정하도록 사용될 수 있는 과제들은 유추(analogies), 어휘(vocabulary)와 삼단논법(syllogisms)이다.	새로운 생각들을 형성하고 관련되어 있지 않은 사실들을 조합하는 능력. 경험적 지능검사는 자동적으로 신기한 과제를 다루는 한 개인의 능력을 추정한다. 예를 들어 한 특정한 맥락 안에서 t를 포함한 단어를 모두 기억하는 학습과 자동차 엔진의 문제점을 진단하는 것 등에서 그 예를 찾을 수 있다.	변화하는 환경에 적응하고 기회를 최적화하는 능력. 상황적 지능은 구체적 상황에서 문제해결을 준비하는 개인의 능력을 다룬다. 예를 들어 어떤 학생들은 공부하고 있는 동안 전화 수화기를 내려놓거나 방문에 '방해하지 말 것'이라는 표지를 달아 놓는다. 왜냐하면, 그들은 전화나 방문객에 의해 주의가 산만해질 것임을 알고 있기 때문이다.

스턴버그 이론의 세 번째 부분은 한 사람이 성공할 수 있는 환경을 선택하고, 그 환경에 적응하거나 만약 필요하다면 환경을 바꾸는 것이 중요하다는 것을 강조해 준다. 여기서 문화는 성공적인 선택과 적응, 조형을 결정하는 중요한 요소이다. 한 문화집단에서 제대로 기능 한 것이 다른 문화집단에서는 기능하지 못할 수도 있다. 예를 들어 어떤 사람을 시골 농촌문화에서 성공하도록 만든 능력은 도시 안에서와 같은 상황에서는 소용이 없을 수도 있다. 성공적인 사람은 종종 그들의 능력이 가치 있을 상황을 찾아서 그들의 능력을 극대화하고 어떤 약점을 보상코자 열심히 일한다. 그리하여 이 세 번째 측면에서 지능은 직업의 선택이나 사회적 기술과 같은 실제적인 것과 관련된다. <표 5.3>은 스턴버그의 지능의 삼원론의 요소들과 이들의 예를 간략하게 제시하고 있다.

스턴버그의 3원론은 지적행동이 사고전략을 적용하고, 새로운 문제들을 창의적으로 신속하게 처리한 것의 산물이며, 또한 우리의 환경을 선택하고 재형성함으로써 주변 상황에 적응한 것의 산물임을 말해준다.

삼원이론의 가장 큰 의의는 사회적 지능(social intelligence)과 실제적 지능(practical intelligence)을 연구함으로써 지능에 포함되는 영역을 확장 시켰다는 점이다. 사회적 지능이라는 용어는 1920년대 손다이크에 의하여 사용되기 시작한 것으로, 그는 인간의 지능을 추상적, 기계적, 사회적인 것의 세 종류로 구분하고 사회적 지능을 하나의 독립된 지능으로 간주하였다. 손다이크의 사회적 지능에 대한 정의는 원래 타인을 이해하고, 타인에 대하여 현명하게 행동하는 능력을 말한다. 그 후 사회적 지능에 대한 정의는 손다이크의 정의를 바탕으로 타인을 이해하는 인지적인 측면과 사회적 상황에서 타인에 대하여 현명하게 행동하는 행동적인 측면이 계속 강조되어 왔다. 실제적 지능이란 실제적상황에 처했을 때 발휘되는 지적 수행능력을 일컫는 것으로 웩슬러의 지능개념에서도 엿볼 수 있다.

▪ 지능과 신경과학

지능과 관련한 두뇌의 역할을 탐색하기 위해 여러 가지 질문을 할 수 있을 것이다. 예를들면 '두뇌가 크면 지능이 높은가? 두뇌의 정보처리 속도는 지능과 관련이 있는가? 두뇌가 더 큰 사람이 더 똑똑한가'이다.

전문가들은 지능과 전전두엽 피질과 연관된다고 주장한다(Santarnecchi, Rossi, & Rossi, 2015). 최근 연구자들에 따르면 지능은 보다 폭 넓은 두뇌 영역에 분포되고, 전두엽과 두정엽에 관여하는 신경망 분포가 넓을수록 지능이 높다는 것이다.

고등학교를 마친 사람들은 중도 탈락한 사람들보다 지적이라는 것이다. 똑똑한 사람들이 학교에 더 오래 남았거나 학교 교육이라는 환경 영향이 지능에 영향을 미쳤기 때문일 것이다.

| 단원 마무리 |

질문을 만들어 보고 동료들과 이야기를 나눠 보세요.

♠ 정답이 있는 질문(교재에서 답을 찾을 수 있는 질문)
· 지능과 학업성취의 관계는 어떠할까요?
·
·
·

♠ 정답이 없는 질문(더 궁금하고, 이유나, 추론, 적용 등을 묻는 질문)
· 지능의 결정요인에 대해 환경과 유전 중 본인의 견해는 무엇인가요?
·
·
·

Educational Psychology

제6장 창의성

제1절 창의성의 가치

제2절 창의성 이론

제3절 창의성 측정 및 개발

제6장 창의성

제1절 창의성의 가치

1. 창의성의 의미

창의성은 창조성, 창조력, 독창성 등과 같은 의미로 쓰이며, 영어의 creativity에 해당된다. 창의성은 또한 고등정신능력, 문제 해결력, 창조적 사고력 등으로 표현되기도 한다. 그리고 일반적으로 '무엇인가 기발하고, 지금까지 없었던 새로운 것을 만들어 내거나 생각해 내는 능력'이라는 뜻으로 해석되고 있으며, 보통 사람은 전혀 갖고 있지 않은 것으로 해석하기도 한다.

시몬톤(Simonton)은 어떤 영역의 규칙과 기능을 숙달하고 철저히 따르지만 그 이상은 넘어서지 않는 사람을 '표준적 전문가'라고 하면서, 기존 규칙을 따르면서 새로운 규칙을 생성하는 사람을 '창의적 전문가'라고 주장했다. 사실, 20세기까지는 변화의 폭이 크지 않았기 때문에 창의적 생산성에 대하여 크게 고민할 필요가 없었다. 학교교육 역시 표준적 전문가의 양성에 안주해온 것도 부인할 수 없는 사실이다. 그러나 21세기 지식정보화 시대에는 기존의 패러다임을 전환하여 학교교육의 창의적 노력에 보다 많은 관심을 기울일 필요가 있다.

1950년 길포드(Guilford)가 미국 심리학회 회장 취임연설에서 행한 창의성 교육과 연구의 부족에 대한 지적은 창의성에 대한 많은 연구와 관심을 촉발하는 계기가 되었다. 그러나 창의성은 학자들마다 다양하게 정의되고 있어서 통일된 개념을 찾기가 어려우며, 창의적인 과정이 비언어적이고 무의식적인 경우도 있기 때문에 통일된 개념을 형성하기가 어려운 것도 사실이다(김재은, 1991).

20세기 이전에는 창의성을 소수만이 갖는 선천적인 특수능력으로 간주하였으나 1920년대 이후로 게슈탈트(Gestalt) 학파의 한 사람인 베르트하이머(Wertheimer)가 아인슈타인(Einstein)의 창의적 사고를 연구하는 과정에서 물리학에서 그의 발견에 대한 중요한 방법을 '재구성(reconstruction)'이라고 결론짓고 재구성을 창의적 문제해결의 기본으로 보았다. 물론 게슈탈르(Gestalt) 학파는 지식이 정신 속에 어떻게 나타나는가와 지식의 시간이 지남에 따라 변화하는 기제에 대한 구체적인 설명을 하지는 못했다(K. Dunbar).

이후, 창의성을 개념화하기 위한 구체적인 모형들은 인지적인 접근에 의하여 나타나기 시작하였다. 스턴버그(Sternberg)는 창의성을 무엇인가 새롭고, 문제 상황에 적절한 것을 만들어 낼 수 있는 능력으로 보았으며, 어반(Urban)은 주어진 또는 감지된 문제로부터 통찰력을 동원하여 새롭고, 신기하고, 독창적인 산출물을 만드는 능력으로 정의하면서 창의성의 구성요소를 인지적인 요소와 정의적인 요소로 나누고 있다. 임선하(1996)는 창의성을 새로움에 이르게 하는 개인의 사고관련 특성이라고 정의하면서 '창의성=f(성향, 경험, 기능, 지식)'이라는 C=f(DESK) 공식을 발표하였다. 최인수(1998)는 창의성을 문제에 대하여 새롭고(novel), 유용한(appropriate) 것을 생성해 낼 수 있는 개인의 능력으로 정의하였다.

기세린(Ghiselin)은 '창의성은 열반(nirvana)과 같이 정형이 없다. 창조적 과정은 자유의 상태가 전제되어야 하며, 숙달한 이해력이 작용하고 그 다음에 기능이 작용한다. 따라서 혼란에서 행동으로 질서가 세워지며, 전통적인 것에서 새로운 것으로 바뀌어 지는 것'으로 창의성을 정의하고 있다.

올센(Olsan, 1988)은 창의성이란 어떤 개인의 독특성에서 나오는 그 사람 내부의 힘으로서, 그 사람에게 가치가 있는 새로운 생각이나 참신한 통찰들을 산출하는 것으로 보았다.

이성언(1985)은 창의성이란 당면하는 과제를 해결하기 위하여, 기존 정보(과거의 경험과 지식)를 끌어내고(해체), 새로이 조립함으로써, 가치 있는 어떤 사물이나 아이디어를 만들어내는 능력으로 보고 있다.

가드너(Gardner, 1993a)는 창의적인 인물을 '한 분야에서 처음에는 새로운 것으로 인식되지만 궁극적으로 특정한 문화배경 내에서 수용되는 방식으로 문제를 해결하거나, 작품을 만들어 내거나, 새로운 의문을 규정하는 사람'이라고 정의했다.

이와 같이 창의성에 대한 정의는 학자들마다 다양하나 대부분의 정의는 인간의 내면적인 부분과 환경적인 상황, 그리고 인지적인 부분과 정의적인 부분이 복합적으로 상호작용하는 구조 속에서 이루어진다 함은 공통된 인식이다. 즉, 이 구조 속에서 생성된 아이디어에 대하여 일상적이고 관습적인 사고과정에서 벗어나 보다 유용한 아이디어가 되게 하는 정의적인 태도와 성향이 복합된 것이 창의성이라고 볼 수 있다. 이러한 정의를 중심으로 분석해 보면 창의성은 다음과 같은 특성을 갖는다.

먼저, 창의성의 가장 중요한 특성은 새로움(novelty)이다. 이는 무엇을 의미하는가? 약간 변형된 것부터 완전히 혁신적인 것까지 모두를 새로운 것으로 보아야 하는가? 아니면 다른 요소가 포함되는가? 이에 대하여 보던(Boden)은 창의성을 심리적 창의성과 역사적 창의성으로 구분하여 설명하고 있다. 심리적 창의성에 관심을 가지고 있는 사람들은 개인에게 있어 새롭고 독창적인 것이면 사회적 평가나 그 아이디어가 기존에 존재하는가에 상관없이 창의적이라고 주장한다.

반면에 역사적 창의성에 관심을 가진 사람들은 어떤 아이디어나 산출물이 창의적이라고 인정을 받기 위해서는 아이디어나 발견들이 사회적 평가를 거쳐서 그 타당성을 인정받아야 한다고 주장한다. 즉 에디슨의 전구발명처럼 최초인 동시에 그 결과물을 통하여 사람들이 혜택을 받아야 창의적이라고 말할 수 있다는 것이다(최인수, 1998). 에이버그(Weigberg)는 창의성이 본질적으로 비일상적 산물을 산출하는 일상적 인지과정이라고 제안하면서, 통찰이라는 것은 기억 속에 이미 저장되어있는 지식을 적용하는 관습적인 인지과정을 사용하는 한 개인에 따라 달라진다고 보았다.

창의성의 두 번째 특성은 유용함(appropriateness)이다. 이는 누구에게 그리고 무엇보다 요소와 기법이 적절한가에 대한 평가의 문제를 안고 있다. 이런 점에서 유용함은 그것을 판단하는 평가자가 속한 사회 문화적 맥락에 따라 달라질 수 있다(최인수, 1998).

만일, 희귀하고 유용한 아이디어를 생산해내는 측면이 창의성의 지적인 측면이라고 한다면, 다소 위험부담이 있더라고 실패를 두려워하지 않고 관심분야에 집중하여 생각하고 행동하려는 성향은 창의성의 정의적인 측면이라고 볼 수 있다(Torrance et al., 1992).

창의성에 대한 이러한 개념은 '다용도로 쓰이는 창의성'과 같은 것은 없다는 것을 시사해 준다. 창의적인 사람들은 '특정한 분야에서' 창의성을 발휘하는 것이다. 그러나 창의적이기 위해서는 '발명품'이 전제되어야 한다. 우연히 물감을 쏟아서 색다른 무늬가 만들어졌을 때 이것이 창의적인 것이 되려면 예술가가 그 우연한 사건의 잠재력을 인식하거나 쏟는 기법을 의도적으로 사용하여 새로운 작품을 만들어내야 한다(Weisberg, 1993). 흔히 창의성을 예술과 관련시키는 경향이 있지만 어떤 주제라도 창의적인 방식으로 다룰 수 있다.

창의성에 대한 이러한 다양한 접근은 다양한 창의성 측정도구를 만들어 내는데 기여하였고 창의성의 외연을 확장하는데 기여했다고 볼 수 있다. 위의 정의를 종합하여 보면 창의성은 일반 및 특정 영역에서의 지식과 기능과 같은 인지적 요소와 성취동기 및 과제집착력 같은 정의적 요소, 그리고 발산적 사고가 복합적으로 상호작용하여 새롭고 유용한 무엇을 산출하는 능력이라고 볼 수 있다.

2. 창의성의 종류

1) 과학적 창의성

맨스필드(Mansfield)는 과학적 창의성 요인으로서 그 분야에 대한 특별한 인지적 능력, 그 분야에 대한 광범위한 훈련, 최소한의 정서적 적응 등 세 가지 요인을 들고 있다. 그리고 그는 과학적 창의성을 지닌 사람은 자율성(autonomy), 융통성(flexility), 독창성(originality), 신기성(novelty), 전문적 인식의 욕구(need for professional recognition), 일에 대한 집착력(commitment), 심미적 감각의 욕구 등에서 분명한 차이가 있다고 보았다.

왈버그(Wallberg)는 물리학과 여학생을 대상으로 한 연구에서 창의성이 높은 집단은 신기성과 독창성의 욕구, 일에 대한 집착력이 높았다고 보고하였다.

2) 예술적 창의성

예술적 창의성의 대표적인 연구는 게젤스(Getzels) 등의 연구이다. 게젤스는 200명의 미술과 학생들을 대상으로 인지검사, 지각검사, 인성검사를 전기적 질문지(historical questionaire)로 실시하고 직접 면담한 뒤 정물화를 그리도록 요구하였다. 그 결과 미술과 학생들은 방법의 다양성에서 분명한 차이를 나타냈다. 지능검사에서는 심미적 판단과 관련된 분야에서 높은 점수를 얻었으며, 가치검사에서는 심미적인 부분은 높은 점수를 받은 데 비해 사회 경제적인 부분은 아주 낮은 점수를 받았다. 성격은 사회성이 부족하여 수줍음이 많은 편이며 진지하고 내성적이며 주관적이었다. 다만, 초자아 강도(superego strength)가 낮아 인습에 얽매이지 않으며 상상력이 풍부하고 급진적(radical), 실험적(experimental), 자율적이었다.

게젤스와 비슷한 결과는 바론(Barron)의 연구에서도 나타났다. 바론에 의하면 창의성이 높은 미술과 학생들은 독립적이고 비인습적이며 제스처와 표현에서 생동감이 있고, 정신적으로 약간의 콤플렉스가 있지만 개방성(openness)을 중시하며, 자발성이 있고 기행(奇行)적인 면이 있다고 하였다.

예술적 창의성에 관한 흥미 있는 연구들 가운데 하나는 아인호번과 비나케(Eindhoben & Vinacke)의 연구가 있다. 이들은 미술가와 비미술가 집단에게 한 편의 시를 그림으로 표현하도록 하였는데, 그 결과 미술가 집단은 그림 과정의 초기 단계인 설계와 스케치에서 비미술가 집단보다 훨씬 많은 시간을 소비하였고, 최종 마무리에 또한 많은 시간을 소비하였다. 이것은 창의적인 사람이 새로운 아이디어의 창조에 더 많은 관심을 가지고 있다는 것을 의미한다.

3. 창의성과 IQ와의 관계

창의성과 IQ와의 관계는 어떠할까? 창의적인 사람은 지적임에 틀림없다. 그러면 IQ가 높은 사람은 창의성도 높을까? 이에 관한 연구들을 종합하면 창의성에 아주 우수한 IQ가 요구되지는 않는다는 것이다. 그러나 어느 정도의 기본 지능(IQ 110 이상)은 필요하다. 즉 IQ가 높은(150이상) 아동이 반드시 창의성이 높지는 않으나 IQ가 평균 이상으로 우수한 사람(평균 127)은 일반적으로 창의성도 높은 것으로 보고되고 있다.

왈라치(Michael Wallach)와 코간(Nathan Kogan, 1965)에 의한 연구에서는 아동의 창의성과 지능의 차이를 밝혀 보고자 했다. 여기에서 창의성과 지능을 나타내는 지표는 서로 독립적인 경향이 있었다. 다시 말해서, 연구자들은 측정도구에서 창의성이 높게 나온 아동은 지능이 높을 확률과 낮을 확률이 거의 같았다. 따라서 이를 네 개의 범주로 나누어 볼 수 있다.

① 창의성이 높고 지능이 높은 경우

이들은 주의집중 시간이 길고 학업에 집중도가 높다. 또한, 추리력이 탁월하고, 여러 대상과 사물 사이의 연관성을 포착하는 능력이 뛰어나다, 이들은 네 개의 범주 집단 중 사회적으로 가장 건강한 것으로 보인다. 친구도 많고 다른 사람에게 친절하다. 교실 내에서는 자주 말썽을 부리는 편이며, 학업이 우수하며 환경과 언행의 미묘한 뉘앙스를 포착하는 감수성이 뛰어나다.

② 창의성이 낮고 지능이 높은 경우

이러한 아동은 주의집중 시간이 길고 학업에 집중력이 높다는 점에서 첫 번째 집단과 같다. 다만 오류를 범하는 것을 꺼려하기 때문에 세상을 이해하는데 전통적인 방법을 그대로 따르는 것으로 보인다. 이들도 누군가가 격려한다면 추상적 사고를 발휘할 수 있는 능력이 있다. 이 집단에 속한 아동은 교실 내에서 가장 얌전하며, 이들은 자신의 의견을 표현하기 전에 망설이는 경향이 있다. 다른 아이들이 이들을 친구로 사귀고자 하여도 몸을 사리는 경향이 있으며. 조심성과 망설임도 주된 특징이다.

③ 창의성이 높고 지능이 낮은 경우

이 집단의 아동은 교실 내에서 말썽을 부리는 경향이 있으며, 그것이 첫 번째 집단과 유사한 유일한 특징이다. 그들은 또한 어느 정도 추상적 사고능력을 갖추고 있다. 네 유형의 집단 중에서 이들은 교실 내에서의 집중도와 주의집중 시간 면에서 가장 뒤떨어진다. 자신감이 낮고 비교적 사회적으로 고립되어 있다. 이들은 다른 사람을 사귀는 것을 피할 뿐만 아니라 다른 아이들도 이들을 사귀는 것을 다른 집단에 비해 기피하는 경향이 있다.

④ 창의성이 낮고 지능이 낮은 경우

이 집단은 가장 인지적 피해가 큰 편이다. 이 집단은 사회적으로 외향적인 동시에 망설임의 경향이 덜하고 사회적응 면에서 창조성이 높고 지능이 낮은 집단에 비해 자신감이 낮은 편이다. 이들은 자신의 사회에 대해 현실성 있는 안배를 하고 있다.

이처럼 지능과 창의성의 정의는 서로 중복되는 면이 있으나 지능과 창의성이 항상 정적(正的)상관을 갖는 것은 아니다. 즉, 지능이 높은 아동이라고 해서 반드시 창의성이 높지는 않다. 어떤 아동은 지능은 높으나 창의성이 낮고 어떤 아동은 창의성은 높으나 지능이 낮을 수 있다.

재미있는 것은 창의성이 높고 지능이 낮은 집단이 사회적 피해가 크며, 창의성이 낮고 지능이 낮은 집단은 인지적 피해가 크다는 점이다. 즉, 한쪽이 높고 다른 한쪽이 낮은 집단은 능력 부족 때문이 아닌 동기에 관련된 문제를 가지고 있는 것으로 보인다. 두 집단은 모두 어떤 두려움을 보인다. 창의성이 낮고 지능이 높은 집단은 실수를 저지르는 것을 두려워하며, 창의성이 높고 지능이 낮은 집단은 동료들이 자신을 나쁘게 생각하는 것을 두려워한다. 이러한 연구결과들이 주는 시사점은 아동의 창의성과 지능은 서로 독립된 지표로 분리가 가능하도록 해준다는 점이다.

제2절 창의성 이론

창의성의 본질을 규명하기 위한 시도는 여러 학자들에 의하여 이루어졌다. 그 가운데서도 대표적인 것이 길포드의 창조적 사고 요인설, 기세린(Ghiselin)과 로저스(Rogers) 등의 과정론, 월라스(Wallas)의 문제해결론 등이 있다. 이들에 대해서는 신세호(1977)의 글에서 요약한다.

1. Guilford의 창조적 사고 요인설

길포드(Guilford)는 지능의 요인을 무엇에 의하여 사고하는가의 내용, 어떻게 사고하는가의 조작, 조작을 내용에 적용하는 것과 관련된 산출영역을 가진 입방체 모형으로 설명하면서 지능의 조작 차원의 '확산적 생산'이 창의성임을 지적했다.

길포드는 확산적 생산을 다시 분석하여 창의적 사고에 관련되는 능력을 다음과 같이 추출하였다.

① 문제에 대한 감수성
② 사고의 유창성: 어휘의 유창성, 관념의 유창성, 연상(聯想)의 유창성, 표현의 유창성
③ 사고의 융통성: 자발적 융통성, 적응적 융통성
④ 사고의 독창성: 비범성, 원격연합, 기교성
⑤ 면밀성
⑥ 재구성력
⑦ 집요성

이를 통해 볼 때, 창의적 사고의 주요특성 중 하나가 확산적 사고(divergent thinking)인데, 이는 한 문제 또는 한 사태에 대해 여러 가지 다른 대답이나 해결방법을 생각해 내는 능력을 말하며, 일반적으로 창의적 아동은 사고에 있어 제한이 없다.

창의적 사고의 또 다른 측면은 유창성(fluency)이다. 유창성은 아이디어의 양으로 관련된 아이디어의 수를 말한다.

세 번째 측면은 독창성(original thinking)이다. 이것은 아이디어의 희귀성 또는 진기함을 의미한다. 즉 독창성은 평범하지 않은 해결책을 찾아내는 것이다.

또한, 창의적 사고는 융통적인 사고(flexible thinking)이다. 창의적인 아동은 분석방법에 있어 전이, 즉 과제를 해결하는데 한 방법에만 집착하지 않고 반대의 방법도 생각해 보는 능력을 가지고 있다. 융통성 있는 사고를 하는 사람은 한 범주의 정보에서 다른 범주의 정보로 주의를 옮길 수 있으며 주제에 대한 새로운 정보를 쾌히 받아들이고 이용한다는 점에서 차이가 있다.

창의적 사고에서 또 하나 생각해야 할 부분이 유용성(utility)이다. 아이디어의 수가 아무리 많아도 그것이 쓸모가 없다면 의미가 없기 때문이다. 그렇지만 유용성은 누구에게 유용한가, 무엇보다 유용한가와 같은 비교와 평가의 과정이 관여되기 때문에 평가의 주제가 필요하게 된다. 결과적으로 유용성은 평가자가 속한 사회문화적 맥락이 창의성의 판단에 영향을 미친다고 볼 수 있다(최인수, 1998, 한국심리학회지 17권 1호, 25-47).

2. Ghiselin의 과정론

기세린(Ghiselin, 1952)에 의하면 창의성이란 자기의 주관적 생활을 조직해 나가는 '과정'에서 보이는 변화와 발전을 추구하는 과정이다. 그것은 기존하는 질서에 대한 불만으로부터 시작해서 새로운 질서의 발견 또는 완성에서 끝나게 되는 것이다. 그는 이러한 변화의 과정은 의식보다는 무의식에서 더 활발하다고 부연했다. 그것은 무의식에서는 의지와 주의집중에서 방해를 받지 않기 때문이다. 또 이러한 과정은 그 자체자의 용기를 필요로 하는 데, 이는 통상적인 것, 대중적인 것으로부터의 고립과 이탈을 수반하기 때문이다.

한편 로저스(Rogers, 1959)는 창의성을 하나의 새로운 결과를 야기하는 행동의 출현이라고 보았다. 그것은 그 개인의 독특성과 그 개인을 둘러싼 사건, 사람, 자료, 자기의 생활상의 어떤 사정 등에서 생성되는 과정이기 때문이다. 이러한 과정을 찾는 동기를 가리켜 로저스는 자기실현 또는 자기표현의 경향성이라고 불렀다.

로저스는 창의성을 문제-사람-환경의 관계로 지각한다. 그는 창의성을 자극하는 환경의 심리적 특성으로 다음 네 가지를 들었다.

1) 넓은 경험영역에로의 개방성

여기서 말하는 개방성은 어떤 개념·가설·신념 등을 지각하고 해석하는 데 있어서 상투성(stereotype)과 경직성(rigidity)을 배제하고, 그 한계를 인정하는 것이며, 모호한 것에 대한 관용을 의미한다. 다시 말해서 어떤 모호한 것이 주어졌을 때 그 장면을 없애거나 피함이 없이 그러한 갈등을 받아들이는 능력이나 태도이다.

2) 평가의 내적 장면

창의의 산물로만 창의성이 있느냐 없느냐를 판단하고, 평가하는 주체자를 창의자 자신으로 보는 입장을 말한다. 즉 어떤 외적·객관적 기준에 의해서가 아니라 창의자가 스스로 평가자가 되어서 자기가 창출한 결과가 자신을 만족시키는가, 또는 자신의 생각·노력·감정이 반영되었는가와 같은 기준에 의해서 평가되는 장면을 말한다.

3) 요소나 개념을 다룰 줄 아는 능력

가설을 용감하게 설정해 보는 태도 및 능력, 여러 가지 색깔·아이디어·형태 등의 요소를 자유롭게 배치·대치·결합시켜 보는 노력 및 태도가 강조되고 격려되는 분위기를 말한다. 즉, 어떤 요소나 개념을 새롭게 변화시키는 노력을 통해서 모든 가능성을 노출시키고 그 속에서 새로운 것을 찾아보는 일련의 학습활동이 자유롭게 허용되는 분위기를 말한다.

4) 창의성 배양을 위한 환경조건

로저스는 창의성의 배양은 창의자의 주체적인 심리적 특성에 바탕을 두며, 개인의 완전한 자아의 포용이 필요하다고 하였다. 따라서 교육이나 훈련을 통해서 이루어진다는 말을 할 수 없는 경우가 많다고 부연하면서, 다만 창의성을 배양하는 환경풍토를 조성하는 것이 중요하다고 보고, 다음과 같은 환경조건의 필요성을 강조했다.

(1) 심리적 안정

창의성은 먼저 개인이 주어진 환경적 사태에서 심리적으로 안정감을 가질 수 있어야 가능하다. 모든 새로운 것은 기존하는 질서 또는 표준에 비추어 보면 '이상한 것'이 된다. 이러한 이상한 것을 만들려는 주체자가 앞으로 타인에게 받을 반응을 미리 생각한 나머지 불안정한 심리상태에 놓이게 되면, 창의성은 제대로 발휘될 수 없다.

심리적 안정을 유지하려면 다음 세 가지가 필요하다.

① 개인을 가치 있는 존재로서 순수하게 받아들이는 것
② 외부적인 평가가 없는 심리적 풍토를 제공하는 것
③ 그 개인을 진지하게 이해하는 것

(2) 심리적 자유

심리적 자유란 개인의 감정·충동·사고·행동상의 완전한 자유가 허용된다는 것을 의미한다. 경험에 대한 개방성, 평가의 내적인 장은 근본적으로 심리적 자유의 기초위에서만 가능하다.

창의성을 하나의 심리적 과정으로 보는 입장은 이 밖에도 메이, 머레이, 하몬, 앤더슨(May, Murray, Harmon, Anderson) 등 학자에 따라 다양하다.

3. Wallas의 문제 해결론

창의성을 문제 해결론으로 보는 입장은 월라스(Wallas)의 창의적 산출단계설, 로스만(Rossman)의 발명적 사고 단계설, 듀이(Dewey)의 문제해결단계설에 기초한 오스본(Osborn)의 창의적 문제해결단계설, 그리고 월라스의 모형에 기초한 앤더슨의 창의성의 수준에 관한 모형 등 다양하다. 여기서는 월라스의 4단계설을 소개 하고자 한다.

1) 월라스의 4단계설

'사고의 기술'이라는 제목의 책에서 월라스는 사고의 4단계설을 내세웠다. 즉 창의적인 산출은 다음과 같은 4단계의 사고과정을 거친다는 것이다.

(1) 준비기

주어진 또는 나타난 문제를 여러 각도에서 지각하고 이해해보는 단계를 말한다. 학교교육의 지적 과정은 거의 다 여기에 포함된다고 볼 수 있다. 특히 전통적인 논리학이나 수학, 체계적인 검토와 관찰, 잘 정리된 질문과 해답을 찾는 것 등이 여기에 속하는 활동이다.

(2) 부화기

지각 또는 이해된 문제에 대한 해결력을 찾아야 할 필요 · 의욕은 가졌지만, 그러한 느낌이 필요를 의식화하기 전 단계가 여기에 해당된다. 부화기는 다시 두 단계로 나누어진다. 첫째는 매우 소극적인 단계로 개인이 그 문제를 의식적으로 생각하지 않는 때를 말하며, 둘째는 보다 적극적인 단계로 다른 사건 또는 일에 관여하게 됨으로써 자연히 먼저 문제를 잊게 되는 때를 말한다. 부화기의 보다 가치있는 면은 바로 이 두 번째 단계인데, 의식적으로 다른 일을 함으로써 문제를 부화하는 경험은 의식적으로 먼저 문제를 그냥 잊고 있는 상태보다 능률적이라는 것이다. 말하자면 여러 개의 서로 다른 문제들을 벌여 놓고 미완성인 상태에서 휴식하는 동안에 먼저 문제에 관한 기발한 해결안이 떠오르기 쉽다는 것이다. 여기서 말하는 휴식은 정신적 휴식을 뜻한다. 정신적 휴식은 신체적 운동을 요한다. 한편 정신적 휴식을 위하여 비자발적인 힘겨운 독서는 금물이다.

(3) 조명기

무엇인지는 몰랐지만 지금까지 찾던 행운의 아이디어가 번쩍 떠오르는 단계를 말한다. 이러한 아이디어의 출현의 직전과 직후에 일어나는 심리적 과정은 문제의식이 무의식에서 의식에 가장 가까운 부분으로 옮겨지는 현상인데, 이것은 사람에 따라 관찰되지 않는 경우가 있다. 이러한 경우를 '암시(initiation)'라고 부르는데, 이 순수한 암시 현상은 어떠한 감정적 색채도 없는 상태에서 의식표면까지 나오게 되는 것이다. 이러한 감정적 색채가 배제된 상태를 조명기의 충분조건이라고 부르며, 이 조건은 인간의 의식적 노력으로 달성가능하다고 본다.

(4) 검증기

조명기에서 암시된 해결안으로서는 아이디어의 타당성을 검증하고, 그 결과에 따라 완전한 아이디어로 정리하게 되는 것까지를 포함한다. 이러한 사고기술을 촉진시키는 방법으로는 다음과 같은 습관형성이 좋다고 월라스는 제언하고 있다.

① 창의적 과업수행을 위한 시간을 정하여 갖는다.
② 항상 워밍업 단계를 갖는다.
③ 어떤 창의적 과업을 수행하는 데 있어서 남에게 뒤진다고 동요하지 않는다.
④ 창의적 과업수행을 위한 일정한 장소를 갖는다.
⑤ 일반적으로 흩어져 나오는 아이디어를 메모해서 기록 보관해 두고 늘 볼 수 있도록 한다.

제3절 창의성 측정 및 개발

1. 창의성 검사

창의성을 확산적 사고라는데 동의한다면, 창의성을 측정하는 방법으로 여러 다양한 대답이나 해결방법의 제시로 창의성을 측정할 수 있다.

예를 들어, '신문의 용도가 얼마나 많은가를 생각할 수 있는가?' 의 질문에 당신과 10세 된 소년의 반응과 생각은 매우 다를 것이다. 예시문은 다음과 같다.

> 당신은 그것을 읽고 쓸 수 있다. 그 위에 누울 수도 있다. 그리고 그림을 그릴 수 있다. 장식으로 문에 붙일 수 있다. 쓰레기통에 넣을 수 있고, 의자가 더러우면 의자 위에 그것을 놓을 수 있다. 만약 당신에게 강아지가 있다면 강아지 집 속에 신문을 놓을 수도 있고, 아니면 개가 가지고 놀 수 있도록 뒤뜰에다 갖다 놓을 수도 있다. 당신이 무엇을 만들려고 할 때 다른 사람들이 보는 것을 원치 않을 경우, 신문지로 둘레를 칠 수도 있다. 만약 야외에서 자리가 없다면 신문을 바닥에 깔 수도 있다. 뜨거운 물건을 쥘 때 사용할 수도 있고 지혈하는 데 사용하기도 하고, 아니면 옷을 말릴 때 물방울을 지우기도 하고 또 커튼으로 사용할 수도 있다. 또 한 신발 안에 넣어서 발이 다치지 않게 할 수도 있으며, 또 신문으로 연을 만들 수도 있다. 빛이 너무 밝을 때 그늘을 만들 수도 있으며 생선을 쌀 수도 있고, 창을 닦을 수도, 돈을 포장할 수도…… 신문지 위에서 구두를 닦을 수도 있다. 안경을 닦는다든지, 물방울이 떨어지는 싱크대 밑에 둔다든가 묘목을 심을 수도 있다. 신문지 그릇을 만들 수도 있고 비올 때 모자로 사용하기도 하고, 발에 묶어서 슬리퍼로 사용하기도 하고, 만약 타월이 없을 때 모래 위에 깔 수도 있다. 또 신문으로 야구할 때 베이스로 사용할 수도 있다. 종이비행기도 접고, 쓸어낼 때 쓰레기 받이로 사용하기도 하고 고양이가 가지고 놀 공도 만들고, 추울 때 손을 싸기도 한다(Ward, Kogan, & Pankove, 1972).

창의성을 측정하는 데는 여러 가지 방법이 사용된다. 게젤스와 잭슨(Getzels & Jackson, 1962)이 사용한 창의성 검사를 보면 다음의 5개 하위검사로 이루어져 있다.

- 단어 연상검사: 일반적인 단어를 제시하고 일정한 시간 동안 각 단어에 대하여 되도록 많은 정의를 내리게 하는 검사
- 용도 검사: 일정한 용도를 가지고 있는 사물(예: 신문지)을 제시하고 각 사물의 본래 용도 이외의 용도를 일정한 시간 내에 가능한 한 많이 이야기하도록 하는 검사
- 도형찾기 검사: 복잡한 도형 속에 감춰진 다른 도형들을 찾아내는 검사
- 이야기 완성검사: 뒷부분이 생략된 짤막한 이야기를 종결짓는 검사
- 문제작성 검사: 여러 가지 수적인 진술이 포함되어 있는 4개의 복잡한 문장으로 수리적 문제를 가능한 한 많이 만들게 하는 검사

토랜스(Torrance)는 언어성(verbal) 검사와 도형성(graphic) 검사라는 두 유형의 창의성 검사를 개발했다(Torrance, 1972; Torrance & Hall, 1980). 언어성 검사에서는 깡통 한 개를 어디에 다 쓸 수 있는지 가능한 대로 그 용도를 많이 생각해 내게 하거나, 어떤 장난감을 어떻게 바꾸어보면 더 재미있게 갖고 놀 수 있을 것인지 등을 물어본다. 도형성 검사에서는 예컨대 평행으로 그어진 30개의 수직선을 주고 한 가지 그림에 두 개의 수직선을 사용하면서 전부 30가지의 각기 다른 그림들을 그리도록 한다(Satter, 1992).

이런 과제들에 대한 반응들은 확산적 사고의 세 가지 측면인 독창성, 유창성, 융통성에 따라 점수가 매겨진다. 독창성(originality)은 보통 통계적으로 결정된다. 독창적인 반응이란 그 검사를 치르는 사람들 100명 중에서 5명 내지, 10명 이하의 사람들이 내놓은 반응이다. '유창성(fluency)'은 각기 다른 반응의 수이고, '융통성(flexibility)'은 일반적으로 각기 다른 반응 범주의 수로 측정된다. 예를 들어, 어떤 사람이 깡통의 용도를 100가지 열거했는데, 이것이 모두 어떤 것을 담는 용기로서의 용도라면, 유창성 점수는 높겠지만 융통성 점수는 낮을 것이다. 세 가지 측정치 중에서 유창성, 즉 반응의 수가 확산적 사고를 가장 잘 예언해 준다(Bjorkiund, 1989).

한편, 확산적 사고의 세 가지 측정치가 창의성을 제대로 평가해 주는가? 비요클런드(Bjorklund, 1989)은 창의성은 결코 완벽한 것이 아니기에 아이들의 확산적 사고는 상호 간에 차이가 있으며, 따라서 아동기 동안 확산적 사고의 패턴은 어느 정도로만 안정되어 있으며, 확산적 사고는 실생활에서의 창의적 활동과 크게 연관을 갖지 않는다. 라고 주장한다. 즉, 창의성은 정의 내리기가 어렵고 지필검사로 측정하기도 어려운 개념이다.

- 무작위 표집집단의 일반적 반응
1. 부두 무용수
2. 선인장

- 창조적인 집단의 반응
1. 중절모를 쓴 멕시코인이 비구름을 피하여 언덕에서 뛰어가는 모습
2. 한자로 쓴 단어

[그림 6.1] 창조성 투사 검사문항

* 출처: Frank Barron, "The Psychology of Imagination," Scientific American(September, 1958), p. 156.

또한, 창의성을 측정하는 접근방법 중 하나는 투사법을 사용하여 인성을 측정하는 것이다. 그러한 검사에서는 극히 비구조적이거나 다의적인 자극이 제시된다. 피험자는 그 자극에 대하여 자신의 독특한 의미와 구조를 부여하게 된다. 피험자는 검사자의 의도가 무엇인지를 모르므로 어떤 잠재적인 성격특성을 노출한 가능성이 있다. 이런 검사는 원래는 피험자의 문제, 희망, 자신에 대한 태도 등 표면적인 성격특성을 측정하기 위해 제작된 것이지만, 최근 창의성을 발굴하기 위한 목적으로 변형되었다. 예를 들어 잘 알려진 로올샤흐(Rorschach) 검사는 창조적인 사람과 그렇지 못한 사람을 구분하기 위해 제작되었다. 그 검사에서 사용된 문항 한 개가 [그림 6.1]에 제시되어 있다.

2. 창의성 개발을 위한 교육방법

1) 창의성 개발 프로그램

창의성을 향상시키기 위해서는 생산적 사고 프로그램과 창의적 사고 프로그램 등이 있다. 대표적인 창의성 프로그램을 소개하면 다음과 같다.

(1) 생산적 사고 프로그램

이 프로그램은 컨빙턴(Convington) 등에 의해서 개발된 것이다. 이 프로그램은 초등학교 5-6학년 학생을 위한 자기훈련 프로그램(self- instructional program)이다. 탐정소설을 만화형태로 꾸민 15개의 작은 책자로 구성되어 있다. 이 프로그램은 확산적사고와 수렴적 사고가 포함된 문제해결기술이 여러 가지 다양한 형태로 제시되고 있으며, 문제해결의 과정을 통해 사고능력을 개발하는 데 중점을 두고 있다.

(2) 퍼듀 창의적 사고 프로그램

퍼듀 창의적 사고 프로그램(Purduce creative thinking program)은 펠드허슨(Feldhusen) 등에 의하여 개발된 것이다. 초등학교 4학년 수준의 아동에게 확산적 사고능력을 촉진하기 위하여 만들어진 프로그램이다. 연습용을 포함해서 28개의 오디오 테이프로 구성되어 있다. 각각의 테이프는 3-4분짜리이며, 그 뒤에 단편적 미국 개척사를 10분씩 삽입하여 놓은 프로그램이다.

(3) 오스본의 브레인 스토밍(brain stormming)

1939년 실업가였던 알렉스 오스본(Alex Osborn)이 개발한 브레인스토밍은 발산적 사고의 기본도구이고 가장 오래된 것이며 현재까지 가장 광범위하게 사용되고 있다. 집단의 성원들이 하나의 구체적인 문제에 초점을 두고 가능한 대로 많은 수의 아이디어를 구두로 말하는 것이 보통이지만 성원들이 수줍어하거나 부자연스러워 할 때는 아이디어를 종이에 써서 제출할 수도 있는데 이것을 브레인 라이팅(Brain Writing) 기법이라 한다.

브레인스토밍은 아이디어를 많이 생성해 내는 데 목적이 있기 때문에 여러 가지 의견이나 아이디어가 있을 수 있는 장면이면 어디서든 사용할 수 있다. 하지만 다소 혁신적인 아이디어를 원할 때 훨씬 적합하다. 브레인스토밍을 제대로 이용하려면 사전에 이 기법에 대한 이해와 준비가 잘되어야 한다. 그리고 토의가 초점을 유지할 수 있게 진행이 효과적으로 이루어져야 한다. 주로 집단 토의에서 사용할 수 있는 기법이지만 개인이 혼자서 사용할 수도 있다. 어떤 문제를 창의적으로 해결하기 위하여 계획된 모임에서 미리 계획하여 사용할 수도 있고 사전계획 없이 수시로 자연스러운 필요 때문에 사용할 수도 있다.

브레인스토밍의 4가지 규칙은 다음과 같다.

- 비판금지: 더 많은 아이디어를 얻기 위해 비판금지
- 질 보다 양: 아이디어는 많을수록 좋음
- 자유분방: 분위기를 자유롭게 조성하여 파격적인 아이디어 얻기
- 아이디어 편승: 히치하이킹, 다른 사람의 아이디어에 자신의 아이디어 편승하기

브레인스토밍 기법을 수업에 활용할 경우 6단계의 수업 전개과정이 있다.

- 문제의 확인: 교사는 수업시간에 다룰 문제를 선정하고, 여러 가지 아이디어가 제시될 수 있는 문제를 선정하도록 한다.
- 집단의 구성: 소집단 또는 전체 학급을 대상으로 지도자와 기록원을 정하고, 결정은 교사가 하거나 학생들이 할 수 있도록 한다.
- 문제의 제시: 학생들에게 문제를 제시한다. 칠판에 크게 적어두는 편이 좋다.
- 개인별 브레인스토밍: 본격적인 활동에 들어가기 전에 약 2~3분간 학생들 개인별로 주어진 문제에 대한 아이디어를 생각해 보도록 한다. 개인별 활동은 집단 브레인스토밍 과정에 상당한 도움을 준다.
- 집단 브레인스토밍: 앞서 4가지 원칙을 학생들에게 인식시킨 후 집단 브레인스토밍 활동을 전개한다. 지도자는 활동을 조정하고 기록원은 제시된 아이디어를 칠판에 기록한다.
- 평가 및 정리: 제시된 아이디어를 하나씩 평가한다.

(4) 크라우포드의 속성열거법(attribute listing)

속성열거법이란 문제의 속성(모양, 크기, 색깔, 특성 등)을 가능한 세분화시켜 기존의 개념이나 원리와는 다른 새로운 아이디어의 속성을 목록으로 작성하는 방법이다.

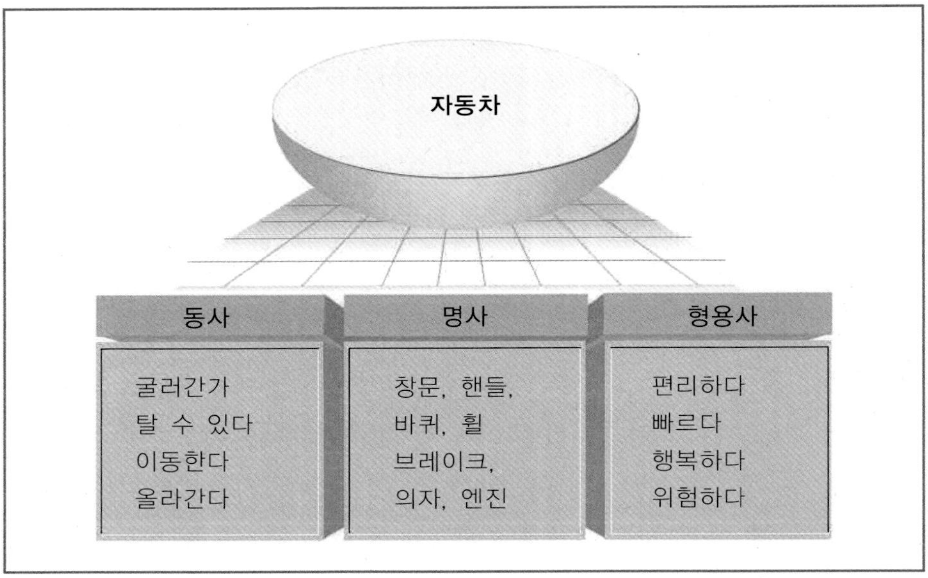

[그림 6.2] 속성열거법의 활용

(5) 강제결합법(Forced Relationship)

강제결합법은 어떤 아이디어나 사물을 강제로 결합해서 새롭고 유용한 결과물을 만드는 것으로 화이트니가 창안했다. 이 기법은 전혀 연관성이 없어 보이는 대상을 억지로 결합함으로써 사고의 발상을 전환시키는 연합사고 활동으로 창의성의 구성요소 중 융통성을 기르는 방법이다. 퓨전음식이 만들어지는 방법이나 USB 꽂이에 스마트폰 충전 뿐만 아니라 다양한 기기의 충전으로 사용하도록 만들어졌다. 새롭고 독창적인 산출물을 자유롭게 생성할 수 있고 독특한 사고의 접근을 유도할 수 있는 것이다. 강제결합법의 진행방법은 다음과 같다.

- 먼저 과제를 제시한다.
- 관계성이 없는 단어를 무작위로 제시하고 추출한다.
- 단어가 주는 느낌을 왼쪽에 적는다.
- 생각나는 것과 과제를 연결하여 새로운 아이디어를 도출한다.

(6) 스캠퍼 기법(SCAMPER)

스캠퍼는 7가지 항목에 해당하는 단어의 첫 글자를 따서 만든 발명 기법으로 기존의 형태나 아이디어를 다양하게 변형시키는 발명 사고 기법이다.

- S(substitute) 대체: 기존의 사물을 형태, 용도, 방법 등을 다른 것으로 대체하는 방안을 생각하는 방법
- C(combine) 결합: 두 가지 또는 그 이상의 것들을 결합, 혼합해서 새로운 것을 생각하는 방법
- A(adapt) 적용: 어떤 형태나 원리, 방법을 다른 분야의 조건이나 목적에 맞도록 적용할 수 있을 생각하는 방법
- M(modify or magnify) 변형 또는 확대: 기존의 상품이나 아이디어에 색, 모양, 의미 등을 조금 수정해서 변화를 주는 방법
- P(put to the other uses) 다른 용도: 기존의 제품을 다르게 적용하거나 혁신적으로 사용하면서 새로운 기회를 만드는 방법
- E(eliminate) 제거: 기존의 것을 제거해 보면서 문제해결의 새로운 실마리를 찾는 방법
- R(rearrange or reverse) 재배열 또는 뒤집기: 기존의 순서를 바꿔보면서 색다른 아이디어를 찾아내는 방법

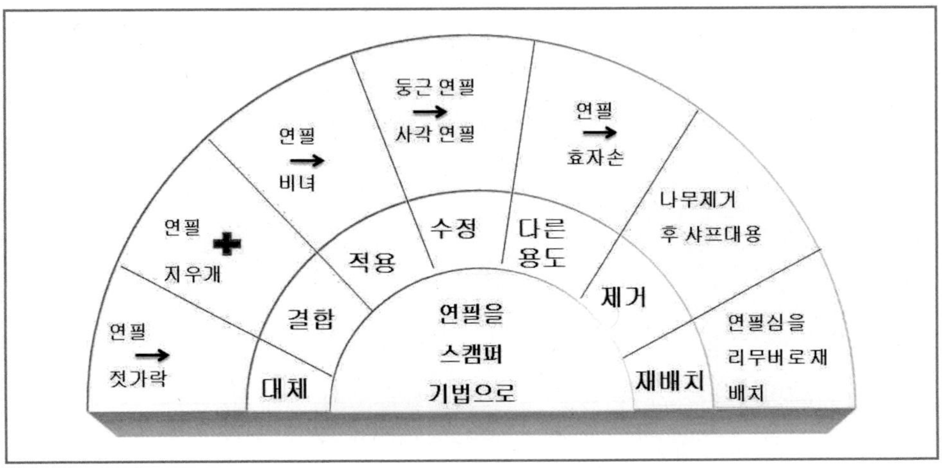

[그림 6.3] 스캠퍼 기법의 활용

(7) Six Thinking Hat(육색모 기법)

몰타(Malta)의 심리학자인 에드워드 드 보노(Edward de Bono)가 고안하였다. '육색 사고 모자 기법', '여섯 모자 생각법', '여섯 색깔 생각의 모자 기법'으로도 불린다.

첫째, 하얀 모자는 중립적, 객관적, 사실적 사고를 뜻하며, 사실, 수치, 정보가 이에 해당된다.

둘째, 빨강 모자는 감정적, 직관적 사고를 뜻하며, 느낌, 육감, 직관, 예감이 이에 해당된다.

셋째, 검정 모자는 부정적, 비관적 사고를 뜻하며, 단점, 부정적 판단, 실패할 이유, 불가능성이 이에 해당된다.

넷째, 노랑 모자는 낙관적, 긍정적 사고를 뜻하며, 장점, 긍정적 판단, 성공할 이유, 가능성이 이에 해당된다.

다섯째, 초록 모자는 창조적, 생산적 사고를 뜻하며, 새로운 생각, 재미있는 생각, 여러 가지 해결 방안이 이에 해당된다.

여섯째, 파랑 모자는 이성적 사고를 뜻하며, 생각하는 순서를 조직, 요약, 개관, 결론, 규율의 강조, 다른 모자들의 사용을 통제하고 조절이 이에 해당된다.

중립적, 감정적, 부정적, 낙관적, 창의적, 이성적 사고를 뜻하는 여섯 가지 색깔의 모자를 차례대로 바꾸어 쓰면서 모자 색깔이 뜻하는 유형대로 생각해보는 방법이다. 서로 다른 관점에서 동시에 중구난방으로 논의하는 것을 방지하며, 여러 가지 다른 측면에서 사고하게 해준다는 장점이 있다.

(8) 창의성 검사

<table>
<tr><td>C</td><td>C</td><td>C</td></tr>
<tr><td>C</td><td>C</td><td>C</td></tr>
<tr><td>C</td><td>C</td><td>C</td></tr>
</table>

2) 창의적 교육환경

매키논(Mackinnon)은 창의적 활동이 요구되는 건축기사를 대상으로 생활사를 분석하였는데 다음과 같은 결과를 얻었다.

① 그들은 부모로부터 존중받았고, 어떤 일에든지 격려받으며 자랐다.
② 그들의 어머니는 특히 자주성이 높았다.
③ 체벌은 비교적 적게 받았다.
④ 종교의 교리를 따르도록 강요받지 않는 한편 개인적 윤리체계를 수립하도록 조언받았다. 또한, 직업선택에 관해서도 부모로부터 압력을 강하게 받지 않았다.
⑤ 빈번한 이사로 인해 환경변화를 많이 겪었으며 경험도 다양하였다.

위와 같은 매키논의 연구결과는 창의성이 잠재적으로 교육환경의 변화에 의해 증진될 수 있다는 점을 암시하고 있다. 또 한 그 환경은 개인에게 의사결정의 기회를 경험하게 하는 것 등 다양한 환경변화의 경험이 포함된다는 것이다.

로저스(Rogers)는 창의성을 발휘할 수 있는 개인의 조건을 ① 경험에의 개방성, ② 판단기준의 내재성, ③ 요소나 개념을 자유자재로 관련짓는 능력 등으로 제시하고 있다.

한편, 창의성을 저해하는 요인도 있다. 개인 외적 요인 중 교사요인을 예로 들어보면 수업 중에 기억을 강조하고 개인학습을 격려하지 못하며, 교사의 열성과 독창성이 부족하고, 학생들의 반대의견을 받아들이지 못하는 점을 들 수 있다. 교육방법의 측면에서는 자발성의 경시, 교사의 과잉기대, 성공의 강요, 질문과 탐구심의 억제, 성 역할의 과장과 그릇된 강조, 일탈과 이상성의 혼돈, 공부와 놀이의 분리 등이 있다.

개인 내적 요인으로는 불안, 권태, 피로, 욕구좌절, 자기평가의 부족 등이 저해요인이며, 문화적인 동조성(conformity), 형식적 논리의 편중, 잘못된 습관 등도 창의성의 저해하는 요인이다.

학교에서의 창의적인 교육환경은 학생들의 제안내용에 대하여 그 내용이 무엇이든간에 도덕적 판단의 오류가 아닌 것이라면 허용하는 분위기가 만들어져야 한다. 그리고 학습자가 목표를 추구할 때 그 목표를 제한하지 말아야 하며, 목표추구의 과정은 학습자 자신이 결정하고 결론을 내리도록 하는 자발적인 과정으로 유인하여야 한다.

또한, 학습자를 신뢰하고 학습자의 목표지향 활동을 격려하며 성취를 인정하는 분위기를 조성하여야 한다.

3) 창의적인 교육방법

(1) 학습자 요인

① 자유로운 자세의 획득

자유로운 자세를 얻는다함은 모든 장애로부터 해방되는 것이다. 대표적인 장애는 감정적 장애, 지각장애, 문화적 장애 등이 있다. 감정적 장애란 실패에 대한 공포, 타인의 비난에 대한 공포, 모호한 상황에 대한 부정적 태도, 완벽주의, 권위주의, 현실을 무시한 높은 야망 수준에서 오는 갈등상태 등이다. 지각장애는 기존의 생활 경험으로부터 획득된 선입견, 예를 들면, '금속' 하면 무겁고, 차갑고, 딱딱한 것으로만 인식하는 선입견이다. 문화적 장애는 개인의 신념이나 가치를 사회적 기준에 적합하도록 맞추라는 압력을 받아서 생긴다. 예컨대, 쌀쌀한 여름날 밤에 겨울 코트를 입으면 이상행동으로 간주하는 것도 일종의 문화적 고정관념이다.

② 불만 및 의문

문제를 구체적으로 느끼고 발견하는 과정이다. 학습자는 문제해결 방법의 단서를 발견하고 기본방향을 설정 한다.

③ 자아포용

이것은 문제 사태를 자신의 범주 안으로 끌어들이고, 문제를 해결하고자 하는 동기유발의 과정이다.

④ 준비

필요한 정보를 추구하고 수집된 자료를 분석하고 그에 대해 문제 해결의 여러 가지 전략을 구상하는 것이다.

⑤ 발산적 노력

이 과정은 고정관념에서 벗어나 새로운 정보를 발견하려는 과정이다. 자유로운 작업-휴식의 과정을 통해 전제 조건이 없는 상태에서 새로운 정보를 획득하기 위하여 자유롭게 노력하는 과정이다.

⑥ 평가

평가과정은 발산적 노력을 통해 얻어진 결과를 검토한다. 평가의 기준은 명료성(clarity), 참신성(uniqueness), 독창성(originality)이며 예술적 활동에는 특히 자기만족이 강조된다.

(2) 교사요인

교사요인에서 강조되어야 하는 것은 수업내용, 수업방법 등의 준비에서 창의적 사고를 촉진할 수 있어야 한다는 점이다.

김충희(1985)는 ㉮ 학습과제의 다각적 접근, ㉯ 학생들의 이해와 사고를 동원하는 수업, ㉰ 독창적 사고나 표현의 기회, ㉱ 평가의 발전적 활용 등을 제시하고 있다.

정원식(1977)도 다음과 같은 과정을 통하여 창의성이 유발될 수 있다고 보았다.

① 문제의 다면적 노출

교사는 문제 자체를 학습자가 세분화하도록 도움을 주어야 한다. 그러기 위해서는 개방적 학습풍토가 유지되어야 한다.

② P-S사이의 장애요소의 규명

P(problem)와 S(problem solved: 문제가 해결된 상태) 사이의 장애를 제거해야 한다.

③ 동기의 강화

학습자가 자신의 문제를 해결하고자 하는 의욕을 지속시키는 일이다.

④ 확산활동의 지도

학습자가 문제를 공격하는 입장을 확대시킴과 동시에 문제에 집중할 수 있도록 도와주는 일이다. 즉 학습자의 사고를 보다 다양한 방면으로 안내하고 그것이 활발히 진행되도록 자극을 주는 일이다.

⑤ **평가**

학습자 개인 또는 집단이 잠정적으로 산출해낸 아이디어 중에서 어떤 것을 최종결정하도록 도와주는 일이다.

토랜스는 학생의 창의적 행동에 보상을 주는 다섯 가지의 원리를 다음과 같이 들고 있다.

㉮ 엉뚱한 질문을 존중한다.
㉯ 상상적 · 창의적 아이디어를 존중한다.
㉰ 학생들로 하여금 교사가 그들의 아이디어를 가치 있다고 생각한다는 느낌을 갖도록한다.
㉱ 가끔 학생들이 결과에 대한 평가의 두려움이 없이 실행해 볼 수 있는 분위기를 만든다.
㉲ 평가는 원인과 결과를 함께 고려한다.

(3) 학교풍토요인

창의성을 개발하는 학교풍토를 윤종건(1994)은 ① 개방적 · 허용적 풍토 조성, ② 자주적 환경의 조성, ③ 유인체제의 강화 등으로 제시하였다.

토랜스는 창의성을 조성하는 학교 행정가 요인으로 다음과 같은 것들을 제시하였다. 오늘날의 우리 교육현장의 입장하고는 다소 견해가 다를 수 있지만 참조할 만하다.

① 교사들로 하여금 교장이 창의성과 창의적 교수활동을 좋아한다는 것을 알게 한다.
② 교사들의 아이디어를 얻기 위한 제도적 장치를 활용한다.
③ 교장의 의견에 반대하는 입장도 관용을 베푼다.
④ 실험을 권장 한다.
⑤ 교사들에게 지나치게 과외 부담을 주지 않는다.

⑥ 실패에 대한 부담을 주지 않고, 새로운 아이디어를 실천해 볼 수 있게 마음을 쓴다.
⑦ 자극적이고 모험적인 학교풍토를 조성 한다.
⑧ 팀워크를 너무 강조하지 않는다.
⑨ 아이디어가 정직하게 평가받는 회의를 갖는다.
⑩ 실패경험으로부터 건전하고 재미있는 아이디어를 개발하도록 돕는다.
⑪ 다른 교사의 창의적인 업적을 볼 수 있게한다.
⑫ 교내는 물론 다른 학교의 교사들과도 공동관심사에 대해서 자유롭게 의사소통할 수 있게 한다.
⑬ 가끔 형성된 개념과 실제에 대해 의문을 제기한다.
⑭ 장기계획을 세워 꾸준히 실천에 옮긴다.
⑮ 욕구불만이 심각해지면 그것을 이해하고 긴장을 풀도록 조치한다.
⑮ 개별 교사와 자주 대화를 나누되, 대부분의 의사결정을 교사 스스로 하게한다.

학교풍토와 관련하여 토랜스는 창의적인 학습풍토의 특징을 다음과 같이 제시하고 있다.

① 듣기, 관찰하기, 시행해보기 등의 학습에 열중 한다.
② 학생들이 생기가 가득하고 학습에 몰두 한다.
③ 이야기 속에 유추를 사용 한다.
④ 쓰는 일, 듣는 일, 그리는 일에 몰두 한다.
⑤ 권위적인 생각에 도전하는 경향이 있다.
⑥ 많은 자료를 검토하는 습관이 있다.
⑦ 사물을 엄밀히 검토하려 한다.
⑧ 발견한 것을 다른 사람에게 열심히 이야기하려 한다.
⑨ 마무리할 시간이라도 창의적인 활동을 계속한다.
⑩ 분명히 관계없다고 생각되는 아이디어 사이에 관련이 있음을 발견 한다.
⑪ 일단 시작한 아이디어에 대해서는 끝까지 추구한다.
⑫ 호기심, 탐구욕, 추구심이 여러 상태로 나타난다.

⑬ 새로운 발견이나 실험적 방법을 자발적으로 활용 한다.
⑭ 추리하고 결과를 검증하는 습관을 가진다.
⑮ 진리에 대하여 경건하고 집요한 탐구를 한다.

이외에도 다음과 같은 특징이 있다.

① 독립적으로 행동 한다.
② 착상이 대담하다.
③ 주의가 너무 산만하지 않다.
④ 새로운 결합을 얻어내기 위해서 아이디어나 사물을 여러 가지로 조작한다.
⑤ 시간 경과를 잊어버리는 경향이 있다.
⑥ 심각한 의문을 갖고 관찰 한다.
⑦ 자발적인 학습을 한다.
⑧ 다른 방법을 찾거나 새로운 가능성을 개척하려는 경향이 있다.
⑨ 자진해서 신기한 아이디어를 생각해 내려고 애쓴다.

| 단원 마무리 |

질문을 만들어 보고 동료들과 이야기를 나눠 보세요.

♠ 정답이 있는 질문(교재에서 답을 찾을 수 있는 질문)

· 창의성과 IQ와의 관계는 어떠할까요?

·

·

·

♠ 정답이 없는 질문(더 궁금하고, 이유나, 추론, 적용 등을 묻는 질문)

· 창의성이 있는 사람들의 특징은 무엇일까요?

·

·

·

제7장 학습동기

제7장 학습동기

제1절 학습동기의 개념

학습에 대한 동기는 학습자의 지적특성과 더불어 수업 효과를 결정짓는 중요한 요인 중의 하나로 고려된다. 동기(motivation)는 인간행동의 에너지와 활력을 주며, 행동의 방향을 정해주는 심리적 요인이다. 지적능력이나 성취가 궁극적인 목적으로 간주되는 사회환경에서는 학습자들의 동기가 관심의 대상이 될 수밖에 없으며, 이와 함께 많은 교육자들의 관심을 집중시키는 주제는 동기이며, 어떻게 하면 학습자들의 학업적 성취를 높일 수 있도록 동기화시킬 수 있는가에 관심이 쏠려 있다. 동기는 결과보다 과정에 대한 접근이며, 행동주의이론에서의 동기는 자극에 따르는 강화에 의해 발생되는 반응 수준 증가와 지속이라는 측면을 고려하고 있으나, 인지이론에서는 개인의 사고, 신념, 감정 등이 동기에 영향을 미치는 것으로 접근한다. 그 외에도 여러 가지 이론에 따른 접근의 일치가 어려운 것은 사실이지만, 최근 들어 학습자의 사고와 신념 등이 동기에 대하여 근접된다는 것이 주류이다. 동기는 일반적인 지능과는 구별되며, 아동의 성취 정도를 설명하는데 도움을 준다(Murayama et al., 2013), 일상의 행동에서와 마찬가지로 학습활동에 있어서도 학습자 개인이 갖는 학습에 대한 동기는 학습활동과 학습의 성취결과에 영향을 미치게 된다. 같은 교사가 같은 능력의 학생을 같은 상황에서 가르쳐도 학습동기 때문에 결과는 달라질 수 있으며, 동기유발과 지속, 신체적 또는 정신적 활동의 양과 질도 달라지며, 수업내용과 교육환경이 훌륭하다고 해도 학습자가 공부하고 싶은 의욕이 없다면 이러한 것들은 모두 쓸모없는 것이 되기도 한다.

울포크(Woolfolk, 1998)는 학습동기를 학습활동을 가치 있는 것으로 여겨 열심히 하려는 경향으로, 브로피(Brophy, 1998)는 학습활동을 의미 있고 가치 있는 것으로 인식하여 의도한 학습 목표를 성취하려는 경향으로 정의한다. 이런 의미에서 볼 때 학습 동기는 행동의 강도와 방향을 결정하는 목표를 포함하며, 학습자로 하여금 어떠한 학습 목표를 향하여 학습 행동을 하게 하는 학습자의 모든 심리적인 상태라 할 수 있다. 즉 학습현장에서 학습자들로 하여금 어떤 학습 내용에 대해 배우고자 하는 학습 의욕을 가지고 학습 활동을 전개하는 모든 심리적인 자세를 의미한다. 적절한 동기는 학습이 일어날 수 있는 경험으로 학습자를 유도하는 역할 뿐 아니라 학습자로 하여금 능동적이고 활기 있게 학습활동에 참여하고 그 활동을 지속시킴으로써 보다 많은 학습량과 학습효과를 가져올 수 있게 한다.

이와 같은 개인의 사고, 신념, 감정, 신체적 또는 정신적 활동, 목표, 동기유발과 지속 등 학습에 대한 동기는 다음과 같은 세 가지 상황에서 구체화 된다(나동진, 2001).

첫째, 여러 가지 선택 가능한 행동들 중에서 특정한 행동을 선택한 경우이다. 예를 들어, 방과 후에 공부와 스마트 게임 중 어떠한 것도 마음대로 선택할 수 있는 상황에서 공부를 선택한 학생은 공부에 대한 동기가 강할 것이고, 게임을 선택한 학생은 게임에 대한 동기가 강할 것이다.

둘째, 과제의 수행에 투입되는 시간의 양이다. 어떤 과제에 투입되는 시간이 많을수록 그 과제에 대한 동기가 강하다고 할 것이다. 사람들은 흥미 있는 과제의 수행에 대해서는 오래도록 지속할 수 있지만, 흥미가 없는 과제에 대해서는 곧 싫증을 낸다.

셋째, 과제에 대한 주의집중 정도다. 과제를 수행하는 데 주의집중을 많이 할수록 동기의 강도가 높고 몰입할 수 있게 될 것이다.

최근 미국에서는 지금까지의 교육개혁 과정을 실패로 규정하고 새로운 방법을 강구하는 운동이 일어나고 있다. 왜냐하면, 학생들의 낮은 학업 성취도를 향상시키기 위해 많은 재정적 노력을 기울여 학교조직, 학교 교육과정과 수업방법, 예비 교사의 선발방법 및 훈련과정과 현직 교사의 연수제도를 개선하여 왔으나, 결과는 별로 나아진게 없고 오히려 학생들의 학업 성취도는 계속 떨어지고 있다는 것에 대한 반성인 것이다. 이들은 학업 성취도가 계속해서 하락하는 이유로 학생들의 지적능력이 예전보다 떨어져서가 아니라 교육에 대한 흥미와 교실에서 배우는 것에 대한 동기가 낮기 때문인 것으로 보고 있다. 즉 학력 저하의 주요 원인은 학생들의 능력저하와 학교 교육개혁이 부족해서가 아니라 학생들의 태도와 노력 즉 학습 동기가 낮아졌기 때문이라는 것이다(steinberg, 1996). 따라서 동기문제를 해결하지 않고서는 어떤 교육개혁도 성공할 수 없음을 시사한다.

학생들에게 공부를 하고 싶게 만드는 것은 무엇인가? 효과적인 학습의 시작은 학생들로 하여금 학습하고자 하는 강한 동기를 갖도록 하는 데에서부터 출발한다. 학습동기란 학생들이 학습을 하는데 있어서 학습과 수행에 영향을 주고, 학습과 수행은 다시 학생들에게 영향을 주는 상호관계이다. 학습과 관련된 동기유발은 학습 행동만이 아니라 학습의 능률과 그 결과를 결정짓는 중요한 요인으로 작용하기 때문에 교육에서 동기의 중요성을 강조하고 있다.

1) 내재적 동기와 외재적 동기

행동을 하는데 있어서 동기가 행동 내부에 존재하는가 아니면 행동 외부에 존재하는가에 따라 내재적 동기와 외재적 동기로 구분된다. 내재적 동기는 행동의 근원적인 이유가 그 행동 내부에 존재하는 것으로 내적 보상인 성취감, 유능감, 호기심, 즐거움 등과 관련되어있다. 외재적 동기는 행동을 하는 이유가 외부에 존재하는 것으로, 어떤 목적을 달성하기 위한 행동을 하려는 동기를 말한다. 미술시간에 그림 그리는 것을 좋아하고 작품을 완성할 때 성취감, 도전감을 얻는다면 내재적 동기가 작용한 것이고, 외부의 압박이나 강압에 의한거나 성적을 위해 그림을 그린다면 외재적 동기가 작용한 것이다.

학습에 있어서 내재적 동기가 높은 학생의 특징으로는 어려운 과제를 해 나가는데 적극적이고, 열정적이다. 자발적인 학습을 하며, 주의 집중이 높다. 도전적인 과제를 선호하고 실패했을지라도 다시 일어서서 지속할려고 하는 경향이 높다. 학습에 즐거움과 성취감을 느낀다.

2) 내재적 동기와 외재적 동기와의 관계

내재적 동기와 외재적 동기는 상호독립적이다. 내재적 동기가 높다고 해서 외재적 동기가 높은 것도 아니고, 내재적 동기가 낮다고 해서 외재적 동기가 낮은 것도 아니다. 모두 높을 수도 있고, 모두 낮을 수도 있으며, 어느 하나만 높을 수도 있다.

학습에 있어서 둘 다 높은 상태가 된다면 가장 바람직하겠다. 즐겁게 공부하면서 좋은 성적을 얻는다면 금상첨화이겠지만 내재적 동기가 없더라도 외재적 동기를 갖거나 외재적 동기가 없어도 내재적 동기를 갖고 있는 것이라면 공부를 하지 않는 것보다 더 낫다고 보겠다.

글상자 7-1	외적 보상의 한계로 인한 내적 동기 감소

한적한 마을에 혼자 살고 있는 노인이 있었다. 노인을 조용하게 혼자 있는 시간을 좋아했다. 그런데 언제부터인가 노인의 집 앞 공터가 조금씩 시끄러워지기 시작했다. 공터에 동네 아이들이 모여 놀기 시작한 것이다. 노인은 화를 내고 아이들을 쫓아 보기도 했지만 언제나 그때뿐, 아이들은 계속해서 그 공터로 모여들었다.

참다못한 노인은 한 가지 묘안을 생각해 냈다. 노인은 공터에 놀러 온 아이들을 불러 한 가지 제안을 했다. "너희가 노는 모습이 정말 보기 좋구나. 앞으로 이곳에서 놀 때마다 1000원씩 주마." 아이들은 1000원을 준다는 말에 신이 나서 더 열심히 공터에서 놀기 시작했다. 그리고 며칠 후 노인은 아이들을 불러 다시 이야기를 했다. "얘들아, 내가 돈이 좀 떨어져서 매번 1000원씩 줄 수가 없구나. 앞으로는 100원씩 주도록 하마." 그러자 아이들은 잔뜩 화가나 "100원이라니요! 누가 단 돈 100원을 받을려고 힘들게 공을 차겠어요?"라고 말했다. 그 뒤로 아이들은 공터에 오지 않았고, 덕분에 노인은 조용한 시간을 보낼 수 있었다.

*출처 : 이소라(2010)

학습에 있어서 외재적 동기는 학습 초기에 효과적이다. 학습초기는 학습에 대한 어려움과 두려움, 지루함이 있기에 외적 보상이 좋은 영향을 미칠 수 있다. 내재적 동기는 학습 후기에 더 효과적이다. 학습 뒤로 갈수록 지식을 더 많이 알아가면서 자신감이 생기고, 유능감을 경험하면서 내재적 동기로 학습을 하게 된다.

외재적 동기는 나이가 어린 학생들에게 유리하고, 내재적 동기는 나이가 많은 학생들에게 효과적이다. 그러나 외재적 동기에 길들여지면 내재적 동기가 잘 형성되지 않을 수도 있다. 외재적 동기를 줄여가면서 내재적 동기를 높이도록 도와주어야 한다.

학습의욕을 불러일으키는 데 작용하는 것은 학습자의 인성적 측면에서부터 특정 학습과제에 대한 능력과 관심에 이르기까지 다양하다. 이러한 학습의욕에 관한 연구를 교육심리학에서는 동기라는 개념을 사용하여 밝히고자 한다. 교사가 학습동기를 어떻게 유발할 수 있는지 동기 이론들을 통해서 탐색해 보기로 한다.

제2절 동기이론

동기를 설명하는 이론은 바라보는 관점과 강조하는 내용에 따라 다양한 이론들이 존재한다. 동기는 결과보다는 과정이며, 직접적 관찰이 어려워 외현적 행동이나 언어적 표현으로부터 유추된다. 동기에 대한 각 이론들은 '동기란 무엇인가?'의 질문에 대해 서로 다른 대답을 하지만 인간의 동기를 포괄적으로 이해하는 데에 나름대로 기여를 하고 있다.

동기이론은 행동주의 심리학, 인본주의 심리학, 인지심리학, 사회인지론적 동기이론의 네 가지로 나누어 설명될 수 있다.

행동주의 관점은 보상이나 유인가 등과 같은 개념으로 동기를 부여한다. 보상(reward)은 어떤 특정한 행동의 결과에 따라 주어지는 매력적인 사물이나 사건을 말한다. 유인체계(incentive)는 행동을 조장하거나 단념시키는 사물이나 사건을 말하는데, A+에 대한 기대는 유인체계로 작용하며, 실제로 좋은 점수를 받는 것은 보상이다. 행동주의 관점에 따르면, 학생의 동기에 대한 이해는 교실에서 제시되는 유인체계와 보상에 대한 주의 깊은 분석에서 시작된다. 학습동기가 낮은 학생들과 비교할 때 학습에 동기화된 학생들은 과제에 더 적극적으로 참여하며, 더 많은 노력을 과제 수행에 쏟는다. 이때 행동주의에서 관심을 갖는 동기화된 상태를 나타내주는 특징들은 관찰 가능한 행동들이라는 것이다.

동기에 대한 인본주의의 해석은 동기의 내재적 근원을 '자아실현'을 위한, 생득적

'실현 경향성'을 위한, 혹은 자기 결단을 위한 개인의 욕구라고 주장한다. 이런 이론들에 공통적인 것은 자신의 잠재력을 실현하기 위한 생득적 욕구에 의해 사람들이 지속적으로 동기화된다고 믿는 것이다. 그래서 인본주의의 관점에서 보면, 학생들을 동기화시킨다는 것은 그들의 내적 자원, 즉 유능감, 자율성과 자아실현 등을 격려해 줌을 의미한다. 인간행동은 욕구에 바탕을 둔 동기에 의해 유발되고, 하위 단계의 욕구가 만족되어야만 상위의 욕구로 나아간다는 매슬로우(Maslow, 1943)의 욕구위계이론과 자기결정성은 환경에 어떤 행동을 취할 것인가를 스스로 결정하는 것으로 개인의 의지를 사용하는 과정이라는 데시(Deci, 2000)의 자기결정성이론(self-determination theory)이 이에 해당 한다.

인지심리학에서는 동기가 상과 벌이 아닌 계획, 목표, 스키마, 기대, 귀인 등 생각에 달려있다고 본다. 식사를 잊으면서 어떤 일에 몰두하다가 시계를 보고서 배고픔을 느끼고 먹을 것을 찾는 것을 볼 때 음식을 찾는 동기는 음식결핍이나 칼로리 부족 또는 공복이 아니라 상황의 해석에 달려 있다는 것이다. 사회인지이론은 인간은 문제해결을 위해 적극적이며 내재적 동기인 호기심을 갖고 있다고 본다. 버나드 위너(Bernard Weiner)의 귀인이론과 마틴 커빙턴(Martin Covington)의 자기가치(self-worth)이론, 목표지향이론 등이 이에 해당한다.

반두라(Bandura)의 사회인지론적 접근은 동기요인으로 강화를 강조하는 행동주의적 접근과 성공 기대와 과제의 가치를 중시하는 인지적 접근을 통합한 것으로 볼 수 있다. 사회학습이론들은 행동의 효과나 결과에 대한 행동주의자의 관심과 개인적 신념과 기대의 영향에 대한 인지이론가의 흥미 모두를 수용한다. 사회인지적 접근은 자기효능감이론, 기대×가치(expectance×value) 이론으로 특징지을 수 있다(Woolfolk, 1995, 김아영 외 공역, 1997, 재인용).

이와 함께 학습동기유발에 관하여 귀인이론, 자기가치이론, 목표지향이론, 자기효능감이론, 기대가치이론, 욕구위계이론 등을 통해 살펴본다.

1. 귀인이론

귀인이론(attribution theory)은 개인이 어떤 특정한 상황에서의 성공 혹은 실패에 대한 성취결과에 대해 그 원인을 무엇이라고 지각하느냐에 따라 그의 행동이 결정된다고 가정한다. 귀인은 행동의 원인에 대한 지각을 의미하는데, 학교학습에서의 성공과 실패에 대하여 그 원인을 어떻게 해석하느냐에 따라 후속되는 학업관련 노력, 정의적 경험, 미래학습에의 성공과 실패에 대한 기대 등이 달라진다는 것이다. 따라서 학습자가 성취결과에 대한 원인을 무엇이라고 지각하고 있는지를 알면, 그의 미래의 학업성취도를 예측할 수 있고, 나아가서는 학습자의 인과적 귀인을 바람직한 요인으로 변경시키면 미래의 학업 성취도를 증진시킬 수 있다는 것이다.

귀인이론을 학교학습과 관련하 여 발전시킨 대표적 학자인 위너(B. Weiner)는 학교에서 학생들이 그들의 성공과 실패를 어떻게 설명하는가에 대해 체계적으로 이해하기 위해 성공과 실패의 원인으로 가장 많이 귀인 하는 능력, 노력, 운, 과제의 곤란도라는 네 가지 요소를 설정했다.

이와 같은 귀인들은 인과의 소재(locus of causality), 안정성(stability of causes), 통제가능성(controllability)이라는 3가지 차원의 모형을 기준으로 분류될 수 있다.

첫 번째 차원은 인과의 소재이다. 이것은 귀인을 어디에 두느냐에 관련된 것으로, 원인이 개인 내적으로 인지되느냐, 외적으로 지각되느냐에 관한 것이며 성공과 실패의 원인을 학생 자신(내부)에서 찾느냐 외부(환경)에서 찾느냐의 문제로 내적-외적(internal vs. external) 원인으로 구분된다. 능력과 노력은 내적 원인으로 분류되며 학생 내부에 존재하는 원인이기 때문에 내적 원인으로 분류되고, 운이나 과제 곤란도 등은 학생 외부에서 발생된 것이기 때문에 외적 원인으로 분류된다. 인간행동에서 원인을 내외적으로 구분하는 것은 귀인이론에서 아주 중요한 질문에 해당한다. 예를 들어, 시험이 쉬워서 또는 우연히 자신이 공부한 부분이 시험문제로 출제되었기 때문에 좋은 성적을 얻었다고 생각하는 학생들은 성공의 원인을 외적인 것으로 돌린다.

두 번째 차원은 안정성이다. 이것은 성공과 실패의 원인이 시간이 경과되거나 상황이 바뀌어도 항상성을 보이는 안정적인 것이냐, 아니면 때와 장소에 따라 수시로 변화될 수 있는 불안정적인 것이냐의 문제로서 안정-불안정(stable vs. unstable) 차원으로 구분된다. 능력과 과제곤란도 등은 비교적 고정된 요인이 되며, 운, 노력 등은 불안정한 요인인데, 이러한 요인들이 귀인에 영향을 주게 된다는 것이다.

세 번째 차원은 통제가능성 또는 의도성(intentionality)이다. 이것은 성공과 실패의 원인이 학생의 의지에 의해 통제될 수 있느냐, 아니면 통제될 수 없느냐의 문제로 통제

가능–통제 불가능(controllable vs. uncontrollable) 차원으로 구분된다. 예를 들어, 노력은 통제 가능한 요인이 되지만, 인지부하, 능력, 과제곤란도, 행운 등은 통제 불가능한 요인이 된다<표 7.1>.

〈표 7.1〉 귀인과 각 차원과의 관계

귀인 \ 차원	인과의 소재	안정성	통제 가능성
능력	내적	안정적	통제 불가
노력	내적	불안정적	통제 가능
운	외적	불안정적	통제 불가
과제 곤란도	외적	안정적	통제 불가

이와 같은 3가지 차원 모두는 학습 동기에 중요한 시사점을 제공하며 학습자의 성공에 대한 기대에 영향을 미치고, 정서적 반응과 밀접한 관계가 있는 것으로 설명되고 있다. 예를 들어, 인과적 차원은 자신감, 자존심, 죄책감, 수치심과 같은 정서와, 안정성 차원은 자신감과 미래에 대한 기대와, 통제가능성 차원은 분노, 동정, 감사, 수치심과 같은 정서와 관계가 있다. 특히 학생들이 그들의 삶에서 마주치는 사건이나 결과가 대부분 통제 불가능한 것이라고 믿게 될 때 학습된 무력감(learned helplessness)을 발전시키게 된다.

학습된 무력감이란 아무리 노력해도 성공할 수 없을 것이라고 느끼는 것을 의미한다. 결국, 그들은 학업성취에서 자신들의 잠재력을 발휘하지 못하고 쉽게 학업을 포기하게 된다. 학습된 무력감은 보통 성적이 낮은 학생들에게서 발견되지만 성적이 비교적 높은 학생 심지어 영재에서도 나타난다. 따라서 학생들에게 무력감을 느끼게 하는 귀인을 하지 않도록 지도할 필요가 있다.

학습된 무력감을 극복하도록 하기 위해서는 적절한 노력으로 성공할 수 있는 과업에 학생들이 참여할 수 있게 해야 하며, 자신들의 능력에 따른 결과를 믿게 하고, 또 현실적인 목표를 만들어 나가도록 해야 한다. 물론, 가장 좋은 방법은 교사가 학생 개개인에 따른 달성 가능한 목표의 수립, 다양한 문제해결 전략의 작성, 실패에 대한 대안 등을 마련하여 학습된 무력감을 예방하기 위해 노력하는 것이다.

귀인이론에 의하면, 부적합한 귀인양식을 가지고 있는 학생들은 학습과제에 대한 동기 수준이 낮아 결과적으로 저조한 학업성취를 보이는 경우가 많다. 이들은 일반적으로 실패의 원인을 능력과 같은 안정적이고 내적인 원인으로 돌린다거나, 성공을 행운과 같은 불안정적이고 외적인 원인으로 돌리는 특성을 가지고 있다. 따라서 학생들의 부적합하고 자기 패배적인 귀인양식은 변경 혹은 교정 되어질 필요가 있다. 또한, 교사는 귀인양식을 바람직한 방향으로 변경시키기 위해, 성공은 자신들의 노력과 효과적인 학습전략의 결과이고, 실패는 낮은 능력 때문이 아니라 노력의 부족 때문이라는 것을 알도록 도와주는 수업전략을 활용해야 한다.

2. 자기가치이론

자기가치이론(self-worth theory; Covington, 1992)은 사람들은 태어나면서 부터 자기 자신을 가치 있는 유능한 존재로 인식하려는 욕구를 가지고 있으며, 자기가치가 위협받을 때 자연히 그것을 보호하기 위해 노력한다고 가정한다. 자기가치란 자신의 가치에 대한 평가로, 자아존중감(self-esteem)과 유사한 개념이다. 따라서 이 이론에 의하면, 핵심 동기원은 자기 자신을 유능한 존재로 인식하려는 것이고, 사람들은 자기가치와 긍정적인 자아 존중감을 보호하기 위한 다양한 전략을 사용한다.

이와 같은 자기가치이론은 능력지각과 능력에 대한 신념, 노력 요인과 연결되어 설명되어 진다.

첫째는 귀인모형을 통해 능력지각과 관련하여 자기가치를 설명하는 것으로, 성취상황에서 나타나는 사람의 정서적 반응은 행동의 결과에 대한 자신의 능력지각과 자신의 능력에 대한 타인의 지각, 즉 행동의 결과가 자신을 유능하게 보이게 하는지 혹은 무능하게 보이게 하는지에 의해 강하게 영향을 받는다고 주장한다(Covington & omelich, 1981). 이런 이유로 사람들은 자신의 능력을 나타낼 수 있는 기회와 과제에는 적극적이겠지만, 자신이 무능력하다고 판단될 수 있는 상황이나 과제는 피하려고 한다. 또한, 어떤 과제에서 성공가능성이 낮아 보이면 실패의 탓을 능력에 귀인하지 않고(무능력하다고 평가받으므로) 다른 요인으로 귀인 하도록(인지부하, 노력, 행운, 과제곤란도 등) 미리 예방을 한다. 능력 부족으로 실패했다고 지각되면 수치심과 괴로움을 경험하게 되지만, 실패가 능력부족이 아닌 다른 원인에 의한 것으로 귀인 될 때 수치심은 현저히 줄어들기 때문이다.

또한, 사람들은 실패가 예상되는 과제의 중요성을 평가절하하기도 한다. 자신의 능력에 대한 자신이 없기 때문에 이를 분명히 확인할 기회를 차단함으로써 자기가치감을 지탱하고자 하는 것이다.

둘째는 능력에 대한 신념과 관련하여 자기가치를 설명하는 것이다. 능력에 대한 신념에는 실재적 개념(entity concep)과 향상적 개념(instrumental-incremental concept)이 있다. 실재적 개념에서는 능력이란 내적이고 안정적이며 통제 불가능한 특성으로 생각한다. 즉 능력은 변화될 수 없는 개인의 특성이며, 사람에 따라 능력의 정도는 다르지만 각 개인이 가지고 있는 능력의 정도는 고정적이라는 것이다. 반면에 향상적 개념에서는 능력이란 내적이고 불안정적이며 통제 불가능한 것임을 시사하고 있다. 즉 능력은 노력과 지식이나 기술의 축적을 통해 향상될 수 있다고 본다(Dweck, 1986).

이와 같은 능력에 대한 신념은 상대적으로 노력에 관한 관점과 맞물려 있기때문에 학생이 노력에 대하여 어떤 관점을 갖고 있는가에 따라 성취 행동이 달라진다. 능력부족에 대한 판단과 정의적 반응은 실재적 개념에서 더 부정적으로 연합된다.

능력에 대해 실재적 개념을 갖는 학생들은 능력이 있는 것처럼 보이려고 하고 따라서 실패할 확률이 높은 상황은 피한다. 쉬운 과제에서 실패해도 그 이유를 능력 부족으로 귀인하지 않고, 수행목표를 설정한다. 능력에 자신이 없는 실재적 개념을 취하는 학생들은 실제의 위험이 없는 아주 쉽거나, 아니면 어느 누구도 성공할 수 없는 아주 어려운 수행목표를 설정하는 경향이 있다. 왜냐하면, 쉬운 과제에서 성공하는 것은 영리함을 보여주는 것이 아니며, 어려운 과제에 대한 실패는 여전히 실패이기 때문이다.

능력에 대한 향상적 개념을 갖는 학생들은 능력이 있는 것처럼 보이기보다는 능력의 향상을 위하여 노력한다. 그래서 실패 후에도 노력하여 능력을 기르려고 하고, 학습목표를 설정한다. 왜냐하면, 실패는 단순히 보다 많은 노력이 필요하다는 것을 의미하기 때문에 절망적인 것이 아니며, 자신의 능력에 손상을 입히지도 않는다.

셋째, 자기가치이론에서 노력은 양날의 칼로 비유된다(Covington & Omelich, 1981). 이는 노력을 많이 했지만 실패한 학생들은 수치심과 창피함을 경험하게 되며, 노력도 하지 않고 실패한 학생들은 교사로부터 비난을 받게 되기 때문이다. 즉 노력에는 위험이 따르기 마련인데, 노력해서 성공하면 자아존중감을 유지할 수 있지만, 노력을 많이 했음에도 불구하고 실패하면 능력이 낮다는 부정적 평가와 수치심, 창피함을 느끼게 될 수 있다.

따라서 학생들은 실패에 직면했을 때 자신이 가치 있는 존재라는 것을 인식하기 위해 다음과 같은 다양한 자기보호 전략을 사용한다(Stipek, 1998, 전성연, 최병연 역, 1999, 재인용).

① 학습활동에 소극적으로 참여한다.

교사의 눈에 잘 띄지 않는 자리에 앉기, 의도적인 결석(특히 중요한 시험이 있을 때), 교실에서의 이탈, 수업 중 교사의 질문에 자발적으로 대답하지 않는 것도 실패를 피할 수 있는 하나의 방법이다. 하지만 교실에서 어느 정도의 참여는 피할 수 없기 때문에, 노력하지 않거나 적어도 자신이 노력하고 있지 않다는 것을 보여주려고 애쓰는 행동, 공부를 포기했다고 말하고 다니면서 공부의 중요성을 격하시키는 행동, 시험 준비를 철저히 했어도 시험공부를 하지 않았다든지 혹은 모든 문제를 추측해서 해결했다고 공공연하게 말하는 행동과 같은 방법으로 실패의 원인을 통제 불가능한 외적 요인에 귀인하거나 그들의 능력에 대한 부정적인 함의를 갖지 않는 요인으로 바꾸는 행동을 하기도 한다.

② 가장된 노력(false effort)을 한다.

수업상황에서 자기를 보호하기 위한 또 하나의 전략으로서 가장된 노력은 즉 토의에 열중하는 체하거나 모둠 활동의 지시된 행동을 적극적으로 하려는 모습을 보이며, 답변을 알면서도 질문을 하고 엉뚱한 표현으로 생각을 외부로 나타내는 것과 같은 행동을 한다. 이러한 행동은 영리하고 집중력 있게 보이도록 하고 벌을 받지 않기 위해 고안된 것이다.

③ 변명과 지연(procrastination) 전략을 사용한다.

변명은 노력하지 않은 것에 대한 비난과 부정적 제재를 피하면서 능력에 대한 자기지각을 유지하기 위해 사용되고, 지연은 실패에 대한 부정적인 함의를 피하기 위해 사용되는 전략이다. 질병, 가정 사정, 집안 행사 탓으로, 또는 깜빡 잊어먹고 어제야 생각나서 과제를 겨우 해왔다는 변명은 이 정도면 잘한 것이라고 주장할 수 있고, 낮은 점수도 낮은 능력을 의미하지 않는다. 또한, 시험에 임박해서야 공부를 하는 것과 같이 스스로 불리한 입장을 만들어 차후의 실패에 대한 변명을 준비한다.

④ 성취 불가능한 목표를 설정한다.

매우 어려운 과제에서의 실패가 반드시 능력 부족을 의미하지 않기 때문이고, 자신의 능력 범위를 벗어난 어려운 과제에 귀인 할 수 있기 때문이다. 성공하려고 하기 보다는 실패를 피하려고 하는 것이며, 불가능한 목표를 설정하여 최선을 다해 노력하지 않음으로써 능력이 부족한 것이 아니라 어려운 과제에 귀인 하는 것이다.

⑤ 부정행위를 하거나 쉬운 과제만을 시도 한다.

공부를 하지 않고 성공을 확보하는 가장 보편적인 방법은 시험 중에 부정행위를 하는 것이다. 또한, 많은 노력을 투자한다거나 실제의 위험을 무릅쓰지 않고 평소 잘 할 수 있는 것을 계속하는 것은 자신의 유능함을 계속 유지하기 위한 전략이라 할 수 있다. 어떤 새로운 기술을 숙달할 상황에서 "잘 못 하는 데", 또는 "처음 해보는 것인데" 등과 같이 말하는 경우가 있는 데, 이것은 관찰자의 기대를 낮추는 구실로 작용되어, 보통의 수행만 해도 그 학생은 "실제로는 꽤 잘 한다."고 인식된다.

⑥ 예상되는 질문에 대한 대답을 미리 연습한다.

이것은 교사가 예측 가능한 질문을 하거나 학생들이 질문 순서를 예상할 수 있는 방법으로 질문을 할 때 사용하는 전략이다. 이 전략은 정답을 말할 가능성을 최대화시켜 주지만 반드시 학습을 보장해 주지는 못한다.

이상을 요약해보면 개인의 능력을 강조하는 문화적 풍토, 모든 학생들이 학업 성공을 경험한다는 것이 불가능한 현실, 정답 지향적인 교육 상황, 경쟁체제 또는 경쟁적인 분위기 등과 함께 불가피하게 자기가치감을 위협받지 않으면서 학생들로 하여금 그들의 실패를 능력 부족으로 귀인 되지 않도록 이와 같은 방어적 전략을 개발하도록 한 측면이 있다. 하지만, 이런 전략들은 대부분 자기 파괴적이며 그러한 학생들을 스스로 무력하게 한다(self-handicapping).

따라서 교사는 다음과 같은 방법을 통해 학생들의 자기가치를 장려해 볼 수 있다 (Woolfolk, 1995, 김아영 외 공역, 1997, 재인용).

① 특정 영역에서 학생들의 진보를 강조한다.

예를 들면, 교사는 복습할 때 이전 자료로 돌아가서 그 내용이 현재 얼마나 쉬운지 보여주기, 포트폴리오에 특별히 잘한 과제들을 모아 두는 것과 같은 방법을 사용한다.

② 향상을 위한 구체적 제안들을 하고, 향상을 보였을 때 성적을 고쳐준다.

예를 들어, 학생들이 잘한 것은 무엇인지, 잘못한 것은 무엇인지, 그리고 실수를 왜 했을 것이라고 생각하는지 등에 대한 피드백을 첨언하여 과제를 돌려주는 것과 같은 방법을 사용한다.

③ 과거의 노력과 성취간의 관계를 강조한다.

예를 들어, 어려운 문제를 어떻게 풀었는지를 학생들에게 물어보면서 학생들과 개별적인 목표를 수립하고, 목표를 점검하는 모임 갖기, 또는 자기 파멸적, 실패 회피적 전략들에 정면으로 대처하기와 같은 방법을 사용한다.

④ 학생들을 위한 학습목표 설정과 그들을 위해 숙달 지향성을 시범 보인다.

예를 들어, 불평등과 불균형이 해소된 이상적 상황을 설명하거나 진보와 향상을 인정하고, 어떤 주어진 영역에서 교사가 스스로의 능력을 어떻게 발달시켰는지에 대한 예를 들어주기, 신체적, 정신적, 혹은 경제적 도전을 극복한 학생들에 관한 얘기를 읽어주기, 학생에게 학교 밖의 문제가 있다는 이유로 그 학생의 실패를 용서하지 않기와 같은 방법을 사용한다.

3. 목표지향이론

목표지향이론(goal orientation theory)은 학생들이 갖고 있는 목표지향성에 비추어 학습동기를 설명하고자 하는 이론이다. 학생들이 지향하는 목표는 성취에 대한 상이한 사고방식을 반영한다. 즉 목표지향은 학생들이 어떻게 학습활동에 접근하고 참여하는지를 결정하는 행동 의지(behavioral intention) 체제로, 성취과제의 선택, 성공에 대한 정의와 귀인, 문제해결 전략 등에 영향을 미친다.

목표의 유형은 학습과 수행목표(learning and performance goal)로 구분된다. 학습 목표는 숙달(mastery), 과제개입(task-invelved)과 같은 용어로, 수행목표는 능력(ability), 자아개입(ego-involved), 외적(extrinsic)목표와 같은 용어로 대체되어 사용되기도 한다. 학습목표지향과 수행목표지향을 구분하는 기준은 <표 7.2>와 같다.

〈표 7.2〉 학습목표지향과 수행목표지향의 특징

기준 \ 목표	학습목표지향	수행목표지향
성공의 정의	향상, 진보	높은 점수, 타인보다 잘하는 것
가치의 설정	노력 및 학습	규준적으로 높은 능력
만족에 대한 이유	열심히 공부하는 것, 도전	다른 학생들보다 잘하는 것
실수나 오류에 대한 견해	학습의 일부	실패, 능력 부족의 근거
관심의 초점	학습 과정	다른 학생들과의 비교를 통한 수행
노력에 대한 이유	새로운 것을 학습하는 것	다른 학생들보다 높은 점수, 수행
평가 기준	절대적, 향상	규준적
능력에 대한 관점	노력을 통해 변화한다고 봄	타고난, 고정된 것으로 봄

학습과 수행목표와 같은 성취목표지향은 학습과제에 대한 관여와 성공 개념에 대해 전혀 다른 이유를 나타내고 다른 성취 관련 신념 및 행동들과 연결된다. 일반적으로 학습 목표는 적응적 성취 신념 및 행동들과 연결되지만, 반면에 수행목표는 학습을 이끌지 못하는, 그리고 종종 학습에 도움이 되지 않는 신념 및 행동들과 연결된다(Pintrich & Schunk, 1996). 학습 목표를 지향하는 학생들은 과제 활동에 깊이 관여하는 경향이 있고, 학습은 그 자체가 목적으로 추구되며, 과제를 완성하고 능력을 향상시키는 것에 내적 관심을 보인다. 이들은 실패를 노력 부족 탓으로 돌리고, 도전에 의해 강화되고, 어려움에 부딪칠 때 종종 학습에 대한 장애를 극복하기 위해 인내한다. 또한, 이해력을 모니터링하고, 다른 방법으로 문제를 풀려고 노력하거나,

새로운 정보를 기존의 정보와 관련시켜 보거나 복잡한 관계를 이해하려고 노력하고, 힌트의 형태로 도움을 요청하는 등과 같은 심층적인(deep processing) 인지 전략을 사용한다.

수행목표를 지향하는 학생들은 결과를 과제 외적인 것에서 얻기 위해 학습과제에 관여하고, 다른 사람들보다 잘하는 것에 집중하며 좋은 성적을 받는 것에, 자신의 능력이 드러나는 것에, 그리고 능력이 부족하다는 것이 드러나는 것을 회피하는 것에 관심이 있는 경향이 있다. 이들은 다른 사람들과 비교해서 긍정적인 능력지각을 유지하기 위해 도전과 어려움을 피하고, 실패를 능력 부족 탓으로 돌린다. 또한, 어려움에 부딪쳤을 때 곧바로 타인에게 도움을 요청하거나, 영리해 보이지 않는 것과 같이 도움 요청으로 인한 잠재적인 위협이나 손실을 걱정하기 때문에 도움 요청을 하지 않기도 하며, 추측과 같은 피상적인(superficial) 인지전략을 사용하는 경향이 있다<표 7.3>.

〈표 7.3〉 성취목표지향에 따른 동기-인지적 결과

성취목표에 따른 결과	학습목표	수행목표
귀인유형	· 적응적, 실패를 노력으로 귀인	· 부적응적, 실패를 능력으로 귀인
정서	· 노력으로 인한 성공에 대한 자부심과 노력 부족으로 인한 실패에 대한 죄책감	· 실패 후의 부정적인 정서
인지	· 심층적인 인지전략 · 자기조절 전략 · 도전적인 과제의 선택	· 피상적인 인지전략 · 쉬운 과제의 선택
행동	· 새로운 과제에 대한 개방적이고 모험적인 태도 · 높은 수준의 성취	· 모험을 각고하고 새로운 것을 시도하려는 의지 부족 · 낮은 수준의 성취

교사의 교수방법이나 교실구조와 같은 교실환경 또한 학생들의 학습목표나 수행목표를 조장할 수 있다. 에임즈(Ames, 1992)에 의하면, 과제의 설계와 구조, 수행평가, 학생들 간의 비교, 그리고 교사의 권위는 모두 교실에서 학생들의 성취목표에 영향을 미치고, 나아가서 동기유발에도 영향을 미친다. 에임즈는 성취목표지향과 관련된 교실구조 변인을 과제, 권위, 평가 영역으로 구분하여, 교수전략, 동기유형과의 관련성을 <표 7.4>와 같이 제시하였다.

〈표 7.4〉 학습목표를 조장하는 교실구조와 교수전략

<table>
<tr><th>구조</th><th>교수전략</th><th>동기유형</th></tr>
<tr><td>과제</td><td>· 학습활동의 의미 강조
· 참신성, 다양성, 흥미를 고려한 과제 계획
· 도전적인 과제 계획
· 자기 규준적 목표를 설정할 수 있도록 도움 제공
· 효과적인 학습전략 개발과 활용 지원</td><td rowspan="3">· 노력과 학습의 강조
· 높은 내적 동기 유발
· 노력관련 전략의 귀인
· 효과적인 학습전략과 자기 조절전략 사용
· 적극적인 참여
· 노력이 필요한 과제에 대한 긍정적 감정
· 소속감
· 실패에 대한 인내</td></tr>
<tr><td>권위</td><td>· 의사결정 과정에 대한 학생 참여 조장
· 능력이 아닌 노력에 따라 결정되는 실질적인 의사결정 기회 제공
· 책임감과 독립심을 기를 수 있는 기회 제공
· 자기관리 및 통제 기술의 개발과 활용</td></tr>
<tr><td>평가/인정</td><td>· 개별적 향상, 개성, 완성의 강조
· 공적인 평가보다는 사적인 평가 지향
· 학생의 노력 인정
· 학생에게 향상의 기회 제공
· 실수를 학습의 한 과정으로서 인식</td></tr>
</table>

4. 자기효능감이론

일반적으로 사람들은 잘할 수 있다고 생각하는 일을 열심히 하는 경향이 있고, 잘할 수 없다고 생각하는 일은 열심히 하지 않는 경향이 있다. 자기효능감(self- efficacy)은 이런 믿음과 관련된다.

자기효능감은 자아개념(self-concept), 자아존중(self-esteem)과 구분되어 사용된다. 자아개념은 사람들이 자신에 대해 갖는 생각과 감정 그리고 태도의 복합물, 즉 자신에 대한 지각을 의미한다. 예를 들면, '나는 생명과학 교과목을 좋아한다', '나는 대학생으로서 진로설계를 통해 미래를 준비하고 있다'와 같이 자신을 설명하고, 자신에 대한 인상이나 감정, 그리고 태도를 조직하는 하나의 도식을 세우는 시도로 볼 수 있다.

자아존중은 자신의 자아개념에 대한 스스로의 평가이다. 예를 들면, '나는 수학을 잘한다', '나는 끈기가 있고 체력이 좋아 운동에 소질이 있다'와 같이 개인이 자신의 특성, 능력, 행동들에 대해 매기는 가치를 의미한다. 만일 사람들이 긍정적 자아개념을 가졌다면, 즉 그들이 '자신의 모습을 좋아한다면', 그들은 높은 자아존중감을 가졌다고 말한다.

자기효능감은 구체적 과제에 대한 자기 능력의 평가로서, 자신의 전반적인 능력에 대한 평가가 아니라 특정 시간에 주어진 특정 과제를 잘 수행할 수 있는지에 대한 믿음이다. 예를 들면, '나는 컴퓨터 프로그램 사용방법을 배울 수 있다고 생각한다', '나는 사차방정식 문제를 절대로 풀 수 없을 것이다'와 같이 어떤 결과를 얻는데 필요한 행동을 할 수 있다는 능력에 대한 신념을 말한다.

이와 같은 자기효능감은 행동의 선택과 추진에 영향을 주게 된다. 행동의 선택에 있어서는 어떤 과제에 대해서 자기효능감이 낮으면 그 과제를 회피하고, 자기효능감이 높으면 적극적으로 수행한다. 행동의 추진에 있어서는 자기효능감에 따라서 노력의 정도와 지속성에서 차이가 난다. 학업성취 상황에서, 일반적으로 자기효능감이 높은 학생들은 학습활동에 적극적으로 참여하고, 더 많이 노력하며, 지속성이 높고, 효과적인 학습전략을 사용하며, 스트레스와 불안을 효과적으로 통제한다. 반면에 자기효능감이 낮은 학생들은 스스로 무력감을 느끼게 되어 과제를 회피하는 경향이 있다.

반두라에 의하면 자기효능감은 결과기대(outcome expectation)와 구분된다. 즉 앞서 언급했듯이 자기효능감은 어떤 결과를 얻는데 필요한 행동을 할 수 있는 능력에 대한 신념이지만, 결과기대는 어떤 행위를 하면 어떤 결과가 나타날 것이라는 신념을 의미하기 때문이다. 따라서 자기효능감은 높지만, 결과기대가 낮기때문에 행동을 하지 않을 수 있으며, 결과기대가 높지만, 자기효능감이 낮기때문에 행동을 하지 않을 수 있다.

사람들은 여러 가지 경로를 통해서 특정 과제에 대한 자기효능감을 판단한다(Bandura, 1997).

첫째는 실제 경험(enactive mastery experience)에 의한 것으로, 자신이 실제 그 과제를 직접 수행해 본 결과에 따른 성패 경험에의해 자기효능감이 달라진다. 과거에 어떤 과제에서 성공 경험이 있으면 앞으로도 그 과제에 대해서는 자기효능감이 강할 것이지만, 어려움을 겪었다면, 또는 성공했다 하더라도 타인의 도움을 받았거나 과제가 쉬워서 성공했다고 생각하면 자기효능감은 낮아진다.

둘째는 대리경험(vicarious experience)에 의한 것으로, 자신의 직접적인 경험이 아니더라도 주위의 다른 사람, 즉 친구나 동료들이 과제를 수행한 결과를 보고 자기효능감을 갖게 된다. 경험이 없는 과제에 있어서는 대리경험이 자기효능감 결정에 영향을 미친다.

셋째는 언어적 설득(verbal persuasion)에 의한 것으로, 부모나 교사 등 자신에게 중요한 인물이 어떤 일을 할 수 있다고 믿어주고, 격려하고 설득하는 것에 의해 자기효능감은 달라질 수 있다.

넷째는 생리적, 정서적 상태(physiological and affective states)에 의한 것으로, 피로감, 숨이 참, 통증, 땀, 소화불량, 불면증 등 생리적 증상과 불안, 두려움, 긴장, 떨림, 자신 없음 등과 같은 정서 상태가 자기효능감 결정에 영향을 미친다. 그러나 생리적, 정서적 증상은 그 자체가 자기효능감 판단에 영향을 미치는 것은 아니며 증상의 근원, 강도, 상황 등을 고려한 인지적 과정을 거쳐 영향을 미치게 된다.

자기효능감이 학습에 영향을 주는 중요한 동기 중 하나인 것은 분명하지만, 자기효능감은 고정적인 인상이나 특성이 아니다. 즉 자기효능감은 특정 과제에서 성공할 수 있는지에 대한 개인의 능력을 스스로 사정하거나 평가하는 것을 의미하는 상황특수적(situation specific)인 것으로 이해되어야 한다. 이를 토대로 교사는 학습자의 수준에 맞는 과제의 제시, 학생에게 과제를 잘할 수 있다는 믿음, 즉 자신의 능력에 대한 확신과 성공적 과제 수행에 대한 기대를 갖게 하는 것과 같은 자기효능감 고취 전략을 통해 동기를 개발할 수 있다.

5. 기대×가치이론

기대는 과제의 성공적 수행을 위해 필요한 자신의 능력에 대한 신념과 판단이며, 가치는 과제에 참여할 이유와 관련하여 학습자가 가진 신념들이다. 기대×가치이론(expectancy-value theory)은 동기란 목표에 도달하려는 개인의 기대와 그 목표가 자신에게 주는 가치의 산물임을 의미한다. 즉 행동의 경향성은 그 행동을 통해 목표를 달성할 수 있는 확률(즉 기대)과 목표에 대해 부여하는 가치에 따라 좌우된다. 만일 목표가 매력적이고 그것을 달성할 수 있다고 생각하면 행동이 나타나겠지만, 만약 둘 중 하나가 없다면, 목표를 향해 행동할 동기는 사라진다.

가치는 과제에 참여할 이유와 관련하여 학생들이 가진 신념들을 의미한다. 학생들이 과제를 수행하기 원하는 이유는 다양하며, '내가 이 과제를 수행하기 원하는가?'라는 질문에 대한 답이다.

기대×가치라는 인지적 측면에서 성취동기를 설명하고 있는 애트킨슨(Atkinson, 1964)은 성취행동을 접근경향성(성공에 대한 기대)과 회피경향성(실패에 대한 두려움) 간의 갈등으로 보고 있다. 이 두 가지 상반된 행동경향은 성공에 대한 기대와 과제의 가치(또는 중요성)에 따라 결정된다. 즉 성취행동은 접근(성공)경향성(tendency to achieve success: Ts)과 실패회피 경향성(tendency to avoid failure: Taf)의 절충에 의해 결정되며, 접근 경향성과 실패회피 경향성의 격차를 줄여야 한다.

애트킨슨은 개인이 성공하려는 동기가 실패를 회피하려는 동기보다 더 강한 경향성을 결과적 성취동기(resultant achievement motivation)라고 명명 하였는데, 이것은 성취활동에 접근하거나 회피하려는 결과적 경향성(the resultant tendency to approach or avoid an achievement activity: Ta)을 말한다.

성취동기에는 성공추구 동기(motive for success: Ms)와 실패회피 동기(motive to avoid failure: Maf)가 있다. 성공추구 동기는 성공을 위해 노력하는 비교적 안정된 성질을 나타내며, 실패회피 동기는 사람들을 성취 과제로 부터 벗어나게 하는 무의식적이고 안정적인 요인이다. 일반적으로 실패회피 동기는 시험 상황에서 유발되는 불안으로 정의되고, 실패회피 동기는 이것을 바탕으로 측정된다.

성취과제를 지향하도록 하는 데는 두 가지 변인, 즉 성공가능성 지각(perceived probability of success: Ps)과 자부심에 대한 기대 또는 성공 유인가(incentive value of success: Is)가 있다. 기대×가치이론에 따르면, 특정한 과제를 수행할 때 성공할 수 있을 것이라고 기대하는 사람은 그렇지 않은 사람보다 그 과제를 기꺼이 수행하려고 한다고 한다. 애트킨슨에 의하면 성공 가능성이 높은 과제에서 성공할 때보다는 어려운 과제(성공 가능성이 낮을 경우)를 성공적으로 수행할 때 더 큰 자부심을 경험할 수 있다고 한다. 따라서 어렵고 힘든 과목의 'A등급'이 쉬운 과목의 'A등급'보다 유인가가 더 높다.

또한, 성취 노력을 억제시키는 것은 두 가지 상황 변인, 즉 실패 가능성 지각(perception of the probability of failure: Pf)과 예상되는 수치심 혹은 실패 유인가(incentive value of failure: If)가 있다. 성공 가능성이 높은 아주 쉬운 과제에서 실패했을 때는 수치심을 많이 느낀다. 기대×가치이론에 따르면, 어려운 과목에서 'C등급'은 쉬운 과목에서 'C등급'을 받는 것보다 덜 창피할 것이다. 따라서 이런 상황 변인 중 하나(If)는 다른 것(Pf)에 의해서 결정된다(전성연 · 최병연, 1999).

애트킨슨은 이런 요소들을 다음과 같은 공식으로 표현하였다.

$$Ta = Ts - Taf$$
$$Ta = (Ms \times Ps \times Is) - (Maf \times Pf \times If)$$

Ta: 성취활동에 접근 또는 회피 경향성(the resultant tendency to approach or avoid an achievement activity)

Ts: 접근(성공) 경향성(tendency to achieve success)

Taf: 실패회피 경향성(tendency to avoid failure)

Ms: 성공추구 동기(motive of success)

Ps: 성공가능성 지각(perceived probability of success)

Is: 성공 유인가(incentive value of success)

Maf: 실패회피 동기(motive to avoid failure)

Pf: 실패 가능성 지각(perception of the probability of failure)

If: 실패 유인가(incentive value of failure)

애트킨슨의 성취동기 이론을 요약하면, 결국 성취 장면에서 나타나는 성취동기(Ta)는 접근(성공) 경향성(Ts)과 실패회피 경향성(Taf)의 상대적 강도에 따라 결정되고 서로 간의 간극을 줄이는 것이다. 즉 성취 장면에서는 실패회피 경향성이 낮고 성공 경향성이 높을수록 성취 노력을 많이 한다. 또한 접근(성공) 경향성(Ts)은 성공 추구 동기(Ms)와 성공 가능성 지각(Ps), 성공 유인가(Is)에 의해 결정되고, 실패회피 경향성은(Taf) 실패회피 동기(Maf), 실패 가능성 지각(Pf), 실패 유인가(If)에 의해 결정된다.

성취동기 이론을 근거로, 기대와 가치 수준에 따른 과제접근 행동을 알아 본 연구의 결과에 의하면(Hansen, 1989), 학생들은 성공할 가능성이 높으면서 자신에게 가치가 있는 과제는 열심히 하려고 하지만, 중요하지만 성공할 자신이 없는 과제는 자기방어를 위해 이해한 척하고 자신의 무능을 감추려고 한다. 또한, 자신에게 쉽지만 중요하지 않은 과제에서는 교사를 피해 딴짓을 하거나 벌을 피하기 위해 최소한의 노력을 하며, 주의가 산만해지며, 과제가 어려우면서도 중요하지 않으면 과제를 거부한다 <표 7.5>.

〈표 7.5〉 기대×가치의 수준에 따른 과제접근 행동

구분		기대(성공 가능성)	
		낮음	높음
과제의 가치	낮음	과제거부	노력 최소화
	높음	무능감추기(자기방어)	과제수행

귀인과 관련된 분석의 결과는, 대체로 성취동기가 높은 학생은 성공과 실패의 원인을 내적으로 귀인시키는 데 반해, 성취동기가 낮은 학생은 외적으로 귀인시키는 경향이 있는 것으로 밝히고 있다. 또한, 성공추구 동기를 갖는 학생들은 학습 과제를 실패했을 때 성취동기가 증가하고, 실패회피 동기를 갖는 학생들은 학습 과제를 성공하였을 때 성취동기가 증가 한다<표 7.6>.

〈표 7.6〉 동기유형과 과제의 성공 또는 실패에 따른 동기의 변화

과제 수행 결과	성공추구 동기 〉 실패회피 동기	성공추구 동기 〈 실패회피 동기
성공	성취동기 감소	성취동기 증가
실패	성취동기 증가	성취동기 감소

이상의 이론에 근거해 볼 때, 수업상황에서 교사는 과제 수행의 성공에 대한 기대의 가능성을 높여 주고, 학습의 성패를 내적으로 귀인시켜 주고, 실패했을 경우 벌을 최소화하면서 할 수 있는 가능성과 시사점을 구체적으로 명시해 줌으로써 학생들의 성취동기를 북돋아 줄 수 있을 것이다(임규혁, 임웅, 2007).

한편, 현대의 이론가들은 애트킨슨이 가치를 매우 협의적인 개념으로 보고 있다고 보고, 가치를 넓게 해석하려 한다. 이들은 과제가 지닌 가치를 습득가치(attainment value), 효용가치(utility value), 내재적 가치(intrinsic)로 나눈다(Wigfield, 1994, 심우엽, 2000, 재인용).

습득가치는 과제의 주관적 중요성을 의미하는 것으로, 사람들은 자아개념과 부합되는 활동은 물론 그것과 관련된 능력(예, 여성다움, 음악적 재능, 사회적 일탈행동, 성실함)을 발달시키려고 한다.

효용가치는 과제수행이 다른 목적을 위해 얼마나 유용한가에 따른 가치로, 가령 대

학진학에 유용한 과목의 공부는 효용가치가 높다.

내재적 가치는 어떤 과제를 수행함과 동시에 얻을 수 있는 즐거움을 의미한다.

과제가 지닌 이런 가치에 따라 노력투자(공부시간, 전략)와 위험, 실패 등의 감수, 그리고 그 과제를 선택할 것인지, 얼마나 노력하고 지속할 것인지가 달라진다. 예를 들어, 시험이 다가와 여러 과목을 공부해야 할 경우 과목의 가치에 따라 불가피하게 공부시간이 달라진다. 어느 학생이 특정 과목을 공부하지 않는 이유는 게으르거나 학습동기가 없어서가 아니라 과제의 가치가 다르기 때문일 수 있다. 따라서 학생들의 동기를 유발하고자 한다면, 교사는 학습과제의 중요성을 인식시키고, 노력하면 목표를 달성할 수 있다는 확신을 심어주는 것이 중요하다.

지금까지 살펴본 바와 같이 열심히 공부하는 이유와 학습동기유발 방법은 동기이론에 따라 서로 다르다. 행동주의 동기이론에서는 학생이 숙제를 열심히 하여 칭찬을 상으로 받은 적이 있거나 숙제를 하지 않아서 벌을 받은 적이 있기 때문이라고 설명하며 상과 벌로 동기를 유발할 것을 주장한다. 또한, 인본주의 동기이론에서는 공부에 재미가 있어서 열심히 한다고 설명하며 동기유발을 위해서는 과제에 재미를 느껴야 한다고 한다.

귀인이론에서는 학생들의 학업성취와 관련된 인식을 긍정적으로 변화시킬 수 있도록 과제를 제시, 수행할 것을 권한다. 내재적 동기이론에서는 공부에 재미가 있어서 열심히 한다고 설명하며 동기유발을 위해서는 과제에 재미를 느껴야 한다고 한다.

자기가치이론에서는 학생들에게 과제를 잘 할 수 있는 믿음 즉 자신의 능력에 대한 확신과 성공적 과제 수행에 대한 기대를 갖게 하는 것이 학습동기를 유발하는 길이라고 설명한다. 또한, 다른 학생이 숙제를 열심히 하여 상을 받은 것을 본 적이 있기 때문에 자신도 상 받을 것을 기대하고 숙제를 열심히 하는 것이라고 설명한다. 동기유발을 위해서는 좋은 모델을 활용하고 성공기대감을 주어야 한다.

목표지향이론에서는 학생들이 갖고 있는 목표지향성에 비추어 학습동기를 설명하고자 하였고, 학습목표가 분명해야 하고 목표의식을 심어야 한다고 주장한다.

자기효능감이론에서는 학습동기가 행동의 선택과 추진에 영향을 주며 결과기대와 구분된다. 자기효능감은 어떤 결과를 얻는데 필요한 행동을 할 수 있는 능력에 대한 신념이며, 특정 과제에서 성공할 수 있는지에 대한 개인의 능력을 스스로 사정하거나 평가하는 것으로 이해되어야 한다.

기대×가치이론에서는 학습동기란 목표에 도달하려는 개인의 기대와 그 목표가 자신에게 주는 가치의 산물임을 의미한다. 즉 학습행동의 경향성은 그 행동을 통해 목표를 달성할 수 있는 확률(즉 기대)과 목표에 대해 부여하는 가치에 따라 좌우된다.

이상과 같이 학습동기는 학습자 지적특성과 더불어 수업 효과의 기대하는 수준과 현재 수준의 격차를 해소하는 해결방안으로서 학생과 상황, 그리고 과제에 따라 적절한 이론과 동기유발방법을 통해 주어진 환경에서 학생의 능력을 최대한으로 발휘할 수 있게 해야 할 것이다.

6. 욕구위계이론

인본주의 동기이론을 대표하는 매슬로우(Abraham Maslow)의 이론이다. 매슬로우는 인간의 다양한 욕구는 낮은 수준의 욕구에서 높은 수준의 욕구로 위계화되어 있다고 주장한다. 욕구위계 이론에 따르면, 인간은 무엇인가를 필요로 하는 결핍의 존재로, 욕구만이 행동을 일으킨다. 인간의 욕구는 충족되어야 할 순서대로 계층화되어 있어 하위 욕구가 충족되면 다음 단계의 욕구를 충족시키기 위해 동기화 된다는 것이다.

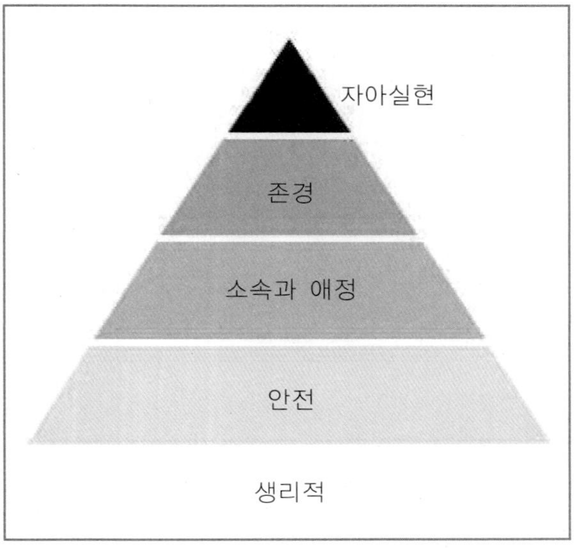

[그림 7.1] 욕구위계이론

매슬로우는 모든 욕구를 다섯 개의 큰 분류로 나누었다. 생리적 욕구, 안전의 욕구, 소속과 애정의 욕구, 존경의 욕구, 자아실현의 욕구 등이다.

① 생리적 욕구는 가장 기초적이면서 낮은 수준의 욕구를 말한다. 인간이 생존하고 살아가기 위해 필요한 물리적 필요에 대한 욕구다. 예를들어 음식, 공기, 음식,

수면, 성, 안락 등이 여기에 해당된다. 충분한 음식섭취나 수면 등을 통해 욕구가 충족되지 못하면 학습을 하고 싶은 욕구가 발생하지 않는다. 따라서 아침에 충분한 음식을 섭취를 해야 학습동기가 일어날 것이다.

② 안전의 욕구는 다음 수준의 욕구로 생리적 욕구가 충족되면 안정을 느끼고 싶다는 욕구가 나타난다. 안전의 욕구는 신체, 정신, 직업적인 안전하거나 안정성을 원하는 욕구를 포함한다. 예를들어 코로나19와 같은 재해의 위기 상황에서 안전과 보호의 욕구가 매우 높아지고 학습에 대한 욕구는 약해지기 쉽다. 따라서 학교가 안전한 곳이며 학생을 보호해주는 공간이어야 한다. 학교는 사회적 위협, 학교폭력 등과 같은 위험으로부터 보호 받아야 학생들은 안정의 욕구가 충족되어 학습동기가 높아지게 된다.

③ 소속과 애정의 욕구는 세 번째 욕구로 타인과 친해지고 같은 구성원이라는 느낌을 받고 사랑을 나누며 사회적 상호작용 등으로 사회적 존재로 살아가고자하는 욕구이다. 소속의 욕구는 가족, 학교, 사회로부터 충족될 수 있다. 예를들어 학생들은 학교에서 또래나 교사로부터 친목을 다지고 집단의식을 키워 소속감을 느끼며 영향력을 행사할 수 있는 힘을 가지고 적응하여 학습동기가 높아지게 된다.

④ 존경의 욕구는 네 번째 욕구로 자기 자신을 가치있는 존재로 느끼고 타인으로부터 존경받을 만한 사람이 되고자하는 욕구이다. 존경의 욕구는 자존의 욕구와도 관계가 있다. 학생들은 타인에게 존중받고 싶어하며, 자신을 높게 평가받고 싶어한다. 예를들어 청소년들은 자신을 동화속의 주인공처럼 아주 특별한 존재라 믿는다. 이런 믿음으로 자존감이 상승하여 학습에 몰두하게 된다. 반대로 결핍은 무기력, 무능, 열등한 상태로 나타난다.

⑤ 자아실현의 욕구는 가장 높은 수준의 욕구로 자신의 잠재력을 최대한 발휘하여 자기를 완성하고 세상과 잘 어울리고 싶은 욕구이다. 자아실현의 욕구를 만족시킨 사람은 자신이 꼭 해야 할 일을 하며 다른 욕구와는 다르게 욕구가 충족될수

록 더욱 증대된다.

매슬로우의 욕구위계이론은 교사들을 대상으로 적용해보면, 대체로 전문성이 높은 교사들을 동기화하는 욕구는 상위의 욕구일 것이다. 소속과 애정의 욕구, 존경의 욕구, 자아실현의 욕구 등을 잘 충족시키는 방향으로 학교를 경영해나가는 것이 학생들이 안전하고 소속감, 사회적 상호작용, 인정과 성취, 자기성취감, 도전감 등의 욕구를 충족하게 된다.

| 단원 마무리 |

질문을 만들어 보고 동료들과 이야기를 나눠 보세요.

♠ 정답이 있는 질문(교재에서 답을 찾을 수 있는 질문)

· 동기에 대한 4가지 중요 관점은 무엇일까요?

·

·

·

♠ 정답이 없는 질문(더 궁금하고, 이유나, 추론, 적용 등을 묻는 질문)

· 동기에 대한 4가지 관점에 따르면 당신의 동기는 무엇으로 설명할 수 있는가?

·

·

·

Educational Psychology

제8장 학습자 특성과 학습효과

제1절 학습자의 인지적 특성

제2절 학습자의 정의적 특성

제8장 학습자 특성과 학습효과

최근의 교육심리학은 교육이 일어나는 대표적인 상황인 학교에서의 교수(teaching)와 학습(learning)에 대해 주로 관심을 갖고 있다. 따라서 교육심리학의 중요한 과제의 하나는 교수-학습상황에 대한 심리학적 연구를 통하여 수업의 효과를 제고하고 학습자의 성장과 발달을 최대화하는 것이다.

수업의 효과를 높이기 위해서 고려해야 할 요인은 다양하다. 학습하고자 하는 학습과제나 학습목표의 종류와 수준, 학습자의 인지적 · 정의적 제 특성, 수업형태나 계열과 같은 교사의 수업방식 등이 학습이나 수업의 효과와 밀접하게 관련되어 있다. 특히, 학습자의 심리적 특성은 수업 효과에 영향을 미치는 가장 중요한 요인의 하나로서 크게 인지적인 특성과 정의적 특성으로 구분할 수 있다. 인지적 특성에는 지적 능력과 적성 수준, 창의성, 인지양식, 학습능력과 학습속도 등이 있으며, 정의적 특성에는 학습자의 성격, 적응수준, 학습동기 등이 있다.

앞에서 살펴본 지능과 창의성, 성격과 적응, 학습동기 등은 모두 중요한 학습자 특성들이다. 이장에서는 인지적 특성으로서의 인지양식과 정의적 특성으로서의 자아개념, 불안, 그리고 태도에 대해 언급하고 학습자 특성과 수업의 효과에 대해 살펴보고자 한다.

제1절 학습자의 인지적 특성

1. 인지양식의 개념

인간은 자신의 인지적 · 정의적 특성에 따라 외부환경이나 사물을 독특한 방식으로 지각, 기억, 사고하는 인지활동을 한다. 이러한 인지활동에서 나타나는 개인차를 인지양식(cognitive style)이라 한다. 이러한 인지양식은 학습과정에서 인간의 개인차를 상당 부분 설명해 준다.

인지양식이라는 용어를 처음 사용한 알포트(Allport)는 인지양식을 문제해결, 사고, 기억, 지각에 있어서 개인의 독특하고 습관적인 양식으로 보고 있으며, 브런디즈(Brundage)에 의하면 경험을 의미, 가치, 그리고 전략으로 조직화하는 일관된 개인적인 방식으로 인지양식을 정의하고 있다. 또한 메식(Messick)은 인지양식을 정보와 경험을 처리하는데 있어서의 특징적인 자기일관성으로 이는 자신의 성향(personality trends)에 맞게 발전한다고 하였다. 메식은 인지양식과 인지능력을 구분하여 사용하고 있는데, 인지양식은 "How"의 문제로 인지의 방식과 관계가 있으며, 인지능력은 "What"과 "How much"의 문제로 인지의 내용, 구성과정, 그리고 그 수준과 관련이 있어서 상당부분 인지양식과 인지능력은 중복이 된다고 하였다.

위트킨(Witkin, 1976)은 인지양식을 인간의 지각 및 지적인 활동과정에서 개인마다 다르게 지각하고, 사고하며, 문제를 해결하고, 학습하고, 다른 대상과 관련시키는 능력의 총칭으로 정의하였으며, 카간(Kagan)은 개인들이 정보를 지각하고, 조작하고, 평가하는 독특한 방식으로 정의하였다. 이웬(Ewen)도 인지양식은 정보를 받아들이고 처리하는 것과 관련이 있으며, 사회행동 뿐만 아니라 개인의 성격과 행동, 지각, 기억, 문제해결, 흥미, 직업상의 목표에 광범위하게 영향을 준다고 말하고, 보통은 12세경까지 발달하며 그 이상의 연령이 되면 안정된다고 하였다.

인지양식에 대한 이상의 정의들은 인지양식이 지각적, 지적, 심리적 기능과 강하게 연관되어 있음을 보여준다. 이는 지각적, 지적, 그리고 심리적 작용에 있어서의 차이가 인지적 성취에 영향을 주고 있음을 의미한다.

2. 인지양식에 영향을 주는 요인

개인의 인지양식에 영향을 주는 요인은 개인의 사회화 과정, 문화적 배경, 사회경제적 요인, 성차 등 다양하다.

라미레즈(Ramirez)와 카스테네다(Castaneda, 1974)는 횡단문화적인 맥락을 포함한 보다 폭 넓은 관점에서 인지양식을 해당 집단의 사람들에 대한 가치결정적인 사회화의 결과로 보고 있다. 여기서 사회화는 인지하고 사고하는 방식과 같은 다양한 심리학적인 영역들과 분리되어 있는 정도와 관련이 있다. 어린이들이 자신을 둘러싸고 있는 세계를 이해하는 수단은 그들의 가족과 동료들을 통하여 경험하는 사회화 과정이다. 위트킨과 베리도 민족적 집단들은 다른 민적집단과 구별되는 독립적인 인지양식 혹은 통합적 인지양식을 지향하는 일반적인 경향성을 보여주는 것 같다고 언급한 바 있다. 사라초(Saracho)도 환경에 반응하는 개인들의 차이가 지각방식, 성격, 지능, 사회적 행동과 같은 인지양식의 한 구성요소라고 말하고 있다. 이들 정의에 의하면 인지양식에는 문화적 변인들이 존재하며, 문화적 배경에 의하여 영향을 받은 선천적 및 사회화의 요인들이 있음을 보여준다. 따라서 문화권에 따라 다르게 나타나는 다양한 사회화 방식은 인지양식에 영향을 주는 것으로 볼 수 있다.

코헨(Cohen)은 사회경제적 요인들이 사회화와 관련이 있음을 주장하고 있다. 이는 사회경제적 요인이나 사회 계층적 요인 역시 인지양식에 중요한 영향을 주고 있음을 시사하는 것이다. 카간과 고간(1970)은 중산 계층 출신의 아이들이 타 계층 출신의 아이들에 비하여 더욱 분석적이고, 반성적이며, 장독립적인 경향이 있음을 밝힌바 있다. 다보스(DeVos)의 연구(1980) 역시 이를 지지하고 있는데, 그는 백인의 어린이들은 부모로부터 독립심을 기르는 사회화 과정을 경험하며, 이 때문에 그들은 개인주의를 학습하고, 지각적으로는 독립적이 되어 장독립적인 경향이 될 가능성이 높다는 것이다. 반면 소수 인종 출신 아이들의 인지양식은 사회적 환경을 권위적이고, 사회적 통합을 강조하는 방향으로 인식한다는 것이다. 따라서 이들 아이는 어려서부터 사회화의 초점이 권위에 대한 강조, 어머니와의 친밀한 유대관계, 아버지와의 형식적인 관계, 가족에 대한 헌신 등이 강조되기 때문에 장의존적인 경향이 높다고 주장하였다.

위트킨 등이 대학생을 대상으로 실시한 연구에서는 장독립성과 장의존성 인지양식에서 성차가 있음을 보여 주고 있는데, 여자보다는 남자가 더 장독립적으로 나타나고 있다. 메식은 장독립성과 장의존성 인지양식에서의 성차가 나타나는 이유에 대하여 남자는 기술이나 수학적 활동과 관련된 분석적 기술을 추론하는 영역에 관심을 나타내는 경향이 있고, 여자는 사람들과 함께 하는데 참여하는 활동들을 선호하기 때문이라고 주장하고 있다. 이러한 일반적인 경향성은 특별한 문화가 반영된 사회화 과정이나 양육과정과 관련이 있다.

3. 장독립성과 장의존성

장독립성은 장(배경)의 영향을 별로 받지 않는 인지 양식이고, 장의존성은 장(배경)의 영향을 많이 받는 인지양식이다.

위트킨은 인지활동에서 나타나는 개인차인 인지양식을 장의존형(field dependence) 인지양식과 장독립형(field independence) 인지양식으로 구분하였다.

'장독립적인' 사람은 어떤 사물을 지각할 때 그 주변의 사물이나 환경의 영향을 적게 받는 사람이다. 이들은 자신이 경험한 것을 잘 분석하고 구조화한다. 따라서 복잡한 상황에 처했을 때 필요한 요소와 불필요한 요소를 구분하고 자기지향적인 내적 준거에 따라 문제를 해결한다. 성격과 지각에 있어서도 자기 일을 해결하려는 성취동기가 강한 편이다. 사회적 관계에서는 타인의 의견이나 입장보다 자신의 의견이나 입장에 더 큰 비중을 둔다.

'장의존적인' 사람은 어떤 사물을 지각할 때 그 사물의 배경과 상황에 따라 많은 영향을 받는다. 이들은 비교적 덜 분석적이고 직관적으로 지각한다. 장의존적인 사람은 성격과 지각에 있어서 외부 의존적이고 성격 노출이 심하며, 자신에 대한 통찰력을 잃기 쉽다. 그러나 사회적 관계에서는 사회지향적이어서 타인의 감정이나 사고에 사려 깊은 태도를 취하는 경향이 강하다.

위트킨과 그의 동료들은 8세경부터 성인기까지의 인지양식 경향을 종단적으로 연구한 결과, 연령의 증가와 더불어 전체적 지각에서 분석적 지각으로 발달하는 경향이 있음을 발견하였다. 또한, 8세와 13세, 10세와 17세의 인지양식 간의 상관이 높다는 것을 발견했는데, 이것으로 미루어 볼 때 개인의 인지양식은 8세경이면 거의 결정된다고 보고하였다.

위트킨(Witkin)과 굿인너프(Goodenough)가 장독립성과 장의존적 인지양식에 대한 연구에서 발견한 중요한 결과들은 다음과 같다.

- 여성들은 남성들에 비하여 더욱 장의존적인 경향이 있다. 그러나 장의존성과 장독립성에 있어서의 성 차는 사회화 과정이 중요한 영향을 미친다.
- 확인된 인지양식은 문제해결과정과 밀접한 관련이 있다. 환경적 장으로부터 요소를 분리해 낼 수 없는 장의존적인 사람은 해결책에 도달하기 위해 맥락으로부터 중요한 요소를 끌어내는데 어려움을 겪는 경향이 있다.
- 장독립적인 사람들은 구조가 결핍되어 있는 자극물질에 대하여 구조를 찾으려고 하는 경향이 있다. 장의존적인 사람들은 그 물질을 현재 있는 그대로 내버려둔다.
- 장독립적인 사람들에 비하여 장의존적인 사람들은 그 환경을 둘러싸고 있는 사회적 구성요소들에 더욱 주의를 기울이고, 동조하는 경향이 있으며, 사물들에 대한 생각과 느낌들을 사람들의 표정을 보고 결정하는 경향이 있다.
- 장의존적인 사람들은 자신들과 친한 사람들을 좋아한다. 그리고 일반적으로 자신들이 상호작용하는 공간 내에 있는 사람들을 좋아한다.
- 장독립적인 사람은 장의존적인 사람보다 비언어적인 행동을 보다 많이 보여주는 경향이 있다.
- 장독립적인 사람은 보다 공평무사(impersonal)한 경향이 있다. 그들은 추상적인 면과 이론적인 면에 더 관심이 많다.
- 장의존적인 사람들은 사람들과 상호작용하고 사람과 관련된 내용이 포함된 직업을 선택하는 경향이 있는 반면에, 장독립적인 사람들은 엄격한 작업환경과 추상적인 문제와 관련된 문제들을 선택하는 경향이 있다.
- 장독립적인 사람들은 자신들의 욕구와 느낌이 다른 사람들과 반대인 것으로 깨닫고 있는 경향이 있다. 장독립적인 사람들은 이들 욕구와 느낌을 외부의 사회적 사건들을 처리할 때, 내적인 준거로 사용한다.
- 장의존적인 사람들은 사회적 역할들을 자신들이 상호작용하는 사람들의 역할과 다른 것으로 정의하지 않는 경향이 있다.
- 장의존적인 사람들은 상대적으로 조직(the body)이 한계와 영역을 가지고 있는 것으로 경험하는 경향이 있는 반면에, 장독립적인 사람들은 조직에 대하여 더욱

포괄적인 개념을 가지고 있다.

- 장독립적인 사람은 특별한 변명과 지적인 처리를 자주 사용하는 반면, 장의존적인 사람은 억압에 의한 방어를 선호한다.

이처럼 장독립적인 학습자들과 장의존적인 학습자들이 가지고 있는 학습 양상은 서로 반대되는 경우가 많다. 사라초와 스포델(1981)도 장독립적인 학습자들과 장의존적인 학습자들의 특성을 다음과 같이 기술하고 있다.

- 장의존적인 학습자

· 지각적 장을 환경에 의존한다.
· 널리 퍼져있는 장(field)이나 맥락의 효과들에 직면했을 때, 상대적으로 포괄적인 경향 속에서 자신들의 환경을 경험한다.
· 권위에 의존한다.
· 정보의 원천으로서 그들 주위에 있는 사람들의 얼굴에서 해결의 실마리를 찾는다.
· 사람들에게 강한 관심을 갖는다.
· 자신들과 상호작용하고 있는 사람들과 더욱 친밀하다.
· 자신들에게 사회적인 기술을 습득하도록 도와주는 사람들에게 감수성을 갖는다.
· 타인들과 함께 일하는 것을 필요로 하는 직업을 선호한다.

- 장독립적인 학습자

· 사물을 장으로부터 분리된 것으로 인지한다.
· 환경적 장으로부터 아이템을 추상할 수 있고, 다른 맥락으로 제시되면서 재조직화된 문제들을 해결할 수 있다.
· 자신들을 일정한 표준이나 가치들에 의존하도록 유도하는 권위로부터 독립성을 경험한다.
· 적극적인 투쟁을 지향한다.
· 냉정하고 명료한 것처럼 보인다.
· 사교적이지는 못하지만 분석적인 능력을 가지고 있다.
· 독자적으로 일하도록 허용하는 직업을 선호한다.

사라초(Saracho)도 장독립적인 사람은 사물들을 경험할 때, 그 배경과는 별개의 것으로 지각하며, 이는 숨은 도형 찾기에서 주변을 착란시키는 도형의 영향을 극복하는 능력으로 반영된다며 위트킨의 입장을 지지하고 있다.

인지양식의 심리적 차원과 관련하여 사라초는 장의존적인 사람은 환경적 장과 권위에 의존하며, 정보를 위하여 자신의 주변 사람들의 얼굴을 살피며, 사람들과 함께 있는 것을 선호하는 반면, 장독립적인 사람은 환경적 장으로부터 요소들을 분리해 낼 수 있고, 맥락으로부터 중요한 요소들을 확인하는 문제들을 해결할 수 있으며, 권위에 의존하지 않고, 사회로부터 초연함을 유지하고, 분석적인 경향이 있음을 밝히고 있다. 그는 장독립적인 사람은 논리적 사고와 문제해결에서 장의존적인 사람보다 유리하다고 말하고 있다. 따라서 장의존적인 사람은 사회적 분위기에 민감하게 반응하여 사회적 상호작용을 그 분위기에 일치시키는 경향이 있지만, 장독립적인 사람은 의사결정 과정에서 독립적이며, 사회적 상호작용에서 더욱 경쟁적이다.

지금까지 언급한 장의존성과 장독립성의 특성간의 차이는 <표 8.1>과 같이 요약된다.

〈표 8.1〉 학습양식에 따른 행동차이

장의존성	장독립성
전체적으로 지각한다.	분석적으로 지각한다.
전체적인 양식으로 경험하고 주어진 구조에 집착한다.	분절적인 형태로 경험하고, 구조들이나 제한사항들을 분리한다.
개념들 사이의 폭넓은 일반적인 차이들을 구별하고, 관계들을 본다.	세세한 개념차이를 구별하고, 거의 중복되지 않는다.
사교지향성으로 사교적 내용과 관련된 자료를 가장 잘 학습한다.	공평무사지향성으로 자신들을 위한 새로운 개념들에 흥미가 있다.
자신의 경험과 관련된 자료에 가장 열성을 낸다.	단지 의도적 과업으로서 사교적 자료를 학습한다.
외적으로 정의된 목표들과 강화들을 요구한다.	자기 정의된 목표들과 강화들을 가진다.
갖추어진 조직을 필요로 한다.	환경을 자기 구조화 할 수 있다.
비판으로부터 영향을 많이 받는다.	비판으로부터 영향을 덜 받는다.
개념획득을 위하여 방관자 접근을 사용한다.	개념획득을 위하여 가설검증 접근을 사용한다.

* 출처: S. Garger & P. Guild, "Learning styles: The crucial difference", *Curriculum review,* 1984, Feb., p. 10.

〈표 8.2〉 장의존적 학생과 장독립적 학생의 차이

장의존성	장독립성
· 협동학습을 선호한다. · 동료를 도와주고 싶어한다. · 친구의 감정과 의견에 민감하다.	· 개별학습을 좋아한다. · 경쟁을 즐기고 개인적 인정을 추구한다. · 과제지향적이다.
· 교사에 대한 긍정적 감정을 공공연히 표현한다. · 교사의 취미와 경험에 대해 질문하고 교사를 닮고 싶어 한다. · 교사의 지도와 시범을 바란다. · 사회적 보상을 바란다. · 교사의 개별지도를 받을 때 동기가 높아진다.	· 교사를 가까이 하지 않는다. · 교사와 형식적 관계를 유지한다. · 독자적으로 과제를 해결한다. · 과제를 먼저 시도하고 완성하려고 한다. · 비사회적 보상을 추구한다.
· 수업목표와 전반적 내용을 체계적으로 설명하는 수업을 한다. · 개념을 학생의 개인적 흥미와 경험에 관련짓는 수업을 한다. · 강의식 수업을 선호한다.	· 구체적 사항을 강조하는 수업을 한다. · 수학, 과학개념을 다루는 수업을 한다. · 발견법식 수업을 선호한다.

장독립적인 학생과 장의존적인 학생의 학습양식의 차이는 교사들이 학생들의 인지양식에 적합한 교수전략 또는 학습환경을 만드는데 좋은 시사를 줄 수가 있는 것이다. 그런데 교사의 수업방식이 어느 정도 고정된 특성으로 나타난다는 것을 감안한다면, 교사는 의식적으로 학생의 특성에 맞는 적절한 교수방법을 활용하려고 노력할 필요가 있다.

4. 사려성 대 충동성

고간(Kogan)은 사람들이 문제를 해결할 때 접근하는 방식에 차이가 있음을 깨닫고 인지양식을 사려성(reflection)과 충동성(impulsivity)으로 구분하여 연구하였다. 사려성과 충동성을 서로 반대의 관계를 가진다. 사려성이 높으면 충동성이 낮고, 충동성이 높으면 사려성이 낮아지게 된다. 문제가 있을 때 오랫동안 고민을 하게 되면 사려성은 높고 반면에 충동성이 낮은 것을 볼 수 있다.

사려성과 충동성은 반응시간과 반응 오류에서 차이가 있다. 의사결정을 할 때 사려성은 신중하기 때문에 오류를 적게 범하고, 충동성은 사려성보다 반응 시간이 빠르기 때문에 반응의 오류가 많다. 성적에 있어서 주의집중을 잘하고 신중을 요하는 사려형이 충동형보다 성적이 높게 나온 경향이 있다. 충동형들에게는 신중하게 사고하고 행동하게 하는 훈련을 시켜야 하고, 사려형에게는 어려운 과제가 있을 때 너무 매달리지 말고 건너 뛸 수 있는 전략도 알려주어야 한다.

〈표 8.3〉 사려성과 충동성의 특징

사려형(숙고형, 반성형)	충동형(속응형)
· 반응 느림	· 반응 빠름
· 오류적음	· 오류 많음
· 우유부단하다고 여겨질 수 있음	· 결단력 있다고 인정받을 수 있음
· 추론이나 논리적 과제를 잘함	· 창의적 과제를 잘함
· 세심하다고 인정받음	· 꼼꼼하지 못하다고 여김
· 주의집중 잘함	· 주의집중을 못함
· 정보처리가 느리지만 실수가 적음	· 정보처리가 빠르나 실수가 많음
· 집중력이 높고 침착함	· 불안하고 산만하며 쉽게 흥분함
· 성취도가 높고 보상에 둔감함	· 성취도가 낮고 보상에 민감함

사려형 아이는 친구와의 싸움을 회피하려고 하며 낯선 환경을 불안해하고, 학교 생활에 적응하는데 시간이 걸리는데, 충동형 아이는 실외활동이나 단체놀이 등 노든 활동에 있어서 적극적으로 행동한다. 놀이를 할 때 사려형 아이는 모험적이거나 위험한 놀이를 싫어하지만, 충동형 아이는 모험적이거나 전신의 움직임을 이용한 놀이를 즐긴다. 일정한 시간동안 그림을 보여준 후 질문을 하면 사려형 아이는 그림 속에 나오는 사물을 잘 기억해 내지만, 그림의 주제에 대해서는 잘 모르는 경우가 많은데 충동형 아이는 그림속의 사물은 많이 기억해 내지 못하지만 그림의 주제에 대해서는 잘 알고 있다.

학습자 특성을 살펴보면 사려성은 문제를 해결할 때 여러 대안들을 탐색하고 여러측면에서 검토하여 적절한 답을 구하고, 충동성은 문제를 해결할 때 생각나는 대로 단순하게 답을 하려는 경향이 있다. 사려성은 정보를 느리게 처리하지만 과제 수행에서 실수가 적으며 충동성은 정보를 빠르게 처리하지만 실수가 많다.

교수전략으로는 사려성은 어려운 문제를 건너뛰게 하는 전략을 사용하여 까다로운 문제에 부딪혔을 때 한 문제에 너무 오랫동안 생각하다가 다른 문제를 놓치는 경우가 생길 수 있으므로 과제를 시간 내에 완성할 수 있도록 어려운 문제는 건너뛰게 해야 한다.

충동성은 신중하게 사고하도록 하는 전략을 사용하여 학습 중에 자신에게 혼잣말로 가르치기를 하거나 학습과제 전체를 모두 객관적으로 파악하도록 지도한다.

5. 인지양식의 유형

고간(Kogan)은 인지양식을 지적인 작용과 관련시켜서 인지양식을 3개의 유형으로 범주화했다. 첫째로, 인지양식은 성취능력과 관련이 있다. 그는 장독립적인 사람은 장의존적인 사람보다도 복잡한 그림 속에서 단순한 그림들을 쉽게 찾아낼 수 있다는 것을 발견했다. 이것은 장독립적인 사람은 장의존적인 사람보다도 숨은 도형 찾기를 했을 때, 더 잘 성취할 수 있음을 의미한다. 두 번째로, 인지양식은 자신을 둘러싸고 있는 세계에 대한 정보처리능력과 관련이 있다. 그는 복합적 정보처리를 하는 사람이 단순한 정보처리를 하는 사람보다 더욱 유리한데, 장독립적인 사람은 보다 더 반성적인 사고를 하기 때문에 정보처리에 유리하다고 말하고 있다. 세 번째로, 인지양식은 성취능력보다는 오히려 전형적인 선호 방식(a mode of stylistic preference)의 관점에서 보아야 한다는 것이다.

이상의 인지양식에 대한 연구들을 살펴보면, 인지양식은 ① 정보처리방식에 있어서의 개인차가 있으며, ② 개인차가 있으나 공통된 특징을 가진 개인들의 어떤 특성으로 묶을 수 있고, ③ 능력과는 구분되는 인성적 특성의 구성개념이며, ④ 가치판단 면에서 중립적이고, ⑤ 안정성에 있어서 단기간에 변화하는 것이 아니라 한번 형성되면, 지속적이며 안정적인 특성을 갖는 남과 구별되는 독특한 양식이라는 점에서 공통적이다.

개인적 측면에서 인지양식이란 인간이 사물이나 경험 혹은 다양한 상황 및 내적·외적 세계에 반응할 때, 서로 각기 다르게 특유의 방법으로 지각하고, 기억하고, 사고하며, 조직화하고, 정보를 처리하고, 행동하는 체계적이고 일관된 남과 구별되는 개인의 독특한 행동양식이지만, 사회계층, 성별, 사회화 과정 등을 포함한 문화적 요인과 배경의 영향을 받고 있음을 알 수 있다. 그러므로 인지양식은 인간의 다양성을 설명해주는 하나의 구조화된 사회적 행동양식이라고 볼 수 있다.

학습양식은 정보처리과정, 학습 환경에의 적응과정에서 남과 구별되는 독특한 행동양식이라는 관점에서 정의되고 있다. 브런디지는 학습양식을 의미, 가치, 기술, 그리고 전략들을 변화시키는 일관성 있는 개인적인 방식으로 보고 있으며(Thomas Alan Custer), 로젠버그(Rosenberg, 1968)는 학습 양식을 한 개인이 문제에 직면했을 때 나타나는 독특한 행동 유형이라고 정의하고, 한 개인의 문제해결과정을 여러 번 관찰하게 되면, 하나의 대표적인 행동 유형이 확인될 것인데 그것이 그의 학습양식이라고 말하고 있다. 고간(Kogan)은 학습양식을 정보를 이해하고, 저장하고, 변형하며, 그리고 이용하는 독특한 방식으로, 데체코(DeCecco)는 학습양식을 새로운 개념들을 학습하는 과정에서 개개인들이 정보를 처리하는 과정으로 보고 있다. 오닐(O'Neil)은 학습양식을 학습자들이 어떻게 지각하고, 상호작용하며, 학습환경에 반응하는가에 대한 상대적으로 안정된 척도로써 작용하는 개인의 독특한 인지적, 정의적, 심리적 행동들이라고 정의하고 있다.

학습양식은 학습환경에의 적응관점에서도 정의되고 있는데, 그레고스(Gregorc)는 학습양식을 개인이 환경으로부터 학습하는 방법과 환경에 적응하는 방법을 나타내주는 독특한 행동으로, 톨마지(Tallmadge)와 시어러(Shearer)는 학습양식을 교수환경에 대한 한 기능으로 특징적인 학업성취를 산출하기 위하여 교수환경과 상호작용하는 한 개인의 특성으로 정의하고 있다.

던(Dunn) 등은 학생들의 배경특성에 맞는 접근을 강조하면서 학습양식을 다음과 같이 정의하고 있다.

학습양식은 사람들이 새롭고 어려운 지식 또는 기술에 대하여 집중하고, 내면화하며, 기억하는 방식이다. 그것은 각 개인의 지각능력에 영향을 주고 학습 환경과 상호작용하며, 학습 환경에 반응하는 인지적, 동기적, 심리적 요소들로 구성된다.

이러한 학습양식에 대한 정의들을 살펴보면, 전술한 인지양식과 큰 차이가 없이 쓰이고 있음을 알 수 있다. 굳이 구분해 본다면, 인지양식은 정보의 조직화와 관련이 있고, 학습양식은 정보를 입에 맞는 떡으로 바꾸는 가공과정에 관심이 있다고 볼 수 있다. 실질적으로 인지양식과 학습양식은 혼용되어 쓰이는 경우가 많다.

메식과 고간은 선행연구들을 검토한 후 9개의 학습양식이 있음을 밝히고 있다

① 장독립성 대 장의존성(field independence vs. field dependence)

환경에 대한 지각방식으로 장독립성은 자극 전체에서 부분들을 쉽게 구분해내는 분

석적인 지각 특성을 가지고 있으며, 장의존성은 자극이 주어졌을 때, 그것을 여러 요소들로 분석해내지 못하고 전체적으로 지각하는 경향성을 갖고 있다.

② 사려성 대 충동성(reflectiveness vs. impulsivity)

가설을 선택하고 정보를 처리하는 속도에 있어서의 개인적인 일관성으로 충동적인 사람들은 답이 자주 틀린다할지라도 자신의 머리속에 떠오르는 첫 번째 생각을 답으로 말하는 경향이 있다. 사려성이 있는 사람들은 결정하기 전에 다양한 가능성들을 심사숙고하는 경향이 있다.

③ 스케닝(scanning)

주의 배치의 광범위함과 집중성의 개인차로 경험의 생생함과 깨달음의 범위와 관련된 개인적인 변인이다.

④ 범주화의 정도(breadth of categorizing)

협의의 배타성에 반대되는 것으로 폭넓은 포괄성을 위한 일관된 선호로 특수한 범주들에 대하여 수용 가능한 한계를 설정하도록 해준다.

⑤ 개념화 양식(conceptualizing styles)

개념형성을 위한 토대로써 특별히 개념화된 접근을 이용하는 데 있어서의 일관성의 정도뿐만 아니라, 개념적인 변별이라 불리는 차원으로 많은 변별적인 개념들에 기초하여 자극들 사이의 유사성을 인식하고 차이점들을 범주화하는 경향에서의 개인차를 말한다.

⑥ 인지적 복잡성 대 단순성(cognitive complexity vs. simplicity)

세계, 특히 사회적 행동의 세계를 설명하는 경향성에 있어서의 개인차로 다차원적 방식과 변별적 방식이 있다.

⑦ 평준화 대 첨예화(leveling vs. sharpening)

기억작용에서 동화과정에 대한 신뢰할 수 있는 개인적인 변인이다. 평준화되어 있는 사람들은 유사한 기억내용들에 극도로 둔감한 경향이 있고, 유사성을 가진 것으로 인식된 대상들이나 사건들을 극도로 동화해내는 경향이 있다. 이와 반대로 첨예화된 사람들은 유사한 대상들에 덜 혼란스러워하는 경향이 있으며, 현재의 사건을 과거의 것과 별로 유사하지 않은 것으로 판단한다.

⑧ 집착성 대 융통성(constricted vs. flexible control)

인지적인 간섭과 주위의 혼란으로부터 영향을 받는 데 있어서의 개인차로 인지를 혼란시키는 자극이 제시되었을 때, 일어나는 간섭현상의 영향을 많이 받느냐 또는 융통성 있게 대처하여 적게 받느냐로 구분된다.

⑨ 모순된 또는 비현실적인 경험들에 대한 관용

인습적인 경험과 맞지 않는 지각을 수용하는 구별되는 의지의 차원을 말한다.

펠더(Felder)와 실버맨(Silverman)도 기존의 연구를 종합하여 학생의 학습양식을 다섯 가지로 구분하고 있다. 이들의 특성들을 살펴보면 다음과 같다.

① 감각적(sensory) **대 직관적**(intuitive)

이는 학생이 인지하기를 선호하는 정보의 유형에 따라 구분된다. 즉 감각적 학생들은 실제적인 경향이 있어서 사실, 관찰 등을 좋아하며, 직관적 학생들은 상상력이 풍부하여 개념이나 해석(interpretations) 등을 좋아한다. 따라서 감각적 학생들은 주의 깊지만 느리며, 직관적 학생들은 빠르지만 부주의할 수 있다.

② 시각적(visual) **대 언어적**(verbal)

이는 그림이나 다이어그램과 같은 시각화된 이미지의 정보를 효과적으로 처리하는가 아니면, 기록된 말, 공식과 같은 언어적 내용을 효과적으로 처리하는가와 관련이 있다.

③ 귀납적(inductive) **대 연역적**(deductive)

이는 학생이 어떠한 방식으로 조직된 정보에 편안해 하는가와 관련이 있다. 귀납적 학습자들은 관찰, 구체적인 사실, 실험적 결과들로부터 학습하여 원리나 원칙을 이끌어내는 것을 선호한다. 반면에 연역적 학습자들은 일반적인 원리로부터 시작하여 구체적인 사실이나 응용으로 연역하는 것을 선호한다. 연역적 학습자들은 귀납적 학습자들보다 구조화된 자료제시를 선호한다.

④ 능동적(actively) 대 반성적(reflectively)

이는 학생이 토론과 같은 물리적인 활동과정에서의 정보처리를 선호하는가 아니면, 내성(introspection)을 통한 정보처리를 선호하는가와 관련이 있다. 능동적 학습자들은 어떤 것을 실제로 행하거나 시도해보면서 학습하는 경향이 있고, 반성적 학습자들은 시도하기 전에 사물에 대하여 생각하며, 그들을 내성적으로 처리하는 경향이 있다. 능동적 학습자들은 그룹단위로 일하기를 좋아하나, 반성적 학습자들은 혼자 또는 2인 1조로 공부하는 것을 선호한다.

⑤ 순차적(sequentially) 대 전체적(globally)

이는 학생이 정보를 이해하는 과정이 조금씩 단계적인가 아니면, 보다 큰 단위로 이해를 획득하는가와 관련이 있다. 순차적 학습자들은 문제에 대한 불완전한 이해의 상태에서도 문제들을 해결할 수 있으며, 그들의 해결책들은 일반적으로 순서가 있고 따라 하기가 쉽다. 그렇지만 그들은 보다 큰 조망을 획득하지 못하는 경향이 있다. 전체적 조망의 학습자들은 모두가 아니면 아무것도 아닌(all-or-nothing), 즉 실무율적인 방식으로 학습하기 때문에 이 방식의 학생들은 완전히 이해를 획득하기 전까지는 과제나 시험에서 저조한 성적이 나올 수 있다.

위에서 언급한 이들 다섯 가지의 학습 방식은 학생에 따라 확연히 구분되기보다는 연속선상에 있는 것으로 시간이나 과목, 학습 환경에 따라 변할 수도 있는 것이다.

학생의 인지양식을 구분하는 데 있어 인지양식 차원 중 교육문제에 폭넓게 적용되고 있고, 연구되고 있으면서 어느 정도 안정된 특성을 갖고 있는 장독립성-의존성 차원의 인지양식 개념은 1940년대 말부터 위트킨에 의하여 연구가 시작되었으며, 현재 이들을 측정 분류하는 다양한 도구가 개발되어 있다. 이 차원은 개개인의 환경에 대한 지각방식으로 장독립적인지양식이란 개인이 자극을 지각할 때, 그 자극의 환경 즉,

장(field)의 영향을 받는 정도에 따라 비교적 적게 받으면 장독립성으로, 비교적 영향을 많이 받으면 장의존성으로 구분한다.

6. 인지양식과 학습효과와의 관계

많은 연구들이 학생들을 그들의 학습양식에 맞게 가르친다면, 보다 높은 학업성취와 능력을 보여준다는 연구결과들을 발표하고 있다. 이 분야에 대한 연구를 통하여 던(Dunn)은 교사가 학생들에게 자신의 학습양식에 맞는 방법으로 가르친다면, 거의 모든 과목을 학습할 수 있다고 주장하고 있다. 또한, 교사의 수업방식이 학생의 학습양식에 맞지 않으면, 학생의 학습효과가 학습양식과 맞는 학생에 비하여 저조하다고 밝히고 있다(Rita Dunn & Shirley A. Griggs, 1995). 학습의 과정에서도 학생들은 자신들의 학습방식에 맞게 가르쳤을 때, 학습내용을 더욱 잘 내면화 시켰고, 더욱 오래 파지했으며, 학습과정을 즐거운 것으로 생각했다(Rita Dunn, & Shirley A. Griggs, 1989). 던은 히스패닉계 미국인 학생들에 대한 연구에서도 학습양식은 자신이 속한 문화적 배경의 영향을 받고 있으며, 학습양식과 수업방식을 조화시켜야 학업성취도가 보다 높아진다고 주장하고 있다.

양순열(1995)은 통제 소재와 인지양식간의 관계에 대한 실험연구를 통하여 인지양식에 따라 학습방식이 달라야 효과적이라는 연구 결과를 발표하고 있다. 그는 수학의 정형문제 학습에서 장의존적 학습자는 교사주도 학습에서, 장독립적 학습자는 학습자주도 학습에서 더 높은 성취를 보이며, 비정형문제를 학습하는 데는 학습자주도 수업에서 장독립적 학습자 집단이 가장 높은 성취를 보였다고 보고하였다. 또한, 학습자주도 수업을 받은 장독립적 학습자는 정형 문제에서나 비정형 문제에서 가장 높은 성취를 보이는 반면, 교사주도 수업을 받은 장독립적 학습자와 장의존적 학습자 공히 비정형의 검사에서 가장 낮은 점수를 받았다고 밝히고 있다. 이는 인지양식에 따라 교수방식의 효과가 뚜렷하게 나타남을 실증해주는 사례라고 볼 수 있다.

스트로위즈(Strawitz, 1984(a))의 6학년 학생들에 대한 장독립성과 장의존성 학생들의 교수방법과의 관계를 알아본 연구에서도 장의존적인 학생들은 장독립적인 학생들보다도 교사의 지시를 보다 많이 필요로 하기 때문에 피드백이 없는 자유로운 질문방식으로 가르쳤을 때, 학업 성취도가 더욱 낮았다. 또한 장의존적인 학생들은 보다 쉽게 산만해지는 경향이 있었으며, 그 까닭에 장독립적인 학생들보다 학업성취에 있어서도 일관성이 별로 없었다.

스트로위즈(Strawitz, 1984(b))는 추후 연구를 통하여 장의존적인 학생들을 위한 수업은 교수방법 면에서 더욱 구조화시키고, 교사가 지시적일 때 보다 효과적이라고 밝히고 있다.

에니스(Ennis)와 세피아토-톰슨(Chepyator-Thomson)의 운동과 시합 그리고 체조활동에 대한 검토와 분석을 강조한 교육과정을 사용한 체육수업에 대한 연구에서도 장독립적 학생들은 이러한 교육과정운영을 선호했으나, 장의존적인 학생들은 그러지 않았다. 장의존적인 학생들은 모호한 상황을 구조화하기 위한 내적인 준거(referents)들이 결핍되어 있었기 때문이다. 반면에 장의존적 학생들은 교사가 부가적인 피드백, 설명, 그리고 시범을 제공할 때, 학습과정에 더욱 참여적이었다. 장의존적인 학생들은 혼자가 되었을 때, 쉽게 산만해졌지만, 다른 사람들과 함께 하도록 허용되었을 때, 과업들에 보다 참여적이었다. 이런 점에서 장의존적인 학생들은 분석적인 교육과정에 더욱 어려움을 느낀다고 볼 수 있다.

위트킨 등의 연구에서도 장독립적 학생들은 분석적 능력을 가지고 있었을 때, 수학과목을 선호하였으며, 이들 과목들에 대하여 편안해 하였으며, 학업성취에도 성공적이었다. 다른 한편 장의존적 학생들은 사회과목과 같은 사회적 내용을 담고 있는 과목들을 선호했다. 장의존성의 정도는 IQ 테스트에 의하여 측정된 지능과는 다른 인지차원을 제공하여, 인성(personality), 사고, 기억력(memorizing), 그리고 학습과 연관된 일관된 기능방식을 나타냈다.

이들 연구결과들은 교사의 수업방식이 학생의 인지양식에 맞아야 할 필요성을 실증하고 있다고 볼 수 있다. 즉 인지양식에 따라 좋아하는 과목이 달라지며, 선호하는 교사의 수업방식이 달라지므로 학습효과를 최적화하는 데는 교사가 학생과의 상호작용의 질을 높일 수 있는 학생의 특성에 맞는 수업방법 및 접근방법을 개발하고 활용하는 수업을 전개할 필요성이 제기된다할 것이다.

제2절 학습자의 정의적 특성

1. 학습자의 정의적 특성

최근의 교육심리학이 교수(teaching)와 학습(learning)에 주로 관심을 갖고 수업의 효과를 제고하는 데 그 의의가 있다는 점을 앞에서 언급하였다. 특히 학습자가 지니고 있는 여러 특성들은 수업의 효과를 결정하는 데 있어서 가장 중요한 요인의 하나이며, 학습자 특성으로서 인지적 특성인 인지양식에 대해 살펴보았다.

학습자의 정의적 특성 역시 인지적 특성과 함께 학습과 수업의 효과를 결정하는 데 중요한 영향을 주고 있다. 정의적 특성에는 학습자의 성격, 적응수준, 학습동기 등이 있으며, 이들 특성에 대해서는 이미 앞 장에서 구체적으로 살펴보았다. 여기서는 학습자의 정의적 특성 중 자아개념, 불안, 그리고 태도에 대해 간단히 언급하고자 한다.

자아개념(self concept)이란 자신에 대해 가지는 생각, 감정, 태도 등의 자기지각의 총체라고 할 수 있다. 즉, 자기 자신에 대한 정체성 확인, 자신의 능력에 대한 스스로의 판단, 가정과 사회에서의 자신의 위치와 역할 등에 대한 자기지각의 총체이다. 자아개념 역시 학업성취에 영향을 미치는 중요한 요인이다. 자아개념의 형성에는 교사, 부모, 친구들의 평가나 시험결과 등이 중요하다. 긍정적 평가결과는 긍정적 자아개념이 형성되고 부정적 평가결과는 부정적 자아개념이 형성된다.

긍정적 자아개념 또는 부정적 자아개념은 학년이 올라갈수록 고착되는 경향이 있다. 이것은 학습활동의 결과이기도 하지만 다른 학습의 선행조건이 되기도 한다. 그러므로 학교에서는 학생들이 긍정적 자아개념을 가질 수 있도록 성취감을 맛볼 수 있는 과제를 제공해야 하고, 학생들의 평가에 대해 교사의 태도가 신중할 필요가 있다.

불안(anxiety)은 내적 · 외적으로 감당하기 힘든 상황에 처했을 때 마음속에서 일어나는 초조감, 긴장감, 두려움, 걱정을 일으키는 심리적 반응이다. 특히 학업과 관련되어 부정적인 예측이 작용되는 시험불안(test anxiety)은 학업과 관계있는 정서적 특징으로 학습자의 성취에 영향을 미치는 경우가 많다.

시험불안과 학업성취와의 관계는 역상관이지만 자세히 살펴보면 곡선적 관계를 갖는다. 다시 말해서 불안이 적절할 때 오히려 성취 정도가 가장 높고 불안이 너무 낮거나 높으면 성취 정도는 낮다. 따라서 불안이 너무 낮은 학생에게는 시험이 중요하다는 등 불안을 약간 높여주고 너무 높은 학생에게는 쉬운 과제를 주는 등 불안을 약간 낮추어 주는 것이 효과가 있다.

태도(attitude)란 어떤 대상이나 의견에 대해 가지는 좋고 싫음 또는 찬성이나 반대의 마음가짐을 말한다. 따라서 태도는 그 대상에 따라 아주 다양할 수 있다. 교육적 측면에서는 교과, 교사, 학교에 대한 태도가 중요하다. 이러한 태도는 자아개념과 마찬가지로 학습의 결과로 형성되기도 하지만 다음 학습에 영향을 주는 요인이 된다. 따라서 학교에서는 학생들이 교과, 교사, 학교에 대해 긍정적 태도를 형성하도록 해야 할 것이다.

2. 학습자의 정의적 특성과 수업 효과

앞에서 살펴본 바와 같이 교사와 학생의 상호작용은 학생의 인지적, 정의적 영역에 영향을 주고 있다. 그런데 학생의 동기에 대한 몇 개의 조류 중 인지적 관점에서 보면, 인간은 세계를 이해하고, 음미하며, 자신들의 생활에 대한 통제를 획득하고, 그리고 점증적으로 자기 지시적이 되기 위한 타고난 내적인 추진력을 가지고 있다고 보고 있다. 이것은 사람들이 목표를 지향하여 일하도록 어떤 생득적인 특성을 갖고 있다고 생각하는 입장이다. 이런 점에서 애트킨슨(Atkinson)은 모든 개개인은 2가지의 학습된 특성 즉, 성공에 대한 욕구와 실패를 회피하기 위한 욕구에 의하여 추진력을 얻게 된다고 말하고 있다. 성공에 대한 욕구는 높고, 실패의 회피에 있어서는 낮은 성취 지향적인 사람들은 보통 이상을 성취하고 경쟁에 적극적이며 높은 추진력과, 도전의식, 강인함, 정확한 일의 추진 등의 특성을 지니고 있다(R. G. Owens, 1995).

인간의 학업성취를 설명하는데도 이와 같은 애트킨슨의 주장은 그대로 적용되고 있다. 즉 교실환경에서 동기의 개인차가 학생들의 인지작용과 학업성취와 관련이 있다는 많은 연구물들이 보고되었다.

비그스(Biggs)는 학업성취에 영향을 주는 과정변인으로 가치관, 동기, 학습전략을 들고 동기와 학습전략 사이에 특정 학습전략을 사용하려는 경향성인 학습양식이 매개역할을 한다고 말하고 있다. 가머(Garner)는 학습자들이 인지전략과 전략적 지식을 가지고 있는 데도 불구하고 전략을 제대로 활용하지 못하거나 전략 사용에 실패하게 되는 가장 큰 요인으로서 학습자의 동기요인의 결함을 지적하고 있다. 이들의 입장은 적어도 동기요인이 학습전략의 사용과 결과로 이어지는 학업성취에 중요한 역할을 하고 있음을 말해주는 것이다.

핀트리치(Pintrich)와 드 구루트(De Groot)는 자기조절학습의 구성요소들과 연관될 수 있는 세 가지 동기요인들을 제시하고 있다. 즉 이들은 기대요인, 가치요인, 정서요인이다. 기대요인은 과업을 성취하기 위한 자신들의 능력에 대한 신념으로 예를 들면, 지각하고 있는 자신의 능력, 자기효능감, 통제신념 등을 말한다. 이러한 기대요인은 "내가 이 과업을 할 수 있을까?"와 같은 질문에 대한 학생들의 답변과 관련이 있다. 가치요인은 과업의 중요성과 관심에 대한 학생들의 목표와 신념으로 예를 들면, 과업가치, 내재적 관심 등을 말한다. 이러한 가치요인은 "내가 왜 이 과업을 수행하고 있는가?"와 같은 질문에 대한 학생들의 답변과 관련이 있다. 정서요인은 과업에 대한 학생들의 정의적인 반응으로 주로 과업에 대한 느낌과 관련이 있다. 이러한 정서요인은 "내가 이 과업에 대하여 어떻게 느끼는가?"와 같은 학생들의 답변과 관련이 있으며, 구체적인 예로는 분노, 자부심, 죄의식, 학습현장의 시험불안 등을 들 수 있다. 이들 기대, 가치, 정서 요인은 인지전략의 사용과 학업성취에 밀접한 관련이 있는 것으로 보고되고 있다.

반두라(Bandura)는 자기효능감은 인간 능력 생성체계에서 핵심요소로 작용하며, 유사한 기술을 가진 사람들이 각기 다른 성취를 보이는 이유는 개인의 자기효능감이 다양한 것도 한 원인이라는 것이다. 또한, 사람들은 자신이 능력이 있다고 믿고 확신하는 과제를 하려고 하고 그렇지 않은 과제는 피하려는 경향이 있다고 주장하였다. 이 과정은 결국 자신이 자신을 평가하고 있음을 의미하는데, 이러한 평가과정에는 "행동을 조절하는 개인의 능력에 대한 신념"인 자기효능감이 포함되어 있으며, 이는 인간 힘의 중심요소라는 것이다.

포키(Pokey)와 블루멘펠드(Blumenfeld)는 동기, 학습전략의 사용, 학업성취와의 관계에서 동기를 능력지각, 기대, 지각된 가치로 보고 연구를 수행한 결과, 학업성취도는 학생들의 과제에 대한 가치와 성공에 대한 기대가 높을수록 높아지는 경향이 있음을 발견하였다.

카이(Cai)의 학생의 수학에 대한 태도와 수학성적과의 관계 연구에서도 수학성적은 수학에 대한 태도와 정적인 상관이 있었으며, 자기 신뢰가 낮을수록 수학에 대한 불안감이 높아진다는 것을 발견하였다. 따라서 카이는 수업의 과정에서 수학에 대한 부정적인 태도가 형성되지 않도록 학생들과 지속적인 상호작용을 할 필요가 있으며, 학생들의 흥미와 동기를 자극할 수 있는 적극적 교수방법을 사용할 필요가 있다고 밝히고 있다.

위에서 언급한 연구 결과들은 동기요인이 학업성취에 있어 중요한 한 요인이며 동기자극을 위한 기제가 학습의 과정에서 필요함을 말해주고 있다. 또한, 수업의 전개과정에서 전술한 로젠탈(Rosenthal)과 야곱(Jacobson)의 Oak 학교 실험에서 밝혀진 피그말리온(Pygmalion effect) 효과나 자성적 예언(self-fulfilling prophecy)에서 볼 수 있는 것처럼, 교사와 학생의 상호작용의 질은 학생의 정의적 특성에 영향을 주고, 이는 다시 학생의 학습과정에서 인지전략과 매개되어 학업성취에 영향을 주고 있음을 시사한다.

| 단원 마무리 |

질문을 만들어 보고 동료들과 이야기를 나눠 보세요.

♠ 정답이 있는 질문(교재에서 답을 찾을 수 있는 질문)
· 인지양식에 영향을 주는 요인은 무엇이 있을까요?
·
·
·

♠ 정답이 없는 질문(더 궁금하고, 이유나, 추론, 적용 등을 묻는 질문)
· 자신에게 해당되는 인지 양식은 무엇이고 왜 그렇게 생각하는가?
·
·
·

Educational Psychology

제9장 생활지도와 상담

제9장 생활지도와 상담

제1절 생활지도의 이론과 실제

1. 생활지도의 의미와 개념

오늘날의 사회가 지식기반사회, 정보화 사회로 인해 점차 비인간화되어 가고, 도시화, 산업화로 사회구조가 급격히 변화함에 따라 가족기능이 현저히 약화되고 있다. 그리고 바람직한 전인교육의 본질을 추구하여야 할 학교교육마저 입시위주의 지식교육과 획일화된 교육으로 전락해 학교폭력, 집단따돌림 등을 포함한 아동·청소년의 문제가 날로 심각해지는 상황을 고려하면 생활지도의 중요성은 더욱 절실하다. 이처럼 우리의 교육은 지나치게 지식위주의 교육이 이루어졌기 때문에 우리 자신에 대해서도 학습할 기회를 거의 갖지 못했다. 막상 나는 어떤 사람인가, 나의 가치관은, 나의 삶의 목적은 등의 물음에 직면했을 때 당황하게 된다. 삶의 문제나 진로문제에 대하여 고민하고 있는 학생들에게 자기 자신의 이해와 욕구발견을 돕고 그들의 잠재력을 발견하도록 생애목표를 계발시키고 이러한 목표를 도와주는데 행동계획을 형성하여 자아실현에 도움을 주는 교육과정의 일부로서 생활지도의 필요성이 점증하게 되었다.

생활지도라는 용어는 영어의 'guidance'를 번역한 것으로 안내한다, 이끌어 준다, 지도한다는 어원적 의미를 지니고 있다. 생활지도의 원래의 의미는 학생으로 하여금 자기 자신과 자기 자신을 둘러싸고 있는 환경에 잘 적응할 수 있도록 도움을 주는 활동이다. 따라서 생활지도는 학생들의 학업, 진로, 인성 등의 영역에서 발달, 의사결정, 문제해결 등의 과정을 돕는 활동으로써 생활지도와 학생의 생활 및 행동지도 등을 총칭하는 의미로 사용한다(김계현 외, 2000). 최근에 들어와서 청소년들의 자신에 대한 올바른 이해에 대한 욕구가 점증되면서 이러한 방안의 생활지도에 좀 더 적극적인 활동과 프로그램이 요구되어지고 있다. 즉 생활지도란 개인으로 하여금 자지자신의 이해와 자신을 둘러싸고 있는 환경의 이해를 통하여 건전한 적응을 할 수 있도록 조력하는 조작적인 교육활동이다. 이러한 생활지도의 개념 속에는 첫째, 생활지도는 인간발달의 전체과정에서 개인이 직면하는 모든 삶의 문제를 대상으로 하며 둘째, 생활지도는 개인의 전인적 발달과 함께 사회적 존재로서 개인의 자아실현을 도모하는 것이고 셋째, 생활지도는 권위적이거나 전제적인 지도방식에 의존하는 것이 아니라 인간을 위한 봉사활동이라는 것이며 넷째 생활지도는 학문의 체계이며 실천적인 과정인 동시에 실천의 구체적 내용을 가리키는 의미를 지니고 있음을 알 수 있다.

2. 생활지도의 기본원리

오늘날의 교육이 지식 기반사회가 요구하는 전문 인력을 위해 지식정보와 기술습득을 중심으로 나아가기 때문에 학생들이 학교나 가정생활을 해나가는 동안에 부딪치게 되는 많은 정서적인 문제를 소홀하게 취급하거나 무관심한 상태로 방치하기 쉽다. 이러한 경향 속에서 학교교육 현장에서의 생활지도가 보다 적극적이고 체계적으로 이루어져야 할 필요성이 점증되고 있다. 생활지도를 효과적으로 수행하기 위한 지침은 그 초점을 어디에 두느냐에 따라 달라질 수 있지만 일반적인 원리는 다음과 같다.

① 생활지도는 모든 학생을 대상으로 한다.

② 생활지도는 전 연령층의 학생을 대상으로 한다.
③ 생활지도는 전인적인 발달에 초점을 둔다.
④ 생활지도는 개인의 존엄성과 개성발달에 초점을 둔다.
⑤ 생활지도는 치료보다는 예방에 초점을 두어야 한다.
⑥ 생활지도는 처벌보다는 지도하는 과정이어야 한다.
⑦ 생활지도는 학생들의 올바른 이해와 행동의 객관적이고 구체적인 자료에 기초를 두고 시작하여야 한다.

3. 생활지도의 목표와 영역

생활지도의 궁극적인 목표는 학생으로 하여금 자신들에 대한 올바른 이해와 건전한 자기 성정 발달을 돕는 것이다. 그러므로 개인으로 하여금 주어진 여건 즉 환경 속에서 자기를 발견하고 정상적인 학교 교육을 통하여 진로지도교육 또는 직업교육, 개인적, 사회적 적응을 통한 교육, 문제해결을 통한 교육을 통하여 자신의 개성을 발견하고 능력과 흥미를 찾아내며 이와 같은 개성을 건설적으로 실현하여 성숙된 전인으로서 생활하게끔 도와주는 데 있다.

이상의 목표를 달성하기 위해 학생과 관련된 목표와 학교, 교사와 관련된 목표를 구분하여 정리해보면 다음과 같다.

험프리(Humphreys)와 트락슬러(Traxler)는 학생 개인을 위한 목표를 다음과 같이 제시하고 있다.

① 학생의 정확한 자기 이해를 돕는다.
② 학생 스스로의 노력으로 자기 능력과 흥미 등 여러 가지 자질을 발견하고 최대한으로 발전시키도록 돕는다.
③ 일상생활에서 직면하는 여러 가지 문제들을 스스로 해결할 수 있도록 돕는다.
④ 변화하는 생활환경 속에서 현명한 선택과 적응을 하도록 돕는다.
⑤ 건전하고 성숙한 적응을 할 수 있는 기초를 마련하도록 돕는다.

⑥ 신체적, 지적, 정서적, 사회적으로 조화로운 삶을 누릴 수 있도록 돕는다.
⑦ 사회를 위해서 공헌할 수 있도록 돕는다.

교직원 및 학교를 위한 목표
① 교사들로 하여금 학생들을 정확히 이해하도록 다양한 정보수집 활동을 돕는다.
② 교사들이 학생들의 행동을 분석하고 이해하는 기술을 지닐 수 있도록 돕는다.
③ 학생에게 관련된 문제를 교사가 해결하려고 하기보다는 특수한 행동문제에 대해서는 전문가에게 도움을 받도록 격려한다.
④ 생활지도와 관련된 연구 활동을 통해 학교의 전체적인 교육계획 수립에 도움을 주도록 한다.
⑤ 학교와 학부모, 지역사회 간의 유대를 강화하는 데 도움을 준다.

이러한 목표를 달성하기 위한 생활지도의 활동영역은 다음과 같다.

1) 학생 이해 활동

학생 이해 활동이 보다 학생들의 과학적인 자기 이해와 문제해결을 돕기 위해서는 다음과 같은 사항을 유의하여야 할 것이다.
① 학생 이해 활동은 객관적이고 신뢰도가 높은 조사가 되어야 한다.
② 학생 이해 활동은 생활지도의 목적에 합당한 것이어야 한다.
③ 학생 이해 활동은 여러 가지 가능한 방법이나 기술을 종합적으로 활용하여야 한다.
④ 학생 이해 활동은 조사결과를 기록, 정리, 보관하여 실제지도에 유용하게 활용할 수 있도록 해야 한다.

학생 이해를 위해 필수적으로 수집해야 할 자료들을 정리해 보면 다음과 같다.
- 가정환경 및 배경에 관한 자료
- 학교에서의 각종 기록
- 신체검사 및 건강상태기록

- 지능, 적성, 인성, 흥미 수준 및 경향성
- 개인적, 사회적, 정서적 특징
- 학교 내·외에서의 활동 범위 및 활동유형
- 장래에 대한 계획

2) 정보활동

정보제공 활동들은 학생들에게 필요한 각종 정보 및 자료를 제공하여 학생들의 자기 성장과 사회적 적응을 돕기 위한 활동이다. 이러한 활동은 학생 각자에게 당면한 문제들을 스스로 해결하도록 하거나 미래에 대한 계획을 수립할 수 있도록 도와주는 것이다. 학생들에게 제공되는 정보는 교육정보, 직업정보, 개인, 사회적 정보로 구분할 수 있다.

(1) 교육정보

학생들의 현재의 학교생활에 관련된 정보나 상급학교에 관련된 문제들을 합리적으로 선택하고 결정할 수 있도록 하여 교육의 효율성을 높일 수 있도록 관련 정보를 제공하는 것이다.

(2) 직업정보

현대사회에는 학생들의 소질과 적성을 발견하게 하고 계발시키며 그에 알맞은 직업을 선택하여 성공적으로 직업생활을 할 수 있도록 다양한 직업정보를 제공하는 것은 현대사회에서 행복하고 성공적인 삶을 영위하기 위해서는 직업생활 뿐만 아니라 생애문제 전반에 관하여 슬기롭게 대처해 나갈 수 있다.

(3) 개인 사회적 정보

개인 및 인간관계에 관한 이해의 폭을 넓혀 주는데 사용되는 정보로서 신체발달, 행동발달, 정서발달 및 성격발달에 관한 것, 정신위생에 관한 것, 사회관계에 관한 것, 성 역할에 관한 것 등이 포함된다. 이러한 정보는 자신에 대한 이해뿐만 아니라 함께 살아가야 할 여러 영역의 사람들과 불필요한 갈등 없이 친밀하고 협동적인 인간관계를 형성함으로써 우리의 삶을 풍요롭고 행복하게 만들어 갈 수 있도록 해준다.

3) 상담활동

상담활동은 생활지도의 가장 중핵적인 활동이다. 상담자는 도움을 필요로 하는 학생들을 대상으로 이루어지는 전문적인 활동으로서 학생들의 자율성과 문제해결력을 생성시키는 동시에 학생들의 적절한 감정처리를 위한 조력함으로써 정신건강을 향상시키고 현명한 선택과 적응을 돕는 활동이다.

4) 정치활동

정치활동이란 학생들이 자신의 능력과 적성에 맞게 자신의 진로를 선택하도록 도와주는 활동을 의미한다. 또한, 급격하게 변화하는 사회자체가 학생들로 하여금 학교생활 중에 계속적인 선택과 결정을 요구하기 때문에 오늘날에 있어서는 학교에서 더욱 중요한 활동으로 받아들여지고 있다. 정치활동의 목적은 연속적인 개인의 결정을 도와주는 데 있다고 할 수 있다. 따라서, 보다 효과적인 정치활동을 수행하기 위해서는 학교 안에 정치활동을 설치 운영하는 것이 바람직하다.

5) 추후지도활동

추후지도란 학생을 대상으로 지도한 결과 학생들이 직면한 문제를 해결하고 잘 적응하고 있는지를 검토하고 부적응에 대한 조력과 보다 나은 적응활동을 위해 계속적으로 관심을 가지며 지도하는 봉사활동이다. 추후지도는 학생들의 인적사항 파악, 각종 정보의 제공활동, 상담의 실시, 적재적소의 배치 등 상담활동의 종결과정으로 학생들의 학교생활이나 사회생활, 직업생활 등에서 잘 적응하도록 도와주는 활동이다.

제2절 학교폭력의 실태와 예방

학교폭력이 학교만의 문제가 아니라 우리 사회의 심각한 문제로 대두되고 있다. 학교폭력의 피해로 인한 자살 증가, 학교폭력의 저연령화, 집단화, 폭력에 대한 인식 부족, 폭력의 잔인화로 학교폭력의 피해 정도의 수준이 증가하고 있으며, 학생들 사이에서 심각한 문제로 대두되고 있다. 또한, 가해 학생들의 학교폭력에 대한 인식이 무감각하고 일상화되어 아무런 죄책감을 느끼기 어렵고 폭력을 목격한 학생 역시 적절하게 대처하지 못하고 있어 날로 그 심각성이 더해지고 있다. 2011년 전국 학교폭력 실태조사에 따르면 2006년 17.3%, 2007년 16.2%, 2008년 10.5% 2009년 9.4% 2010년 11.8%, 2011년 18.3%로 점차 감소 되다가 2010년부터 다시 크게 증가 되었다. 최근 1년간 학교폭력 피해율은 18.3%, 가해율은 15.7%로 나타났다. 그동안 학교폭력근절을 위해서 학교와 정부에서도 많은 노력이 있어 왔지만 학교폭력은 잠시 감소 되다가 다시 증가 되는 추세이다. 2010년의 피해율 11.8%와 비교해 볼 때 증가한 것으로 나타났으며, 가해율 역시 2010년의 11.4%에 비해 증가한 것으로 나타났다(청소년폭력예방재단, 2012). 학교폭력의 근절을 위한 많은 노력에도 불구하고 학교폭력은 줄지 않고 끊임없이 일어나고 있어 학교, 가정, 사회에 위협을 주고 있다. 일반적으로 학교폭력의 유발요인은 개인적 특성의 차이, 발달과정에서 나타나는 현상, 가정환경, 학교환경, 사회·문화적 현상 등 다양한 요인이 있다. 학교폭력은 하나의 요인으로 발생하기 보다는 다양한 요인이 서로 상호작용하여 나타나는 경우가 대부분이다. 학교폭력을 예방할 수 있는 근원적이고 구체적인 해결책을 모색하기 위해서 먼저 학교폭력 원인 분석이 선행되어야 한다. 따라서 본 절에서는 학교폭력의 유형과 원인을 살펴보고 학교폭력예방을 위한 근원적이고 실제적인 방안을 탐구하고자 한다.

1. 학교폭력의 정의와 유형

일반적으로 학교폭력의 개념은 학교에서 일어나는 폭력을 의미하지만 폭력의 가해

자와 피해자, 폭력의 발생 장소, 폭력의 원인에 따라 다양하게 접근할 수 있다. 심각한 사회문제로 대두되었던 학교폭력의 문제에 효과적으로 대처하기 위하여 2004년 제정되었던 학교폭력예방법은 그동안 몇 차례의 전부개정과 일부개정을 거쳐서 2012년 3월에 개정된 법에서는 학교폭력의 개념을 '학생을 대상으로 한 행위'로 확대하고 사이버따돌림도 학교폭력의 유형에 추가하였다. 따라서 학교폭력예방 및 대책에 관한 법률 제2조 1항에 의하면 학교폭력은 학교 내외에서 학생을 대상으로 발생한 상해, 폭행, 감금, 협박, 약취, 유인, 명예훼손, 모욕, 공갈, 강요·강제적인 심부름 및 성폭력, 따돌림, 사이버따돌림, 정보통신망을 이용한 음란, 폭력, 정보 등에 의하여 신체, 정신 또는 재산상의 피해를 수반하는 행위를 말한다(학교폭력예방 및 대책에 관한 법률 제2조)로 정의 내리고 있다.

2. 학교폭력의 원인

학교폭력의 예방대책을 마련하기 위해서는 먼저 원인을 살펴보는 것이 필요할 것이다. 학생의 인성 및 사회성 함양을 위한 교육적 실천 미흡, 교사가 적절한 생활지도를 하기 어려운 교육적 여건, 학부모의 자녀교육에 대한 관여 부족, 인터넷 게임, 영상매체의 부정적 영향력 증가 등으로 제시하고 있다(교육과학기술부, 2012). 일반적으로 학교폭력을 설명하는 이론적 관점으로는 개인적 특성의 차이, 발달과정에서 나타나는 현상, 사회·문화적 현상, 사회적 맥락은 매우 복잡한 현상으로 한 개인이나 이유로 발생하기 보다는 다양한 요인이 서로 상호작용하여 나타난다.

1) 개인적 요인

크릭(Crick)과 닷지(Dodge, 1996)는 개인특성과 학교폭력에 관한 연구에 따르면 분노나 충동성과 같은 정서조절 및 행동통제능력, 자아개념, 적대적 귀인과 같은 사회인지 요인이 학교폭력 관련요인이라고 하였다(정미정, 2008). 폭력행동을 하는 청소년에게서 나타나는 특성 중 가장 많은 부분을 차지하는 것은 공격성이다. 공격성이 높은 사람은 사회질서나 규범을 고려하지 않고 자기중심적으로 행동하는 경향이 있다. 살마이

발리(Salmaivalli)와 니에미넨(Nieminen, 2002)의 연구에서도 폭력의 가해 청소년은 일반 청소년들보다 공격성이 더 높은 것으로 나타났다. 또한, 가해 청소년의 대부분이 상대방의 권리와 감정을 무시하고 친구를 지배하려는 강한 욕구인 공격성을 가지고 있으며 반면에 자존감, 공감능력, 관점채택능력, 자기통제, 학교적응 등이 학교폭력발생을 억제하는 요인으로 나타났다(Hoover & oliver, 1996; 문용린, 2006년 재인용). 이러한 선행연구들에 따르면 자기 통제능력이나 정서조절이 부족한 아동의 경우 공격적이고 난폭하게 행동하는 경향이 강한 반면에 자존감, 공감 및 관점채택능력 등의 특성이 잘 발달되어 있고 충분히 성숙한 아동의 경우에는 사회적으로 바람직하고 수용될 수 있는 적절한 방식으로 갈등을 해결하는 경향이 강하기 때문에 학교폭력 발생이 억제된다는 것이다. 특히 청소년기는 신체적으로, 심리적으로 급격한 변화를 겪는 시기로 인생의 어느 시기보다 많은 심리적 갈등과 혼란을 경험하게 된다. 더구나 치열한 입시경쟁, 미래 자신의 진로문제 등의 현실적인 문제와 복합되어 상당히 힘든 시기를 보내고 있다. 따라서 이시기에는 자신의 감정을 통제하기가 어렵다. 사소한 일에도 민감하게 반응하거나 작은 일에도 화를 참지 못하고 공격적인 행동으로 나타나게 된다. 선행연구에서 인구학적 요인 특히 성별과 연령의 학교폭력 피해에 대한 영향력은 일관성 있게 나타나고 있다. 이상윤은 정서적으로 불안정한 시기에 있는 청소년들은 사소한 일에도 예민하게 반응하거나 끓어오르는 분노를 참지 못하고 통제력을 잃고 상대방에게 적대적인 행동을 하거나 공격을 행사하는 등의 폭력적인 행동을 선택하게 된다(이승출, 2011). 일반적으로 남학생이 여학생보다 학교폭력 피해를 더 빈번히 경험하지만 여학생들은 보다 높은 비율의 언어폭력을 경험하는 것으로 나타났다(김선애, 2007). 즉 청소년기는 사회적 성별 모델의 강화가 일어나는 시기이므로 남학생들은 남성적 역할의 동일시로 인해 학교폭력의 가해 및 피해가 더 많이 나타났다(황혜원 · 신정이 · 박현순, 2006).

2) 가정환경적 요인

가정환경은 청소년의 행동특성에 영향을 미치는 중요한 요소 중의 하나이다. 가족구조의 변화로 가정에서의 자녀지도에 대한 교육적 기능과 사회적 기능이 부족하다. 현대의 가정은 핵가족화, 이혼의 증가로 인한 한부모가족, 혼합가족 등의 형태로 가족의 결속과 교육적 기능은 점차 약해지고 있다. 양종국(2002)의 비행 청소년의 연구에 의하면, 청소년들은 학교결석, 약물복용, 가출 등의 비행적인 행동이 환경적 요인보다 가족의 무관심 등 심리적 요인에 더 큰 영향을 받는 것으로 나타났다고 밝혔다. 이 연구에 의하면 가족의 관심과 지지를 받지 못하는 경우 청소년의 비행이 증가 된다고 나타났다. 부모-자녀 관계와 관련해서, 폭력 가해 청소년은 부모와의 갈등적인 관계에 놓여있는 것으로 나타났으며(Bowers, Smith & Binner, 1992), 자녀가 부모와의 관계를 긍정적으로 지각하고 있는 경우 학교폭력과 연관될 위험성이 적은 것으로 밝혀졌다(Rigby, 1993). 또한, 가족관계에 있어 가해 청소년들은 가족구성원들이 서로 친밀하지 못하다고 생각하고 가족에 대한 유대감을 덜 느끼고 있으며 가족구성원들 각자가 서로의 문제와 요구에 대해 관심을 갖지 않는 것으로 나타났다(문용린, 2006). 어린 시절 폭력장면에 많이 노출된 청소년은 공격적인 방법으로 문제를 해결하며, 대인관계에서도 적대적인 감정을 나타내는 것으로 나타났다(Freidrich-Cofer & Huston, 1986). 가정에서 부모 간 폭력을 많이 목격한 학생일수록 학교폭력의 가해가 증가하는 것으로 나타났다(김재엽 · 이순호, 2011). 이처럼 가정폭력에 노출된 청소년이 학교폭력에 더 많은 영향을 미치고 있다. 이순래(2002)의 연구에서도 부모나 교사와의 애착관계가 강할수록 학교폭력을 자제하는 경향이 있는 것으로 나타났으며, 부모 애착효과와 교사와의 애착을 비교했을 때 그 차이는 뚜렷하지 않았지만 부모 애착의 경우가 교사와의 애착보다 중요하게 작용한다고 나타났다. 이처럼 가정환경 특히 부모와의 관계가 자녀들의 행동특성과 밀접하게 관련된다는 것을 알 수 있다(Sweeney, 1989). 우리나라 부모들은 자녀에 대한 교육열은 높으나 자녀와의 대화 · 학교교육 참여 기회가 부족하여 학교폭력으로 인한 이상 징후를 즉각적으로 발견하지 못하여 부모들의 맞벌이 가정이 늘어나면서 자녀들을 돌보는 기능이 약해지고 있다.

3) 학교환경적 요인

학교 차원에서 학교폭력 발생을 유발하는 위험요인은 학급의 과도한 경쟁, 소외나 외톨이, 학급규칙의 부재나 비일관성, 교사의 폭력적 언어나 행동, 학교폭력에 대한 교사의 무관심과 방임인 것으로 나타났다(이상균, 2005; 박영신 · 김의철, 2001). 지금까지 우리의 교육제도 특히 학교제도에서 인성교육이나 정의적 교육에 강조를 두기보다는 지적 교육 중심으로 이루어져 왔고 이러한 지적중심의 교육이 인성교육의 부재를 가져왔으며 그로하여금 학생들의 입시 위주의 교육으로 핵심가치인 인성교육을 소홀하게 되었다. 현 정부가 출범 이후 창의·인성교육을 적극추진하여 창의성 향상에는 소기의 성과를 거두고 있으나 인성교육의 성과는 낮은 편이다. 학급 내에서 발생한 학교폭력은 단순 우발적인 경우도 있겠지만 대부분 학급구성원의 사회적 관계 속에서 발생하므로 지속적으로 유지되는 경우가 많다. 학급 분위기, 학급응집력, 담임교사의 지도성, 학교생활 만족도가 학교폭력 발생과 밀접한 관련성이 있다(문용린 외, 2006). 스미스(Smith)와 슈(Shu, 2000)의 연구에 따르면 학교폭력피해 청소년은 학교가 자신들에게 안전하지 못한 곳이라고 느끼는 것으로 나타났다. 교사의 과도한 업무로 교사가 적절한 생활지도를 하기 어려운 교육적 여건으로 학교폭력의 양상이 지속적으로 변화하고 있으나 이에 대응하여 학생들을 효과적으로 지도할 수 있는 방법과 관련 제도가 미흡하다.

4) 사회환경적 요인

오늘날 우리 사회의 전반적인 윤리의식의 부족과 지나친 개인주의 팽배 등으로 인간 이해에 많은 도전을 받고 있다. 이러한 긴장과 혼란 속에서 전통적인 인간 이해와 삶에 대한 본질을 점차 잃어가고 있으며, 물질화되어 가는 사회와의 갈등 또한 극심하다. 이처럼 현대사회의 구조의 급격한 변화 속에서 인간은 자신을 상실하게 되고, 인간의 존엄성을 잃어버릴 위기에 직면하게 되었다. 이와 함께 우리 사회에 팽배해 있는 폭력무감각주의 생명경시주의와 치안 부재는 청소년 폭력을 부추기고 있다. 퇴폐폭력 문화를 조장하는 유흥업소, 비디오방, 락카페 등 청소년 유해환경의 잦은 노출 역시 청소년 폭력을 조장하는 요인으로 지적된다. 패링톤(Farrington)과 로버(Loeber), 2000), 벤더(Bender)와 로젤(Losel, 2011)에 의하면 학교폭력 가해 청소년의 약 25%가 성인이 되었을 때 범법자가 되는 것으로 보고되었다. 특히 오늘날 우리 사회는 IT산업의 발전으로 인한 사이버 공간의 급격한 확산으로 인한 인터넷을 통하여 폭력물 음란물 등의 동영상을 많이 접함으로써 청소년들의 폭력에 대한 인식이 둔감해지고 반복되는 영상물의 접촉으로 모방 행동이 이루어지고 있다(교육과학기술부, 2012). 이춘화(1999)의 연구에서도 보호관찰 청소년 중에 폭력비행경험 집단이 무경험 집단보다 음란비디오나 폭력매체를 접촉한 경험이 있는 것으로 나타났다. 이처럼 폭력물에 대한 청소년의 노출은 청소년들이 갈등과 문제들을 해결하는 방법으로 폭력을 수용하도록 학습시키며 대중매체를 통해 언어적이고 신체적인 폭력을 많이 경험한 청소년일수록 학교폭력 경험이 많은 것으로 나타났다(Murray, 1999).

3. 학교폭력의 예방 및 대책 방안

학교폭력의 문제에 효과적으로 대처하기 위하여 2012년 개정된 학교폭력예방 및 대책에 관한 법률에서는 가해 학생에 대한 처벌을 강화하는 한편 가해 학생에 대한 치료에도 초점을 맞추었다. 학교폭력이 근절되기 위해서는 학교의 노력뿐만 아니라 가정에서의 부모의 관심과 노력도 필요한바, 학교폭력이 발생한 경우 가해 학생 학부모도 특별교육을 받도록 하여 학부모의 책임성을 강조하고 있다. 또한 학교폭력예방에 기여한 자에 대해서는 상훈을 수여하거나 근무성적 평점에 가산점을 부여하는 등 인센티브를 지급할 수 있도록 하여 교직원들이 보다 적극적으로 학교폭력에 대처할 수 있도록 하였다. 그러나 대부분의 대책들은 학교폭력 발생 후 대처방안이 대부분이고 그마저도 학교폭력 가해 관련자에만 초점을 맞추고 있다.

2012년에 정부가 발표한 학교폭력근절 7대 실천정책에는 '학교폭력 없는 행복한 학교'를 목표로 사소한 괴롭힘도 범죄라는 인식하에 학교폭력에 철저히 대응하는 4가지 직접대책과 학교, 가정, 사회가 함께하는 인성교육을 위한 3가지 근본대책으로 구성되어있다. 물론 이번 정책에는 강력한 대책과 함께 학생들의 인성교육을 강화하는 근본적인 대책도 포함하고 있지만 폭력 발생 시 가해 학생에 대한 처벌과 격리 등 외부적 강제와 규제중심의 방안에 집중되어 있다고 해도 과언이 아니다. 학교폭력 예방 및 대책 5개년 기본계획의 정책 추진 전략 중의 하나로 '무관용 원칙'을 명백히 택하고 있는 데서도 이를 확인할 수 있다. 인성교육차원도 국어, 도덕, 사회교과의 '인성 핵심 역량'요소를 강화하고, 국어 시간에 바른 언어습관, 체육 시간 신체활동 욕구가 강한 중학생의 체육활동을 50%로 증대 등에 초점을 맞추고 있지만 이것은 너무나 형식적이고 소극적인 대책으로 보인다. 학교폭력예방을 위한 다양한 노력은 학교폭력에 대한 정보와 대처방법을 알려주는데 주안점을 두고 있을 뿐 현실적인 적용점에 있어서 어려운 부분도 많이 있다. 학교폭력예방 및 대책에 관한 법률과

정부가 주도하는 학교폭력근절 7대 정책과 병행하여 학생들의 인성교육 강화, 교사교육, 학부모교육 등 근본적인 대책을 제시하고자 한다.

첫째, 학교폭력 예방을 위해 인성교육을 강화하는 것이다. 오늘날에는 우리 사회나 학교가 전인적 성숙과는 거리가 먼 입시 위주의 지식만으로 학생들을 평가하고, 그 틀 속으로 몰아가려는 현실이 두드러지고 있으며, 동시에 도덕교육의 부재, 인성교육의 상실에 대한 우려의 목소리가 높아져 가고 있다. 청소년의 학교폭력 예방을 위해서는 무엇보다 인성교육에 초점을 두어야 함을 공통적으로 제안하고 있다. 즉 학교폭력 예방을 위해서는 폭력에 대한 구체적인 정보도 중요하나 기본적으로 갖추어야 하는 타인에 대한 배려, 책임감, 자기조절 등 덕목 중심의 인성교육이 근본적인 해결방안임에는 이견이 없다(정미경, 2001; 조연승, 2001; 박종효, 2005; 효정, 2006). 김상돈(2010)은 학교폭력은 가해 학생의 도덕성에 문제가 있다는 것이다. 즉 가해 학생의 도덕적 무관심 및 무감각 도덕적 무지가 학교폭력의 주원인으로 지적하고 있다. 따라서 학교폭력 예방 교육을 인성교육과 연계시킴으로써 학교폭력 발생을 줄여나가고 학생들의 협동성, 결속감을 증대시킬 수 있는 교과 외 활동을 강화할 필요가 있다. 그러기 위해서는 창의적 재량 활동시간을 활용하여 지역사회나 어려운 이웃을 위한 봉사활동이나 자율활동 등을 통한 다양한 체험학습도 효과적일 것이다. 체험활동을 통한 인성교육을 실시하기 위해서는 학교, 교사, 학생과 학부모 지역사회 관계자들의 긴밀한 협조가 선행되어야 할 것이다. 그러나 무엇보다 우선해야 할 것은 교사 스스로 인성교육의 중요성을 지각하고 도덕의식을 고취하여 그것을 실천하고자 하는 의지가 가장 중요하다.

둘째, 학교폭력의 예방 및 해결을 위해 교사교육을 강화시키는 것이다. 그러기 위해서는 모든 교사를 대상으로 학교폭력 예방 및 대처방안에 관한 교육을 의무화하여 정기적으로 연수회를 개최하여야 할 것이다. 아무리 학교폭력 예방을 위한 효율적인 대책을 수립하고 법령을 제정하여도 교사가 학교폭력을 예방하고 학생들을 보호하겠다는 의지가 없으면 학교폭력은 근절되지 않을 것이다. 학교폭력의 가장 효과적인 주체로는 교사들은 학생 자신을 꼽고 있어 본인들에 대한 책임감은 상대적으로 적은 것으로 나타났다. 따라서 학교 내에서의 효과적인 문제해결을 위해 학교폭력의 정확한 실태와 실제적인 대처요령에 대한 교사교육이 요구된다고 할 수 있다. 교사는 학교폭력이 일어나기 전에, 혹은 지속적으로 반복되기 전에 학생들의 행동 변화를 민감하게 감지해 조기에 예방하여야 한다. 학교폭력이 발생하였을 때 교사는 반드시 객관적 판단하고 적극적으로 개입하여 사건을 해결하여야 한다. 폭력사건을 은폐하려거나 소극적으로 대처하면 피해 학생뿐 아니라 가해 학생 및 대다수의 학교폭력 방관 학생들에게 폭력을 묵인하는 결과를 초래하여 또 다른 폭력사건을 야기시킬 수 있을 것이다. 학교폭력 예방을 위해 교사는 학생들에 대한 지속적인 관심과 체계적인 노력이 필요할 것이다.

셋째, 학부모의 교육의 강화와 학교폭력 예방 지킴이로써 학부모의 역할을 수행하는 것이다. 부모의 양육 태도가 학교폭력과의 상관이 있다는 것을 앞에서 살펴보았다. 따라서 학부모들에게 자녀들을 올바로 이해하고 지도할 수 있는 학부모교육을 형식적이고 일회성이 아닌 지속적으로 체계적으로 실시하는 것이 필요하다. 그러기 위해서는 관련 교과와 연계하여 교육과정의 일부분으로서 학부모를 대상으로 학부모 교육을 의무화하여 자녀와 부모와 함께하는 활동프로그램이나 자녀의 발달 시기에 맞는 부모 역할에 대한 교육을 실시한다.

넷째, 청소년들이 건전한 놀이문화를 즐길 수 있는 문화공간의 확보와 다양한 프로그램의 개발이 필요하다. 청소년들을 위한 청소년 문화회관과 수련 시설이 예전에 비해 많이 건립되었으나 아직도 많이 부족한 상태이다. 학교에서뿐만 아니라 우리 사회가 청소년들에게 깊은 관심을 가지고 청소년들이 건전한 놀이문화를 즐길 수 있는 문화공간의 확보와 더불어 청소년의 건전한 문화를 즐길 수 있는 다양한 프로그램의 개발을 통해 청소년들은 심신을 건전하게 단련시켜 성숙한 인격으로 성장해 가도록 끊임없이 노력해야 할 필요가 있다.

이외에도 학교 안에서 발생하는 폭력에 대해서 적극적으로 제지하거나 피해자를 보호하는 역할을 하지 않는 대부분의 학교폭력 방관자들의 교육에도 관심을 가져야 할 것이다. 물론 학교폭력이 발생했을 때 가해자와 처벌과 심리치료, 피해자의 심리치료와 보호 등이 급선무지만 학교폭력이 문제가 되고있는 것은 이들 방관자들은 언제든지 잠정적인 가해자로 학교폭력에 이행할 수 있는 집단이다. 그래서 이들을 위한 프로그램 개발과 함께 지속적인 프로그램 운영에도 관심을 가져야 할 것이다.

제3절 상담이론

1. 상담의 정의와 목표

상담이란 전문적으로 훈련을 받은 상담자가 보다 자기 이해와 문제해결과 발전적 성장을 위한 개선된 의사결정과 행동의 변화, 기술을 얻기 위하여 개인이 생활 적응상의 도움을 찾기 위한 내담자와의 관계 형성을 의미한다. 교육학 사전에 의하면 상담이란 상담자가 도움을 필요로 하는 사람에게 전문적 지식과 기술을 가지고 피상담자 자신과 환경에 대한 이해를 증진시키며 합리적이고 현실적이며 효율적인 행동양식을 증진시키거나 의사결정을 내릴 수 있도록 원조하는 활동이라고 정의하고 있다. 이와 같이 상담이란 학자의 관점에 따라서 다양하게 정의 내릴 수 있는데 여러 정의들 간에 합의되는 점은 전문적인 훈련을 받은 상담자가 내담자의 심리적인 갈등이나 현실적인 문제를 합리적이고 올바른 방법으로 대처하고 해결해 나가도록 도와주는 활동으로 정의 내릴 수 있다. 상담활동을 통해 상담이론마다 제시하고 있는 목표가 다양하지만 일반적으로 상담활동에서 이루어지는 상담목표는 다음과 같이 요약할 수 있다(Patterson & Welfel, 2000; 강갑원, 2008).

(1) 행동변화의 촉진

대부분의 상담학파는 행동의 변화를 상담목표로 고려한다. 사회의 테두리 안에서 내담자가 보다 생산적으로 만족한 삶을 영위하도록 하는 것이다. 그러나 상담학파 간에 행동을 변화시키는 방법은 각각 다르다.

(2) 대처기술의 고양

대부분의 개인들은 성장과정에 곤란을 겪는다. 발달과업들을 완벽하게 성취하는 사람은 거의 없으며, 따라서 유의미한 타인들에 의해 부과된 부적절한 대처기술은 재학습을 통해 익혀야 한다.

(3) 의사결정력 증대

개인은 개인적 희생, 시간, 에너지, 돈, 모험 등에 대한 결과를 평정할 수 있어야 한다. 상담에서는 의사결정과 관련된 내적 및 외적 영향들을 평가하여 올바른 선택을 할 수 있도록 돕는다.

(4) 관계개선

현대사회에서는 많은 사람들이 원만하지 못한 인간관계 때문에 힘들어하며 많은 상처를 받고 있다. 상담활동을 통해 부적절한 의사소통, 부정적 자기개념, 타인에의 지나친 의존성 등을 개선하도록 돕는다.

(5) 잠재력 개발 촉진

상담은 개인의 타고난 능력을 발견하고 계발하여 개인의 자아실현을 돕는 것을 궁극적인 목표로 삼고 있다. 따라서 상담자는 내담자의 능력과 특성을 발견하도록 조력자의 역할을 할뿐 아니라 내담자의 능력과 특성을 발달시켜 나아갈 수 있도록 돕는다.

(6) 자유롭고 책임 있는 행동의 증진

상담활동을 통해 내담자가 자유의지로써 스스로 행동하고 그 결과에 대하여 책임을 질줄 아는 태도를 기르는 것을 목표로 한다. 이 자유는 타인의 자유를 고려하는 책임에 의해 제한된다. 상담자는 내담자로 하여금 자신의 행위와 결정에 대하여 생각하게 해봄으로써 자신의 진정한 자유의 한계를 평가하도록 해준다.

(7) 부정적 감정의 이해와 관리

상담자는 내담자가 가지는 부정적 감정을 이해하고 극심한 불안이나 분노를 경감하도록 도와주는 데에 상담의 목표가 있다. 그러나 상담자는 내담자가 처한 상황에 맞는 부정적 감정이라면 그대로 두어야 한다.

2. 상담이론

상담은 상담자가 내담자의 심리적 갈등이나 현실적인 문제를 합리적이고 올바른 방법으로 대처하고 해결해 나가도록 도와주기 위해서는 다양한 상담이론을 적용할 수 있다. 대표적인 이론으로 특성·요인적 상담, 정신분석적 상담, 행동주의 상담, 인간중심적 상담, 형태주의 상담, 교류분석상담 등이 있다.

(1) 특성·요인적 상담

윌리암슨(Williamsom)에 의해 주장된 특성·요인적 상담은 심리 치료적 측면과는 달리 진로의 선택을 포함하는 교육적인 면이 강하다. 그는 상담의 정의를 개인이 학업에 어떤 장애가 있어도 자신이 바라던 바람직한 목표를 찾아 이를 달성할 수 있는 효과적인 방법을 학습하도록 도와주는 것이라고 하였다. 이 정의는 내담자의 적응에 필요한 사항을 카운슬러가 도와주는 데 초점을 두고 있다고 할 수 있다. 그 후 그는 상담은 내담자의 자기 이해와 자율성의발달이 중요함을 강조하면서 개인의 주체성의 추구, 잠재력과 장단점을 포함한 자기수용과 관련 지워 상담을 재정의하였다.

상담을 필요로 하는 내담자는 자기에 대한 이해 부족이나 자신이 지닌 편견 때문에 문제해결에 어려움을 겪고 있기 때문에 내담자가 지니고 있는 특성 및 요인들을 분석하고 종합하여 내담자에게 제시되면 내담자는 자기평가를 통하여 상담자에 의해 제시된 객관적인 정보와 내담자 자신의 주관적인 경험을 비교하여 합리적인 결정을 하게 된다.

특성·요인적 상담자는 내담자 자신의 능력, 적성 및 흥미에 대한 객관적이고 올바른 정보를 제공하여 자신에 대한 올바른 이해를 하도록 도움을 주어야 할 뿐 아니라 내담자가 자신의 가능성을 확인하고 이를 실제로 활용할 수 있도록 이끌어 주어야 한다. 윌리암슨은 상담단계로 제시한 여섯 단계는 첫째, 분석단계로 내담자를 이해하기 위해 여러 가지 정보나 자료를 수집하여 분석하는 것이다. 효과적인 상담을 위해서 내담자의 적성, 흥미, 동기, 건강상태, 정서 상태나 학교나 직장에서 만족스러운 적응을 촉진하거나 방해 또는 제지하는 요인들과 관련된 정보를 수집하여야 한다. 이러한 정보수집을 위한 방법은 누가기록, 면접, 시간배당표, 자서전, 일화기록,

심리검사 등이 있다. 둘째, 종합단계로 분석단계에서 얻어진 자료들을 정리하여 재배열하여 한 개인의 특성을 전체적으로 조망하는 것이다. 내담자들의 장점, 적응, 부적응에 대한 것을 알 수 있도록 분석단계에서 수집된 자료들을 요약하고 구조화 시키는 것이다. 진로상담의 경우에는 진로결정과 관련 지워 요약하고 구조화 한다. 셋째, 진단단계로 각종 정보 또는 자료들을 수집하여 분석, 종합하는 것은 진단을 내리기 위한 선행과정이다. 진단은 내담자의 특성과 문제를 파악하고 그 문제의 원인을 찾는 것이다. 넷째, 예후로 현재의 문제가 장차 어떤 결과를 초래할지를 예측하는 것을 의미한다. 다섯째, 상담단계로 진단단계에 확인된 문제를 해결하기 위해서 또는 목표를 달성하기 위한 상담활동으로 상담자는 내담자를 직접적으로 도와주는 지도의 한 형태이다. 즉 내담자가 현재 및 미래에 바람직한 적응을 할 수 있도록 무엇을 해야 할 것인가에 대해 상담자가 지도, 조언을 하는 것이다. 마지막 단계는 추후지도로 상담을 종료한 후 상담의 효과를 내담자에게 확인하거나 다시 문제가 발생했는가를 검토하고 조언한다.

윌리암슨은 상담의 효과성을 높이기 위해서 상담자는 내담자가 가진 문제를 신중성 있게 적절한 기법을 사용해야 한다고 하였다. 그 기법은 아래와 같다.

① 동조를 구하기

상담자가 내담자와 관련된 자료 분석을 토대로 내린 결정을 내담자에게 동조해 줄 것을 요구하는 것이다. 상담자의 결정이 내담자를 위한 최선의 것이라 할지라도 내담자는 자신이 내린 결정이 아니기 때문에 강요받는다는 느낌을 가질 수 있기 때문에 상담자는 객관적인 자료를 제시하면서 내담자가 수용할 수 있도록 설득시키는 것이 중요하다.

② 환경을 변화시키기

내담자의 상담목표를 달성하는 데 도움이 되기 위해서 내담자의 물리적 환경을 변화시키게 하거나 내담자의 특성을 변화시키도록 지도한다.

③ 적절한 환경을 선택하기

내담자로 하여금 자신의 목표에 맞는 환경을 선택하도록 하는 것이다. 즉 자신에게 맞는 직업선택, 진학, 행동변화를 위한 적절한 환경을 선택하도록 하는 것이다.

④ 필요한 기술을 습득하기

내담자의 상담목표에 맞는 기술을 습득하도록 하는 것이다. 내담자의 잠재력을 실현할 수 있는 것과 관련된 각종 기술을 직접 습득시키거나 습득할 수 있는 정보나 자료를 제시해주어 시술을 습득할 수 있는 기회를 제공해준다.

⑤ 태도 바꾸기

내담자가 가지고 있는 특성이 내담자가 처해 있는 환경과 조화를 이룰 수 있도록 내담자의 태도를 바꾸도록 한다. 집단규준에 맞는 태도를 갖도록 강요할 수 없지만 내담자의 바람직한 변화를 위해 합리적인 태도를 지니도록 하는 것이다.

(2) 정신분석적 상담

정신분석적 상담 접근은 프로이드(S. Freud)에 의해 체계화된 이론이다. 프로이드는 우리 마음이 구조적으로 조직되어 있다고 하였다. 그는 정신적 기구의 세 가지 주요 부분을 자아, 원초아 및 초자아로 불렀다. 자아는 개체를 외부세계로 지향시키는 일군의 기능을 포함하며 외부세계와 내부세계를 중재한다. 사실상 자아는 충동의 집행자로 활동하며 이러한 요구들은 적당한 수준에서 양심 및 외부세계와 관련시킨다. 원초아는 근본적으로 성적이고 공격적인 충동으로 마음에 대한 본능적인 압력의 총합적 조직을 나타낸다. 초자아는 자아에서 분리된 부분으로 개인이 어린 시절에 받은 도덕적 훈련의 잔재이며 가장 중요한 아동기 동일시와 이상적 포부의 침전물이다. 일상적인 상황에서는 이 마음의 세 주요 요소들 간에 두드러진 경계선은 없다. 그러나 정신 내적 갈등이 있을 때 이 차이와 구별이 분명해진다.

자아가 가진 중요한 기능 중의 하나는 내적 위협으로부터 마음을 보호하는 것이다. 불안은 억압된 무의식적 욕구가 의식 속에 침투할 때 일어나는 압도적인 불안이나 공황의 위험에 대하여 자아에게 경고하는 신호로 작용한다. 일단 경고를 받으면 자아는 그 자신을 보호하기 위하여 여러 가지 방어들 중의 어떤 것이라도 실행할 수 있다. 정신분석은 갈등의 관점에서 본 인간의 본성이라고 정의할 수 있다. 정신분석학에서는 마음의 기능을 갈등적인 힘의 표현이라고 보고 있는데 이러한 한 개인이 나타내 보이는 부적응의 원인은 어렸을 때의 경험으로 구성된 무의식적 동기나 욕구에서 찾으려는 입장을 취한다. 문제를 지닌 개인은 자신이 알지 못하는 무의식적 동기에 의해 괴로움을 겪고 있으므로 정신분석적 상담에서는 이러한 개인의 무의식 세계를 분석해서 치료해 들어가게 된다. 정신분석적 상담은 내담자로 하여금 자기통찰을 통해 스스로를 이해하고 불안의 원인을 깨닫게 하는 데 목적을 두기 때문에 내담자의 무의식 세계를 이해하기 위해 자유연상, 꿈의 분석, 저항, 전이의 분석과 같은 기술을 사용하게 된다.

(3) 행동주의 상담

행동주의 상담이론은 다른 상담이론에 비해서 비교적 새롭게 등장한 이론 1950년대 심리 장애를 평가하고 치료하는 체계적인 접근으로 시작하였다. 초기의 행동주의 상담에서는 고전적 조건형성과 조작적 조건형성의 원리를 적용한 임상적인 문제를 치료하는 것으로 정의하였다. 그러나 점차 행동주의 상담은 복잡한 형태의 인간 활동에 행동주의를 논리적으로 확장하게 되었다. 따라서 오늘날 행동주의 상담이론은 다른 이론적 근거를 가지는 광범위하고 다양한 절차들이 있으며 개념적 토대, 방법론상의 필요조건 및 효율성에 대한 증거 등의 측면에서 논쟁이 이루어지고 있다 (Kazdin과 Wilson, 1978). 행동주의 상담이 확장되어 감에 따라 점차 다른 이론들과 중복되는 점이 많아지게 되는데 그럼에도 불구하고 행동주의 상담이 지니고 있는 기본개념의 특징은 분명하다.

행동적 상담은 학습이론에 기초를 두고 있으며 부적응 행동을 약화시키거나 제거하여 적응행동을 강화할 수 있도록 체계화된 학습이론을 적용하고 있다. 행동주의 상담에서는 모든 인간행동은 조건화, 강화 및 모방과 같은 학습과정을 통해 형성된다고 보며 개인이 지닌 부적응 행동도 이러한 학습과정을 거쳐 획득된 것이라고 보기 때문에 반대로 학습 원리를 적용하여 부적응 행동도 제거시킬 수 있다고 본다.

상담의 목적은 분명하게 구체화되어야 하며 내담자는 자신이 바라고자 하는 행동이 무엇인지 명확히 얘기해야 한다. 학습이론에 의하면 개체의 행동이나 성격은 여러 가지 환경과의 상호작용에 의해 결정된다고 한다. 상담의 목적은 개체로 하여금 바람직한 행동을 하면 스스로 유쾌해 진다는 사실을 경험하여 알게 함으로써 그로 하여금 즉각적 또는 장기적 보상을 얻는 행동을 하게 돕는 것이다.

① 주장훈련

대인관계에서 불안이 야기되는 내담자에게 적용되는 상담기법이으로 주장훈련은 내담자로 하여금 타인과의 상호작용하는 동안 이러한 감정을 표출해 보도록 하는 것이다.

상담자는 내담자의 주장적 행동을 유발하고 증진시키기 위해서는 먼저 불안을 유발하는 상황을 상담 장면에서 연출하여 내담자의 감정을 표현하도록 하거나 행동을 하도록 할 수 있다. 일단 상담 장면에서 훈련한 후 내담자로 하여금 상담 장면 밖에서 같은 종류의 행동을 시도해 보도록 지시한다.

② 체계적 둔감화

이 기법은 역조건 형성(counter conditioning)원리에 근거를 두고 있는 것으로 부적응적인 불안을 감소시키기 위하여 내담자로 하여금 이완된 상태에서 불안을 유발하는 상황이나 장면을 상상하도록 함으로써 불안을 이완으로 대치하도록 하는 것이다. 즉, 역조건의 과정을 통해 이전의 부적절한 반응을 새롭고 보다 적절한 행동으로 대체시키는 것을 주된 목적으로 하고 있다.

③ 행동계약법

일종의 자기관리 방법으로서 내담자가 미리 정해진 구체적인 행동이나 목표를 성취하겠다고 상담자와 계약을 체결하는 방법이다. 내담자는 계약에 의해 설정된 행동을 하면 정적강화를 받고 그 행동을 하지 못하면 벌 또는 그에 상응한 대가를 치러야 한다. 내담자에게 주어지는 강화의 종류는 사회적이나 물질적인 것일 수도 있는데 가장 중요한 것은 바람직한 행동과 바람직하지 않는 행동의 결과로 어떤 보상이나 벌을 받을 것이지 사전에 합의를 해야 한다.

④ 모델링

상담자는 내담자로 하여금 보다 적응적인 행동을 하는 타인의 행동을 직접 관찰하거나 영화, 녹음 등을 통한 경험을 통해서 모방학습을 할 수 있게 하게 하도록 하는 것이다. 상담과정에서 내담자가 어떤 행동을 해야 할지를 모를 때 실제 인물에 의한 모델링을 사용하면 강력하고 더욱 효과적일 것이다. 모델링에서 상담자의 역할은 내담자로 하여금 요구되는 행동을 정리하고 분석하도록 돕고 모델링 경험과 연습기회를 제공하여 내담자가 만족할 수 있는 대안적인 행동을 발달시킬 수 있을 때까지 추후지도를 제공한다.

(4) 인간중심 상담

인간중심 상담이론은 Carl Rogers가 1940년대에 처음 개발한 이론으로서 인간은 누구나 자기 자신을 향상시켜 나가려는 자아실현의 동기를 가지고 있기 때문에 내담자는 상담자와의 관계 속에서 일치, 존경, 감정 이입적 이해를 경험하여 이를 받아들이게 되면 자기 자신의 문제를 스스로 해결할 수 있다는 입장을 취한다.

인간중심상담은 개인의 주관적 세계에 관심을 가진다. 이는 정신분석학이나 행동주의가 가지고 있는 결정론에 반대하여 인간의 자유의지를 강조하고 있기 때문에 심리학의 제3세력이라고 불리기도 한다. 인간중심적 상담에서는 어떤 특별한 행동의 변화에 상담의 목적을 두기보다는 오히려 한 개인이 전체적이고 계속적인 성장의 방향으로 향하게 하도록 하여 궁극적으로 충분히 기능하는 사람으로 성장하도록 돕는 것을 목적으로 삼는다. 상담은 상담자와 내담자가 신뢰로운 분위기 속에서 내담자가 자신의 문제를 있는 그대로 자유롭게 이야기하도록 함으로써 자신의 내면세계를 이해하고 자신의 문제를 제대로 파악할 수 있도록 조력해야 한다. 이를 위해 상담자는 내담자의 현재 상태를 중요하게 생각하며 내담자로 하여금 자신의 현재의 느낌이나 감정이나 불안을 있는 그대로 솔직하게 표현하도록 격려해 주어 감정의 정화와 명료화를 경험할 수 있도록 해 준다.

① 공감
② 긍정적 존중
③ 진실 혹은 일치성

(5) 형태주의 상담

형태주의 상담은 펄스(Perls)에 창안된 상담이론으로 1960년대 미국에서 널리 알려져 심리치료, 개인 및 집단상담, 가족상담, 참 만남 운동에 많은 영향을 미쳤다. 형태주의란 전체(whole), 또는 형태(configuration) 등의 의미를 지닌 독일어 게슈탈트(Gestalt)에서 유래한 말로 전체성이나 완성에 관심을 갖는 형태주의 상담은 전체로서의 유기체를 다루며 여기 그리고 지금에 초점을 두는 실존주의 상담방법이라 할 수 있다. 형태주의 상담은 특히 경험의 즉각성, 비언어적 표현, 말보다 행동을 강조한다. 형태주의 상담은 비해석적이다. 상담은 개인의 경험에 대한 현재의 각성을 강조하기 때문에 원인이나 목적에 대한 인지적인 설명이나 해석을 거부한다. 따라서 상담자는 내담자의 전이나 역전이의 의미를 해석하는 입장에 서기보다는 나와 너의 상태를 유지하는 입장에 서게 된다. 펄스는 인간은 과거에 의해 구속받기보다는 현재에 충실한 삶을 살 수 있다고 믿었다. 그러니까 인간은 스스로 선택할 수 있는 자유의지를 갖고 있고 자기의 행동에 대해 책임을 질 수가 있다고 보고 있다. 형태주의 상담에서 보는 인간의 성격은 자아, 자아상, 존재의 세 가지로 구성되며 이 성격은 개인의 지각된 환경과의 상호작용을 통해서 생겨난다고 한다. 형태주의 상담에서는 상담의 목표를 크게 두 가지로 생각할 수 있다. 첫째, 내담자를 성숙시키고 성장시키는 것이다. 인간은 외부환경에 의존하던 개인이 자기에게로 방향을 돌리게 될 때 즉 책임이 있는 인간이 될 때 성숙이 이루어진다. 두 번째 목표는 통합이다. 내담자로 하여금 감정, 지각, 사고, 신체가 모두 하나의 전체로서 통합된 기능을 발휘하도록 도와주는 것이다. 형태주의 상담에서는 상담의 초기부터 내담자가 자신에 대하여 책임감을 갖도록 격려하여야 한다. 상담자는 내담자의 성장과 자아발견을 촉진하기를 원하지만 상담자 혼자서 내담자를 변화시킬 수 없다는 사실을 알려야 한다. 그리고 상담자는 내담자로 하여금 개방적이고 정직한 상호작용을 할 수 있도록 노력한다. 특히 형태주의 상담을 하기 위해서 지켜야 할 일반적인 규칙은 다음과 같다.

지금-여기에서의 경험을 중시한다. 지나간 과거에 대해서는 더 이상 생각하지 말고 아직 오지 않은 미래에 대해서는 걱정하지 않으며 현재의 체험을 중시하는 것이 형태주의 상담의 기본이다. 형태주의 상담에서는 여러 가지 다양한 기법을 상담 장면에 적용하고 있지만 형태주의 상담에서 진정한 상담이란 기법이나 기술을 의도적으로 사용하지 않고 상담자와 내담자와의 진정한 만남 속에서 이루어진다고 본다. 여기서 소개되는 상담기법은 상담활동을 돕기 위한 보조수단으로 사용하여야 할 것이다.

① 욕구와 감정자각

형태주의 상담에서 가장 중요한 것은 지금-여기에서 체험되는 욕구와 감정을 지각하는 것이다. 내담자에게 미해결과제가 있는 경우 이는 대개 억압된 감정이나 욕구의 형태로 존재하므로 이들 감정이나 욕구를 자각하고 전경으로 떠올림으로써 미해결과제를 해결할 수 있으며 미해결과제가 없는 경우에는 지금-여기에 중요한 욕구와 감정을 지각함으로써 현재 순간의 유기체 현을 실현시킬 수 있다.

② 책임자각

내담자는 흔히 어떤 상황에 처해서 결정을 못 내림으로써 그 상황을 얼버무리거나 회피하는 것을 볼 수 있는데 결정을 잘못 내리는 것은 결과에 대한 책임이 두려워서이다. 결정을 내린다는 것은 자신의 행동을 스스로 선택한 것이고 그러한 결과에 대한 책임을 지겠다는 의미를 포함한다. 따라서 이 상담기법의 목적은 내담자의 생각, 행동에 대해 다른 누군가가 아닌 바로 내담자 자신이 책임이 있음을 인식하도록 돕는 것이다.

③ 실연

내담자가 자신에게 중요했던 과거의 어떤 상황이나 혹은 미래에 일어날 수 있는 상황들을 현재 상황에 벌어지는 장면을 상상하면서 어떤 행동을 실제로 연출해 보는 것을 의미한다. 그렇게 함으로써 내담자는 자기가 지각하지 못했던 자신의 감정이나 행동 패턴을 발견할 수도 있고 회피했던 행동들을 실현해 볼 수 있다.

④ 빈 의자기법

내담자로 하여금 갈등상태에 있는 어떤 감정문제를 해결하게 하는 데 도움이 되는 기법이다. 내담자로 하여금 그가 지니고 있는 감정들을 빈 의자에 투사하게 함으로써 그 감정을 스스로 확실히 체험하고 각성할 수 있도록 하는 것이다. 예를 들면 평소 내담자가 자기와 갈등상황에 있는 인물이 빈 의자에 앉아 있다고 생각하고 그에게 향하는 부정적인 감정을 표현하게 한다. 빈 의자 기법은 내담자가 자신의 문제에 집착한 나머지 상대의 감정이나 행동에 대한 이해가 부족한데 빈 의자에 가서 앉아 봄으로 상대편의 심정을 이해하는 기회를 가지게 된다. 그리고 빈 의자와의 대화는 외부로 투사된 자신의 욕구나 감정이나 가치관을 자각하게 해 준다.

⑤ 관계중심

형태주의 상담의 본질은 상담자와 내담자가 상호교류를 하면서 순수한 대화적인 관계에 있다고 볼 수 있다. 즉 상담자는 내담자에게 특정한 기법을 적용시키는 것이 아니라 자기 자신을 내담자와의 관계 상황에 투여함으로써 그러한 관계를 통하여 변화하고 성장할 수 있게 된다. 형태주의 상담에서는 자연적으로 발생하는 전이현상을 인정하지만 그것을 분석하는 대신 상담자 자신의 감정을 내담자에게 분명하게 표현함으로써 지금-여기에서의 상호관계에 초점을 맞춤으로써 내담자의 왜곡된 지각을 상담자와의 새로운 관계를 통해 현재의 새로운 경험을 통합될 수 있도록 이끌어 준다.

⑥ 직면하기

내담자는 자신의 욕구나 감정을 회피함으로써 미해결 과제를 쌓아간다. 따라서 상담자는 내담자의 이러한 회피행동을 지적하는 동시에 자신의 동기를 직면시켜 줌으로써 미해결과제를 해소시켜 준다.

⑦ 과장하기

내담자의 특정한 행동이나 언어를 과장하여 표현하도록 함으로써 내담자로 하여금 자신의 무의식적 욕구나 감정 혹은 행동을 명료하게 자각하도록 도와줄 수 있다.

⑧ 반대행동하기

내담자로 하여금 평소에 그가 하는 행동과 정반대되는 행동을 하게 함으로써 자신이 생각하지 않았던 행동영역과 접촉하게 함으로써 새로운 행동가능성을 발견하게 되어 자신의 고정된 행동 패턴에서 벗어날 수 있다. 내담자는 자신이 하는 행동과 실제욕구와는 상반되는 경우가 많다. 화를 내거나 짜증을 내고 싶지만 오히려 친절하게 행동을 하는 경우가 있다. 이러한 경우에 상담자는 내담자로 하여금 자신의 감정과 욕구를 직면하고 밖으로 표출하게 함으로써 자신이 억압했던 행동을 자각하고 통합할 수 있는 기회를 갖게 한다.

⑨ 투사하기

다른 사람이 잘난 체 한다고 불평하는 내담자의 경우는 내담자 자신이 잘난 체 하는 행동을 해보도록 하여 그것이 내담자 자신의 욕구나 감정인 것을 인식하도록 해준다.

제4절 집단상담

1. 집단상담의 목표

집단상담은 집단지도성 훈련을 받은 전문가의 지도 아래 여러 명의 집단구성을 중심으로 집단의 역동적 상호작용을 활용하여 집단구성원들이 각 개인의 문제를 해결하거나 성장, 발달을 촉진시켜 나가는 과정을 의미한다. 우리가 흔히 집단지도, 집단상담, 집단치료를 구분하여 사용하지 않고 혼용하여 사용하는 경우가 있는 데 집단상담에 대한 명확한 이해를 돕기 이들 간의 차이를 살펴보면 다음과 같다.

말러(Mahler, 1971)는 집단지도, 집단치료, 집단상담은 공통점도 있지만 세 가지는 분명히 구별되는 특성이 있다고 하였다. 집단지도는 정보제공을 포함한 교육적 경험의 내용을 주제로 다루고 있다. 학교장면에서의 집단지도는 학생들이 필수적으로 알아야 할 내용을 학생들에게 제공하는 방향으로 이루어진다. 집단치료에서는 심각한 적응적, 정서적 문제를 가진 사람들을 대상으로 이루어진다. 문제의 심각성 때문에 치료의 과정을 수개월, 수년간에 걸쳐서 진행될 수 있다. 집단상담의 주목적은 집단지도에서처럼 행동일반의 변화에 대한 정보제공이 아니라 성원 개개인의 실제적 행동의 변화이다. 집단상담 과정에서는 집단구성원들이 정서적인 압력이나 위압감을 받지 않는 상황에서 집단구성원 모두가 있는 그대로 자신을 이해하고 수용하며 있는 그대로의 자기를 남에게 개방할 수 있는 태도와 능력을 길러 자기를 발전시켜 나가는 과정이라고 할 수 있다. 집단상담은 정상인의 발달적 문제를 주로 다루지만 집단치료보다 가벼운 부적응적인 행동의 문제를 다루는 것이 특징이다.

이러한 집단상담의 목표는 집단활동을 통해 자신과 타인을 신뢰하는 것을 배우며 특수한 인간관계의 경험을 통하여 일상생활의 적응력을 향상시키고자 하는 데 있다. 또한, 집단상담을 통해 내담자는 자신의 욕구와 문제를 스스로 인지하고 그것을 합당한 방법으로 해결하는 방법을 배우게 되며 자신에 대한 새로운 관점을 가지게 위하여 자기수용, 자기 확신 및 자기 존중을 증가시키는 데 있다.

2. 집단상담의 특성

우리는 살아간다는 것은 끝없이 많은 사람들과 관계를 맺어 가는 것이라고 해도 과언이 아닐 만큼 많은 사람들과 관계를 맺고 있다. 그 관계 속에서 우리는 격려나 지지를 받기도 하고 때로는 그 관계가 원만치 못하여 고통과 좌절을 경험하기도 한다. 따라서 집단상담이란 인위적인 소집단을 구성하여 자신들의 갖고있는 문제를 노출하여 다른 사람들의 도움을 받기도 하여 다른 사람들과의 자연스러운 인간관계를 좀 더 실제생활에 적용할 수 있는 기회를 갖을 수 있을 것이다. 집단상담의 특성을 구체적으로 요약하면 다음과 같다.

(1) 집단상담은 개인 상담에서 오는 심리적 부담감을 줄 수 있다. 집단상담은 여러 명의 구성원으로 이루어지기 때문에 자기감정에 따라 침묵하기도 하고 자기가 참여하고 싶을 때 자발적으로 편안하게 참여하여 자신의 문제를 노출할 수도 있기 때문이다.
(2) 집단상담은 집단구성원으로 하여금 외적인 비난이나 징벌에 대한 두려움 없이 새로운 행동을 검증해 볼 수 있는 기회를 제공해 준다. 즉 집단의 분위기가 안전하고 위협적이지 않을 뿐만 아니라 새로운 행동을 실험해 보도록 장려하기 때문에 자유스러운 분위기에 자신의 행동을 시험해 볼 수 있다.
(3) 집단상담에서는 서로의 관심사나 감정을 털어놓기 때문에 쉽게 소속감과 의식을 발견시킬 수 있다. 모든 성원들의 똑같은 문제들을 갖고 있지 않더라도 각기 자기 나름대로의 문제를 가지고 있다는 사실을 인식하게 됨으로써 자기 자신이나 타인을 보다 잘 이해 할 수 있다.
(4) 집단상담의 구성원들은 각기 다른 배경과 학력을 가진 다른 연령대의 집단구성원들이 함께 참여함으로써 풍부한 학습경험의 기회를 가질 수 있다.
(5) 지도성의 측면에서 볼 때 집단상담은 개인상담의 경우보다 훨씬 유리하다. 개

인상담에서는 한사람의 상담자뿐이지만 집단상담에서는 집단구성원 모두가 지도자 역할을 수행할 수 있기 때문에 상담자 수가 많다. 집단성원들은 상호 간에 경청하고 수용하고 지지하며, 맞닥뜨림을 하고 해석해 주는 역할을 수행하게 된다.

(6) 집단상담은 개인으로 하여금 자기탐색과 통찰의 기회를 제공한다. 집단상담은 자신의 발달과 적응에 관련된 개인의 욕구, 관심사, 문제뿐만 아니라 집단 속에서 개인의 지각, 감정, 사고, 행동 등을 탐색할 수 있게 된다.

(7) 집단구성원으로 하여금 개인상담에 참여할 수 있는 기회를 제공해 준다. 개인상담이 필요로 하는 경우에도 여러 가지 이유로 해서 개인상담을 기피하는 경우가 있는데 집단상담을 통하여 개인상담의 필요성을 느끼게 되고 용기를 내어 개인상담에 참여할 수 있게 된다.

3. 집단과정의 발달단계

집단상담을 진행하는데 집단상담의 과정에 대한 명확한 이해가 필수적이다. 집단 전개 과정에 대한 이해는 집단지도자로 하여금 집단원들이 참여하는 욕구와 목표에 맞게 집단을 이끌어 가게 해 줄 뿐만 아니라 집단을 효과적으로 발전시킬 수 있을 것이다. 집단과정의 발달단계 구분은 학자에 따라 특정집단의 성격에 따라 다양하지만 여기서는 한센(Hansen, 1976) 등의 구분을 중심으로 살펴보면 다음과 같다.

(1) 시작단계

집단의 시작단계는 집단구성원들이 상호 간에 조심스럽게 탐색활동을 하기 시작한다. 이때 지도자는 예상불안을 감소시키고 긴장을 풀어줌으로써 신뢰롭고 안정된 집단분위기를 조성하도록 해야 한다.

(2) 준비단계

집단원들은 집단활동과 특정 집단원에 대한 불편한 감정을 나타내기 시작하며 집단원들은 집단활동이 기대했던 대로 진행하지 않을 때 욕구불만에 사로잡혀 지도자를 공격하기도 하고 집단구성원들 간에도 갈등상태에 놓이게 된다. 그러나 이와 같은 갈등상황은 집단상담의 특성상 필연적이라 말할 수 있다.

(3) 응집성의 발달단계

갈등의 단계를 넘어서면 집단은 점차 응집성을 발달시키게 된다. 따라서 집단원들은 갈등을 처리하고 나면 점차 조화적이고 신뢰로운 집단분위기를 형성하게 된다. 집단원들은 서로 간에 신뢰하고 애착을 가지며 동질감을 느끼게 된다. 그 결과 집단원들은 서로 간에 개방적이 되며 더 깊은 수준에서 자기 자신을 노출하게 된다. 그러나 응집성의 단계에 머무르는 이상 진정한 자기 이해와 자기발전을 이루지 못한다.

(4) 생산적 단계

집단원들은 갈등에 직면해 이미 갈등을 취급하는 방법을 학습하였기 때문에 당황해 하지도 않고 좀 더 적극적으로 집단활동에 참여하게 된다. 집단활동을 통해 사람들의 다양한 가치관과 행동에 대해 보다 수용적이며 자신에 대한 깊은 통찰을 경험하기도 한다. 그 결과 자신의 행동을 변화시킬 수 있는 준비도 이루어지고 상호 간에 보다 깊은 정서를 경험하게 된다. 이를 통하여 개인은 자기 이해를 얻게 되고 행동의 변화를 가져오게 된다.

(5) 종결단계

집단원들이 집단시작 단계에서 설정한 목표가 어느 정도 도달되었을 때 종결단계에 이르게 된다. 이 단계에서 집단원들은 자신의 문제도 어느 정도 해결되었기 때문에 자기노출이 감소되는 경향을 나타내며 또 한편으로는 이제까지 맺어 온 깊은 유대관계에서 분리되어야 하는 아쉬움을 경험하게 된다. 집단상담에서 준비단계가 중요한 것처럼 종결단계도 집단과정에서 매우 중요한 의미를 가진다. 종결단계가 적절하게 다루어지지 못하면 집단원들은 집단활동을 통해 학습한 것을 실제 생활에 적용하는데 지장을 받게 될 뿐만 아니라 집단상담자체에 대한 부정적인 감정을 지니고 떠날 가능성이 있기 때문에 종결단계를 잘 마무리해야 할 것이다.

| 단원 마무리 |

질문을 만들어 보고 동료들과 이야기를 나눠 보세요.

♠ 정답이 있는 질문(교재에서 답을 찾을 수 있는 질문)

· 칼 로저스의 인간중심 상담을 하는데 필요한 3가지는 무엇인가요?

·

·

·

♠ 정답이 없는 질문(더 궁금하고, 이유나, 추론, 적용 등을 묻는 질문)

· 학교폭력을 예방하려면 어떤 방법이 있을까요?

·

·

·

제10장 수업이론과 모형

제10장 수업이론과 모형

제1절 수업의 기초

1. 수업의 개념

수업(instruction)은 교수(teaching)의 개념과 혼용되고 있다. 교수와 수업의 관계를 보는 관점에는 일반적으로 교수가 수업보다는 포괄적이라는 입장, 교수보다 수업을 포괄적인 개념으로 이해하는 입장, 교수와 수업을 같은 의미로 보는 입장이 있다. 이러한 입장의 차이는 학자들의 관점에 따른 차이이기 때문에 같은 의미로 보는 것이 타당하다.

본 교재에서는 교수를 수업에 비해 포괄적이며 구체적으로는 설계, 개발, 실행, 관리, 평가가 포함되는 것으로 보고, 수업의 교수의 영역 가운데 교사의 적용과 실행에 중점을 두는 것이다. 즉, 교사가 교실에서 수업 시간에 가르치는 것이 수업이며, 이 수업은 포괄적인 교수활동의 일부분으로 보는 것이다. 이런 관점에서 볼 때 수업은 교수활동 가운데 학습과 가장 가까이 있는 것으로 볼 수 있다. 교수와 수업의 개념을 간략하게 정리하면 아래 <표 10.1>과 같다.

〈표 10.1〉 교수와 수업의 개념 비교

교수(teaching)	수업(instruction)
· 학습자의 모든 능력을 발휘하게 하는 포괄적인 내용을 전달 · 의도적 · 비의도적인 것을 모두 포함 · 인격적인 상호작용을 전제로 함	· 학습자의 지적 · 탐구적 특성을 자극하는 내용만을 전달 · 의도적인 것만을 포함 · 반드시 인격적인 상호작용을 전제로 하는 것은 아님

또 한 교수–학습의 과정에서 제시되는 교수, 학습, 수업의 개념을 간략하게 정리하면, 교수는 교사가 의도적으로 목적을 가지고 가르치는 활동으로 학생들이 학습하도록 도와주는 예술이다. 학습은 경험이나 연습의 결과로 일어나는 비교적 영속적인 인지 과정과 행동 및 정서의 변화 과정을 의미한다. 그리고 수업은 의도한 목표가 정해져 있고, 이 목표를 달성하기 위한 교사의 교수활동과 학습자의 학습활동이 교육 내용(학습 내용)이나 교수 매체를 통하여 상호작용으로 이루어지는 일련의 과정이다.

수업은 잘 가르치는 행위를 포함하여 학생들의 학습, 즉 행동의 변화가 이루어질 수 있도록 이에 필요한 학습자의 내 · 외적 환경을 의도적이고 체계적으로 조정하는 과정이며 학교교육의 질은 무엇을 가르칠 것인가에 관심을 두는 교육과정이나 교육 내용의 질적 수준, 어떻게 가르치고 배우느냐에 관심을 두는 수업방법의 질적 수준, 그리고 학생의 성취나 목표 도달의 정도를 확인하는 평가체제의 적합성 수준 등에 의해서 결정된다. 따라서 수업을 담당하는 교사들이 수업의 의미와 가르치는 행위의 본질적 요소, 교육방법, 학습자 특성에 대한 이해는 좋은 수업의 출발점이라고 할 수 있다.

좋은 수업은 교사들이 지향하는 목표이지만 각 개인이 지닌 수업경험, 교사양성과정, 사회문화적 공동체의 특성 등을 통해 수업에 대한 관점에 있어 상대적인 차이가 나타나고 학교교육 현장에서의 수업은 복잡한 변수와 다양한 환경 아래 놓여있기에 한 가지 교수 · 학습이론이나 모형만으로 수업과 관련된 모든 문제를 해결할 수 없기 때문에 좋은 수업에 대한 이론적 합의를 이루는 것이 쉽지 않은 편이다.

초 · 중등교육, 대학교육에 상관없이 수업내용, 수업방법, 수업환경 및 분위기, 수업평가의 측면에서 좋은 수업의 특성을 분석 및 요약해 보면, 좋은 수업은 흥미로운 도입, 다양한 질문, 적절한 균형, 창의적 활동으로의 전환, 매끄러운 진행, 깔끔한 자료,

안정적인 교사의 태도, 즐겁고 재미있는 수업, 직접적인 경험을 할 수 있는 수업, 새로운 시도와 아이디어가 있는 수업, 학습자들이 지식을 발견하고 알아가는 과정에 중점을 둔 수업, 학습자에게 자신감을 주는 수업, 학습자가 집중하는 수업, 순조롭게 진행되는 수업, 교사와 학습자 간의 소통이 원활한 수업, 학습자의 지식을 확장시켜 주는 수업, 교사와 학습자가 함께 만족하는 수업, 학습자 중심의 수업, 질문과 토론이 공존하는 수업, 학습자의 특성과 흥미를 고려한 수업, 하브루타와 거꾸로 학습 등 효과적인 교수방법이 적용되는 수업으로 요약할 수 있다. 요약해 본다면, 교수-학습의 전통적인 관점에서는 학습자 중심의 수업보다는 교사 중심의 교수의 개념을 더 강조하였다면, 오늘날 학교현장의 교수-학습상황은 교수보다는 학습자 중심 또는 교사-학생 상호작용을 강조하는 수업의 개념을 강조하고 있음을 알 수 있다. 4차 산업혁명시대에 적합한 인재를 양성하기 위해서는 교수-학습의 변화가 필요할 것이다.

2. 수업의 과정

학교 교육에서 학습자의 바람직한 인지적, 정서적, 행동적 변화는 주로 교수-학습과정을 통해 일어나기 때문에 교수-학습의 과정 즉, 수업의 과정은 학교 교육에서 매우 중요한 위치에 있다. 수업의 과정은 교사와 학습자 사이의 상호 의존관계, 상호 피드백을 주고받는 관계, 동반자적 협력관계이며. 전인적 인간교육의 과정으로 교육현장에서도 교수-학습은 서로 분리되지 않고 밀접하게 상호작용하면서 교육목표 달성에 기여한다. 교수-학습의 과정은 수업목표의 설정, 출발점 행동의 진단, 수업의 실제, 성취도의 평가 활동으로 구분되며 송환기능을 통하여 교육목표 달성을 위하여 상호 작용한다. 일련의 교수-학습에서 '수업의 실제'는 학습자가 내적으로 진행하는 일련의 학습과정을 지원하고 촉진하기 위한 외적인 단계별 수업활동을 의미한다.

수업의 과정은 학습자의 특성에 따라, 가르치는 내용의 성질에 따라, 가르치는 조건(교사조건, 환경조건 등)에 따라 다양하게 제시될 수 있지만 글레이저(Glaser)의 교수-학습과정 모형이 가장 보편적으로 많이 활용되고 있으며 이를 바탕으로 수업자의 따라 다양하게 응용되고 있다. 하지만 수업의 과정을 설계함에 있어 개인차(학습자의 지능, 적성, 흥미, 태도 등), 교과목의 특성 및 시간 배분 등의 경제성을 고려하고 활용할 수 있는 다양한 교육공학적 매체를 적극적으로 활용해야 할 것이다. 수업의 과정을 간략하게 제시하면 아래 [그림 10.1]과 같다.

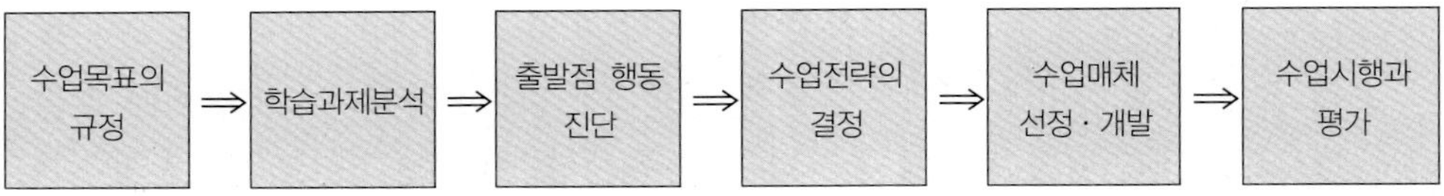

[그림 10.1] 수업(교수-학습)의 과정

(1) 수업목표의 규정

- 교육과정, 학습자의 수준, 교과의 학문 체계에 의해 선정
- 인지적 영역과 정의적 영역, 운동적 영역을 포함
- 내용과 행동을 한 진술문 속에 포함하여 진술

(2) 학습과제 분석

- 학습요소 간의 상호 위계적 관계를 추출하여 체계화
- 학습 위계별, 학습 단계별, 시간 · 기능별로 분석
- 학습 내용의 중요성, 단계적 활동, 평가 내용 등을 중점 분석

(3) 출발점 행동 진단

- 선수학습능력과 사전학습능력 등을 파악
- 곤란의 심층적 원인 판명
- 수업방법과 관련하여 학생의 특성(적성, 흥미, 성격)을 분류

(4) 수업 전략의 결정

- 수업형태 및 수업 계열 결정(학습요소별 시간 계획)
- 활동구상(동기유발, 자료 제시, 학생활동, 발문, 평가 시기 등)

(5) 수업 매체의 선정

- 수업목표의 효과적 달성을 위한 매체 선정

- 시기, 제시방법, 양과 질 등을 고려

(6) 수업 시행과 평가
- 자기평가와 학생평가, 참관자에 의한 평가
- 평가표 활용

제2절 수업이론

수업이론은 교수자가 학습자에게 수업을(교수를) 효과적으로 실시하기 위한 전략을 제공하는 일련의 지식체계이다. 수업의 효과를 극대화하기 위한 노력의 일환으로 최적의 교수방법을 고안해 나가는 과정으로 최적의 학습이 이루어지도록 교수방법과 교수매체 및 학습환경을 구성하는 것으로 교수전략(교수방법과 교수매체 및 학습환경을 어떻게 사용할 것인가에 대한 전반적인 계획)이라고도 할 수 있다. 본 장에서는 교육공학적 관점에서 체계적이고 처방적 교수전략으로 개발되어 활용되고 있는 수업이론을 중심으로 살펴보고자 한다.

1. Bruner 수업이론

1) 기본 개념

브루너(Bruner)의 수업이론을 발견학습모형 또는 발견식 교수-학습이론이라고 한다. 발견학습(discovery learning) 모형은 학문의 개념이나 원리를 발견 또는 재발견하는 과정을 학습자에게 직접 체험시킴으로써, 학문의 성과와 탐구의 과정 및 기법을 종합적으로 학습시키려는 교수-학습법이다. 브루너가 체계화한 발견학습모형은 학습자에게 가르쳐야 할 내용을 최종적인 형태로 제공하는 것이 아니라, 그 최종 형태를 학습자 스스로 조직하도록 요구하는 상황에서 일어나는 학습이라고 정의하고 있다.

발견학습의 목표는 학습자의 탐구능력과 자발적인 학습의욕을 신장시키는 데 있으며, 학습방법의 학습과 문제해결력의 습득이 강조된다. 발견학습의 과정은 과제의 파악, 과제해결을 위한 가설의 설정, 가설의 검증, 적용의 단계로 이루어진다. 학습과정에서 직관적 사고가 특별히 강조되며, 연역적 및 귀납적 사고의 과정을 중시한다. 학습활동에 학생의 능동적인 참여가 강조되며, 교사는 학습보조자의 역할을 수행 한다.

수업을 통해 발견학습이 극대화되도록 하기 위해서는 교사는 학습자의 학습 성향, 지식 체계의 구조화, 학습자료의 효과적인 제시와 순서 그리고 학습자의 동기유발을 위한 적절한 강화 등의 네 가지 사실을 고려해야 한다(Bruner, 1966).

- 지식의 구조: 각 학문에 내재된 기본개념, 원리, 법칙
- 계열성: 학생들이 학습 내용을 이해, 변용, 전이하는 데 도움이 될 수 있도록 학습과제를 순서대로 조직하는 원칙을 의미한다.
- 최소한의 학습의욕<선행경향성>: 학습하고자 하는 의욕 또는 경향을 뜻함
- 강화: 내적 보상의 강화가 외적 강화수단보다 강한 강화수단이 된다.

요약한다면, 발견학습의 극대화를 위하여 교사는 학습자가 기꺼이 하고 싶어 하고, 또 학습이 가능한 경험과 맥락을 찾아내는 일에 관심을 가져야 하며, 또 지식을 어떻게 구조화하면 가장 학습이 쉽게 일어날 수 있는지 관심을 가져야 한다. 그리고 학습자가 주어진 정보 이상의 틈을 학습자 스스로 메꾸게 할 수 있는 하브루타 같은 교수법을 찾아내야 한다.

2) 수업 원리(수업 절차)

발견학습은 교사의 학습안내 활동을 최소로 하여 학습자가 스스로 학습목표에 도달할 수 있도록 학습환경을 조성해 주는 학습형태이다. 학습자의 내적 동기유발로 능동적 참여가 이루어지고 지식의 구조를 통해 기본적인 원리를 이해하여 전이하는 통로를 만들어준다. 브루너의 발견학습 모형은 결과 중심의 재현과 실현 가능성을 중시하는 것이 아닌 학습에 있어 창조성을 중시하면서도 지식의 기본개념을 체계화하고 있기 때문에 지식의 기초 기반을 갖출 필요가 있는 초등학생 교육에 적합한 수

업모형이지만, 지식의 구조화가 필요한 중·고등학생들에게 적용 가능한 모형이라고 볼 수 있다.

현장에서 적용할 수 있는 발견식 수업모형의 절차를 간략하게 제시하면 다음과 같다(윤기옥 외, 2009).

(1) 탐색 및 문제 파악 단계

주어진 학습 자료를 탐색하고 학습 문제가 무엇인지를 파악하게 하는 단계이다. 교사는 주어진 학습 단계를 통하여 학생들이 문제를 파악할 수 있도록 도와준다.

(2) 자료 제시 및 관찰 탐색 단계

교사가 문제해결에 필요한 한두 가지 자료를 제시하여 학생들로 하여금 관찰 탐색하게 한다.

(3) 자료 추가 제시 및 관찰 탐색 단계

앞에서 제시한 자료 이외에 다른 자료들을 추가로 제시하여 학생들로 하여금 관찰 탐색하게 하고, 앞에서 관찰 탐색한 결과와 비교하게 한다. 이 단계에서 제공되는 보충자료에는 형성하고자 하는 개념과 일치하는 자료도 있고 때로는 이와 반대되는 자료도 포함되어 있어야 한다. 이러한 관찰은 직접적인 지시보다는 질문을 통하여 유도하는 것이 바람직하다.

(4) 규칙성 발견 및 개념 정리 단계

앞에서 관찰 탐색한 결과에 대한 토의를 통하여 일반화하고 규칙성을 발견하는 단계이다. 이 단계에서 교사는 학생들이 여러 관찰된 사실에서 규칙성을 이끌어내고 기술하도록 유도한다. 여기에서 교사의 질문은 유용한 개념을 형성하는 데 중요한 역할을 한다. 학생들이 규칙성을 발견하지 못하면 피드백 과정을 통하여 자료를 더 제시한 다음 일반화하도록 한다.

(5) 적용 및 응용 단계

앞에서 발견한 규칙성을 다른 경우에 적용 또는 응용해 보게 함으로써 발견한 규칙성이나 개념을 보충 심화시키는 단계이다. 이를 위해서는 교사는 학생이 이제까지 배운 것을 얼마나 잘 이해하고 있는지를 파악할 수 있다.

발견학습모형은 학습자가 구체적인 사물이나 현상의 관찰과 기술을 통하여 그들 사이에 존재하는 규칙성을 찾아내는 데 초점을 두고 있기 때문에 이를 극대화화기 위해서는 반성적 사고를 촉진할 수 있는 수업 분위기와 과정을 중시해야 할 것이다.

2. Glaser 수업이론

1) 기본 개념

글레이저(Glaser, 1976)는 학습 내용을 정보로 간주하여 수업 과정을 막대한 양의 정보가 신속하고 정확하게 처리되는 컴퓨터의 구조와 기능에 비교한 것으로 교수 과정에 포함되어야 할 4요소 교수 목표, 투입 행동, 교수 절차, 학습평가와 4요소 모든 단계에 투입되어야 한다는 연구 및 개발 전략을 제안하였다. 지금까지 개발된 수업모형 중에서 가장 기본적이고 일반적이면서도 복잡한 수업 현상을 간결하고 일목요연하게 잘 묘사하고 있는 것이 바로 글레이저의 수업모형이다. 이는 한 시간짜리의 단시 수업 계획에서부터 전체 교과의 수업에까지 적용할 수 있는 포괄적인 모형이다.

특히 글레이저 수업모형의 특징은 수업목표를 세분화된 행동적 용어로 진술하고, 전 단계가 후속 단계를 계속적으로 결정하고 수정하며 각 단계가 피드백에 의해 유기적으로 관련되어 있다. 또 한 수업 과정과 평가가 밀접한 관련되어 있으며 개인 차이를 고려하고 있는 수업모형이다.

2) 수업 원리

글레이저의 수업모형, 즉 교수–학습과정 절차는 수업목표 확정, 출발점행동 진단, 수업 실제, 학습결과의 평가의 4단계로 구성되어 있다. 이를 간략하게 제시하면 아래 [그림 10.2]와 같다(변영계, 2010).

이 모형의 첫 단계에서는 일정 단위의 수업이 끝날때에 학생들에게 성취되어 나타나기를 기대하는 학습 성과 즉, 수업목표를 명시하는 일이다. 수업 과정에서 목표는 수업의 방향을 결정해 주며, 수업내용과 절차를 선정, 조직, 계열화하는 지침을 제공해 주고, 평가의 기준을 마련해주는 등 전체 수업 과정을 이끌어 가는 지휘자의 역할을 한다. 주의해야 할 것은 교사의 수업 활동이나 학생의 학습활동으로 진술해서는 안 된다는 점이다.

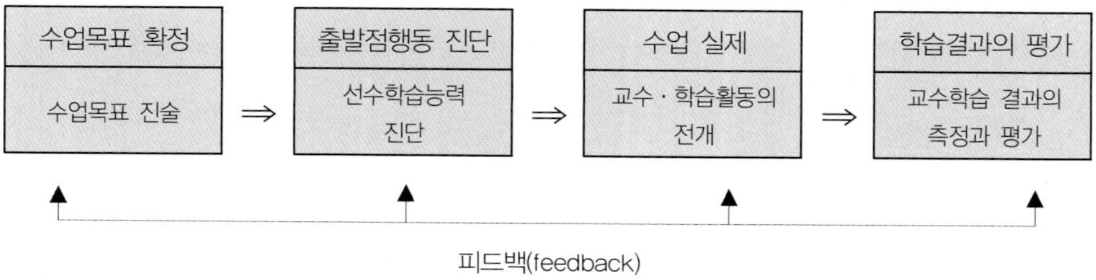

[그림 10.2] Glaser의 수업 모형(교수–학습 절차)

두 번째 단계는 학생들이 특정의 학습과제를 공부하기 전에 인지적, 정의적 준비태세가 어느 정도 갖추어져 있는지를 진단, 확인함으로써 수업의 출발점을 정하는 단계이다. 학습준비성의 개념과 관련된 것으로 투입행동 또는 시발점 행동으로도 부른다. 중요한 것은 학생들이 반드시 갖추어야 할 필수적인 선행학습 여부를 진단하는 일이다.

세 번째 단계는 수업의 절차를 선정하고 실행함으로써 가르치고 배우는 활동이 본격적으로 이루어지는 단계이다. 흔히, 도입, 전개, 정리의 활동으로 이루어지며 목표의 성취를 위해 설명식, 발견식, 토의 및 토론식, 거꾸로 학습식 등 다양한 방법과 매체의 활용을 통한 학습지도 활동이 전개된다.

네 번째 단계는 설정된 목표에 비추어 학습 성과 내지 수업의 성과를 평가하는 단계이다. 수업과정과 평가활동이 절대로 분리될 수 없으며 평가가 수업과정의 본질적인 일부라는 사실을 인식하여야 한다. 목표 성취 여부에 따른 준거지향(절대)평가가 바람직하나 선발이 요구될 경우 규준지향(상대)평가도 가능하다. 검사나 평가도구는 가능한 한 신뢰롭고 타당하며 객관성과 실용성이 있어야 한다.

학교현장에서 보편화된 글레이저의 수업모형은 복잡한 여러 가지 교수과정을 이해하는 기본모형이 되고 있으며 간결하면서도 정확한 교수과정의 개념체계를 시사해 준다. 특히 이 모형을 중심으로 한국교육개발원에서는 우리의 현실에 적합한 수업체제 즉, 계획단계, 진단단계, 지도단계, 발전단계, 평가단계의 수업과정 일반모형을 보편화하였다. 글레이저의 수업모형은 학습자들의 완전학습을 기대하는 교사들이 기본적으로 고려해야 할 교수 모형이라고 볼 수 있다.

3. Gagné(목표별) 수업이론

1) 기본 개념

가네(Gagné)는 미국의 교육심리학자로 학습에 관한 실증적 연구를 통해 학교현장에서 활용할 수 있는 수업설계의 원리와 방법을 제시하였다. 그의 이론은 실제 학교현장에서 가장 많이 활용되고 있는 교수 이론 중의 하나로 교사들에게 왜, 무엇을, 어떻게 가르쳐야 할 것인가에 대한 중요한 시사점을 제공하고 있다는 점에서 높게 평가 받고 있다.

가네의 교수이론은 인간학습의 결과로 얻어지는 산출물을 5가지 능력(언어정보, 지적기술, 인지전략, 운동기능, 태도)으로 분류하고, 그 각각의 능력들을 바로 교수활동을 통해 가르쳐야 하는 목표로 보고 있다. 수업형태와 방법 및 절차는 바로 수업목표가 무엇인가에 따라 달라진다. 따라서 5가지 다양한 수업목표에 따라 학습조건이 달라질 수밖에 없다. 이러한 이유로 가네의 수업이론을 목표별 수업이론이라고 부른다.

가네의 목표별 수업이론은 목표에 따라 학습조건이 달라지기 때문에 학습 조건적 수업모형, 또는 학습위계이론, 과제분석이론이라고도 한다. 교사들은 각 과정에서 요구되는 수업의 사태와 조건을 통합시킴으로써 다양한 학습의 결과를 촉진시킬 수 있으므로 가네의 이론은 학습에 가장 효과적이고, 교수활동에서 제공되어야 하는 조건들을 결정하기 위한 틀을 제공해 준다. 그에 의하면 학교학습에는 학습의 성과, 학습의 사태, 그리고 학습의 조건의 세 가지 요소가 관여함을 강조하고 있다.

- 학습의 성과: 학습의 결과가 얻어지는 대상 또는 목표 5가지(지적 기능, 인지전략,

언어정보, 운동기능, 태도)

- 학습의 사태: 학습자의 내부에 정보가 처리되는 과정으로, 각각의 학습영역에 따라 서로 다른 선수기능과 인지적 처리단계가 요청
- 학습의 조건: 학습의 내적 조건에 맞게 외부에서 부여하는 수업으로, 학습자의 인지 과정을 도와주도록 요청되는 환경적 자극인 학습의 외적 조건

학습자를 배려하기 위해서 가네는 각기 다른 학습조건이 수업을 통해 제공되어야 하며 이러한 수업이 행해지기 위해서는 각 학습 단계에서 학습자의 동기를 자극하고, 학습자의 부족한 능력을 지원해 주는 내적 및 외적 조건이 선행되어야 한다고 강조하였다. 선행학습과 학습동기, 자아개념과 주의집중은 내적조건에 해당하며, 자극과 반응의 연결 및 제시방법, 반복과 연습 그리고 강화계획 등은 외적조건을 의미한다.

학습과제의 성질에 대하여 전혀 관심을 기울이지 않고 있는 전통적인 학습이론과는 달리 가네의 학습이론은 학습과제의 중요성을 크게 강조하고 있다. 일정한 과제를 학습하기 위해서는 특정한 학습된 능력이 필요하고 그에 따라 학습 유형도 달라져야 하며, 또한 그것이 알맞은 학습조건이 제고되어야 할 것이다.

2) 수업원리

수업사태는 수업 장면에서 교사가 학습의 사태를 통제하는 일련의 활동을 의미한다. 가네(1976)는 교수설계의 원리에서 내·외적 조건으로 학습된 학습자의 능력을 언어정보, 지적 기능, 운동기능, 태도, 인지 전략 등 다섯 가지 영역으로 분류하였는데 이는 9가지 수업의 사태(주의, 기대, 재생, 지각, 저장, 반응, 강화, 재생, 일반화)에서 시현될 때 습득되어질 수 있다고 주장하고 있다. 9가지 수업사태들은 하나의 학습능력을 가르치기 위하여 교수 방법을 조직하는 기본적인 원리이다. 가네의 목표별 수업과정 절차를 구체적으로 제시하면 <표 10.2>와 같다.

주의집중 시키기, 학습자에게 목표 알려주기, 선수학습의 작동기억에 재생 자극하기, 학습내용에 대한 자극 제시, 학습안내 제공하고 장기기억에 저장, 수행 유도하기, 피드백 제공하기, 수행 평가하기, 그리고 파지 및 전이 높이기의 9가지 수업사태들

은 학습의 내적과정(내적 인지과정)을 돕기 위한 외적인 도움을 주는 방법들로서 학습의 영역별(목표별)로 달라져야 한다.

인간의 능력 또는 학습은 단순한 것에서 복잡한 것으로, 단편적인 것이어서 일반적인 것으로, 저차원에서 고차원에로 나아가는 위계를 이루고 있다. 한 단계의 학습 또는 능력은 다음 단계의 학습에 필수적인 선행조건이 되고 있다는 가네의 학습위계이론은 교수목표분석, 학습과제분석이나 교수이론 정립에 기여하는 바가 매우 크다.

〈표 10.2〉 Gagné의 수업단계 9단계

구분	학습과정 9단계	수업사태
학습을 위한 준비	1. 주의 집중	1. 주의집중 시키기
	2. 기대감 갖기	2. 학습자에게 목표 알려주기
	3. 기억으로 재생	3. 선수학습의 작동기억에 재생 자극하기
획득과 수행	4. 선택적 시각	4. 자극을 제시(학습내용)
	5. 의미론적 부호화	5. 학습안내 제공하고 장기기억에 저장
	6. 재생과 반응	6. 수행 유도하기
	7. 강화	7. 피드백 제공하기
재생과 전이	8. 재생을 위한 암시	8. 수행 평가하기
	9. 일반화	9. 파지 및 전이 높이기

4. Ausubel 수업이론

1) 기본 개념

오스벨(Ausubel)의 수업이론 또는 학습이론은 유의미 언어학습에 관한 이론으로 이를 '의미적 수용학습'이라고 한다. 오스벨에 의하면, 유의미 수용학습(meaningful reception learning)은 학습자가 제시된 학습 자료로부터 새로운 의미를 습득하는 학습이다. 즉, 학습자가 자기가 이미 알고 있는 것과 교사에 의해 배우게 되는 지식을 결합시켜 학습자가 새로운 의미를 가지도록 만드는 학습으로 볼 수 있다. 이때, 유의미 수용학습은 다음의 학습과제, 인지구조, 학습태세의 세 가지 조건을 충족해야 한다.

첫째, 학습과제는 학습자의 인지구조에 실사적이고 구속적으로 관련지어질 수 있어야 한다.
둘째, 학습자는 학습과제와 관련이 있는 자신만의 지식을 소유해야 한다.
셋째, 학습자는 첫째의 지식들을 실사적이고 구속적인 방식으로 자신의 인지구조와 연결하려는 학습 자세를 가져야 한다.

유의미 수용학습은 유의미 언어학습으로 설명적 학습 원리이다. 설명학습의 근거는 그가 도입한 선행조직자(새로운 과제를 학습할 때 인지구조의 기능을 확대하기 위해 미리 제공하는 설명)의 개념에서 찾을 수 있다. 유의미 수용학습은 학습노력의 경제성, 보다 안정성 있는 파지, 그리고, 보다 큰 학습전이라는 점에서 그 이점을 찾을 수 있다. 발견학습의 단점인 발견하느라고 쓸데없이 많은 시간과 노력을 낭비하는 폐단을 줄이면서 보다 지속성 있는 학습을 시킬 수 있다는 이점(利點)이 있다.

또한, 오스벨은 또한 설명식·강의식 수업에서 학습자는 매우 활동적일 수 있다고 보며, 신체적 수동성이 지적 수동성과 같지 않다고 하였다. 즉, 학습자가 자신의 인지구조에 학습자료를 접목시키고자 노력하는 순간, 지적으로 능동적인 활동이 이루어질 수 있다(Joyce, Weil, & Calhoun, 2005). 그러므로 교사는 학생들이 적극적으로 참여하고 지적으로 능동적인 활동이 이루어질 수 있도록 수업을 설계해야 한다.

2) 수업원리

오스벨은 유의미 수용학습을 촉진하고 소멸적 동화를 저지하는 방안으로 선행조직자 활용, 인지구조에 대한 점진적 분화의 원리, 통합적 조정의 원리, 선행학습의 요약 및 정리의 원리, 내용의 체계적 조직 원리, 그리고 강화의 원리 등을 제시하였다(Ausubel, 2000). 오스벨의 유의미 학습이론을 적용한 수업방법으로서 그는 '선행조직자 모형(Advanced organizer model)'이라는 것을 강조하고 있다.

선행조직자는 이전에 배웠던 내용과 새로 학습할 내용을 연결하거나 구별하기 위해 사용하는 것이다. 즉, 학습자가 이미 가지고 있는 인지구조와 새롭게 공부할 내용을 연결하여 학습과제를 이해하기 쉽게 도와주는 역할을 하는 것으로, 학습과제와 학습자의 인지구조를 이어주는 다리 역할을 한다. 선행조직자는 문장, 사진, 그림, 도표, 삽화, 모형 등 시각적 자료, 개념도, 질문서, 실물, 시범 실험 등 다양하게 활용될 수 있다.

학습자가 제시된 학습자료를 받아들여 기존 인지구조 속에 연결시켜 안정성을 증대시킴으로써 유의미 학습을 할 수 있도록 돕는 구체적인 교수전략은 학습자료의 제시에 있어서 선행조직자의 활용하는 것이다. 선행조직자를 활용하여 수업을 전개할 때, 교수자의 역할로서는 선행조직자의 선택과 제시가 무엇보다도 중요하다. 즉, 교사가 얼마만큼 선행조직자를 잘 선택하는 것이 유의미 수용학습의 성패의 관건이 된다. 교수자는 학습자의 인지구조에 대한 이해를 반드시 해야 한다. 특정한 시기·학습과제에 대하여 학습자가 갖고 있는 인지구조는 곧 학습자의 유의미 수용학습에 대한 준비도라고 할 수 있다.

선행조직자 모형은 조이스(Joyce)와 웨일(Weil)이 학습자의 교과목, 인지구조, 능동적인 수용학습, 그리고 선행조직자에 대한 오스벨의 아이디어로 만들어 낸 모형이다(Joyce 외, 2005). 선행조직자 모형에서 제시하는 세 가지 단계들은 학습자료의 명확성과 안정성을 증가시키도록 고안되었기 때문에 배우게 될 학습자료를 잃어버리거나 혼동하는 경우가 거의 없다. 선행조직자 모형을 제시하면 아래 <표 10.3>과 같다.

〈표 10.3〉 선행조직자 모형

단계	수업절차	교수-학습활동
1단계	선행조직자 제시하기	· 수업의 목표를 명확하게 하기 · 선행조직자 제시하기 · 선행조직자로 제시된 개념을 자신의 경험과 연관 짓기
2단계	학습과제나 자료 제시하기	· 과제 제시하기 · 주의 집중을 유지하기 · 학습 내용의 조직을 명료히 하기 · 학습 자료의 논리적 순서를 명료히 하기
3단계	인지구조에 대한 조직 강화하기	· 통합적 조정의 원리를 이용하기 · 능동적인 수용학습을 촉진하기 · 교과 내용에 대한 비판적 접근을 이끌어 내기 · 의미를 명확하기 하기

오스벨의 선행조직자 수업모형의 교수단계는 1단계에서는 선행조직자를 제시하며, 2단계에서는 학습과제나 학습자료가 제시되고, 3단계에서는 인지조직에 대한 강화가 이루어짐을 알 수 있다. 선행조직자 모형은 교사가 수업내용을 제시하여 수업을 전개하는 것과 학습자들이 교사가 제시한 수업내용을 학습하는 것을 증진시키기 위한 방법이다(박경은, 2011). 조이스와 웨일(2009) 역시 이 수업모형을 가지고 지도한다면 그 수업은 훨씬 효과적인 학습이며, 학습자의 잠재성이 점점 커지게 된다고 주장하여 이를 적극적으로 활용하는 방안을 검토해야 할 것이다.

5. Reigeluth 수업이론

1) 기본 개념

롸이겔루스(Reigeluth)의 수업이론을 정교화 이론이라고 한다. 수업의 정교화 이론은 수업을 수업내용의 가장 기본적이고 간단하면서도 일반적인 전체 개요로부터 시작하여 이 전체 개요의 한 부분에 구체성을 더 해 가는 형태로 조직할 것을 주장한다. 다음 단계의 수업은 다시 전체 개요를 검토하도록 구성되어 다음에 공부할 부분과 이전에 구체적으로 공부한 부분과의 관계를 보여주며, 이러한 식의 정교화 작업은 요약과 종합에 의하여 마무리되도록 한다. 정교화 이론은 학습자가 전체 개요에서 나타난 모든 부분들을 필요한 수준까지 구체적으로 공부할 수 있도록 수업을 구성하되 스스로 내용을 조직하고 계열화하도록, 즉 어느 부분을 어느 수준까지 먼저 혹은 나중에 할 것인가를 결정하도록 도와주는 장치가 마련되어야 함을 주장하고 있다(유승우 외, 2010).

롸이겔루스는 수업과 관련된 변인을 교수조건, 교수방법, 교수결과의 세 가지 범주로 분류하였고, 분류한 교수의 변인 중 수업정교화 이론과 관련이 되는 것은 교수방법이다. 교수설계를 위한 교수방법은 조직, 전달, 관리의 세 가지 형태로 교수내용의 조직전략, 교수전달전략, 교수관리전략으로 분류된다. 수업정교화이론은 이 세 가지 전략 중 교수내용의 조직전략과 관련되어 있다.

정교화 교수이론의 목적은 학습과 수업에 관한 현행 거시적 수준에서 가능한 한 많이 통합하려는 것이다. 정교화 이론을 보다 구체적으로 설명해주는 것은 줌렌즈를 사용한 비유이다. 이 비유는 정교화 이론을 사용하여 교수 설계하는 것이 마치 우리가 카메라에 달린 줌렌즈를 통해 사물을 보는 것과 마찬가지라고 설명한다. 교수과정은 학습해야 할 내용에 대한 개요를 소개하고(zoom out), 그것을 바탕으로 점차 구체화되고 정교화된 교수가 진행(zoom in)되어야 한다(전성연, 2006).

정교화이론은 어떤 지식을 다루고 있는가에 따라, 또는 학습내용의 특성에 따라 개념적 조직모형(conceptually organized model), 절차적 조직모형(procedurally organized model), 이론적 조직모형 (theoretically organized model)으로 구성되어 있다. 이 각각의 모델들은 모두 공통으로 일곱 가지의 기본 전략(정교적 계열화, 선수학습능력의 계열화, 요약자의 적절한 사용, 종합자의 사용, 비유의 활용, 인지전략 자극자, 학습자 통제)들을 포함하고 있는데, 이 일곱 가지 전략들의 성격은 수업내용의 형태에 따라 모델마다 달리 제시된다. 이로 인해 학습자가 자신의 인지구조를 의미 있고, 서로 연결된 아이디어의 체계로 구성하도록 도와준다. 또한, 정교화 이론은 교과과정이나 코스가 가져야 할 이상적인 학습구조나 계열성에 대한 통합적 연구를 통하여 교수설계자들에게 수업설계의 방향을 제시한다.

2) 수업 원리

롸이겔루스(1987)는 그의 정교화 이론에 따라 교수설계를 위한 비교적 상세한 절차를 개발하였다. 정교화 이론에 따른 교수설계의 6단계를 제시한 것으로 이 절차는 세 가지 학습유형 모형에 따라 그 과정이 달라질 수 있겠으나 절차는 모두 다음의 6단계의 교수설계과정을 거쳐야 한다. 구체적인 수업과정 절차는 아래 [그림 10.3]과 같다.

1단계, 교수 목표에 근거하여 개념적 조직화, 절차적 조직화, 이론적 조직화를 선정해야 한다.

2단계, 학습자가 학습할 필요가 있는 내용을 토대로 개념적 조직구조, 절차적 조직구조, 이론적 조직구조를 설계한다. 이것은 교수 내용분석이나 과제분석을 말한다.

3단계, 설계된 교수구조를 체계적으로 분석하여 교수 내용의 어떤 요소가 개요 정리되고 어떤 부분이 정교화의 어느 수준에 속하는가를 파악하며 교수 전개의 골격을 이끌어 낸다.

4단계, 교수 전개의 골격에 보조적인 교수 내용을 정교화 수준에 맞추어 첨가한다. 선수학습 능력요소의 첨가도 이 단계에서 고려해야 한다.

5단계, 모든 수업내용을 다양한 정교화의 수준에 할당하고 나면, 각 수준을 구성하게 될 각각의 학습단원의 범위와 깊이를 정하는 것이 중요하다. 학습 내용의 범위는 일반적으로 아이디어들을 조직한 내용이고 그러한 내용에 대한 보조적 내용에 의해 미리 결정되고 학습 내용의 깊이는 학습자의 최적 학습량의 성취도에 기초하여 결정된다.

6단계, 각각의 수준에 속해 있는 각 학습단원의 내적 구조가 계획된다. 하나의 학습단원에 속해 있는 아이디어들과 사실들의 계열은 선수학습능력에서와 같이 전체 조직구조를 이해하는 데 결정적인 역할을 하는 요인들에 의해 결정되어 진다.

1단계	조직된 내용의 유형을 선정한다.
2단계	조직된 구조를 전개 한다.
3단계	조직된 내용을 정교화 수준별로 할당 한다.
4단계	각 정교화 수준에 보조내용을 할당 한다.
5단계	각각의 학습단원에 대하여 모든 내용을 할당 한다.
6단계	각각의 학습단원 안에 있는 모든 내용을 계열화 한다.

[그림 10.3] Reigeluth의 교수설계과정

이상과 같이 6단계의 거시적 교수설계과정이 끝나게 되고, 다음은 단일 아이디어나 사실에 관한 수업을 조직하는 미시적 교수설계가 이루어지게 된다.

요약한다면, 롸이겔루스의 정교화 이론은 개별수업에 대한 구체적인 처방은 제시하지 않고 거시적인 안목으로 교과과정 전체의 계열화를 위한 지침으로 제공하고 있다. 오늘날 학교 내에서의 교수학습 활동이 교수 중심과 내용 중심의 교수에서 학습자 중심의 교수학습으로 변화하면서 교과서 또한 학습자의 이해를 돕기 위한 전략으로 롸이겔루스의 정교화 이론을 많이 활용 및 적용할 필요가 있을 것이다.

6. Carroll 수업이론

캐럴(Carroll)의 수업이론은 학교학습모형으로 불리면서 완전학습을 지향하고 있다. 완전학습(Learning for mastery)은 불완전학습과 대립되는 개념으로 학습기회와 개인의 적성이 최적화될 시에 학교 교육과정 속에 명시된 교육목표들은 거의 모든 학생들에 의해 성취가 가능하다. 이 이론은 주로 캐럴과 볼륨에 의해서 발전되어 왔다.

캐럴은 학교학습의 성공에 영향을 미치는 요인에 대한 많은 관심을 가지고 학교에서 이루어지고 있는 여러 가지 형태의 학습 가운데 특히 지적 학습에 작용하는 중요한 변인들을 추출한 다음 그들 변인 간의 상호관계를 토대로 학교학습의 방안을 체계화하였다. 캐럴(1963)은 학습자의 적성, 수업의 이해 능력, 학습의 지속력을 개인차 변인으로, 그리고 수업의 질과 학습의 기회를 교수변인으로 보았으며 이러한 5가지 변인들의 조절을 통해 학습효과를 극대화할 수 있다고 보면서 아래 [그림 10.4]와 같은 학교학습모형을 고안하였다.

$$\text{학습의 정도} = f\frac{\text{학습에 사용한 시간}}{\text{학습에 필요한 시간}} = f\frac{\text{학습기회, 학습 지구력}}{\text{적성, 수업이해력, 수업의 질}}$$

[그림 10.4] Carroll의 학교학습모형

학습의 정도는 어떤 학습자가 어떤 학습과제의 학습을 위해서 필요로 하는 시간량에 비추어 얼마만한 시간을 그 학습에 실제로 사용하느냐의 비율에 의해서 결정된다는 것이다. 이를 구체적으로 살펴보면 다음과 같다.

첫째, 적성은 이상적 상태에서 특정 학습과제를 소화하는데 필요한 시간 선천적·고착된 의미에서의 능력보다는 학습의 정도와의 관계를 의미한다.

둘째, 수업이해력은 일반적 지능과 언어능력의 두 가지 요소를 가진다. 지능은 논리적 학습일 경우, 언어능력은 수업의 언어가 복잡하거나 익숙하지 않을 때 학습 정도를 향상시키는 요인이다.

셋째, 수업의 질은 학습목표의 구체성, 목표 및 학습과제와 학생 간의 융화정도, 학습활동의 계열화, 교사언어의 명확성 등에 의하여 결정된다.

넷째, 학습기회는 학습할 기회는 학습자가 학교 학습과제를 소화하는 데 실제적으로 소요되었어야 할 최대한의 시간을 의미한다.

다섯째, 학습지구력(인내)은 학생이 활동적으로 학습에 참여할 수 있는 총 시간을 의미한다.

캐럴의 학교학습모형은 주로 지시적 수업에 관한 연구의 지침으로서 그리고 학생 성취에 있어서의 결과에 대한 해석을 위한 지침으로 의도된 것이었다. 이 모형은 여러 가지 단점이 존재하고 있지만 새로운 유형의 교육 프로그램을 개발하고 평가하기 위한 기반으로 이용되고 있다. 캐럴의 학교학습모형은 학습자들의 학습효과를 극대화하기 위한 방안을 고안하고 완전학습을 지향하고 있다. 완전학습에 대한 효과를 구현하기가 쉽지 않지만 학습의 정도를 측정하는 학교학습모형은 학생들이 학교에서 배우고 있는 주요한 도구 교과목에 대한 기초·기본 학습의 효과를 극대화하는 데 많이 활용할 수 있는 모형이라고 볼 수 있다.

| 단원 마무리 |

질문을 만들어 보고 동료들과 이야기를 나눠 보세요.

♠ 정답이 있는 질문(교재에서 답을 찾을 수 있는 질문)

· Ausbel의 유의미 언어학습의 학습태세 3가지는 무엇입니까?

·

·

·

♠ 정답이 없는 질문(더 궁금하고, 이유나, 추론, 적용 등을 묻는 질문)

· 만약에 내가 수업을 한다면 적용해 보고 싶은 수업이론은 무엇일까요?

·

·

·

Educational Psychology

제11장 교사의 심리

제11장 교사의 심리

제1절 유능한 교사

2012년 5월 한국교원단체총연합회는 급속한 교육 환경변화 때문에 교직사회에 명예퇴직이 증가한다고 발표했다. 교직을 떠나게 하는 환경변화란 학생인권조례안 등 교육환경이 교사보다는 학생위주로 흘러가는 분위기로, 학교현장에서 교사의 학생지도권이 몹시 약화되었음은 물론 교권 또한 실추되어 교직수행이 어려워졌음을 의미한다. 또한, 2013년 10월 5일 글로벌 교육기관 바르키 GEMS 재단이 발표한 '교사위상지수' 보고서에 따르면, 한국 학생들의 '교사에 대한 존경심'은 경제협력개발기구(OECD) 회원국 등 주요 21개국을 대상으로 조사한 가운데 '최하위'라고 말했다. 이런 상황 속에서 교사들은 교직을 성공적으로 해낼 수 있다는 자기 능력과 자질에 대한 신념이 절실히 필요하다. 이것이 바로 교사효능감이다. 이 단원에서는 유능한 교사에게 필요한 교사효능감, 교사의 기대, 교사의 칭찬에 대해서 알아보고자 한다.

1. 교사효능감의 개념

교사는 부단히 자신의 능력과 행동에 대해 생각하고 판단한다. 교사는 자신의 교수활동, 학습자에 대한 영향력 등에 대해 지속적으로 판단하며, 그 판단은 학급 전체에 영향을 미친다. 이 판단의 결과들이 축적되어 오랫동안 지속되면 신념으로 굳어지게 된다. 이러한 교사의 신념은 교사효능감으로 개념화되었다(Bandura, 1986).

교사효능감이란 교사의 효율성 혹은 효과성에 대한 교사 자신의 평가에 기초한 일종의 신념체계로서, 이는 교사와 교수행동에 대한 객관적 기준과 평가에 의해 결정되는 교사 효율성 및 교사 효과성과 구분되는 개념이다. 교사 효율성 및 효과성이 연구자 혹은 제 3자의 입장에서 객관적으로 평가되고 결정되는 반면, 교사 효능감은 교사들 스스로가 자신들의 효과성 내지 효율성을 평가한 결과인 것이다.

유능한 교사가 되기 위한 기본 조건으로 전공과목에 대한 지식, 학급운영의 기술, 태도 및 인성이 가장 먼저 거론되지만 교사는 자신이 가르치는 행위가 학생의 학업성취를 향상시킬 수 있으며 자기 자신이 그러한 역할을 잘해 낼 수 있을 것이라는 믿음을 가져야 한다.

2. 효능감 수준에 따른 교사의 특징

교사효능감은 수업활동을 선택하고 효과적인 교수-학습이 되도록 노력하는 데 영향을 주어 결국 학생의 성취도에 영향을 미치므로, 학생의 성취와 교사 자신의 능력을 예측하는데 중요한 요인이 된다. 교사효능감이 높을수록 좋은 교육적 수행을 보인다는 것은 많은 연구들을 통해서도 알 수 있다.

1) 효능감이 높은 교사의 특징

첫째, 효능감이 높은 교사는 학업성취가 낮은 학생을 쉽게 포기하지 않으며, 자신에게 주어진 업무를 완수하는데 최선을 다하고 학습활동을 실행하는 도중에 새로운 해결방안을 모색하며 어려운 과업에 집중하는 경향을 보인다(Vrugt, 1994). 이들은 교수활동을 계획하고 진행하는 과정에서 스트레스를 덜 받고 학습 동기유발에 능력을 발휘하며 학생들에게 자율과 신뢰, 책임감을 강조한다. 그렇기 때문에 학업성취도가 높게 나타난다(Thomson & Handley, 1990).

둘째, Rand Corporation 연구에서는 교사효능감이 학생의 성취도를 예견해주는 척도라고 하였다. 교사효능감이 높은 교사들은 가정배경과는 관계없이 학생에게 교수를 통해 영향을 미칠 수 있다고 믿고 효과적인 교수전략을 많이 사용하였으며 학생 스스로 질문의 해답에 이를 수 있도록 조력한다.

셋째, 교사효능감이 높은 교사는 지속적인 인내심과 다양한 유형의 피드백을 보여주고 인지적 구성주의 교수방법, 자율적인 통제와의 관련성이 높으며, 결과적으로 교사 자신의 효능감과 학생의 학습에 긍정적 공헌을 한다. 초등학교 교사를 관찰한 깁슨(Gibson)과 뎀보(Dembo, 1985)의 연구에서도 효능감에 따라 대집단 수업의 조직성과 소집단의 수업시간, 학생들에 대한 비난 등에 차이가 있다고 하였다.

2) 교사효능감이 낮은 교사의 특징

교사효능감이 낮은 교사들의 교수행동과 태도를 살펴보면 다음과 같다.

첫째, 교사효능감이 낮은 교사는 학생들이 학습에 적은 노력을 하며 학생의 옳지 않은 반응에 즉각적으로 비판적 대응을 포기하였다. 이것은 교사의 교수행동에 대한 자부심과 책임은 학생의 학습행동 및 결과와 밀접한 관계가 있음을 나타낸다(신은수, 2000).

둘째, 교사효능감이 낮은 교사는 학습자가 부정확한 답을 했을 때 비난조로 반응하는 비율이 높았으며, 학습자가 올바른 답을 하지 못했을 경우, 올바른 답을 이끌어내기 보다는 다른 학습자에게 답을 하도록 요구하는 식으로 학습자를 효과적으로 지도하지 못한다고 보고하였다. 이들 교사는 학생들이 학습하는데 소그룹 지도를 하되 지도하는 과정 중 방해가 되는 상황에서는 쉽게 좌절하였다. 그리고 동료교사나 다른 사람들에게 교실의 공개를 회피한다(Gibson & Dembo, 1985).

셋째, 낮은 교사효능감을 보인 교사들은 학습자를 통제하기 위해서 교수전략보다는 교사의 권위를 더 많이 사용하는 것으로 나타났다(Czerniak & Schriver, 1994).

제2절 교사의 기대

1. 자기충족적 예언(Self-fulfilling Prophecy)

자기충족적 예언이란 자성예언이라고도 번역하여, 예언이 원인이 되어 실제로 예언대로 일어나게 된다는 뜻이며, 또는 기대가 현실로 실현되는 것을 말한다. 즉 어떤 기대가 실현될 것이라는 믿음을 갖고, 이의 실현을 위해 열과 성을 다하여 노력함으로써 결국에는 원래의 기대가 실현되는 것이다.

이러한 예의 실험은 심리학자 로젠탈(Rosenthal)과 잭슨(Jackson, 1968)의 초등학교 교사들을 대상으로 한 실험에서 잘 나타나 있다. 학년 초에 초등학교 1학년과 2학년 담임교사에게 몇 명의 학생들 명단을 주면서 이 아이들은 심리검사 결과에서 잠재력이 매우 우수하다. 라는 것을 말해 주었다. 사실 이 아이들은 검사결과나 학업성적과는 무관하게 무작위로 선정된 아이들이었다. 1년이 지난 후 그 학생들의 학업성적과 행동 상황을 평가한 결과, 놀라운 사실이 확인되었다. 잠재력이 뛰어난 것으로 기대되었던 아이들은 그렇지 않은 아이들보다 전년도의 기준으로 비교했을 때, 지능검사의 점수와 학업성적이 현저하게 증가되었을 뿐만 아니라 호기심 많고 매사에 적극적인 사고를 가진 학생으로 발전해 나아갔다.

이상의 결과에서 교사의 기대, 태도, 감정이 긍정적으로 학습자에게 영향을 미친다는 사실을 Oak초등학교에서의 현장실험을 통하여 확인한 것이다. 이는 학습자들에게 자기충족적 예언(자기능력 실현의 기대효과, Effect of self-fulfilling prophecy)을 가져온 것으로 설명된다. 즉, 교사가 아동에 대한 기대를 가질 때 그 아동은 교사의 기대에 부합되는 행동을 무의식 중에 열심히 나타내려는 영향을 교사기대 효과(teacher expectancy effect)라고 불렀다. 보통 저학년에서 그 효과가 크다. 그 이유는 첫째, 저학년에서는 성적이 확립되어 있지 않고, 둘째, 교사의 비의도적인 사회적 영향을 받기 쉽다는 점 등이 고찰되고 있다.

이리하여 학습자들에게 놀라운 진전이 있을 것으로 기대되면 학생들에게는 지적, 정의적 영역에서 놀라운 신장이 있게 된다는 것이다. 모턴(Morton, 1957)에 의하면, 자기충족적 예언이란 처음의 잘못된 상황규정을 현실로 실현시킨다는 의미이다. 이처럼 머튼은 자기충족적 예언을 상황의 잘못된 규정에서 찾고 있는데, 그 예로 1930년대 미국의 대 경제 공황기의 한 은행의 파산을 예로 제시하고 있다. 당시 미국의 모든 은행이 거의 파산을 당하고 있었으나, 이 은행은 재무구조가 다른 은행보다 건실한데도 불구하고 예금을 맡긴 사람들 사이에 이 은행이 곧 파산될 것이라는 소문이 나돌았다. 그 결과 이 은행에 예금을 맡긴 모든 예금주들이 몰려들어 자신들의 예금을 모두 인출해 감으로써 결국 이 은행은 파산하게 되었다. 이렇듯 경제 체제의 몰락 뿐만 아니라 여러 상황에까지 자기충족적 예언의 적용을 밝히고 있다

교육학적인 관점에서는 자기충족적 예언이란 앞에서 말한 바와 같이 어떤 행동이나 학습을 함에 있어 학습자가 보이는 학습 수준은 주변에서, 특히 교사나 부모가 가지고 있는 기대수준에 부합되게 일어나는 현상을 말한다.

2. 피그말리온 효과(Pygmalion Effect)

자기충족적 예언과 같은 의미를 지닌 용어로 피그말리온 효과가 있다. 이 말은 그리스 신화에서 유래한 말로써 교육현장에서 많이 소개되어진다. 키프로스(Cyprus)섬의 왕인 피그말리온(Pygmalion)이 상아로 만든 조각 여인상(Galatea)을 보고, 그녀의 아름다움에 사로잡혀 하루도 빠지지 않고 그 여인상 곁에 다가가 정말로 사람이라면 얼마나 좋을까 하고 생각을 하면서 그녀를 사랑하게 되었는데, 미와 사랑의 여신인 아프로디테(Aphrodite)가 피그말리온 왕이 그 조각 여인상에 대해 가지는 기대와 열정과 사랑에 감동을 받아 여인상에 생명을 불어넣어 피그말리온의 아내인 왕비로 삼게 했다는 전설에서 빌려 왔다.

이러한 기대효과에 대하여 버나드 쇼(Bernard Shaw)의 희극 “Pygmalion”에서 여주인공인 Elija Doolittle의 고백을 통하여 확인해 보자(Rosenthal & Jacobson, 1968).

> …선생님은 숙녀와 꽃 파는 소녀 사이의 차이가 행동을 어떻게 하느냐가 아니라, 어떻게 취급되느냐에 따라서 달라진다는 사실을 알고 계시는군요. 하긴스(Higgines) 교수는 저를 항상 꽃 파는 아가씨로 취급하니까 저는 그 교수 앞에 가면 항상 꽃 파는 아가씨일 뿐이 예요… 그런데 선생님은 저를 숙녀로 대해 주시니까 저도 숙녀

가 될 수 있음을 알았어요. 그래서 저는 선생님 앞에서는 항상 숙녀가 될 거예요.

이는 진실된 자신보다 중요한 타인(significant others) 즉, 부모나 교사 혹은 친한 친구로부터 기대받는 모습으로 행동하게 된다는 것을 비유한 말이다(이군현, 1994). 이 말은 학교 교육이나 생산 활동 등에서 교사나 책임자가 기대하는 대로 학습자나 근로자는 능률을 발휘하게 된다는 것이다. 이와 같이 기대가 태도와 행동을 바꾸며, 특히 학교에서는 교사의 기대가 학습자의 성적을 좌우한다. 긍정적으로 기대하면 기대에 부응하는 행동을 하기 마련인 것이다. 그러므로 우리는 흔히 잘한다는 말을 사용할수록 더 잘하고 있는 것을 볼 수 있다.

왜 그렇게 얼굴이 빨개지니? 그 말에 정말로 얼굴이 빨개 진다.
왜 그 모양 그 꼴이니? 그 말에 우리는 우울하다.
왜 울려고 하니? 그 말에 곧 울음을 터뜨린다.
정말 잘한다. 잘해 보렴.

어린이에게 너는 '머리가 좋다, 좋다' 하면 그 어린이는 머리가 좋아지려고 무척 애쓰고 있다. 결국 애쓴 보람이 있어 머리가 좋아진다는 것이다. 너는 '머리가 좋아, 너는 영리하구나, 너는 재주가 뛰어난 아이구나' 등의 칭찬을 하면 그 애를 그런 방향으로 성장하게 된다. 그리고 그 방향으로 행동이 나타나게 된다. 이것이 교육의 큰 힘이다.
어린이에게 너는 '불량배 기질이 있구나! 너는 나쁘다. 너는 바보다'라고 하면, 그 방향의 예언으로 은연중에 성장하며 그 방향의 행동이 나타난다.

어느 학교 교사를 대상으로 교육위원회의 장학사와 협의하여 실험을 했다. A교장이 있는 Y학교를 실험학교로 정했다. 장학사에게는 어떤 교사를 예언해 줌으로써 유능한 교사가 무능해지고, 무능 교사가 유능해진다고 했다. 신학기 초에 신임 교사 7~8명이 부임해 올 때 신임 교사 신상기록 카드에 인적사항이 다 기록되어 왔다.

교육위원회 인사 담당자가 A교사의 것은 최고의 모범 교사로 인사 카드를 작성했다. 졸업한 학교도 최고, 학교 성적도 최우수, 성적도 최우수 공무원으로 기재했다. 또한, B교사는 유능 교사인 것을 반대로 기록한 것이다. 교장이 제일 처음 보는 것이 인사기록카드이다. 기록표에 A교사는 모범 교사요 우수 교사였음이 증명되었다. 사진을 보니 우수한 모범 교사처럼 보였다. 이런 사람이 우리 학교에 부임하면 우수 학교로 만들겠다고 큰 계획을 세워 놓고 있었다.

또한, 얼마 있다가 B교사를 보니 정말 문제 교사였다. 인사기록카드에 붉은 줄로 선이 그어 있고 생김새도 못생기고 형편없이 보였다. 교장이 새로 부임한 A, B 교사를 대할 때부터 A교사와 악수할 때는 힘 있고 활기에 찬 악수를 했으나, B교사와 악수할 때는 불만족스럽고 냉소적으로 대하였다. 교장이 학교를 순회할 때도 A교사 옆을 지날 때는 미소를 주고 손을 흔들고 B교사의 반은 하루에도 7~8번 들어가 교육 활동을 확인하고 학생들을 보고 무엇을 배웠느냐고 묻고 흠을 잡아 야단을 치는 등 항상 감시의 대상이 되었다. 그러므로 우수한 A교사는 교장과 만나면 기쁘고, 반갑고, 악수하면서 반기니 집에 와도 학교 생각, 교장 생각, 학생 생각이 나서 즐겁고, 반면에 문제 교사인 B교사는 교장이 자신을 흠잡고 냉소적이니 자신도 학교를 비평하고 험담하고 싶으며, 교장이 싫어서 죽을 지경이었다. 교직원 회의를 할 때도 A교사의 발언은 교장의 칭찬을 듣지만 문제의 B교사는 교장의 냉소적인 반응을 받았다. 여론조사를 해보니 A교사는 여당이고, B교사는 야당이어서 교장이 없는 곳에서는 욕하고 마침내 행동화에 이르기 직전이 되었다.

이와 같은 실험으로 즉, 교장의 예언에 따라 A교사는 유능한 스승이 되고 B교사는 무능한 교사가 되었다. 그러므로 악명 높은 교장은 악명 높은 교사를 배출한다. 훌륭한 교장 밑에서는 장차 훌륭한 교장이 나온다. A교사가 담임한 학급은 IQ가 거의 100~120이 되었고 성적도 수, 우로 양호했으며, B교사가 담임한 학급 학생들은 멍청했으며 성적도 매우 낮았다.

이상의 실험은 매우 좋은 교육 자료가 되었다. 처음 교사가 부임하게 되면 학생에 대하여 잘 모른다. 교사가 처음 맡은 반이, 성적이 우수한 것이 서류에 나타나면 학생들을 쳐다볼 때, 눈동자가 빛이 나며 모두 수재같이 보인다.

교사가 강의실 문을 여는 순간부터 학생을 공경하는 마음 자세가 있어야 교육의 효과가 있게 된다. 강의실에 들어가면서 교사가 학생들의 기대치를 형편없이 낮게 보면 이들에게 벌써 벌을 가한 것이다. 교사가 학생들을 높은 기대치에 맞추면, 학생들도 교사를 보는 기대치가 다르다. 학생들이 교사를 칭찬하고 좋아하고 잘 따른다. 상대방이 나를 존경하는지의 여부를 알려면 내 마음을 보면 알 수 있다. 내가 아이들이 싫으면 아이들도 나를 싫어한다. 내가 친구나 부모를 공경하면 친구나 부모도 나를 사랑한다. 이러한 역동적인 양방향의 영향은 진리이고, 자연법칙이며, 인간심리인 것이다.

생각을 바꾸면 세상이 달라진다(이민규, 1996)는 말에서 암시되듯이 잘한다고 해야 더 잘한다는 것은 어린 시절의 기억에서도 찾을 수 있다. 저 애는 비린내 나는 것을 싫어한다는 말을 여러 번 듣고 그 일을 계기로 정말로 생선을 싫어하게 되었으며, 그 이유는 비린내가 나기 때문이라고 나름대로 결론짓게 된 것이다. 생선을 싫어한다는 어머니의 말씀이 나로 하여금 정말로 생선을 먹지 않게 만든 것이다.

3. 회복탄력성

1) 회복탄력성이란 무엇인가

회복탄력성이란 원래 제자리로 돌아오려는 힘을 일컫는 말로 '회복력' 또는 '탄력성'을 뜻한다. 심리학에서는 주로 시련이나 고난을 이겨내는 '긍정적인 힘'을 의미한다. '회복탄력성'이 높으면, 스트레스 상황에 노출되더라도 잘 극복할 수 있으며 우울증 발병을 낮출 수 있다.

다시 말해 회복탄력성은 자신에게 닥치는 온갖 역경과 어려움을 오히려 도약의 발판으로 삼는 힘이다.

회복 탄력성은 마음의 근력과 같다. 몸이 힘을 발휘하려면 강한 근육이 필요한 것처럼, 마음이 강한 힘을 발휘하기 위해서는 튼튼한 마음의 근육이 필요하다. 연세대 김주환 교수는 회복탄력성을 유지하기 위한 핵심으로 '자기조절능력'과 '대인관계능력'을 언급했다. 즉, 사회라는 곳에서의 구성원으로 잘 어울림과 동시에 자기 자신에 대해 집중 할 수 있을 때 현실 속에서 긍정적인 부분을 발견 할 수 있고 이를 통해 어려움을 극복할 수 있다는 것이다. 셰릴 샌드버그(Sheryl Sandberg)와 애덤 그랜트(Adam Grant)의 「OPTION B」를 보면 회복탄력성은 개인이 역경에 반응하는 힘과 속도를 뜻하는데, 우리는 이를 개발할 수 있다고 한다. 회복탄력성은 내면 깊은 곳에서 우러나올 때, 외부의 지지를 받을 때 생겨난다. 스스로 슬픔을 처리하는 방식을 분석하고, 슬픔을 그대로 수용하는 과정에서 생겨난다. 때로 자신이 생각하는 것보다 상실에 대한 통제권이 적을 수도 있고,

클 수도 있다. 쉽게 말해, 척추를 세우는 것이 아니라 척추를 감싸고 있는 근육을 강화하는 것이다. 즐겁게 생활하는 것은 자기연민의 한 형태다. 실수했을 때 자신에게 너그러워야 하는 것처럼, 삶을 즐기는 문제에도 자신에게 관대해야 한다.

2) 회복탄력성이 높은 사람들의 특징

회복탄력성이 높은 사람들의 정서적 특징은 유쾌하고 밝은 정서를 보인다. 자신의 욕구를 어느 정도 조절할 수 있으며 충동적이지 않다. 작은 자극과 사소한 일에 과도한 감정 반응을 보이지 않으며 감정기복이 적은 편이다.

회복탄력성이 높은 사람들의 사회적 특징은 다른 사람을 믿고 따르는 편으로 어느 정도 조절할 수 있다는 것이다. 어려움에 처할 때 다른 사람에게 전적으로 의존하는 것과 달리 도움을 청하기도 한다. 또한 작은 자극과 사소한 일에도 감정 반응을 보이지 않으며 감정기본이 적은 편이다.

3) 회복탄력성을 기르는 방법

회복탄력성은 마음의 근력과 같아서 꾸준히 연습하면 키울 수 있다.

첫째, 긍정적으로 스토리텔링하는 습관을 들여라. 역경에 대해 긍정적으로 해석하고 의미를 부여하는 것은 중요하다.

둘째, 감사훈련과 규칙적인 운동을 하라. 감사하는 마음은 몸과 마음을 편안한 상태로 유지시켜준다. 또한, 운동은 우울증 치료제 프로작보다 효과가 있다.

셋째, 자신의 강점을 발견하라. 자신이 잘할 수 있는 일을 통해 즐거움과 보람을 느껴라.

넷째, 공감능력 향상을 위해 노력하라. 공감능력은 듣기나 표정 따라 하기 등의 훈련을 통해 증진시킬 수 있다.

4) 일상생활에서 회복탄력성을 높일 수 있는 방법

첫째, 규칙적인 운동을 하는 것이다. 특히 심혈관계의 규칙적인 운동은 신체 전반적인 건강, 뇌 기능, 기분을 향상시켜야 한다.

둘째, 긍정적인 태도를 갖는 것이다. 외부 세상에서 일어나는 일을 조절할 수는 없지만 우리 스스로의 생각을 조절할 수는 있다. 외부 사건이나 스트레스에 어떻게 반응하느냐는 것은 그 사건이 우리에게 어떤 영향을 미치느냐가 많은 관련이 있다. 부정적인 생각을 긍정적인 것으로 돌리는 것으로, 이는 스트레스의 부정적인 효과에 대한 해독제 중 하나이다.

셋째, 최선을 다해 놓아보려야 한다. 때때로 우리는 우리가 원하거나 생각하는 것을 얻지 못했을 때 스트레스를 받고, 이러한 부당함에 대한 생각은 우리를 비참하게 하거나 좌절감을 느끼게 만든다. 최선을 다하고 올바른 노력을 다했을 때의 보상을 아는 것 그리고 놓아 버림은 긴장보다 편안함을 가져다준다.

넷째, 가족, 친구, 동물과 시간 보내기 등 다른 생명과의 긍정적인 접촉은 영혼을 부드럽게 만들어준다. 다섯째, 올바른 영양을 섭취하여 우리 몸과 마음에 무엇을 넣어주느냐는 신경계에 영향을 미친다.

나의 회복탄력성 자가진단 테스트

(해당하는 항목의 □에 √표시 해 주세요.)

□ 나는 힘들 때 믿고 의지할 사람이 단 한명이라도 있다.
□ 나는 나를 믿는다.
□ 나는 스스로 생활을 잘 계획하고 실천한다.
□ 나는 한 해, 한 달 목표 등의 계획을 대부분 이룬다.
□ 나는 일주일에 3일 이상, 한 번에 30분 이상 운동을 한다.
□ 나는 술을 전혀 안마시거나 취하지 않을 정도로만 마신다.
□ 내 삶은 의미와 가치가 있다.
□ 위급한 상황에서 사람들은 내 말을 믿고 따른다.
□ 나에게는 흥미로운 일들이 많다.
□ 나는 잘 웃고 표정이 밝은 편이다.
0~2개 : 현재 회복탄력성이 매우 낮은 상태입니다. 우울하거나 스트레스가 높을 수 있습니다. 3~5개 : 현재 회복탄력성은 낮습니다. 자신감 증진과 스트레스 관리가 필요합니다. 6~8개 : 회복탄력성이 좋은 편입니다. 좀 더 증진하면 더 큰 행복감을 느낄 수 있습니다. 9~10개 : 회복탄력성이 매우 높습니다. 주변 사람들에게도 에너지를 나눠줄 수 있는 상태입니다.

4. 교사의 칭찬

1) 칭찬의 의미

칭찬은 상대방이 갖추고 있는 존재로서의 특성과 행동으로서의 특성을 드러내어 높여주는 말로써, 타인의 행동에 대한 좋은 평가의 의미, 더불어 격려와 사회적 안정의 의미까지도 포함하는 포괄적인 개념이다(박성희, 2005). 우리가 일반적으로 사용하는 칭찬은 감탄이나 승인의 의미로 표현되거나 가치를 인정해주는 것으로 각자가 지니고 있는 장점을 발견하고 그것을 지지해주는 활동으로 볼 수 있다(최옥화, 2007).

특별히 학습에서 효과적으로 학생의 바람직한 행동을 관리할 수 있는 전략은 바로 교사의 칭찬이다. 교사가 사용하는 칭찬은 학습자의 바람직한 행동을 입증하는 것으로서 그 효과는 학생들의 개인적, 문화적 차이에 따라 다르게 나타난다. 그러므로 학생들은 학습경험과 성취수준, 발단단계, 그리고 성에 따라 칭찬에 다르게 반응할 수 있다. 이에 따라 칭찬과 같은 강화를 제공할 때는 학습자의 연령이나 성별 또는 개인차를 고려하여야 하는데, 특히 어린 학습자의 경우는 언어적 칭찬과 같은 강화물을 가급적 자주 제공하는 것이 학습에 효과적이다. 또한, 칭찬의 성격은 아동들의 반응에 따라 영향을 받을 수 있다. 여기에는 구체적인 행동 수행여부에 따라, 노력에 비중을 두는 경우, 학습과정과 상황에 비중을 두는 경우에 따라 다르게 정의될 수 있다(Conroy, Sutherland et al., 2009).

2) 칭찬의 방법

칭찬이 가장 좋은 효과로 전달되기 위해 교사는 믿음과 바람직한 행동 방식으로 관심을 가지고 사용에 신중을 기해야 한다(Chalk & Bizo, 2004). 일반적인 칭찬의 방법은 학생들이 바람직한 행동을 했을 때 교사가 상을 주거나 신체적 접촉 또는 관심, 미소와 같은 행동을 통해 칭찬을 해주는 것으로 이를 통해 아동의 바람직한 행동을 유지시킬 수 있다. 교사의 칭찬은 학생들의 노력을 인정해주고 자아존중감을 높여주는 중요한 역할을 하기 때문이다(성미옥, 2003).

칭찬을 할 때에는 교사의 목표와 학생의 흥미를 신중하게 고려하여 내적 동기부여를 하는 방향으로 나아가야 한다. 교사가 효과적으로 칭찬하는 방법은 다음과 같다.

첫째, 칭찬을 할 때는 상대가 깨닫지 못하는 좋은 점을 칭찬하는 것도 좋지만, 상대가 노력하고 있는 부분을 발견하여 구체적으로 칭찬해 주는 것이 더 중요하다. 이렇게 구체적인 태도와 행동에 대해 칭찬하게 되면 상대가 빨리 이해할 수 있다는 점에서 효과적이다. 능력이나 결과물보다는 행동의 우수함에 초점을 맞추거나 태도개선, 학생의 노력 등에 비중을 두는 것이 학생의 학업행동이나 사회성을 고취시키는데 도움이 된다는 것이다(Conroy, Sutherland et al., 2009). 예를 들어 "넌 정말 똑똑해."라는 말로 칭찬을 제공할 경우 학생의 노력보다는 능력을 평가함으로써 학생에게 모호한 의미로 전달될 수 있다. 이는 결과에 대한 교사의 기대에 부응하려는 부담감을 심어 줌으로써 오히려 칭찬의 역효과가 나타날 수 있는 것이다. 결국 활동수행에 있어 실패시 자신의 능력부족으로 여기게 되고 부정적 정서를 경험할 뿐 아니라 수행목표에 관심을 두지 않는 무기력한 반응을 나타낸다. 따라서 "어려운 데도 끝까지 노력했구나.", "노력을 많이 했는지 이번 과정은 무척 향상되었네."와 같이 보이는 것을 그대로 진실하게 칭찬하는 것이 중요하다. 이렇게 노력과 전략을 칭찬하는 경우 학생에게 노력이 중요함을 가르쳐 주게 되고, 능력에 대한 칭찬을 받은 아동들 보다는 상대적으로 실패에 대해서 부정적 정서를 덜 경험하게 된다(여수현 · 박영신, 2009). 칭찬을 위한 목표는 구체적이고 성취 가능한 것일수록 좋다. 여기에 과제수행이나 수업태도에 대한 기준을 칭찬의 목표로 삼을 수 있다. 뿐만 아니라 어떤 행동을 하고 있을 때 칭찬을 하는 것은 더욱 흥미를 잃기 쉬우므로 행동이 끝난 이후에 칭찬하는 것이 좋다. 결과에 대한 칭찬이 우리를 더욱 신중한 사람으로 만들 수 있다.

둘째, 칭찬에는 일관성이 있어야 한다. 계속적인 강화만이 목적을 달성하게 하는 효력을 지니고 있기 때문이다. 따라서 칭찬은 충분하게 자주하는 것이 좋은데, 그래야만 지금까지 유지되었던 부정적 행동이 감소되고 그 대신 바람직한 행동이 자리잡을 수 있다. 특히 강화는 즉시적으로 제공될 때 효과를 발휘할 수 있으므로 칭찬할 요소가 있다면 그 순간에 즉시적으로 해 주는 것이 효과적이다. 이후의 칭찬은 효과를 감소시키기 때문이다(임수현, 2010). 따라서 교사는 적절한 시기에 효과적으로 칭찬을 사용할 필요가 있다.

셋째, 칭찬을 사용하기 위한 교육적인 설계의 필요성으로, 칭찬 사용에 대한 교사의 계획은 효과적인 칭찬의 특성으로 중요하게 부각된다. 예를 들면, 학생이 학습과정에서 요구하는 기술을 처음으로 습득했을 때 칭찬을 충분하게 제공하는 것은 매우 중요하다. 그러나 학생들이 일단 기술을 습득하게 되면, 교사는 칭찬의 사용을 줄이면서 곧 더욱 불규칙하게 사용할 것이다. 그렇다면, 이전의 행동에 대해서 능숙함을 보이는 학생에게 제공하는 칭찬이 사라짐과 동시에, 교사는 아동이 성취한 또 다른 행동들을 발견하고, 칭찬의 사용을 증가시켜야 한다(Conroy et al., 2009). 보리치(Borich, 2002) 또한 학습자가 새로운 기능을 숙달하기 위해 노력할 때 강화를 사용하는 것이 효과적이라고 하였다.

넷째, 교사가 학생에게 칭찬을 접하도록 해야 한다. 다시 말하면 교사로부터 칭찬을 끌어내도록 학생이 기다리게 해서는 안 되며, 오히려 학생의 행동을 유심히 관찰하고 적절한 때에 칭찬을 제공하는 방법이 효과적이라는 것이다. 한 예로, 학생이 "제가 이렇게 했어요!"라고 외치기까지 기다리는 것은 교사가 먼저 칭찬해 줄 행동을 발견하고 격려하는 것보다 훨씬 효과적이지 못하다(Hitz & Driscoll, 1988).

다섯째, 칭찬은 반드시 진지하고 진실되게 행해져야 한다는 것이다. 솔직하고 애정어린 칭찬은 학생의 발달연령 수준과 능력에 긍정적 영향을 끼친다. 또한, 학생들은 자신의 비교적 쉬운 노력에 대한 과대평가와 그릇되게 과장된 표현을 쉽게 인지한다. 따라서 이러한 칭찬 방법은 학생의 반응에 부정적인 영향을 끼칠 수 있으므로 표현에 신중해야 할 필요가 있다.

뿐만 아니라 교사는 학생이 칭찬에 어떻게 반응하는지 세심하게 관찰할 필요가 있다. 펠드만(Feldman, 2003)이 제시한 효과적인 칭찬 방법에 의하면 만약 어떤 학생이 집단 속에서 홀로 지목되어 칭찬을 받는 것에 대해 민감하게 반응할 경우, 글쓰기를 활용하여 긍정적인 조언과 칭찬을 제공할 수 있고, 혹은 여럿이 칭찬받을 수 있는 그룹에 학생을 포함시키는 '그룹 칭찬'도 있을 수 있다. 그 외의 경우 공개적으로 칭찬하거나 제 3자에게 칭찬하는 방법도 칭찬의 효과를 확대시킬 수 있는 방법이다(성미옥, 2003).

3) 칭찬의 효과

칭찬은 하는 사람이나 듣는 사람의 마음과 행동에 모두 긍정적인 영향을 준다. 칭찬하는 사람은 칭찬하는 과정을 통해 긍정적이고 여유로운 마음을 갖게 되고, 칭찬을 받는 사람은 관심과 이해, 인정을 받음으로써 자신의 장점과 소질을 찾게 한다. 결국 칭찬은 상대의 자존감을 높여주고 행동에 대한 자신감과 긍지를 갖게 함을 알 수 있다(최옥화, 2007; 성미옥, 2003).

흔히 아이를 가르칠 때 "칭찬을 70%, 꾸중을 30% 하라"는 이야기를 한다. 이는 칭찬의 효과가 아이들에게 크게 영향을 미치기 때문인데, 칭찬은 받는 대상에게 긍정적인 영향을 줄 수 있으며 바람직한 행동을 하도록 하는 데 비해 꾸중은 하지 말아야 할 행동에 대해서는 알려주지만 어떻게 하면 좋아지는 지에 대해서는 방향을 제시해 주지 않는다(정혜인, 2007). 즉, 특수한 행동 뒤에 일시적으로 부적절한 행동을 제지하는 역할로 그치기 쉽다. 따라서 바람직한 행동의 효과를 높이고 유지하기 위해서는 꾸중보다는 칭찬을 효율적으로 사용하는 자세가 필요하다.

스윈슨(Swinson)과 나이트(Knight, 2007)의 연구에서도 교사의 긍정적인 피드백은 학생의 올바른 행동을 증가시키도록 이끌어 주지만 부정적인 피드백은 올바른 행동을 격려하고 고무시키는 데 진정한 영향을 미치지 못한다고 언급하였다. 따라서 학생의 행동을 꾸중하고 책망하는 것은 행동을 개선 시키는 데 효과적인 전략을 보기 어렵다. '칭찬은 고래도 춤추게 한다'의 저자 블랜차드(Blanchard, 2002)는 질책에 대한 부작용을 다음과 같이 언급하고 있다.

도망가는 죄수를 잡는 스포트라이트처럼 잘못한 것에 집중하여 그것을 강조하면 할수록 더욱 잘못을 할 가능성이 커지고 부정적인 힘만 커진다. 즉, 아이들을 교육할 때에는 긍정적인 것에 집중하여 행동의 변화를 가져올 수 있도록 하는 것이 바람직하며 꾸중보다는 칭찬의 기법을 사용하는 것이 긍정적인 효과를 거두는 데 도움이 됨을 알 수 있다.

사람들은 누구나 칭찬을 받으면 자긍심이 강해지고 주체적으로 행동하게 되는데, 이러한 행동이 모든 부분에서 긍정적으로 작용할 수 있다. 특히 타인으로 하여금 자기를 믿게 하고, 서로의 관계를 강화하는 수단이 되기도 하며, 좌절을 극복하고 문제해결능력을 강화시킬 수 있다(문상정, 2009). 이렇듯 칭찬은 자기 존중감 형성에 도움을 줄 뿐만 아니라 동기부여의 수단이 되며, 또한 감사함을 느낄 수 있게 한다(Zell, 2007).

이와 같은 칭찬의 영향은 특히 학습하는 아동들에게 의욕을 고취시키는 중요한 수단이 될 것이라 생각된다. 칭찬에 의한 내적 동기유발은 자기만족감과 더불어 스스로 결정하는 능력 또한 가능하게 하기 때문이다. 학습과정에서 교사의 칭찬은 바람직한 행동을 유발하고 학업성취에 대한 반응을 가장 잘 이끌어낼 수 있는 강력한 도구이다. 따라서 교사는 칭찬을 지도과정의 일부로 생각하고 효과적으로 사용할 수 있어야 한다.

| 단원 마무리 |

질문을 만들어 보고 동료들과 이야기를 나눠 보세요.

♠ 정답이 있는 질문(교재에서 답을 찾을 수 있는 질문)

· 유능한 교사란 어떤 교사인가요?

·

·

·

♠ 정답이 없는 질문(더 궁금하고, 이유나, 추론, 적용 등을 묻는 질문)

· 상대방을 칭찬하는 칭찬의 방법에는 어떤 것이 있나요?

·

·

·

Educational Psychology

제12장 교육평가의 이해

제12장 교육평가의 이해

제1절 교육평가의 개념과 목적

1. 측정과 평가의 의미

측정과 평가 간의 의미상의 차이는 전혀 고려되지 않은 채 두 용어가 혼용되고 있음을 볼 수 있는데, 각각의 개념을 정의함으로써 향후 이들에 대한 의미 파악과 올바른 사용에 도움을 주고자 한다.

1) 측정

측정(measurement)이란 학생에게서 일어나는 학습 내지 변화의 정도, 질, 또는 양을 확인하기 위하여 검사 또는 질문지와 같은 도구를 적용하는 것을 말한다. 따라서 교사는 학생의 수행 또는 특성에 숫자를 부과하는 수량화를 한다. 예컨대, "나의 학생들은 얼마나 많이 진보하였는가?" 또는 "얼마나 많은 교정이 필요한가?"와 같이 "얼마나 많은" 이란 물음에 답하는 것은 측정의 과정이다.

우리가 흔히 사용하고 있는 시험 혹은 검사라는 용어는 측정에 있어 어떤 속성을 재기 위한 것으로 이들을 일컬어 측정도구라고 한다. 측정의 대상에는 직접 측정이 가능한 가시적 속성과 직접 측정이 불가능한 비가시적 속성이 있다. 즉, 키, 몸무게 등은 직접 측정할 수 있으나 정의적, 인지적 행동영역은 직접적인 측정이 불가능한 잠재적 속성으로서 검사라는 도구를 사용하여 간접적으로 측정할 수밖에 없는 것이다. 간접 측정의 대상은 학업능력, 적성, 자아개념 등이 이에 속한다. 측정을 위한 기본 절차로는 첫째, 측정하고자 하는 대상을 정하고, 둘째, 측정하고자 하는 대상의 속성이나 행위를 구체화해야 한다. 셋째, 측정대상의 속성을 측정하는 측정 단위를 설정하고 수를 부여하는 규칙을 정해야 하는데 사물 또는 현상의 속성을 측정하기 위한 단위를 척도라 한다.

2) 평가

평가(evaluation)란 측정된 학생의 수행을 판단하는 과정을 말한다. 검사에서 받은 학생의 점수가 학습 자료를 완전히 습득했음을 나타내는지를 결정하는 일은 평가의 한 예이다. 평가 과정 중에는 교사는 예컨대, “나의 학생들은 어떻게 하고 있는가?”, “나는 그들에게 그들이 알 필요가 있는 것을 가르쳤는가?”를 자문한다. 평가는 학생의 수행에 관한 정보와 수업의 효능성에 관한 정보를 고려한다.

1930년대 Tyler가 교육평가라는 단어를 처음으로 사용하여 목적달성 여부를 판단하는 행위로 규명한 이후, 교육평가는 매우 다양한 방법과 다른 시각에서 조명되어 왔다. 스터플빔(Stufflebeam)과 샤인필드(Shinkfield, 1985)는 평가란 어떤 것의 가치, 질, 중요성, 양, 정도 등에 대한 판단과 시험행위로 정의하였으며, 교육평가의 대상은 교육에 관계된 모든 것이 된다고 하였다. 그러므로 교육평가란 교육에 관계된 모든 대상의 가치와 장점을 체계적으로 측정하여 판단하는 주관적 행위라 할 수 있다. 교육평가의 정의, 대상, 특징에 비추어 볼 때 교육평가의 목적은 교육평가 대상의 가능한 정보를 수집 · 이용하여 교육적 의사결정을 하는 데 사용됨은 물론, 궁극적으로 학습과정에 최대한 도움을 주어 학교학습을 극대화하는 데 있다.

3) 측정과 평가의 비교

앞서 설명한 교육평가와 측정에 대한 개념 이해를 쉽게 하기 위해 이들을 비교해 보면 다음과 같다.

① 발달순서로 측정이 평가보다 앞선다.
② 측정은 과학적이고 객관적인 수량화에 중점을 두는 반면, 평가는 목적과 가치를 염두에 두고 측정에서 얻은 자료를 이용하여 교육목적 달성의 정도를 따지며 질적인 해석을 중요시한다.
③ 측정은 신뢰도에 관계된 개념이고, 평가는 타당도에 관련된 개념이다.
④ 측정은 지적 능력이 주된 대상이나, 평가는 전인적 발달이 대상이 된다.
⑤ 평가는 최후적이며, 측정은 평가 속에 포함된다.
⑥ 측정은 평가를 위한 수단이며 방법이다.
⑦ 평가를 계속적인 의미를 가지는 반면, 측정은 단발적인 의미를 가진다.

2. 교육평가의 목적

교육평가는 1) 학습 증진, 2) 동기 증진, 3) 학생 피드백, 4) 학생 진단, 5) 수업 효과성을 촉진시키는 중요한 목적을 가진다(Eggen & Kauchak, 2001; Sternberg & Williams, 2002).

1) 학습 증진

학습 향상에 관한 피드백을 자주 하는 간단한 평가는 중간고사, 기말고사와 같은 정규 평가보다 더욱 효과적이다(Kulik & Kulik, 1991). 한편, 평가는 학생들이 무엇을 학습하는지에 영향을 미친다. 평가 유형이 다르면, 성취하는 학습이 다르게 된다. 예컨대, 동일한 자료를 공부하더라도, 사실과 숫자를 기억하는 데 시간을 더 많이 소비할 수도 있고 반면에 개념적인 용어로 사고하는 데 시간을 더 많이 소비할 수 있다.

2) 동기 증진

평가와 동기의 관계는 일부 비판자들은 평가는 동기를 떨어지게 한다고 주장하기 때문에 논쟁의 여지가 있다. 그러나 이런 주장과는 달리, 잘 계획된 목표와 연계된 빈번한 평가는 학습자로 하여금 공부를 뒤떨어지지 않게 조장한다(Tuckman, 1998). 어떤 수업시간에 가장 많이 학습하고 어떤 수업시간에 가장 힘들게 공부하는지 알 수 있다. 학생들은 무엇을 학습해야 하는지, 그것을 왜 학습해야 하는지, 그리고 얼마나 진보하고 있는지를 이해할 필요가 있다. 평가는 학생들에게 진보에 관한 정보를 제공하며, 학생들이 공부하는 양과 방식에 강력한 영향을 미친다(Airasian, 1997).

학습동기를 증진시키는 한 가지 보편적인 유인체제는 학생들에게 가장 낮은 시험점수는 삭제할 것이라고 말하는 방법이다. 이 방법은 학생들로 하여금 비록 한 시험에서 낮은 평가를 받았더라도 앞으로 평가들을 위해 더 열심히 공부하도록 조장한다. 그렇지 않으면, 학생들은 평균 시험점수는 이미 망쳤다고 생각하여 다음 시험을 위해 열심히 공부하지 않을지 모른다(Sternberg & Williams, 2002).

3) 학생 피드백

평가의 또 다른 중요한 목적은 학생에게 주는 학습의 진보에 관한 피드백(feedback) 기능이다. 학생들은 자신의 진보 상태와 자신이 학업수행을 잘하고 있는지 여부 그리고 어떻게 변화시켜야 하는지에 관한 피드백을 받을 필요가 있다.

많은 학생들과 교사들은 평가 절차에 따라 명칭을 붙여 분류하고, 성적을 부여하고, 배제하고 또는 기준에 도달하지 못한 학생들을 심지어 처벌하는 방식으로 사용된다고 생각한다. 그것은 평가 절차의 오용이다. 우리들 각자는 수행에 대한 평가를 통해 받는 정보로부터 이득을 봄을 경험하였을 것이다. 예컨대, 피드백을 받으면, 학생들은 자신의 진보 상태를 도표화할 수 있고 목표에 더욱 근접함에 따라 동기유발이 될 수 있다. 이러한 피드백이 분명하고 자세할수록, 그리고 긍정적이고 건설적이어야 한다.

4) 학생 진단

평가는 교사로 하여금 학생의 강점과 약점 또는 문제를 확인할 수 있도록 한다. 예를 들어, 한 교사가 영희는 세 자리 수에서 세 자리 수를 성공적으로 뺄 수 있으나, 빌려와서 빼는 것은 할 수 없음을 검사결과 알았다. 이 정보에 의하면, 그 교사는 영희는 빌려오는 과정을 이해하지 못한다고 진단 결정을 한다. 과거에는 진단 결정(diagnostic decision)은 전문가에게 맡겨졌었다. 그러나 오늘날은 정규교실에서 일반 교육과정으로 학습장애 학생들의 진보를 촉진시키기 위해서는 학급 담임교사들에게 진단 결정을 할 것이 점차 더욱 기대될 수 있다(Kubiszyn & Borich, 2003).

교사는 잘 개발된 평가 프로그램을 통해 부가적인 개인지도, 특별한 학습지원, 또는 보충적인 지도를 필요로 하는 학생들을 확인하여 그런 도움을 제공할 수 있다. 마찬가지로, 학생의 약점은 물론 강점을 측정함으로써 좋은 평가계획은 교사가 특수 기능과 재능을 보이는 그런 학생들에게 풍부(enrichment) 또는 부가적 자극화 프로그램을 제공하는 데 도움을 준다.

4) 수업 효과성

학생의 수행에 대한 평가는 또한 교사에게 수업의 질과 성공 또는 수업 효과성(instructional effectiveness)에 관한 중요한 피드백을 제공한다. 교사들은 다음 단계에 관한 결정을 하기 위해 교실에서 행하였던 것에 대해 반성할 필요가 있다. 잘 개발된 평가계획은 교사들에게 수업 노력의 효과성에 관한 결정을 하는 데 필요한 자료를 제공할 것이다. 예를 들어, 이런 자료들은 교사들이 "나의 수업은 잘 되었는가?", "나는 수업목표를 달성하였는가?", "나는 자료를 다시 가르칠 필요가 있는가?", "부가적인 강화가 필요한가?", "내가 사용한 교수기법은 효과적이었는가?" 와 같은 물음에 답하는 데 도움을 줄 것이다. 또한, 학생의 피드백은 교사들이 개념을 다시 가르쳐야 하고 다른 수업전략을 채택해야 할지 모름을 인식하는 데 도움을 줄 수 있다.

제2절 교육평가의 유형

1. 평가기능에 따른 유형 구분

학교에서 교사가 수행하는 학생평가는 다양한 기능을 수행한다. 교사들은 대부분 평가결과에 근거하여 학생이 성취한 정도를 파악한다. 그러나 이외에도 평가를 통해 학생의 출발점을 확인하기도 하고, 수업 개선을 위한 피드백을 얻기도 한다. 이처럼 평가가 주로 어떤 기능을 하게 되느냐에 따라 평가유형을 구분할 수 있다. 평가기능에 따른 평가유형의 구분은 교수-학습 과정에서의 평가의 다양한 기능에 주목하게 한다는 점에서 특히 교사에게 유용한 구분이 될 것이다.

교육평가는 평가기능에 따라 진단평가(diagnostic evaluation), 형성평가(formative evaluation), 총괄평가(summative evaluation)로 구분된다.

한 학기 동안의 수업을 예로 들어 세 유형의 평가를 설명하면 다음과 같다. 학기 초에 교사는 새로운 학생들을 만난다. 학생들은 서로 다른 능력 수준에 위치에 있다. 즉, 모든 학생이 서로 다른 곳에서 출발하는 것이다. 교사는 진단평가를 통해 학생들의 출발점 위치를 평가하게 된다. 진단평가의 결과는 교사가 가르칠 내용의 범위와 수준을 계획하는 데에 도움이 되는 정보를 제공한다. 이처럼 서로 다른 능력 수준에 위치에 있는 학생들의 출발점 행동에 대한 평가를 목적으로 실시하는 평가가 진단평가이다.

형성평가는 교사가 수업을 진행하는 과정에서 쪽지시험을 실시하거나 과제를 부여하는 방식으로 실시하는 평가이다. 이러한 결과를 통해 교사는 학생들의 학습이 계획대로 이루어졌는지, 예기치 못한 문제가 발생했는지의 여부를 점검한다. 필요한 경우에는 학기 초에 세웠던 수업계획안을 수정하기도 한다. 이처럼 일련의 교수활동이 진행되는 도중에 수업 개선을 목적으로 실시하는 평가가 형성평가이다.

총괄평가는 일련의 교수활동이 마감되는 학기말 혹은 학년말에 학생평가를 통하여 학생들이 성취한 정도를 파악하는 평가이다. 이때의 평가는 주로 학기 초에 세웠던 수업목표에 비추어 학생들이 목표를 달성한 정도를 파악하는 것이다. 평가결과는 학생들의 학업성취도의 수준을 상대적으로 변별하여 등급을 매기거나 성적을 산출하는 데에 이용된다. 이처럼 일정 기간의 수업이 지난 뒤 학기말이나 학년말에 학생들의 성취정도를 판단하기 위해 수행되는 평가가 총괄평가이다. 총괄평가는 일반적으로 공식적인 의사결정을 위한 목적으로 사용된다.

보통 총괄평가는 단 한 번의 실시에 의해 모든 것을 판정하는 방식으로 이루어지고, 형성평가는 수업활동의 진행과정에서 여러 번에 걸쳐 실시되는 경향이 있다. 총괄평가는 수업의 결과에, 형성평가는 수업의 과정에 초점을 둔다.

최근에는 교육평가의 선발 기능보다는 학생의 교육적 성장에 기여하는 평가의 기능을 점차 강조하는 추세이다. 선발을 위한 평가에서는 당연히 일정 기간의 교육이 완성된 뒤 학생의 성취한 바, 즉 '결과'에 초점을 두게 된다. 평가결과가 선발을 위한 중요한 자료로 이용되기 때문이다.

반면, 교육적 성장을 위한 평가의 경우에는 학생이 성취한 결과에만 초점을 둘 수 없다. 교육적 성장을 목적으로 하는 평가는 교육이 완결되기 전, 즉 교육이 이루어지는 '과정'에 관심을 갖는다. 과정에 대한 평가가 교수-학습과정을 개선하는 데 도움을 줄 수 있기 때문이다. 결과적으로 학교교육 현장에서는 총괄평가를 강조하던 것에서 형성평가를 강조하는 방향으로 추세가 변하고 있다.

그러나 이러한 최근의 추세는 지금까지의 교육평가가 지나치게 총괄평가 위주로만 시행되어 온 것에 대한 반동일 것이다. 학생이 성취한 정도를 최종적으로 평가하는 것 역시 평가의 매우 중요한 기능의 하나이다. 따라서 교사는 학생의 출발점 행동을 진단하고, 수업 개선을 위한 피드백을 얻고, 학생의 성취 정도를 판단하는 평가를 교육의 과정에서 균형 있게 활용하는 태도가 필요하다.

2. 평가기준에 따른 유형 구분

교육평가는 평가의 기준이 어디에 있느냐에 따라 규준지향평가와 준거지향평가로 구분된다. 규준지향평가(규준참조검사, norm-referenced evaluation)는 규준을 설정하여 학생들이 성취정도를 상대적으로 비교하는 평가방식이고, 준거지향평가(준거참조검사, criterion-referenced evaluation)는 학습목표 등의 절대적인 준거에 비추어 학생들의 성취정도를 확인하는 평가이다. 규준(norm)이란 '원점수의 상대적인 위치를 설명해주기 위하여 쓰이는 잣대'로, 모집단을 대표하는 표본에서 얻어진 점수에 기초하고 있다. 그리고 준거

(criterion)란 '학습자가 어떤 일을 수행할 수 있다고 대중(public)이 확신하는 지식 혹은 기술 수준'을 의미한다.

1) 준거지향평가

준거지향평가는 규준집단 내에서 한 개인의 위치를 상대적으로 결정하는 것이 아니라 일정한 기준을 정하고 그 기준에 도달했는지 미달했는지의 여부를 결정하는 것으로 절대기준평가라고 한다.
준거지향평가는 다른 학생들의 성취정도와 관계없이 개별학생들이 무엇을 얼마나 성취했는가에 초점을 두어 평가한다. 즉, 평가기준이 학생들의 상대적인 성취정도에 있지 않고 절대적인 준거(학습목표 등)에 있다. 따라서 준거지향평가는 극단적인 경우 모든 학생이 절대적으로 설정된 학습목표에 도달했다면 모두 만점을 받을 수도 있는 것이다. 평가기준을 교육과정을 통해 달성시키려고 하는 각 교과별, 학년 수준별 교육목표 내지는 변화시키고자 하는 학습의 목표에 둔 '목표수준별 평가' 또는 '목표 지향적 평가'라고도 할 수 있다.

▪ 준거지향평가의 장점
① 학습이론에 맞는 평가 방법이다.
② 진정한 의미의 성취효과를 측정할 수 있다.
③ 협력관계에 의한 협동학습이 가능하다.
④ 학습자 스스로 내적 동기유발을 일으킨다.
⑤ 인간교육 실현과 학생의 무한한 잠재능력 및 소질을 발휘하도록 도와준다.
⑥ 자격증 취득에 관련 평가에 적절하다.

2) 규준지향평가

규준지향평가는 평가결과에 대한 해석의 기준을 집단 내의 상대적 위치에서 구하는 평가방법으로 상대기준평가라고도 한다. 상대적 위치를 결정짓는 기준은 일반적으로 '평균'이 된다. 평균이라는 개념은 어떤 집단의 측정치를 대표하는 성격을 가지고 있다.

규준지향평가의 경우 학생이 획득한 원래의 결과점수는 별다른 의미를 주지 못한다. 평가의 기준이 개별 학생이 무엇을 얼마나 성취했는가에 있는 것이 아니라 학생들의 상대적인 성취정도에 있기 때문이다. 즉, 특정 학생의 평가결과는 다른 학생들이 얼마나 성취했느냐 하는 수준에 의해 영향을 받는다. 따라서 선발을 목적으로 평가하는 경우에 유용하게 사용될 수 있다.

▪ 규준지향평가의 장점

① 개인차 변별에 적합하다.

② 객관적이며 교사의 주관을 배제할 수 있다.

③ 경쟁을 통해 외재적 학습동기를 유발하는 데 적합하다.

④ 통계처리가 용이하다.

한편, 평가 결과를 해석하는 기준으로 개인의 능력이나 성장을 설정한 능력지향평가(능력참조평가, ability-referenced evaluation)와 성장지향평가(성장참조평가, growth-referenced evaluation)도 새롭게 주목을 받고 있다. 능력지향평가란 학생이 지니고 있는 능력에 비추어 얼마나 최선을 다하였는가에 가치를 부여하는 평가로, 능력에 비추어 기대한 바를 최선을 다해 성취했을 때 높은 점수를 부여한다. 그리고 성장지향평가란 교육 프로그램이나 수업을 통하여 사전에 비해 사후에 얼마나 향상되었는가에 비추어 가치를 부여하는 평가로, 프로그램이나 수업이 처치되기 전의 능력과 프로그램이나 수업이 처치된 후의 능력 간에 차이가 많을수록 높은 점수를 부여한다. 이 두 가지 유형은 개인에 초점을 맞추어 학습 노력과 향상도를 중시한다는 특성을 갖는다. 하지만, 평가의 결과가 민감하게 활용되는 고부담 평가에서는 적용하기가 쉽지 않다.

제3절 좋은 검사의 조건

교육현장에서 평가활동을 수행할 때 어떠한 평가도구를 사용할 것인가의 문제는 매우 중요하다. 사용하는 평가도구가 좋은 것이 아니라면 그것으로 측정 · 평가한 결과는 의미가 없다. 일반적으로 검사의 조건은 다음과 같다.

1. 타당도

타당도(validity)는 검사가 측정하고자 하는 것을 얼마나 제대로 측정하고 있는지, 검사목적에 적합하게 측정하고 있는지에 관한 것이다. 예를 들어, 인간의 지능을 측정하기 위하여 지능검사를, 적성을 측정하기 위하여 적성검사를, 인성을 측정하기 위하여 인성검사를 사용할 때 이러한 검사는 타당한 검사라 할 수 있다. 타당도의 종류에는 내용타당도(content validity), 준거타당도(criterion-related validity), 구인타당도(construct validity)가 있다.

1) 내용 타당도

내용 타당도(content validity)는 논리적 사고에 입각하여 판단하는 주관적인 타당도를 의미한다. 즉, 검사가 측정하고자 하는 속성을 제대로 측정하였는지를 검사전문가가 주관적으로 판단한다. 그러므로 내용 타당도에 의한 검사도구의 타당성 입증은 논란이 따르기 마련이다. 내용 타당도란 검사의 문항들이 측정을 위하여 규정된 내용 영역이나 혹은 전체를 얼마나 잘 대표하느냐의 정도를 나타내는 것이다. 교육과정 측면에서의 내용 타당도는 한 검사가 교육과정의 목표를 어느 정도 제대로, 그리고 적절하게 측정하고 있느냐를 의미한다. 학업성취도 검사의 내용 타당도는 검사 문항들이 검사 제작 전에 작성된 이원분류표에 의하여 제작되었는지를 확인함으로써 검증할 수 있다.

2) 준거 타당도

준거타당도(criterion-related validity)는 외적인 준거와 비교하여 검사가 측정하고자 하는 심리적 특성을 잘 설명하고 예측할 수 있는지를 나타내는 것이다. 준거타당도는 사용되는 준거에 따라 예언타당도(predictive validity)와 공인타당도(concurrent validity)로 나누어 볼 수 있다. 예언타당도는 실시한 검사가 미래의 행동이나 수행을 어느 정도 예측할 수 있는지의 문제로, 검사를 실시한 후 일정 시간이 지난 뒤에 준거자료를 수집하여 이들의 상관을 산출하는 방법이다. 예를 들어, 대학수학능력시험이라는 평가도구가 대학 입학 후 학습자들의 수학능력을 예언하는 타당도가 있다고 할 때, 여기서 사용된 준거는 대학 입학 후의 수학능력이 된다. 따라서 대학수학능력시험에서 높은 점수를 얻은 학습자가 대학에서 성공적으로 학업을 수행할 때, 대학수학능력시험의 예언 타당도는 높다고 할 수 있다. 예언타당도의 추정방법은 검사점수와 준거(미래 행동 특성의 측정치) 간의 상관계수로 나타내며, 이 상관계수가 클수록 예언의 정확성이 커지고 오차는 적어진다.

공인타당도는 이미 검증된 검사를 준거로 사용하여 검사의 타당도를 확보하는 방법이다. 즉, 준거의 시간 차원에서 예언 타당도와 차이가 나며, 준거의 성질 면에서 그 검사와 어느 정도로 일치하느냐 혹은 공통된 요인이 있느냐 하는 것이다. 예를 들어, 새로운 지능검사를 제작했다면, 웩슬러 지능검사와의 관계를 검정하여 새 지능검사가 얼마나 지능을 제대로 잘 측정하고 있는지 그 적합성을 알아보는 것이다.

3) 구인 타당도

구인 타당도(construct validity)란 그 검사가 측정하고자 하는 어떤 특성의 개념이나 이론과 관련된다. 구인이란 보이지 않는 심리적 특성을 설명하기 위하여 정한 가설적 개념으로 동기, 자아개념, 지능과 같은 개념이 모두 포함된다(Ormrod, 2006). 구인 타당도를 검정하기 위해서는 먼저 심리적인 특성이 무엇인지를 규명한 후에 이를 토대로 문항을 작성하고, 문항 간의 상관을 분석하여 그 문항들이 심리적 특성을 제대로 측정하고 있는지를 파악한다(성태제, 1995). 예를 들어, 도덕성 발달 검사를 실시한다고 할 때 도덕성을 측정할 수 있는 구인은 한 개인의 도덕적 판단능력이라고 추정한다. 만일, 이러한 추정이 옳다면 이 검사에서 점수가 높은 사람은 점수가 낮은 사람보다 실제로 더 많은 도덕적 행동을 보일 것이라는 추리가 가능하게 된다.

2. 신뢰도

신뢰도(reliability)는 얼마나 일관적으로 학생의 능력이나 지식을 측정하는지를 의미한다. 교육은 인간을 대상으로 행동이나 심리적 특성을 측정하기 때문에 항상 오차가 발생한다. 예를 들어, 키를 측정하는데 첫 번째는 180cm, 두 번째는 170cm, 세 번째는 150cm로 나왔다면 아무도 이 키를 재는 도구를 믿지 않을 것이다. 따라서 신뢰도는 정확성, 일관성, 측정의 오차에서 얼마나 자유로운지에 기초한 개념이다. 다시 말해, 교사가 학생에게 어떤 검사를 반복해서 제시할 경우 그 검사결과는 동일하게 나와야 한다. 검사의 신뢰도에 영향을 미치는 주요 요인으로는 평가도구의 특성, 검사가 실시되는 환경이나 과정, 학생의 특성, 채점에서의 주관성을 들 수 있다(Ormrod, 2006). 검사에서 모호한 문항이나 지시문은 신뢰도에 가장 큰 영향을 미치는 부분이다. 따라서 교사는 검사를 제작할 때 문항이나 지시문을 명확하게 진술해야 한다. 또한, 피로, 불안, 동기결여와 같은 학생의 특성, 교사의 일관적이지 못한 채점 등도 신뢰도에 영향을 미친다.

주로 신뢰도는 0~1까지의 상관계수로 나타내는데, 계수가 높아질수록 신뢰도가 높음을 의미한다. 신뢰도 계수를 추정하는 방법으로는 검사-재검사 신뢰도(test-retest reliability), 동형검사 신뢰도(parallel-form reliability), 내적일관성 신뢰도(internal consistency reliability), 채점자 신뢰도(scorer reliability)가 있다.

1) 검사-재검사 신뢰도

검사-재검사 신뢰도는 같은 검사를 같은 대상자에게 일정한 간격을 두고 두 번 실시하여 두 결과가 얼마나 변하지 않고 안정적인가를 알아보는 것이다. 그러나 검사-재검사 신뢰도는 같은 검사를 같은 사람에게 실시하기 때문에 연습효과가 생겨 실제보다 신뢰도 계수가 높아질 수 있다. 또한, 시간이 지남에 따라 측정하고자 했던 대상의 특성 자체가 변화될 수 있는 문제점이 있다.

2) 내적일관성 신뢰도

내적일관성 신뢰도는 검사를 구성하는 부분 검사 또는 문항이 얼마나 일관성 있게 측정하는지를 의미한다. 여기에는 반분검사 신뢰도(split-half reliability)와 문항내적일관성 신뢰도가 있다. 반분 신뢰도는 한 검사를 제작한 후 이 검사를 두 개의 검사로 나누어 이들의 상관계수를 산출하는 방법이다. 두 개의 검사로 나누는 방식으로는 검사의 전반부와 후반부로 나누는 전후반분법과 홀수 문항과 짝수 문항으로 분류하는 기우반분법, 무작위로 분할하는 단순무작위법이 있다. 문항을 나눌 때는 문항의 난이도가 고르게 분포되도록 주의해야 한다(이은해, 1997). 문항내적일관성을 검정하는 방법이다. 검사 문항의 내적 합치도는 문항 간 동질성이 높을수록 높아진다.

3) 채점자 신뢰도

채점자 신뢰도란 두 사람 이상의 채점자들이 동일한 답안지를 가지고 채점을 한 후 여러 사람들의 채점결과가 상호 얼마나 일치하는가를 알아보는 것을 의미한다. 각기 다른 채점자들 간의 일치도를 알아보기 위해서는 채점결과 간의 상관계수를 산출하게 되는데 이렇게 산출된 상관계수를 채점자 신뢰도계수라고 하며, 상관계수가 높을수록 채점자 간의 일치도가 높아 채점의 신뢰도가 높아지게 되며 신뢰도계수가 낮을수록 채점자 간의 일치도, 즉 신뢰도가 저하되는 것으로 해석되어진다.

3. 객관도

지금까지의 신뢰도는 평가 도구 혹은 검사 결과의 일관성의 정도를 설명한 것이라면 객관도(objectivity)는 검사 자체가 아니라 검사에 대한 반응을 채점하는 평가자 혹은 채점자가 일관성 있게 채점할 수 있는 정도를 말한다. 한 가지 반응에 대해 여러 사람의 채점 및 평가가 일치하는 정도를 평가자 간 객관도라 하고, 한 평가자가 같은 대상에 대해 시간적 간격이나 상황의 차이에 따른 평가의 일치 정도를 나타내는 것을 평자가 내 객관도라 한다. 객관도에서 중요한 점은 구조화된 평가도구 및 평가

기준의 확보 여부에 달려 있다. 구조화되지 아니한 평가도구를 사용할 경우에는 그만큼 객관도가 낮아질 가능성이 있다. 또 평가자의 소양에도 영향을 미친다. 비교적 객관성 있는 평가도구도 평가자 자신의 평가소양이 부족하면 채점결과의 객관성이나 일관성을 가지기가 어렵다. 채점의 객관도를 높이려면 평가자 혹은 채점자가 평가의 목표나 평가방법에 대한 충분한 지식과 전문성을 지니고 있어야 한다.

4. 실용도

실용도는 검사 도구의 양호도를 판단하는 것이다. 신뢰롭고 타당한 객관적인 도구라 하더라도 검사의 실시, 채점, 해석, 활용 과정이 복잡하고 어려우면 좋은 검사 도구라고 할 수 없다. 실용도란 검사를 사용할 때의 경제성, 간편성, 편의성에 관한 것으로 검사 사용에 투입되는 시간, 노력, 비용 등의 측면에서 유리한 검사라야 좋은 검사로 활용도가 높다는 것을 의미한다. 실용도를 높이기 위한 조건으로는 첫째 실시와 채점이 용이해야 한다. 둘째, 해석이 용이하고 활용 가능하여야 한다. 셋째, 비용이 적게 들어야 한다.

| 단원 마무리 |

질문을 만들어 보고 동료들과 이야기를 나눠 보세요.

♠ 정답이 있는 질문(교재에서 답을 찾을 수 있는 질문)

· 교육평가의 목적은 무엇일까요?

·

·

·

♠ 정답이 없는 질문(더 궁금하고, 이유나, 추론, 적용 등을 묻는 질문)

· 자신이 받은 긍정의 피드백은 무엇이 있나요?

·

·

·

참고문헌

강갑원 외 5명 옮김(2004) 교육심리학. 서울: 시그마프레스.

강갑원(2008). 상담이론과 실제. 서울: 교육과학사.

강봉규(1992). 교육심리학. 서울: 형설출판사.

강선보 외(2008). 인성교육. 양서원.

강태훈 · 이대석 · 이주하 · 이정원 · 조삼호 · 조준수(2008), 최신교육심리학. 서울: 학이당.

고현 외(2018). 알기쉬운 교육심리학. 공감플러스..

고현 외(2016). 행동하는 심리학. 한국행동과학연구소.

교육과학기술부(2012). 학교폭력근절종합대책.

구광현 외 5명 옮김(2006) 교육심리학. 서울: 시그마프레스.

권대훈(2006). 교육심리학. 서울: 원미사.

권대훈(2009), 교육심리학의 이론과 실제. 서울: 학지사.

권이종(2000). 학교 내에서의 집단따돌림의 발생원인과 해결방안에 관한 연구-학교내의 폭력을 중심으로. 청소년학연구, 7(2).1-38.

권정호 외(2017). 인간관계와 리더십. 서울 : 양서원.

김경숙 외 10명(2002) 유아특수교육개론. 서울: 학지사.

김계현 외(2003). 학교상담과 생활지도. 서울: 학지사.

김남경(2015). 가네(Gagné)의 목표별 수업이론에 기초한 초등학교 환경교육 프로그램 개발 및 효과분석. 한국실과교육학회지, 28(4), 223-240.

김대현 · 김석우(1996). 교육과정 및 교육평가. 서울: 학지사.

김민환 · 추광재(2015). (예비 · 현직교사를 위한) 수업모형의 실제. 서울: 박영story.

김상돈(2012). 학교폭력: 도대체 무엇이 잘못되었는가?. 윤리연구, 35, 235-262.

김선애(2007). 가정, 학교, 친구관련 변인과 학교폭력과의 관계. 청소년학연구, 14(1), 101- 126.

김신일 외(1998). 교육학개론. 서울: 교육과학사.

김아영 외 5명 역(1997). 교육심리학. 서울: 학문사.

김안나(2011). 수업에 대한 유아교사의 이야기: 좋은 수업을 찾아서. 유아교육연구, 31(4), 229-258.

김유진 · 임성문, 이봉건 공역(1997). 심리학 개론. 서울: 형설출판사.

김인식 · 최호성(1996). 최신 교육과정 및 평가. 서울: 교육과학사.

김재은(1991). 천재, 그 창조성의 비밀. 서울: 교보문고.

김정규(1988). 교육과정과 교육평가. 서울: 형설출판사.

김정규(2001). 게스탈트 심리치료. 서울: 학지사.

김정휘 · 주영숙(1996). 교육심리학 탐구. 서울: 형설출판사.

김정희 외(1996). 심리학의 이해. 서울: 학지사.

김충기(1993). 생활지도와 상담. 서울: 교육과학사.

김충기(1999). 생활지도 상담진로지도. 서울: 교육과학사.

김태련 · 장휘숙(1992). 발달심리학. 서울: 박영사.
김홍규(1995). 신생활지도론. 서울: 형설출판사.
김희수 외(2014). 이해하기 쉽게 쓴 교육심리학. 서울: 동문사.
노안영 (2017). 상담심리학의 이론과 실제. 서울: 학지사.
문상정(2009). 관광기업 종사원이 지각하는 칭찬의 효과: 칭찬 측정척도 개발을 중심으로. 대구대학교 대학원 박사학위논문.
문선모(2010). 교육심리학의 이해. 서울: 양서원.
문용린 외 공저(2006). 학교폭력예방과 상담. 학지사.
문은식 외(2018). 교육심리학. 서울: 공동체.
박경은 (2011). Ausubel의 유의미 수용학습 이론에 근거한 수학 수업 모델 개발 및 적용. 성균관대학교 일반대학원 박사학위논문.
박도순 · 변영계(1996). 교육과정 및 교육평가. 서울: 문음사.
박성수(1993). 생활지도. 서울: 정민사.
박성연 역 (1993). 인간발달 Ⅰ. 서울: 교육과학사.
박성희(2005). 꾸중을 꾸중답게 칭찬을 칭찬답게. 서울: 학지사.
백운학 · 임종익 역(1991). 발달의 제이론. 서울: 문음사.
번영계 외(2008). 교육방법 및 교육공학. 서울: 학지사.
변영계(2010). 교수 · 학습이론의 이해. 서울: 학지사.
서경혜(2004) 좋은 수업에 대한 관점과 개념 교사와 학생 면담 연구. 교육과정연구 , 22(4), 165-187.
서미옥(2017). 교육심리학의 이해와 적용. 서울: 공동체.
성미옥(2003). 초등학생의 자아존중감과 학교생활 만족도 향상을 위한 칭찬 프로그램 개발과 그 효과에 관한 연구. 서울교육대학교 교육대학원 석사학위논문.
성태제(1995). 타당도와 신뢰도. 서울: 양서원.
손정락 역(1996). 성격 심리학. 서울: 교육과학사.
송명자(1997). 발달심리학. 서울: 학지사 1997.
신동로(1996). 교육과정과 교수방법. 서울: 교육과학사.
신명희 외(2015). 교육심리학. 서울: 학지사.
신은수(2000). 놀이에 대한 교사효능감이 교사와 유아의 상호작용과 유아 놀이발달에 미치는 영향. 유아교육연구, 20(1), 27-42.
신종호 외(2013). 학습동기 이론, 연구 그리고 지원. 서울: 학지사
신종호 외(2020). 학습과학Ⅱ 학습자, 맥락 그리고 문화. 서울 :학지사.
심우엽(2000). 교육심리학. 서울 : 교육과학사.
안범희 외 3인(1998). 교육심리학. 서울: 교육과학사.
안영진(2003). 21세기 교사양성을 위한 교육심리학. 서울: 창지사.
양순열(1995). "통제의 소재와 장독립성이 수학적 문제해결에 미치는 효과", 한국교원대학교 대학원 박사학위 논문.
양종국(2002). 비행청소년의 비행위험요인 및 보호요인과 재비행간의 관계. 건국대교 대학원박사학위논문.
여수현 · 박영신(2009). 칭찬유형이 실패 후 아동의 성취동기의 수행에 미치는 영향. 한국심리학회 연차학술발표대회 논문집. 484-485.
오만록(2004). 교육심리학. 서울: 교육과학사.

오현준 · 이선화(2014), 명작교육학 (상). 서울: 박문각.

유승우 · 임형택 · 권충훈 · 이성주 · 이순덕 · 전희정(2010). 교육방법 및 교육공학. 서울: 양서원.

유현옥 편역(1996). 현대 교육의 주제와 쟁점. 서울: 내일을 여는 책.

윤기옥 · 정문성 · 최영환 · 강문봉 · 노석구(2014). 수업모형. 서울: 동문사.

윤정일 외(1998). 교육의 이해. 서울 : 학지사.

이군현(1994). 교육심리학. 서울: 박영사.

이달석(1997). 교육심리학. 서울: 학지사.

이민규(1996). 생각을 바꾸면 세상이 달라진다. 서울: 양서원

이상균(2005). 청소년의 또래폭력경험유형이 우울 및 음주행위에 미치는 영향. 정신보건과 사회사업, 29. 295-329.

이상섭 · 오만록(1994). 인간과 교육. 서울: 형설출판사.

이성진(1998), 교육심리학서설. 서울: 교육과학사.

이성흠 · 이준 · 구양미 · 이경순(2014). 교육방법 및 교육공학. 서울: 교육과학사.

이소라(2010). 그림으로 읽는 생생 심리학, 서울: 그리고책.

이순래(2002). 학교폭력의 원인 및 대처방안에 관한연구. 한국형사정책연구원.

이승출(2011). 청소년의 가정폭력 노출경험과 학교폭력에 관한 연구. 청소년문화포롬, 29, 116-135.

이옥형 · 이종숙 · 임선빈(1996). 교육심리학. 서울: 집문당.

이은해(1997). 아동발달의 평가와 측정. 서울: 교문사.

이장호(1993). 상담심리학입문. 서울: 박영사.

이정원(2000). "수업효과 정진을 위한 학생의 인지양식과 교사의 수업유형의 최적 조합 모델" 전북대학교 대학원 박사학위 논문.

이춘재 외(1988). 청년심리학. 서울: 중앙적성출판사.

이형득 외(1992). 상담이론. 서울: 교육과학사.

이형득 편저(1999). 상담이론. 서울: 교육과학사.

임규혁 외 (2012). 교육심리학. 서울: 학지사.

임규혁(2001). 교육심리학. 서울: 학지사.

임규혁 · 임혁(2007), 학교학습 효과를 위한 교육심리학. 서울: 학지사.

임선하(1996). 독창적인 창의성 이론으로 창의성 교육에 도전한다-DESK모형 편, 우리 창의성 연구소.

임수현(2010). 행동주의 학습이론의 뇌과학적 이해와 교육적 시사점. 서울대학교 교육대학원 석사학위 논문.

임승권(1993). 교육심리학. 서울: 학지사.

임인재(1976). 절대기준평가의 원리와 실제. 서울: 배영사.

임창재(1995). 교육심리학. 서울: 학지사.

임창재(2005), 교육심리학. 서울: 학지사.

장대운(1996). 현대교육학개론. 서울: 교육과학사.

장혁표(2000). 집단상담의 이론적 접근. 서울: 문음사.

전성연(2006). 교수-학습의 이론적 탐색. 서울: 원미사.

전성연 · 최병연 공역(1999). 학습동기. 서울 : 학지사.

전윤숙 · 이경진(2017). 좋은 수업에 대한 유아교육전문가 개념도. 유아교육연구, 37(1), 131-152.

정미정(2008). 학교폭력 예방프로그램 적용효과 분석연구. 연구보고 RR2008-02. 한국교육개발원.

정원식 외(1998). 최신 교육학개론. 서울: 교육과학사.

정은이(2010). 대학에서의 좋은 수업에 대한 교수자와 학습자의 인식. 교육방법연구, 22(3), 25-44.

정혜인(2007). 어린이집 만 5세반 교사의 칭찬에 관한 문화기술적 연구. 이화여자대학교 대학원 석사 학위논문.

조규진 · 김도기 · 김명수(2011). 좋은 수업의 조건 탐색: 5G를 중심으로. 초등교육연구, 24(4), 325-350.

조학래(2002). 중학생 집단따돌림 실태와 대응방안. 연세사회복지연구, 8,1-27.

조현춘 · 조현재 공역(2003). 상담이론과 실제. 서울: 시그마프레스.

조희숙 외 9명(1997). 아동발달심리. 서울: 학지사.

청소년폭력예방재단(2012). 2011년 전국 학교폭력 실태조사 보고서.

최선일 외(2018). 교육심리학. 서울: 양서원.

최옥화(2007). 칭찬부모교육 집단프로그램이 어머니의 자아존중감 및 어머니가 지각한 모-자 관계변화에 미치는 영향. 서강대학교 공공정책대학원 석사학위논문.

최인수(1998). 창의성을 이해하기 위한 여섯 가지 질문. 한국심리학회지17(1), pp. 25-47.

학교폭력예방 및 대책에 관한 법률(2012).

허승희 외(2020). 교육심리학. 서울: 학지사.

한스 쇼이얼 외 저, 정영근 외 역(2006), 교육학의 거장들 1-4. 서울: 한길사.

황정규(1984). 학교학습과 교육평가. 서울: 교육과학사.

황정희 · 이정희(2012). 모의수업 평가에 나타난 예비유아교사의 좋은 수업 요소에 대한 인식. 미래유아교육학회지, 19(4), 47-67.

황혜원 · 신정이 · 박현순(2006). 초기청소년의 학교폭력에 대한 생태학적 요인들 간의 경로분석. 아동권리연구, 10(4), 497-526.

Ahmann, J. Stanley and Glock, Marvin D. (1981). *Evaluating Student Progress: Principles of Tests and Measurements.* 6th ed. Boston: Allyn and Bacon, Inc.

Airasian, P. W.(1997). Classroom assessment. McGraw Hill, 1221 Avenue of the Americas, New York, NY 10020; tele.

Ames, C.(1992). Classroom: Goals, structures, and student motivation. *Journal of Educational Psychology, 84,* 261-271.

Anderson, J. R.(1993). *The archtecture of cognition.* Cambridg. MA: havard University.

Atkinson, J.(1964). *An introduction to motivation.* Princeton, New Jersey : Van Nostrand.

Ausubel, D. P. (2000). *The acquisition and retention of knowledge: a cognitive view.* Boston: Kluwer Academic Publishers.

Bandura, A(1965). Influence of a model's reinforcement contingencies on the acquistion of imitative responses. *Journal of personality and social psychology,* 11, 589-595.

Bandura, A. (1986). Social foundations of thought and action: A social cognitive theory. Englewood Cliffs. NJ: Prentice Hall.

Bandura, A.(1997) *Self-efficacy: The exercise of control.* New York : W. H. Freeman.

Bender, D., & Losel, F.(2011). Bullying at school as a predicror of delinquency, violence and other anti-social bahaviour in adulthood. *Criminal Behavior and Mental Health,* 21(2), 99-106.

Biggs, J. B. (1978). "Individual and group difference in study process," *British Journal of Educational Psychology,* 48, pp. 266-279.

Blanchard, K. (2002). 칭찬은 고래도 춤추게 한다(조전제 역). 서울: 21세기북스

Borich, G. (2002). *Becoming a teacher.* Routledge.

Bowers, L., Smith, P. K. & Binney, V.(1992). Bullies and victims:Their ego picture, ideal egopicture and normative ego picture. Scandinavian *Journal of psychology,* 23, 307-313

Brody, L. R., Zelazo, P. R., Chaika, H (1984). Habituation-dishabituation to speech in the neonate. *Developmental Psychology,* 20, pp. 114-119.

Brooks-Gunn, J. & Warren, M. P. (1988). The psychological significance of secondary sexual characteristics in 9 to 11 year-old girls. *Child Development,* 59, pp.161-169.

Brophy, J. E.(1998). *Motivating students to learn.* New York : McGraw-Hill.

Brown, J. S., Collins, A., & Duguid, P.(1989). Situated cognition and the culture of learning. *Educational Researcher,* 18(1), 32-42.

Bruner, J. S. (1966). Theorems for a theory of instruction. In J. S. Bruner(ed.), *Learning about learning.* Washington, DC: U. S. Government Printing Office.

Cai, Weiwei (1995). "Factors influencing student mathematics achievement in the sixth grade", *Doctoral dissertation,* Indiana University of Pennsylvania.

Carroll, J. (1963). A model of school learning. *Teachers College Record, 64,* 723-733.

Chalk, K., & Bizo, L. A.(2004). Specific Praise Improves On-task Behavior and Numeracy Enjoyment: A study of year four pupils engaged in the numeracy hour. *Educational Psychology in practice, 20*(4), 335-351.

Cohen, R. A. (1969). "Conceptual styles, cultural conflict and nonverbal tests of intelligence." *American Anthropologist,* 71, pp. 828-856.

Conroy, M., Sutherland, K., Haydon, T., Stormont, M., & Harmon, J. (2009). Preventing and ameliorating young children's chronic problem behaviors: An ecological classroom-based approach. *Psychology in the Schools, 46*(1), 3-17.

Covington, M. V.(1992). Making the Grade: *A self-worth perspective on motivation and school reform.* Cambridge, England: Cambridge Unversity Press.

Covington, M., & Omelich, C.(1981). As failures mount: Affective and cognitive consequences of ability demotion in the classroom. *Journal of Educational Psychology, 73,* 796-808.

Crick, N. R., & Dodge, K. A(1996). Social information-processing mechanism reactive and proactive aggression. *Child development,* 67, 993-1002.

Custer, Thomas Alan. (1994). "The influence of student and teacher field independence/ dependence cognitive style on student achievement on high school chemistry." *Doctoral dissertation.* University of Maryland College Park.

Czerniak, C. M., & Schriver, M. L. (1994). An examination of preservice science teachers' beliefs and behaviors as related to self-efficacy. *Journal of Science Teacher Education, 5*(3), 77-86.

DeCecco, J. P. (1968). *The psychology of learning instruction.* Englewood Cliffs. NJ: Prentice-Hall.

Deci, E., & Ryan, R.(1985). *Intrinsic motivation and self-determination in human behavior.* New York: Plenum.

Dembo, M. H., & Gibson, S. (1985). Teachers' sense of efficacy: An important factor in school improvement. *The Elementary School Journal, 86*(2), 173-184.

DeVos, G. A. (1980). "Ethnic adaptation and minority status." *Journal of Cross-Cultural Psychology,* 11(1), pp. 101-124.

Dunbar, Kevin (1999). Science. In M. A. Runco & A. R. Pritzker (eds.), *Encyclopedia of Creativity*(pp. 525-5310. San Diego, California: Academic Press.

Dunn, Rita & Griggs, Shirley A. (1989, Jan). "Learning styles: Key to improving schools and student achievement." Publications, National Association of Secondary Principals, Reston, VA. pp. 1-6. (ERIC Document Reproduction Service, No. ED303 851).

Dunn, Rita & Griggs, Shirley A. (1995). *Multiculturalism and Learning Style.* Westport, CT: Praeger Publishers.

Dunn, Rita & Griggs, Shirley A. (1996, May). "Hispanic-American students and learning style." ERIC Clearinghouse on Elementary and Early Childhood Education, Urbana, Ill., pp. 1-3. (ERIC Document Reproduction Service, No. ED393 607).

Dunn, Rita. (1990). "Rita Dunn answers questions on learning styles." *Educational Leadership,* 48(2), pp. 15-19.

Dweck, C. S.(1986). Motivational processes affecting learning. *American Psychologist, 41,* 1040-1047.

Eggen, P., & Kauchak, D.(2001). Chapter 2: The Development of Cognition and Language. Educational Psychology: Windows on Classrooms.

Ennis, C. D. & Chepyator-Thomson, J. R. (1990). "Learning characteristics of field-dependent children within an analytical concept-based curriculum." *Journal of Teaching in Physical Education,* 10(2), pp. 170-187.

Ewen, Mary Jane. (1978, Nov.). "Current and future trends in adult education research." *Lifelong learning: The adult years,* 2(3), pp. 8-11.

Farrington, D. P., & Loeber, R.(2000). Epidemiology of juvenile violence. *Child and Adolescent Psychiatric of North America,* 9(4), 733-748.

Felder, R. M. (1993). "Reaching the second tier: Learning and Teaching styles in college science education." *Journal of College Science Teaching,* 23(5), pp. 286-290.

Feldman, M. S. (2003). A performative perspective on stability and change in organizational routines. *Industrial and corporate change, 12*(4), 727-752.

Gagné, R M. (1976). *The conditions of learning* (3rd ed.). New York: Ho!t, Rinehart & Winston.

Gagné, R M. (1985). T*he conditions of learning and theory of instruction* (4th ed.). New York: Rinehart & Winston.

Garger, S. & Guild, P. (1984, Feb.). "Learning styles: The crucial difference." *Curriculum review,* pp.9-12.

Garner, R. (1990). "When children and adults do not use learning strategies: Toward a theory of setting," *Review of Educational Research,* 60(4), pp. 517-529.

Gazda, G. M., Group counseling: A developmental approach, Boston: Allyn and Bacon, 1971, 115-125.

Gibson, E. J., & Walk, R. D. (1960). The "visual cliff". *Scientific American,* 202, pp. 64-71.

Glanz, E. C., & Hayes, R. W., Groups in guidance, Boston: Allyn and Bacon, 1967.

Glaser, R. (1976). Components of a psychology of instruction: toward a science of design. *Review of Educational Research, 46*, 1-24.

Gregorc, A. F. (1979). "Learning/teaching styles: Potent forces behind them", *Educational Leadership,* 36(4).

Gronlund, Norman E. (1981). *Measurement and Evaluation in Teaching.* 4th ed., New York: The Macmillan Publishing Co., Inc.

Haith, M. M. (1986). Sensory and perceptual processes in early infancy. *Journal of Pediatrics,* 109(1), pp. 158-171.

Hansen, D.(1989). Lesson evading and lesson dissembling : Ego strategies in the classroom. *American Journal of Education, 97.* 184-208.

Hansen, J. C., Warner, R.W., & Smith, E.M., Group counseling: theroy and process, Chicaco: Rand McNally College Publishing Comapany,1976.

Hilgard, E. R. (1973). *Introduction to Psychology.* New York: HBJ, Inc.

Hitz, R., & Driscoll, A. (1988). Praise or encouragement? New insights into praise: Implications for early childhood teachers. Young Children.

Humphreys, J. A., & Traxler, A.E.(1954) Guidance Service. Chicago: Science Research Associates.

Hurlock, E. B. (1953). *Developmental Psychology.* New York: McGraw-Hill.

Hurlock, E. B. (1978). *Child Development(6th ed.).* Singapore: Mcgraw-Hill, Inc.

James S. Coleman. (1961). *The Adolescent Society.* New York: Free Press, 1961.

Joyce, B. R. & Weil, M. (2009). *Models of teaching* (8th ed). Boston: Allyn and Bacon.

Joyce, B. R., Weil, M. & Calhoun, E (2005). *Models of teaching* (7th ed). 박인우 · 강영하 · 임병노 · 최명숙 · 이상수 · 최정임 · 조규락 역. 서울: 아카데미프레스.

Kagan J. & Kogan, N. (1970). "Individual variation in cognitive process", In P. H. Mussen (ed.), *Carmichael's Manual of Child Psychology,* Vol. 1. New York: Wiley. pp. 1273-1365.

Kagan, D. M. (1987). "Cognitive style and instructional preferences: Some influences." *The Educational Forum,* 51(4), pp. 393-403.

Kogan, Nathan. (1971). "Educational implications of cognitive styles." In G. S. Lesser (ed.), *Psychology and educational practice.* Glenview, IL: Scott & Foresman. pp. 242-292

Kogan, Nathan. (1976). *Cognitive styles in infancy and early childhood.* Hillsdale, NJ: Erlbaum.

Kohlberg, L. (1984). *The Psychology of moral development; The nature and validity of moral stages* (Vol. 2). N.Y.: Harper & Row.

Kubiszyn, T., & Borich, G.(2003). Education Testing and Measurement.

Kulik, C. L. C., & Kulik, J. A.(1991). Effectiveness of computer-based instruction: An updated analysis. Computers in human behavior, 7(1), 75-94.

Mahler, C. A., Group counseling in school, Boston: Houghton Mifflin, 1971.

Messick, S. (1976). "Personality consistencies in cognition and creativity." In S. Messick and Associates (eds.), *Individuality in learning.* San Francisco: Jossey-Bass. pp. 4-22.

Messick, S. (1984). "The nature of cognitive styles: Problems and promise in educational practice." *Educational Psychologist*, 19(2), pp. 59−74.

Morton, R. K. (1957). *Social Theory and Social Stucture.* New York: Free Press.

Murray, J. P.(1999). Impact of television violence. In k. S. Manhattan(Ad). School of family studies and human services. Kansas State University.

O'Neil, J. (1990). "Making sense of style." *Educational Leadership*, 48(2), pp. 4−9.

Ormrod, J. E.(2006). *Educational psychology.* Merrill Prentice−Hall.

Owens, R. G. (1995). *Organizational behavior in education* (5th ed.). Boston: Allyn and Bacon.

Patterson, C. H(1971)., Theories of Counseling Psychotheryapy(3rd ed.). New York: Happer and Row Publishers.

Patterson, C. H.(1971). *An Introduction to Counseling in the School.* New York: Harper Row.

Perls, F. S.(1969)., Gestlt Therapy Verbatim. Moab, UT :Real People Press. New York: Bantam Books.

Perls, F. S.(1976)., The Gestlt Approach & Eyewitness to Therapy.

Pietroesa, J. J., Bernstein B., Minor, J., & Stanford, S.(1980). Guidance: An Inrroduction. Chicago: Rand McNally.

Pintrich, P. R. & De Groot, E. V. (1990). "Motivational and self−regulated learning components of classroom academic performance", *Journal of Educational Psychology*, 82(1), pp.33−40.

Pintrich, P. R., Schunk, D. H.(1996). *Motivation in Education: Theory, research, and applications.* Englewood Cliffs, NJ: Merrill Prentice−Hall.

Pitts, M. M. & Thompson, B. (1984). "ognitive styles as mediating variables in inferential comprehension."*Reading Research Quarterly*, 4, p. 427.

Pokey, P. & Blumenfeld, P. C. (1990). "redicting achievement early and late in the semester: The role of motivation and use of learning strategies,"*Journal of Educational Psychology*, 82(1), pp. 41−50.

Ramirez, M. & Castaneda, A. (1974). *Cultural democracy, bicognitive development and education.* New York: Academic Press.

Reigeluth, C. M. (1987). Lesson blueprints based on the elaboration theory of instruction. In C. M. Reigeluth.(ed.). Instructional theories in action (pp.245−288). New Jersey: Lawrence Erlbaum Associates.

Reigeluth, C. M., & Carr−Chellman, A. A. (2009). *Instructional−design theories and models: building a common knowledge base.* New York: Routledge.

Rist, R. C. (1979). Student social class and teacher expectations: The self−fulfilling prophecy in ghetto education. *Havard Educational Review, 40.*

Rosenberg, M. B. (1968). *Diagnostic teaching.* Seattle: Special Child Publications.

Rosenthal, R., & Jacobson, L. F. (1968). Teacher expectations for the disadvantaged. *Scientific American, 218*(4), 19−23.

Rosenthal, Robert and Jacobson. (1966). Teachers' Expectandes: Determinants of Pupils' IQ Gains. *Psychological Reports, 19.*

Rosenthal, Robert, and Jacobson. (1968). *Pygmalion in the Classroom: Teacher Expectations and Pupils Intellectual Development.* New York, Holt Rinehart & Winston.

Saracho, O. & Spodek, B. (1981). “eachers cognitive styles and their implications.” *Educational Forum,* 45, pp. 153–159.

Saracho, O. (1983). “Cultural differences in the cognitive style of Mexican American students.” *Journal of the Association for the Study of Perception, International,* 18(1), pp. 3–10.

Saracho, O. (1984). “oung children's academic achievement as a function of their cognitive styles.”*Journal of Research and Development in Education,* 18(1), pp. 44–50.

Saracho, O. (1989). “Cognitive style: Individual differences.” *Early Child Development and Care,* 53, pp. 75–81.

Shertzer, B. & Stone, S. C.(1981). *Fundamentals of Guidance.* Boston: Houghton Mifflin.

Shertzer, B., & Stone, S. C.(1980). Fundamental of Guidance(4th ed.). Boston: Houghton Mifflin.

Sigel, I. E. (1971). “he development of classificatory skills in young children: A training program.”*Young Children,* 26, pp. 170–184.

Simonton, D. K. (1996). Creative expertise: A life–span developmental perspective. In K. A. Ericsson (Ed.), The road to excellence: *The acquisition of expert performance in the arts, and sciences, sports, and games* (pp. 227–253). Mahwah, NJ: Lawrence Erlbaum Associates.

Spangler, K. (1982). “A review of literature: Cognitive styles and the Mexican–American child.” Anchorage: University of Alaska. (ERIC Document Reproduction Service No. ED 221 285).

Steinberg, L.(1996). *Beyond the classroom: Why school reform has failed and what parents need to do.* New York: simon & Schuster.

Sternberg, R. J. (1994). *Thinking and problem solving.* San Diego, CA: Academic Press.

Stipek, D.(1998). *Motivation to learn : From theory to practice(3rd ed.).* Boston : Allyn & Bacon.

Strang R.(1969). *An introduction to Child Study.* New York: Macmillan.

Strawitz, B. M. (1984b) “Cognitive style and the effects of two instructional treatments on the acquisition and transfer of the ability to control variables: A longitudinal study”, *Journal of Research in Science Teaching,* 21(8), pp. 833–841.

Strawiz, B. M. (1984a). “Cognitive style and the acquisition and transfer of the ability to control variables.” *Journal of Research in Science Teaching,* 21(2), pp. 131–141.

Stufflebeam, D. L., & Shinkfield, A. J. (1985). Systematic evaluation: A self– instructional guide to theory and practice. Boston: Kluwer–Nijhoff.

Swinson, J. & Knight, R.(2007). Teacher verbal feedback directed towards secondary pupils with challenging behaviour and its relationship to their behaviour. *Educational psychology in practice, 23*(3), 241–255.

Tallmadge, G. K. & Shearer, J. W. (1969). “Relationships among learning styles, instructional methods, and the nature of learning experiences.” *Journal of Educational Psychology,* 60, pp. 222–230.

Terry, W. S.(2000). Learning and memory: basic principles, process, and procedures. MA: Allyn & Bacon

Thomson Jr, J. R., & Handley, H. M. (1990). Relationship between Teacher Self–Concept and Teacher Efficacy.

Torrance, E. P., Ball, O., & Safer. T. (1992). Torrance Test of Creative Thinking; Sreamlined Scoring Guide Figural A and B. Bensenville. IL: Scholastic Testing Service.

Traxler, A. B.(1957)., Techniques of Guidance. New York: Haper & Brothers.

Traxler, Arthur E., & Robert D. North.(1969). Techniques of Guidance, Traxler, New York: Happer and Row Publishers.

Tuckman, B.(1998). Using tests as an incentive to motivate procrastinators to study. Journal of Experimental Education, 66, 141-147.

Urban, K. K.(1995). Creativity-A component approach model. A paper presented at the 11th world conference on the education for the gifted and talented. Hong Kong: July 31-August 4.

Vrugt, A. (1994). Perceived self-efficacy, social comparison, affective reactions and academic performance. *British Journal of Educational Psychology, 64*(3), 465-472.

Weigberg, R. W.(1993). *Creativity: Beyond the myth of genius.* New york: Freeman.

Wigfield, A.(1994). The role of children's achievement values in the self-regulation of their learning outcomes. In D. Schunk & B. Zimmerman(Eds.), *Self-regulation of learning and performance*(pp. 101-124). Hillsdale, NJ : Lawrence Erlbaum Associates.

Willamson, E. G.(1950). Counseling Adolescents. New York: McGraw-Hill Book Company.

Willamson, E. G., & Donald, A. Biggs.(1975).Student Personnel Work: A Program of Developmental Relationships. New York: John Wily & Sons Inc.

Williams, W. M., Blythe, T., White, N., Li, J., Gardner, H., & Sternberg, R. J. (2002). Practical intelligence for school: Developing metacognitive sources of achievement in adolescence. Developmental Review, 22(2), 162-210.

Witkin, H. A. & Berry, J. W. (1975). "Psychological differentiation in cross-cultural perspective." *Journal of Cross-Cultural Psychology*, 6, pp. 4-87.

Witkin, H. A. & Goodenough, D. R. (1981). *Cognitive styles: Essence and origins field dependence and field independence.* New York: International Universities Press.

Witkin, H. A. (1967). "A cognitive style approach to cross cultural research." *International Journal of Psychology*, 2(4), pp. 233-250.

Witkin, H. A., Goodenough, D. R., & Karp, S. A. (1967). "Stability of cognitive styles from childhood to young adulthood." *Journal of Personality and Society Psychology*, 7, pp. 291-300.

Witkin, H. A., Moore, C. A., Goodenough, D. R., & Cox, P. W. (1977). "Field-dependent and field-independent cognitive styles and their educational implications." *Review of Educational Research*, 47(1), pp. 1-64.

Witkin, H. A., Oltman, P. K., Raskin, E., & Karp, S. A. (1971). *Group Embedded Figures Test Manual.* Palo, CA: Consulting Psychologist Press.

Witkin, Harman A. (1976). "Cognitive style in academic preferences and teacher-student relations." In Samuel Messick and Associates. *Individuality in Learning.* Jossey- Bass.

Woolfolk, A. E.(1995). *Educational Psychology.* Boston, NY: Allyn & Bacon.

Woolfolk, A. E.(1998). *Educational Psychology(7th ed.).* Boston : Allyn & Bacon.

Zell A. L.(2007). *Pride and humility possible mediators of the motivating effect of praise.* Dissetation of Doctor of Philosophy. Florida State University.

찾아보기

인 명

내 용

저자소개

■ 고 현 (교육학박사, 상담심리 및 유아교육전공)

조선대학교 대학원에서 교육학박사를 취득하고 미국 로드랜드 컬리지에서 Hypnosis와 갤럽 국제코치연맹(ICF)의 강점코치 전문가자격을 취득하였다. 한국유아교육학회 광주전남지회장을 역임하였고, 대표적인 저서로는 심리학개론, 생활지도와 상담, 학교폭력의 예방과 이해, 미술교육과 미술치료 등 20여권의 저서와 50여편의 논문이 있다.
현재 조선대학교 사범대학 초빙교수와 교육대학원 겸임교수, 한국예술심리치료학회 수련감독전문가, 그리고 광주예술심리치료상담연구소장으로 재직하고 있다.

■ 고화정 (교육학박사, 교육심리전공)

목포대학교 대학원에서 교육학박사 학위를 취득하였다.
광주가정법원 위탁보호위원과 목포시 건강가정지원 쎈터 가족 상담전문가를 역임했고 현재 목포대학교 교육학과, 조선대학교 교육학과 외래교수로 출강 중이다.

■ 김대명 (교육학 박사, 평생교육 전공)

전북대학교 대학원에서 교육학석사, 교육학박사 학위를 취득하였다.
대표적인 저서로는 교육심리학, 교육사회학, 교육학개론 등이 있다.
전북대학교 평생교육원 연구원, 전북대학교 교수학습개발센터 전임연구원을 거쳐 현재 순천제일대학교 유아교육과 교수로 재직하고 있다

■ 김종임 (교육학박사, 교육심리전공)

경남대학교 대학원에서 교육학 박사 학위를 취득하였다.
대표적인 저서로는 미술교육과 미술치료, 특수 아동 · 청소년 미술심리치료 사례분석 과 10여편의 논문이 있다. 한국국제대학교, 창원문성대학교, 부산교육대학원 강사를 거쳐 현재 거제대학교 외래교수, 한국청소년상담학회 이사 및 교육연수위원장, 마음나눔심리상담연구소 소장으로 재직하고 있다.

■ 민형덕 (교육학박사, 교육심리 전공)

목포대학교 대학원에서 교육학박사 학위를 취득하였다.
대표 저서로는 교육심리학, 미술교육과 미술치료, 하브루타 네 질문이 뭐니? 등이 있다. 호남대학교, 광주보건대학교, 광주대학교, 목포해양대학교에서 교육방법 및 공학, 교육평가, 교육심리를 강의하였고, 현재 한국하브루타 연합회 책임연구원과 목포대학교 외래교수로 출강 중이다.

■**박신영** (교육학박사, 교육심리전공)

경남대학교 교육대학원에서 교육학박사 학위를 취득하였다.

대표적인 저서는 안전교육학, 미술교육과 미술치료,,심리학이해 등이 있으며 논문은 20여편이 있다.

고구려대학교,,창신대학교,광주보건대학교,경남대학교에서 강의하였고, 현재 성운대학교 사회복지겸임교수, YS심리상담연구소 소장으로 재직하고 있다.

■**박신희** (교육학박사, 교육심리전공)

조선대학교 대학원에서 교육학박사 학위를 취득하였다.

대표 저서로는 교육심리학, 인간심리의 이해, 학교폭병 예방 및 학생의 이해, 생활지도 와 상담 등이 있다. 서영대학교, 광주여자대학교, 광주기독간호대학교에서 교육심리, 교육사회학, 교육철학, 교육방법및 교육공학, 특수교육학의 이해, 학교폭력의 이해, 생활지도 및 상담 등 교직 과목을 전담하여 강의하였다. 현재 조선대학교 외래교수, 조선간호대학 강의전담 조교수로 재직 중이다.

■**전애란** (교육학 박사, 평생교육 전공)

전남대학교 대학원에서 교육학 박사 학위를 취득하였다.

전문분야로는 교육심리, 교육사회학, 평생교육, 스피치커뮤니커이션 등 연구와 강의활동을 활발하게 진행하고 있다.

현재 조선대학교 평생교육원 스피치커뮤니케이션 과정 주임 교수와 키움인 교육연구소 대표, 사단법인 언어표현연구소 이사장을 맡고 있으며 전남도립대학교 유아교육과 겸임교수로 재직하고 있다.

〈표/지/작/가〉

■**조근호 CHO KEUN HO**

조선대학교 미술대학 및 동대학원 졸업

개인전 25회 (2021-1991)

주요전시: 광주비엔날레 주제전(광주비엔날레 주전시실). 진경-그 새로운 제안전(국립현대미술관).홍콩컨템포러리아트페어, 뉴욕아트엑스포, 아트베이징, 한국국제아트페어(KIAF)외 아트페어 다수참여

역임:대한민국미술대전 심사. 광주광역시미술대전 심사 및 운영위원, 전국 무등미술대전 심사, 어등 배동신미술대전 심사 및 운영위원, 정수미술대전 심사, 전북도 미술대전 심사.

한국 미술협회 이사, 광주미술협회 부지회장 역임

현재:한국미술협회, 한국전업미술작가회, 선과 색 회원

-알기쉬운-
교육심리학

1판 1쇄 발행 2021년 7월 15일

저자 고 현, 고화정, 김대명, 김종임
민형덕, 박신영, 박신희, 전애란

발행인 한은택
발행처 공감플러스
등록 제2014-6호
주소 서울특별시 송파구 송이로 12길 17 우편번호 05678
전화 02) 420-6228 팩스 02) 424-9036
e-mail gkp2014@hanmail.net

ISBN 979-11-88076-21-5(93370)
정가 20,000원

공감플러스는 독자 여러분의 의견에 항상 귀 기울이며 함께 하겠습니다.